朱傑人　朱人求　崔英辰　主編

[韓國] 李　珥　著

栗谷全書

下　册

華東師範大學出版社

目録

下册

栗谷先生全書附録續編

栗谷先生全書拾遺卷二……一八八六

栗谷先生全書拾遺卷三

栗谷先生全書拾遺卷四

栗谷先生全書卷三十三

附録一

世系圖

一世	敦守李氏系出豐德郡。高麗朝中郎將之德水縣。
二世	陽俊保勝將軍。
三世	劭閤門祇候，賜紫金魚袋，知三司事。事見東國通鑑。
四世	允蓋民部典書，贈僉議政丞、德水府院君。
五世	千善恭愍朝誅奇氏有功，守司空柱國、樂安伯，謚良簡。
六世	仁範政堂文學、藝文館大提學。
七世	揚入我朝，工曹參議，贈判書。
八世	明晨知敦寧府事，謚康平。

續　表

九世	抽知温陽郡事，贈議政府左贊成。	十三世	珥即先生，序第三。夫人盧氏，無子。側室二男：景臨、景鼎。○夫
十世	宜碩慶州判官，贈司憲府大司憲。○以下三世之贈，皆以先生貴也。	十四世	景臨教官，贈僕正。男穧、秬、秋、稱。
十一世	蕆贈議政府左参贊。	十五世	穧参奉，贈户議。無子，子秬男厚蒔。
十二世	元秀字德亨，司憲府監察，贈議政府左贊成。悃愊無華，休休有古人風。夫人平山申氏，贈貞敬夫人，己卯名人進士諱命和女。少通經書，能屬文，善繪事，針線刺繡皆極精妙。天資純孝，志操端潔，寡言慎行，婦德咸備。生四男：長璿，参奉；次璠；次即先生；季瑀，監正。	十六世	厚蒔別提。贈户参。男繼早夭，以朝命子厚樹男綎。

十三世	十四世	十五世	十六世
人谷山大姓，宗簿寺正慶麟女，生於嘉靖辛丑，性仁慈和順。十七歸于先生。逮先生喪，雖三年之後，朔望必哭奠。壬辰倭寇，家人請避兵，夫人曰：「吾喪所天已八年，吾命已頑，何可偷生？」至先生墓側，堅不動，五月十二日竟殉節於墓前。事聞，旌閭復户。	景鼎男稔、穉。	秬男厚蒔、厚基。 秋男厚植、厚樹。 稱男厚發。 稔男厚蔓。 穉	厚基男綸。 厚植男縉、絙。 厚樹察訪。男綎、繒、絅、縕、緹。 厚發男紆。 厚蔓男纘、緗。
十七世	**十八世**	**十九世**	**二十世**
綎僉知。男敦五、鎮五、行五、徽五。	敦五參奉。男伯、仲、倆。	伯別提。男仁林、禮林。	仁林郡守。男黙、點、黓、黝。 禮林無子，子仁林男黓。

續表

世	
十七世	繼生員，贈户判。無子，子綸男叙五。
十八世	鎮五縣監。男偲、億。 行五男佇、僆、侷。 徽五男儉。 叙五知中樞府事。男彦翕、彦愈、彦會、彦命、彦企。
十九世	仲男國林。 俌男豐林。 偲男文林。 億男宅林、守林、宇林。 佇無子，子僆子得林。 僆男得林、覺林、樂林。 侷男學林、郁林。 儉男沂林、泗林。 彦翕男憲祖、述祖、學祖、弘祖。
二十世	國林無子，子豐林男烜。 豐林郡守。男熠、烜、焜。 文林男魯、衡。 宅林無子，子宇林男炫。 守林男炳。 宇林男燁、炫。 得林 覺林 樂林 學林 郁林 沂林男煥。 泗林 憲祖男櫟、格、樸。 述祖男極、楫。 學祖男模、楷。

世	
十七世	綸男敘五、德五、錫五。
十八世	德五男彥全。
十九世	彥愈別提。男希祖、冀祖、亨祖。 彥會男興祖、重祖、昌祖、樂祖。 彥命男範祖、膺祖、澤祖、胤祖。 彥企男徽祖、赫祖。 彥全男元祖。
二十世	弘祖無子，子述祖男楫。 希祖承旨。男枓、柙、杅。 冀祖男格、棕。 亨祖男棖、杭、桷。 興祖男株。 重祖無子，子昌祖男柞。 昌祖男橝、柞。 範祖男棵、樺。 膺祖 澤祖男楦、枰。 胤祖無子，子範祖男樺。 徽祖無子，子赫祖男棨。 赫祖男棨。 元祖男樟。

續表

世	
十七世	縉贈樂正。男敬五、寬五、星五、命五、亨五。 絚無子，子縉男星五。 繒進士。男采五。
十八世	錫五男彥念。 敬五贈户議。男俶、休、健、伋。 寬五男俠、佖。 命五男佶。 亨五男任。 星五男偉、俊。 采五男儼。
十九世	彥念男承祖、尚祖。 俶無子，子休男元林。 休男元林出後，子伋男益林。 健男和林、會林。 伋贈户參。男恒林、益林、觀林。 俠男德林、春林。 佖男泰林。 佶男早林。 任 偉無子，子俊男奎林。 俊男奎林、輝林。 儼男萬林、昌林、茂林。
二十世	承祖無子。 尚祖男樺。 元林男黨、燾、黟。 益林男熙、點。 和林男薰、蒹、蕉。 會林 恒林兵使。男烈。 觀林 德林 春林 泰林男廉。 早林 奎林 輝林 萬林

十七世

絅男典五、彰五、範五。

緼男相五。

緹男澤五、孫五、岱五。

紏男慎五。

纘男章五、修五。

十八世

典五男伀、倜。

彰五無子，子典五男倜。

範五男僑、偃、化、侗。

相五男佃、信、偵。

澤五

孫五男儐。

岱五男倪。

慎五男彦佐、彦佑。

章五無子，子修五男儆。

十九世

伀男孝林。

倜男海林。

僑男戊林。

偃縣監。

化

侗

佃

信男昇林。

偵男松林。

儐男七林。

倪

彦佐無子，子彦會男樂祖。

彦佑

儆無子，子儼男昌林。

二十世

茂林

孝林

海林

戊林

昇林

松林

七林

樂祖男構、楹、權。

昌林男爀。

十七世	十八世	十九世	二十世
緗無子，子纘男修五。 紞男文五。	修五男侃、倬、儆、儀。 文五	侃男成林。 倬無子，子儀男復林。 儀男挺林、復林。	成林男熊。 復林 挺林

二十一世	二十二世	二十三世	
默進士。男宗孝、根孝。 點男全孝。 黓男景孝、明孝。 黝無子，子黓男明孝。 烜 熠 焜 魯無子，子衡男秉孝。 衡男秉孝、崇孝。	宗孝縣監。 根孝 全孝 景孝 明孝 秉孝 崇孝		

二十一世	二十二世	二十三世	
炫			
炳			
煒			
煥男尚孝。	尚孝		
爍男源培、命培、陽培、震培、豐培。	源培男鏗、鏶。	鏗	
		鏶	
	命培男鍾。	鍾	
	陽培		
	震培		
	豐培		
格			
樸男敏培、升培。	敏培		
	升培		
極男仁培、義培、智培。	仁培		
	義培		
模男天培。	天培		
楷			
楫無子，子極男智培。	智培		

續表

世	
二十一世	科 柙 杍 ⿰木洛 ⿰木宋 桭 杭 桷 株 柞 橝 棵 楦 枰 榮 樺 黨 男達孝。
二十二世	達孝
二十三世	

二十一世	二十二世	二十三世	
熹男連孝、迪孝、述孝。	連孝 迪孝 述孝		
黲			
熙男文孝。	文孝		
黠			
薰男天孝、元孝、舜孝、允孝、本孝。	元孝 舜孝 允孝 本孝		
蒹男曾孝、起孝。	曾孝 起孝		
蕉男閔孝。	閔孝		
烈無子，子薰男天孝。	天孝男鉉。	鉉	
廉男亨孝。	亨孝		
構			
楹			

續 表

二十一世	二十二世	二十三世	
權 爀男泰孝。 熊男彦孝。	泰孝 彦孝		

年譜上

丙申 大明世宗皇帝嘉靖十五年。我中宗恭僖大王三十一年。

十二月丁未，二十六日寅時。先生生于江陵府北坪邨。即先生外氏第。

是年春，母夫人夢到東海，有神女出自海中，抱一童男，肌膚玉潔，神彩動人。置夫人懷中，遂有娠。將降之夕，又夢黑龍自大海飛到寢舍，蟠于廉廡間，俄而先生生焉，故小字見龍。蓋自有娠，至是十有二朔也。

丁酉 十六年。先生二歲。

戊戌 十七年。先生三歲。

學語便知讀書。一日，外祖母李氏以石榴試先生曰：「此物甚似？」對曰：「所謂『石榴皮裹碎紅珠』者也。」聞者奇之。

己亥 十八年。先生四歲。

庚子 十九年。先生五歲。

母夫人嘗疾劇，一家奔遑，先生潛入外王父祠堂禱之，衆驚異，相與慰解而抱歸。一日大雨，前溪漲溢，有行者渡而躓幾危，人皆拍笑，先生獨抱柱憂歎，其人獲免乃已。其誠孝仁愛之心，天性然也。

辛丑 二十年。先生六歲。

自江陵隨母夫人歸京第。第在壽進坊。

壬寅 二十一年。先生七歲。

作陳復昌傳。

略曰：「君子德積於内，故其心坦蕩蕩；小人荏蓄乎内，故其心長戚戚。余觀復昌之爲人，陰懷戚戚，陽欲蕩蕩。使斯人得志，異日之患庸有極乎？」時復昌在比隣而有時譽，後果起士禍。○先生始受學於母夫人，間就外傳，不勞而學日就。至是，文理該貫，四書、諸經率皆自通。

癸卯 二十二年。先生八歲。

登花石亭有詩曰：「林亭秋已晚，騷客意無窮。遠水連天碧，霜楓向日紅。山吐孤輪月，江含萬里風。塞鴻何處去？聲斷暮雲中。」亭在坡州栗谷。

甲辰 二十三年。先生九歲。

嘗覽二倫行實，至張公藝九世同居，慨然慕之曰：「九世同居，勢或有礙。至於兄弟，不可離析。」乃手畫兄弟奉父母同居之圖以觀之。又好摭前古名賢將相事實，題其姓名，記其行蹟，次第彙分，以爲玩慕之資。雖嬉戲之事，無一不出於正。

乙巳 二十四年。仁宗榮靖大王元年。○先生十歲。

丙午 二十五年。明宗恭憲大王元年。○先生十一歲。

贊成公疾革，先生刺臂進血，泣禱于先祠，請以身代，疾乃愈。

丁未 二十六年。先生十二歲。

戊申 二十七年。先生十三歲。

中進士解。

時銀臺諸公招見之，有一人年同者頗有自矜之色，先生則自如，人已知爲大器也。自是文章日就，聲聞藉藉，而專意學問，不屑於此。

己酉二十八年。先生十四歲。

庚戌二十九年。先生十五歲。

辛亥三十年。先生十六歲。

五月，丁申夫人憂，葬于坡州斗文里紫雲山。

時贊成公爲右水運判官，先生從往海西，還到西江聞訃，喪祭一遵家禮，廬墓三年，不脱衰絰，躬執祭饌，雖洗滌等事不委於僮僕。

撰先妣行狀。見原編。

壬子三十一年。先生十七歲。

夏，服闋，申心喪。

癸丑三十二年。先生十八歲。

秋，終心制，行冠禮。

甲寅三十三年。先生十九歲。

與牛溪成先生定交。

成先生長於先生一歲，而初欲師事之，先生辭焉，遂定道義之交，相期以聖賢事業，終始無替。

三月，入金剛山。

先生自少爲學，專用心於內，以收心養性爲本。其在內艱，孝思罔極，不能自制，殆至毁性。偶看釋氏書，遂有以妄塞悲之意，因染禪學，欲謝人事而一試之。至是，遂作金剛之遊，以書留别諸友。其略曰：「氣者，人之所同得，而養之則役於心，不能養之則心爲氣役。氣役於心，則一身有主宰而聖賢可期；心役於氣，則七情無統紀而愚狂難免。古之人有善養者，孟子是也。人之有志於窮理盡性者，捨此而奚求哉？孔子曰：『知者樂水，仁者樂山。』樂山水者，非取其流峙而已，取其動静之體也。仁智者之所以養氣者，捨山水而奚求哉？」〇一日，遊小庵，見老僧答問，因贈一絶，有「魚躍鳶飛上下同，這般非色亦非空」之句。并小序，見原編。〇嘗至深處，静坐凝思，至忘寢食者久之。一日，忽思以爲：佛氏戒其徒勿作增减想者，何意也？因究其所以戒之之意。蓋其學無他奇妙，只欲截斷此心走作之路，凝聚精神，以造静極虚明之域。故假設話頭，使之依靠下功，而又恐人先知此意，則著功必不專精，卒無所得，故又設此禁而誑之也。遂疑其學之邪，復取聖賢書而温繹之，知其説之真不我欺也。始乃大悟，束裝而歸。

乙卯三十四年。先生二十歲。

春，往江陵。

著自警文。

凡十一條。其第一條曰：「先須大其志，以聖人爲準則。一毫不及聖人，吾事未了云。」

丙辰三十五年。先生二十一歲。

春，還京第。

對策，魁漢城試。

丁巳三十六年。先生二十二歲。

九月，聘夫人盧氏。

星州牧使諱慶麟之女也。盧公性峻少許可，惟於先生愛重甚篤，待以師友，每事必咨焉。

戊午三十七年。先生二十三歲。

春，謁退溪李先生于禮安之陶山。

時先生自星州向江陵，遂歷謁，仍呈一律云：「溪分洙泗派，峯秀武夷山。活計經千卷，生涯屋數間。襟懷開霽月，談笑止狂瀾。小子求聞道，非偷半日閒。」退溪先生和云：「病我牢關不見春，公來披豁醒心神。始知名下無虛士，堪愧年前闕敬身。嘉穀莫容稊熟美，遊塵不許鏡磨新。過情詩語須刪去，努力功夫各自親。〔一〕」留二日而去。退溪與趙士敬穆書曰：「某來訪。其人明爽多記覽，頗有意於吾學。後生可畏，前聖真不我欺也。曾聞其太尚詞華，欲抑之不令作詩，去日朝雪作，試使吟詠，倚馬出數首，詩則不如其人，然亦可觀。」在江陵時，退溪先生寄書及詩曰：「從來此學世驚疑，射利窮經道益離。感子獨能尋墜緒，令人聞語發新知。」又曰：「歸來自歎久迷方，靜裏才窺隙裏光。勸子及時追正軌，莫嗟行脚入窮鄉。」書曰：「世間英才何限？只爲不肯存心於古學，滔滔盡然。如君高才妙年，發軔正路，他日所就，何可量哉？」又書曰：「足下行年甫弱冠耳，而穎脫如許，不可謂失學，而尚且云然者，豈不以所學有差同於未學也耶？悟前非而思改，又知從事於窮理居敬之實，可謂勇於改過，急於向道，而不迷其方矣。聖遠言湮，異端亂真，古之聰明才傑之士始終迷溺者，固不足論矣。程伯子、張橫渠、朱晦庵諸先生，其始若不能無少出入，而旋覺其非。噫！非天下之大智大勇，其孰能脫洪流而返真源也哉？往聞人言，足下讀釋氏書而頗中其毒，心惜之久矣。日者之來見我也，不諱其實而能言其非，今見兩書之旨又如此，吾知足下之可與適道也云云。」○與退溪先生講論主敬功夫、大學定静安慮及敉惰之義、程子格物之説、朱子存養省察之訓與四皓出處、聖學十圖可疑處。竝見原編。

冬，魁别試解。所對天道策見原編。

考官鄭士龍、梁應鼎諸人見先生策，曰：「吾輩經思數日，始構此題，而李某之短晷所對若此，真天才也。」

己未三十八年。先生二十四歲。

庚申三十九年。先生二十五歲。

有書韓長興叙後語及至夜書懷古詩。竝見原編。

辛酉四十年。先生二十六歲。

五月，丁贊成公憂。合葬于申夫人墓，居憂諸節一如前喪。

壬戌四十一年。先生二十七歲。

癸亥四十二年。先生二十八歲。

秋，服闋。

與近塋諸士夫脩風樹契，以寓永慕之情。

甲子 四十三年。先生二十九歲。

春，哭聽松成先生。

　有祭文，後又撰行狀。竝見原編。

七月，中生員、進士。

八月，中明經及第，拜戶曹佐郎。

　魁監試兩場，文科發解，又魁生員及文科覆試、殿試，蓋前後居魁者凡九。倡榜之日，市童擁馬曰：「九度狀元公也。」

承命製進御題律詩。

　上聞先生才名，召至闕內，命題釋褐登龍門三十韻。先生立就以進，上嘉賞，錫賚特優。詩見原編。

乙丑 四十四年。先生三十歲。

春，移禮曹佐郎。

八月，上疏論妖僧普雨，又疏論尹元衡。疏竝見原編。

九月，以黃腸木敬差官往關西。冬，復命。

十一月，拜司諫院正言，上疏辭，不許。

自此屢入臺垣，多所論列，請擇太學官、祛銓曹請託、革兩宗禪科，糾劾邪枉，不憚貴近。時人韙之。

丙寅 四十五年。先生三十一歲。

三月，復拜正言。

五月，與同僚上疏，論時務三事。

請正心以立治本，用賢以清朝廷，安民以固邦本。正心之目有三：曰立大志、勉學問、親正人。用賢之目有三：曰辨邪正、振士氣、求俊乂。安民之目有四：曰詢弊瘼、寬一族、選外官、平獄訟。上嘉納。

冬，拜吏曹佐郎。

時仕路溷濁，清議不行。先生慨然以循公絶私、激濁揚清爲務，流俗多忌之。

丁卯 穆宗皇帝隆慶元年。先生三十二歲。

六月，恭憲大王昇遐。上退溪先生書，論國葬。

大行大王之葬當在十月，而日官以爲不吉，大臣議以九月葬。儒生上疏譏其渴葬，王大妃命以十月葬，大臣猶難之。先生聞之歎曰：「諸侯五月而葬，先王之定制也，古者未聞擇月也。慈殿明燭正理，而大臣不能將順其美，反以左說爲重。大臣之無見如此，時事可知。」時退溪先生曾已承召入京，至是將辭疾退歸。先生面請曰：「幼主初服，時事多艱，揆之分義，不可退去。」退溪答曰：「道理雖不可退，以吾觀之，不可不退。身既多病，才亦無能爲也。」先生曰：「若先生在經席之上，則爲益甚大。夫仕者爲人，豈爲己乎？」退溪曰：「仕者固是爲人，若利不及人，而患切於身，則不可爲也。」先生曰：「先生在朝，假使無所猷爲，而上心倚重，人情悅賴，此亦利及於人也。」後又移書勸留，并論國葬事。略曰：「聞自上改擇葬日，此誠美意也。在下之道似當將順，陰陽拘忌，明者所不道。古昔聖賢豈不謹於安厝而必以五月葬耶？禮曰：『生與來日，死與往日。』葬期既近，卒哭又促，甚爲未安。明公雖一日在職，當盡一日之責，此事不可救正乎？」未幾，退溪竟南歸。〇時守宰貪污，民生困悴，先生謂新服之初正是振作之幾，言于長官，欲精擇初入仕，以爲擇守令之本，而一循公議，禁絶請託之弊，長官面諾而不能用。先生歎曰：「痼疾，誠不可醫也。」

製進大行大王挽詞。見原編。

九月，與六曹郎官上疏，論沈通源。疏見原編。

十月，復奇高峯書。

奇高峯大升以大學「止至善」只屬於行處，又以「明明德」非窮理盡性。先生辨之曰：「至善云者，只是事物當然之則也。統而言之，則知行俱到，一疵不存，萬理明盡之後，方可謂之止至善。分而言之，則於知亦有箇至善，於行亦有箇至善，知到十分恰好處，更無移易，則謂知之止於至善；行到十分恰好處，更無遷動，則謂行之止於至善。若如來教，則於行只有至善，而於知無有至善，有物必有則，知是何物而獨無至善耶？若以知爲非物，則明德且謂之物，知獨非物耶？且來教所謂『明明德雖盡，猶未到窮理盡性』者，尤爲未安。明明德之目，有格物致知，此則窮理也；有誠意正心修身，此則盡性也。若如來教，則大學功夫雖極盡，而猶未至聖人也，夫如是則孔子何不教人以至極之道，而乃教以第二等之學，使人雖盡其道，只做第二等人耶？來教又以爲：『能得爲不惑地位，故明明德未到窮理盡性地位。』此亦太固，先儒之説各有所指，不可執滯也。能得固有淺深，就其淺者言之，則不惑亦可謂之能得，就其深處言之，則非不思而得，不勉而中，則不可謂之能得之極功，烏可判大學之極功止於不惑，而終不至聖人地位耶？且『顔子未盡正心功夫』云者，豈意高明亦有不合也，且道聖人只盡其心性之分耶？抑加毫末於心性之分耶？若曰『聖人於心性上又有加焉』，則顔子可謂畢心正之極功矣。若曰『聖人不加毫末』，則顔子固有一毫未盡處矣。心正之極功既未畢，則心之知亦有一毫未盡處矣。且聖人之從心所欲者，心所欲皆天理故也。顏子之未得從心者，心所欲有時非天理故也。此所謂『非天理』者，就其至精至微處言之耳，非謂顏子便有惡念也。既不得從心所欲，則不可謂之盡其心性之分也。夫所謂聖、所謂化、所謂神者，非渺茫怳惚之謂也，只是盡其心性之分而已。若曰『顏子既盡心性之分而猶未化』，則是聖人之德必有贅於心性也，烏可哉？若曰『顏子既畢心正之極功，而猶未盡心性之分』，則大學功夫落在第二等矣。且高明以爲明明德既盡，然後方可止於至善。珥以爲明明德既盡處，此是明明德之止至善。此説雖不大忤，若學者不察，以爲明明德既盡，然後又求止至善功夫，則豈不大錯耶？且來教所謂『至善非中』者亦未安，至善乃天然自有之中也，理賢之説雖各有所指而名之者，其實一也。若皆二之，則既有至善，又有中，又有當然之則，學者將何所適從耶？」

戊辰 二年。宣祖昭敬大王元年。○先生三十三歲。

二月，拜司憲府持平。

四月，哭外舅盧公。

盧公將卒，家人問後事，公曰：「有叔獻在，必能善處。」其後，先生請於外姑曰：「舅氏無嫡子，只有二妾子，分財不必用嫡庶分數之法，平均以分可也。」兩友壻感其言，皆從之。

五月，與牛溪先生論至善與中及顔子格致誠正之說。〔二〕

牛溪先生以中爲體，至善爲用，且以時中之中爲率性之道。先生以書辨之曰：「『至善，太極之異名，而明德之本體。得之於天而有本然一定之則者，至善之體，乃吾心統體之太極也；見於日用之間而各有本然一定之則者，至善之用，乃事事物物各具之太極也。』以此觀之，至善之體非未發之中耶？至善之用非事物上自有之中耶？蓋至善之體，即未發之中而天命之性也；至善之用，即事物上自有之中而率性之道也；止於至善者，即時中之中而修道之教也。至善之上，分性道而著教字不得者，至善是專指正理，不兼人事而言故也。中字上通性道教而言者，中字兼性情德行而言故也。兄乃以中爲體，以至善爲用，無乃未安耶？且兄以時中之中爲率性之道，似亦誤時中是修道者也。若以此爲率性之道，則道乃因人而有者也，烏可哉？且未發之中，只是吾心之統體一太極也，不可便喚做理之一本處，易有太極之太極也。兄所謂『以吾心對事物而言，則吾心爲體，事物爲用』者，甚是，但以吾心對天道而言，則天道爲體，吾心爲用矣。 統體中也有體用，各具中也有體用，以易有太極之太極觀之，則吾心之一太極，亦是各具中之統體也，易有太極之太極，乃統體中之統體也。易有太極之太極，水之本源也； 吾心之一太極，水之在井者也； 事物之太極，水之分乎器者耳。 若以至善只作器中之水，則是舉其用而遺其體也； 以中只作井中之水，則是執其體而昧其用也，皆不成道理矣。 若曰至善與中，同實而異指，至善即吾心與事物上本然之中。 而專指正理而言，中即不偏不倚無過不及之正理； 而兼指德行而言，中庸之理是至善也，中庸之行是止至善也，中和是至善之體用也，致中和是止至善也。 如此立説，方無病痛矣。」〇先生嘗以爲顔子格致誠正之功有一毫未盡，牛溪先生以爲非。 先生辨之曰：「顔子與聖人所爭者，只在思與不思、勉與不勉耳。 其得之，其中之則一也。 夫所謂思者，非格致而何？所謂勉者，非誠正而何？事物之來，未能不思而必思之，今日既思而得矣，明日事物之來，又不免於思，則可謂格致之功已畢乎？今日既勉而中矣，明日又不免於勉，則可謂誠正之功已畢乎？夫所謂力之盡者，只是就人事上極其力，無以復加云爾，非若聖人之動以天而不施人事也。 且顔子之查滓，非若衆人之查滓也； 不貳過，不若無過之可貳； 冰消凍釋，不若無冰凍之可消釋； 纖芥必見，不若無纖芥之可見： 故比之於聖人，則微有查滓耳。 格致誠正，固學者事，亦不可捨此而求聖人也。位天地，育萬物，許大神妙不測，是聖人之能事，而其實不過學問之極功耳，豈可捨學問之功而別求一種聖人道理耶？兄以格致誠正斷然爲學者事，以其十分盡頭歸之於顏子，而求聖人於格致誠正之外，無乃未安耶？此正釋教拂迹超凡聖之機權也。顏子若造其極，則聖人過其極而非中也；聖人若止於其極，則顏子必有所未至也。所爭在此，夫豈多言？朱子有言曰：『人心私欲者，非若衆人所謂私欲也。但微有一毫把捉底意思，則雖云本是道心之發，然終未離人心之境。所謂動以人則有妄，顏子之有不善，正在此間者是也。既曰有妄，則非私欲而何？須是都無此意思，自然從容中道，方純是道心也。』深味此言，則可見心正之極功，非聖人未可[三]。而程子所謂『顏子心麤』者，非謂衆人之麤心也。」〇時京畿監司將以牛溪先生應旨論薦，先生止之曰：「成某學者也，暴得善名，豈不可恥乎？當使之安静，以期成就。」

差千秋使書狀官，拜成均館直講，赴京師。

冬，還朝。拜弘文館副校理，知製教兼經筵侍讀官、春秋館記注官。賜暇讀書，上疏辭，不許。

自陳少時誤染禪學之失，不敢當論思之任，批曰：「自古雖豪傑之士，未免爲佛氏之所陷溺矣。不可以昔日從事禪門之小失，輕遞玉堂論思之重任，且悔過自新，其志可嘉。」

十一月，復拜吏曹佐郎。聞外祖母李氏病，棄官歸江陵。

李氏有養育之恩，居江陵，老無子。聞其病甚，呈辭歸侍。諫院以外祖歸覲，法典不載，擅棄職務，請罷，上曰：「雖外祖，情切則何可不往覲乎？孝行之事，罷職似過。」不允。

己巳三年。先生三十四歲。

六月，復除校理，上疏辭，不許，促召。七月，還朝。

時朴思菴淳除吏判，屢辭不拜，先生勸令就職曰：「當今時勢，當裒集清流，靜以鎮物，務積誠意，以感聖心。銓衡之任，不可委之流俗。公若固辭，使小人操柄，則是公誤國也。」朴公乃出。

八月，上疏請解職，終養外祖母，不許。

先生自以學未進，屢辭要職，至是申請歸養，且俟學進後從仕，上曰：「身雖在朝，亦可以往來省覲，何必解職？」仍命吏曹曰：「往見外祖母，雖非法例，特令往來可也。」

上劄請停禫日陳賀。

朝廷將依舊例，禫後陳賀。先生謂同僚曰：「自上喪制甫畢，遽即受賀，揆之情禮，實爲未安。百官哭泣之餘，旋即陳賀，是歌哭同時也。」乃陳劄請行慰禮而停賀。上問于大臣，遂停賀。

進講孟子，論人君問學之功。

進講孟子，因啓曰：「一代各有所尚。戰國之時，所尚在於富國强兵、戰勝攻取而已。至於西漢之淳厚、東漢之節義、西晉之清談，皆一代所尚也。人君當觀一代所尚之如何，所尚不正，則當矯其弊。今者承權姦鉗制之後，士習委靡偷惰，徒知食禄以自肥，而無忠君憂國之心。縱有一二有志者，皆爲流俗所拘，莫敢出氣力以振國勢。俗尚如此，聖上當奮大有爲之志，以作士氣，然後世道庶可變也。昔者孟子以匹夫之力，只以言語教人，尚能熄邪熖廓正路，以成如禹之功。況人君任治世之責，能以斯道教民，則非徒垂教於後世，亦可興化於當時，其功豈特孟子而已？」又啓曰：「人君不欲治則已，如欲爲治，必先下功於學問。所謂學問者，非特勤御經筵、多讀古書而已。必也格物致知，誠意正心，功夫不懈，實有其效，然後乃可謂之學問也。匹夫在家，雖有學問之功，其效不見於世。人君則不然，蘊之心意者發爲政事，故其效立見也。當今民生困悴，風俗薄惡，紀綱陵夷，士習不正，而殿下臨御數年未見治效，竊恐殿下格致誠正之功有未至也。若此因循，日益頹敗，則國之爲國，未可知也。殿下奮發大有爲之志，存心道學，講求善政，使臣民曉然知聖主將興三代之道，然後熟察群臣之臧否，舉錯得宜，人器相稱，則經濟之士必有出爲世用者，而國事庶可爲也。」○先是，特進官金鎧啓言：「當今年少輩，輕蔑大臣，已成己卯之習云云。」承旨奇大升等請對，極言鎧欲害士林之狀。領議政李浚慶進曰：「朝廷之上，當守體統。頃日承旨請對之事非近規，恐壞體統也。假使有可畏之機，自有臺諫及論思之官，何必承旨請對耶？」先生啓曰：「此言不然。若所言是，則何妨於體統？承旨亦經筵參贊之官，請對言事亦其職也。今者善政不舉，百度廢弛，若不奮然振作，以新一代之規矩，而徒然拘常守舊，則安能祛積弊而大有爲哉？大臣不能引君當道，而惟遵守近規是務，殊非群下所望也。」○一日，上將視朝，適所御冠不正，宮嬪告其故，上愕然曰：「他人尚不可以此接之，況如李珥者耶？」其見敬禮如此。

九月，製進東湖問答。

凡十一條：其一論君道，其二論臣道，其三論君臣相得之難，其四論東方道學不行，其五論我朝古道不復，其六論當今之時務，其七論務實爲修己之要，其八論辨姦爲用賢之要，其九論安民之術，其十論教人之術，其十一論正名爲治道之本。先生時在東湖讀書堂。○嘗於經筵啓曰：「臣累得入侍，每見殿下於群臣之言略不酬答。目今天災時變，近古所無，臣民惴惴，不知更有何事。爲殿下計，當數求善策，汲汲救時，不宜深拱無所猷爲也。入侍之臣預講所陳，晝思夜度，及至上前，壓於天威，言不盡意，十達二三。自上雖虚心酬酢，尚患下情不達，況淵默不言以阻之乎？明宗大王以二百年宗社付之殿下，殿下受其憂也，非受其樂也。」上曰：「蘊之爲德行，然後乃發之爲事業，豈可無德行而有事業乎？三代之治，不可猝復也。」先生曰：「殿下此言，固是循本之論。但德行非一朝可辦，而政事不可一日廢。允德未成之前，將置政事於不問，而任其紊亂乎？是故德行事業，當交修并進。且三代之治固不可猝復矣，至於革弊救民，則此豈難行之事？程子有言曰：『後王若明春秋之義，則雖無舜禹之德，亦復三代之治。』此其明驗也。德雖不及於舜禹，而奮發大志，力於躬行，信任賢臣，每事取法舜禹，則舜禹之治可庶幾矣。」上因問曰：「東湖問答何以漢文帝爲自棄乎？」對曰：「先儒謂：『若道將第一等讓與別人，且做第二等，便是自棄。』文帝以質美之君，當漢道全盛之時，可以復古而志趣不高，終於雜伯，故臣以爲自棄耳。人君立志不高者，大抵皆自棄也。」

請削衛社僞勳，以定國是。

一日於經筵，語及乙巳事，李相浚慶啓曰：「衛社之時，善士或有坐死者。」先生曰：「大臣之言何可含糊不明乎？衛社是僞勳也，其得罪者皆善士也。仁廟禮陟，中廟嫡子只有明廟而已，天命人心，豈歸他人哉？而姦兇乃敢貪天之功，斬伐士林，以録僞功，神人之憤久矣。今當聖上新政之初，當削勳正名，以定國是，不可緩也。」李相曰：「此言則然矣。但先朝之事，不可猝改。」先生曰：「不然。明廟幼沖，雖未免姦兇之欺蔽，今則在天之靈洞照其姦矣。雖曰先朝之事，豈可不改乎？」

請革四館侵虐新進之習。

啓曰：「弊習傷教者，不可不革。今士之初登第者，四館目爲新來，僇辱侵虐，無所不至。夫豪傑之士尚不以科舉爲念，況使之毁冠裂服，宛轉泥中，盡喪威儀，以棄廉恥，然後乃登仕版，則豪傑之士孰肯爲世用乎？中朝接待新恩，頗加禮貌，若聞此事，必以爲胡風矣。」上曰：「此可革也。」遂命痛禁。

與同僚上疏，論時務九事。

請定聖志以求實效，崇道學以正人心，審幾微以護士林，謹大禮以重配匹，振紀綱以肅朝廷，尚節儉以舒國用，廣言路以集群策，收賢才以共天職，革弊法以救民生。其論重配匹，略曰：「古之帝王所與婚者，莫非仁賢之後。其求之之道，不過曰『窈窕淑女，寤寐求之。求之不得，寤寐思服』而已，未聞聚闕庭、辨優劣如今日之爲。請自今勿以容姿服飾、推卜吉凶爲等級，先觀父母之賢否以察家法，次觀威儀之合度以察女德，宣問大臣，允協衆心，然後乃定，則國家之福也。」○嘗於筵中，獻納吴健啓曰：「外戚之患，不可不預防。」上曰：「人君自不賢，故外戚爲患。人君苟賢，外戚豈能作威福乎？且王莽之女孝平皇后亦賢明，則何係於父母乎？」先生對曰：「聖教誠然矣。但人君雖賢，不可自恃其賢而不爲之檢防也。且擇聖媲而不問其父母家法之如何，以冀萬一之幸，則無乃不可乎？」

上劄辭製摩尼山醮詞之命，不許，申辭。此條不知的在何時，姑付于此。

劄略曰：「臣待罪經筵，縱未能仰裨聖德，盡廢左道，亦安敢頑然製進此文，以玷論思之職乎？聖上方奮大有爲之志，以復三代之治，如此左道之醮，尚且因循不革，則他復何望？云云。」

十月，受暇歸江陵。

嘗講孟子至「王顧左右而言他」，啓曰：「當今四境之内，不治甚矣。設使孟子問上以何如，則將何以答之耶？」上不答。先生在玉堂數月，前後進言，言無不盡，而未見採納，或斥以過越。先生知天意終不可回，遂有去志，乞解官歸，求外祖母病，上特賜暇。

哭外祖母喪。

庚午 四年。先生三十五歲。

四月，拜校理，被召還朝。

先生以言雖不盡用，而天意猶眷眷，或有可爲之望，故赴召。○先生在江陵時，以書論出處於退溪先生，答曰：「既無舊業可歸，寧勿爲退計。」及還朝，又以書問曰：「某爲虛名所誤，已入名宦之途。若循例旅進，則與平昔素志背馳，故未免拜官輒辭，以爲禄仕之計。進則無學可施，退則無地可歸，欲爲禄仕則拘執不許，未知古人亦有遇此事而善處者乎？」退溪答曰：「然亦無可奈何，不如職思其憂，隨時處義，無負於所學而已。惟此『無負』二字，處實不易。正如來書所謂『三則』之間，而其拘執不許，益所難處。古則未知，今之遇此不能善處者，即滉是也。」

與同僚力請削衛社僞勳。

時先生力主削勳之議，一時名賢大臣亦或難之。而先生獨抗議不撓，玉堂四十餘劄蓋皆先生筆也，竟得請乃已。

八月，哭伯氏喪。

十月，以病解官，歸海州野頭村。即先生婦家也。京鄉士子從學者甚衆。

十二月，退溪先生訃至，爲位哭之。

素帶居外，又有挽詩，後遣弟瑀操文以祭。詩文竝見原編。

辛未 五年。先生三十六歲。

正月，自海州還坡州栗谷。

拜吏曹正郎，不赴。

夏，復拜校理，赴召。遷議政府撿詳舍人、弘文館副應教、知製教兼經筵侍講官、春秋館編修官，皆病辭，歸海州。

一日，與學者遊賞高山石潭九曲，日暮乃還。名第四曲曰松崖，仍作記。其餘八曲及架空庵皆名以識之，遂定卜居之計。

六月，除清州牧使。

專務教化，手撰鄉約，以率州民。鄉約見原編。

壬申 六年。先生三十七歲。

三月，病遞入京。

夏，拜副應教，病辭歸栗谷。

與牛溪先生論理氣四端七情、人心道心。

先生嘗曰：「雲峯胡氏曰：『性發爲情，其初無有不善；心發爲意，便有善不善。』退溪先生則曰：『四端，理發而氣隨之；七情，氣發而理乘之。』胡氏以情意爲二歧，退溪以理氣爲互發，此皆未然。蓋心之體是性，心之用是情，性情之外更無他心。故朱子曰：『心之動爲情。』情是感物所發底，意是緣情計較底，非情則意無所緣。故朱子曰：『意緣有情而後用。』心之寂然不動者，謂之性；心之感而遂通者，謂之情；心之所感而紬繹思量者，謂之意。心性果有二用而情意果有二歧乎？五性之外，無他性；七情之外，無他情。孟子於七情中剔出其善情，目爲四端，非七情之外，別有四端也。情之善惡，夫孰非發於性乎？其惡者本非惡，只是掩於形氣，有過不及而爲惡。故程子曰：『善惡皆天理。』朱子曰：『因天理而有人欲。』四端七情果爲二情，而理氣果可互發乎？夫以心性爲二用、四端七情爲二情者，皆於理氣有未透故也。凡情之發也，發之者氣也，所以發者理也。非氣則不能發，非理則無所發。自註：「發之」以下二十三字，聖人復起，不易斯言。理氣混融，元不相離。若有離合，則動靜有端，陰陽有始矣。理者太極也，氣者陰陽也。今曰太極與陰陽互動，則不成說話；太極陰陽不能互動，則謂理氣互發者豈不謬哉？」牛溪以爲：「朱子論人心道心，有或生或原之説，似與退溪之意合。 四七之與人心道心，雖其立言意味差有不同，皆説性情之用耳。 理氣互發之説非天下之定理，則朱子何以有此言耶？」先生曰：「感動者固是形氣，而其發也直出於仁義禮智之正，故主乎理而目之以道心，其源雖本乎天性，而其發也由乎耳目四肢之私，故主乎氣而目之以人心。 人心道心只是一心，而隨其發而異其名耳。 若理氣互發，則是理氣二物，各爲根柢於方寸之中，未發之時已有人心道心之苗脈，理發則爲道心，氣發則爲人心矣。 然則吾心有二本矣，豈不大錯乎？朱子曰：『心之虚靈知覺，一而已矣。』吾兄何從而得此理氣互發之説乎？退溪以四端爲由中而發，七情爲感外而發，以此爲先入之見，而以朱子發於理、發於氣之説，主張而伸長之。 心必有感而動，而所感皆外物也，天下安有無感而由中自發之情乎？所感有正有邪，其動有過有不及，斯有善惡之分耳。 今以惻隱言之，見孺子入井，然後此心乃發，所感者孺子也，孺子非外物乎？安有不見孺子之入井而自發惻隱者乎？就令有之，不過爲心病耳，非人之情也。 朱子之説意必有在，不過曰『四端專言理，七情兼言氣』云爾，非曰『四端則理先發，七情則氣先發』也。 且言七情則四端在其中，非若人心道心之相對立名也。 吾兄并而比之，何也？既曰道心則非人心，既曰人心則非道心，故可作兩邊説下矣。若七情則已包四端在其中，不可謂四端非七情，七情非四端，烏可分兩邊乎？且天地之化，即吾心之發也。天地之化，若有理化者、氣化者，則吾心亦當有理發者、氣發者矣。天地既無理化、氣化之殊，則吾心安得有理發、氣發之異乎？若曰吾心異於天地之化，則非愚之所知也。自註：此段最可領悟處。」往復長書數十篇，明白發越，間有發先賢所未發者。又有理氣詠、心性情圖。竝見原編。

八月，差遠接使從事官，病辭。

上疏辨相臣劄。

時權姦既去，士論稍張，而流俗大臣，所向不同〔四〕。小人之不得志者，陰伺間隙；前輩之庸碌者，咸懷不平。金鎧等遂欲構陷士類，適鎧子世輝徑泄而不售。有李元慶者，李相浚慶之從弟，失職怏怏，常冀朝廷有事。上舅鄭昌瑞亦欲擅攬權勢，相與糾結，潛圖內通，欲攻朴淳、奇大升、李後白等十餘人。有李睿者得元慶遺昌瑞書示沈仁謙，略曰：「此事今明當發，內通不可不速圖云云。」蓋李相沮抑後進，故群小皆以爲藉。白公仁傑嘗謂人曰：「方今大臣務要安靜，其弊也偷；士流務欲建白，其弊也激。吾將見上盡言，使得調劑。」先生聞之，恐其言繁失旨，反致上疑有朋黨，止之甚力。至是，李相臨死，上劄請破朝臣朋黨之私，蓋指士流也，有曰：「不事行檢，不務讀書，高談大言，遂成虛僞之風。」又曰：「殿下於致知之功，思過半矣。」又曰：「願上時露英氣以振警之。」上驚問大臣曰：「若有朋黨，朝廷亂矣。」大臣和解之，而語甚模糊，先生乃上章痛斥之。疏見原編。

九月，拜司諫院司諫，不就。

十二月，拜弘文館應教，兼如故，上疏辭。

先生有所陳説，動引古昔，又屢辭職不就，上有「李珥本是迂闊者」之教。

拜弘文館典翰，兼如故，不就。湖堂録先生名下有「拜藝文館應教」語，而未詳年月。

癸酉 神宗皇帝萬曆元年。先生三十八歲。

七月，拜弘文館直提學，兼如故，病辭不許。促召，不得已入謝，三上疏乞退，許之。三司交章請留，不允。八月，歸栗谷。

或曰：「求退得退，可謂快適。但人人皆有求退之志，則孰有扶持國家者乎？」先生笑曰：「若使上自三公，下至庶僚，皆有求退之志，則國家之勢自升大猷，勿患其不能扶持也。」○有感君恩四絶。并見原編。

九月，復拜直提學，再辭不許，乃赴謝，復辭不許。

上曰：「爾何以退而不來乎？」對曰：「臣病甚才疏，自度不能有爲，故不敢進耳。」上曰：「爾才予所知也，勿爲過謙，從今不更退可也。」先生進言曰：「臣跧伏田里，未知聖學成就幾何。但人君若有實德，則四方觀感矣。今日民生憔悴，風俗頹敗，臣竊怪焉。聖質英明，真是有爲之資，而即位之初，大臣輔導失宜，每引近規，排抑儒者之論，故至今不善治耳。」又曰：「匹夫讀書躬行，尚且志在濟世，況殿下稟可爲之資，操可爲之勢，寧無慨然自奮之志乎？鄉約是三代之法，而殿下命行之，誠近古所無之慶也。但凡事有本有末，朝廷百官未底於正，而先正萬民，則捨本而治末，事必無成。今已舉盛典，不可中止。殿下必須躬行心得，而施及朝廷，政令皆出於正，然後民有所感發而興起矣。」弘文正字金宇顒曰：「有關雎、麟趾之意，然後可以行周官之法度。」先生曰：「非謂是也。若必待德如堯舜，然後可興唐虞事業，則何時可做？非必德行一如文王，然後始有關雎、麟趾之意也。殿下誠心願治，則只此一念，便是關雎、麟趾之意也。即此一念不退，則可行周官之法度矣。」

冬，上劄論弭災之道。劄見原編。

請立志以振紀綱，革弊以安百姓，批曰：「辭意直切，論議痛快，覽之令人竦然。」

○嘗於經筵啓曰：「昔者聖人亦有師，師不必賢於己，有以一言之善爲師者。故芻蕘之言，聖人擇焉，非必若湯之於伊尹，然後乃可謂之師也。人君處崇高之位，自以爲滿足，則善言何由而入乎？殿下謙沖退讓，形於下教，臣不勝感激。但謙讓有二焉：不自滿足，捨己從人，則爲善之本也；退託不進，無振起之意，則謙讓反爲病矣。殿下之言則謙矣，至於不從公論，自是非人，則反有謂人莫己若之病，臣竊悶焉。」

陞通政大夫、承政院同副承旨、知製教兼經筵參贊官、春秋館修撰官，上疏辭，不許。

筵臣有言：「整齊嚴肅，最有下手處。」上曰：「何以謂之有下手處？整齊嚴肅以外言之，故人易於用功；主一無適以内言之，故難於下手耶？」先生曰：「整齊嚴肅，不特外貌爲然也。若徒整容儀而政事不出於天理，則不得爲整齊嚴肅矣。如漢成帝臨朝穆穆，尊嚴若神，而政事顛錯，豈可謂之敬乎？」因進曰：「臣昔者忝冒玉堂，每以唐、虞、三代之事啓達，則自上答謂：『何可猝然爲之乎？』此教誠是也。臣意亦非欲遽見其效也，只欲今日行一事，明日行一事，漸入佳境耳。迂儒則以爲堯舜之治朝夕可做，流俗則以爲古道決不可行，此皆非也。爲治當以唐虞爲期，而事功則須以漸進也。我國之不治久矣，惟世宗大王之法誠可爲法。其時用人，不拘常法，任賢使能，各當其才，故賢不肖分定。今日必須擇人授官，委任責成，然後庶績可熙矣。己卯年間，趙光祖見遇於中廟，有大有爲之望，第以年少士類，作事無漸，未免騷擾，小人乘間，起害士林。至今任事者，以己卯爲戒。己卯之作事無漸，雖過矣，豈不愈於今日之事不做事乎？自上若欲有爲，則必先躬行，本源澄澈，然後爲治之具次第舉行，而群下聳動矣。既先修己，必須尊賢。所謂尊賢，非爵之而已，必用其言，施之事爲，然後方是尊賢也。近觀士大夫之習，不欲久居一職，紛紜辭疾，朝拜暮遷。其故有三：官不擇人，人不稱器，被人指笑。故遂以辭病得免爲廉恥焉。有有志之士，事與心違，自愧尸素，不得已謝病焉，或是真有疾病者，亦不得不乞解焉，此所以居官不能久也。自上誠志於爲治，勵精率下，則群臣莫敢自便而盡心供職矣。近日臺諫所啓，若涉宮禁内需等事，則自上必牢拒，群下疑殿下之有私，安所取則乎？廷臣多以容默爲得體，蓋慮其言之不見信故也。」○嘗於夜對啓曰：「自上言語甚簡，群臣之言，略不俯答，聖意以爲不足答耶？如臣之愚，固無可問，然入侍累日，一不咨問，臣不知殿下有爲治之志否也。」上曰：「自顧不能興治也。」先生曰：「自上雖曰不能，臣不信焉。今者殿下沈溺女色乎？好聽音樂乎？耽嗜飲酒乎？好馳騁弋獵乎？但殿下所欠惟不立志圖治耳，此正由學問上欠踐履之功故也。」上曰：「自古創業之君，則不能無失德，而尚致少康。立國浸久，漸至衰微，則雖有賢君，不能爲治矣。」先生曰：「此亦不然。周宣王、漢光武皆中興之主，二君豈賢於武王、高祖乎？至於晉悼，年纔十四即位，六卿强，公室弱，而悼公能自振奮，卒成霸業，顧其立志如何耳。」時上意每謙讓，不自振作，故先生眷眷以立志爲言。○金宇顒謂先生曰：「公於經席啓辭，事業上言語多，心學上言語少。吾意則不然，自上若知學問入頭處，則事爲自中於理矣。」先生曰：「君言甚好。但吾所啓，皆是立志之事，必上志願治，然後亦於學問得力。苟無其志，則學問無安頓處。故以誠心求治之説反復焉，非先事爲而後學問也。」時先生欲積誠以回天意，黽勉從仕，牛溪先生謂之曰：「儒者惟以格君心爲主，若上心不可回，則當速引退。苟不出此而先務事功，則是枉尺直尋，非儒者之事也。」先生曰：「此言固然。但上心豈可遽回？當遲遲積誠，以冀感悟。若以淺薄之誠，責效於旬月，而不如意則輒欲引退，亦非人臣之義。」

十一月，請以未出身人通臺憲之路。

先是，因入侍啓曰：「未出身人若有才德，則用爲憲官，此國家恒規也。自己卯禍後，遂杜其路，此不遵祖宗之法也。世衰道微，紛紛士子只知科舉爲發身之路，彼第一等人不屑屑於此。科舉用人，乃叔季之習也。或疑未出身者爲臺官，則不好者混進，此則不然。若公論行，則此等必選其人矣；若公論不行，則文士亦多有不善者居要地矣。何獨於未出身者憂其混進乎？」上曰：「此言是也。」至是復申前説，大臣之議亦同，上從之。

請從李滉贈謚之請。

時廷臣請贈退溪先生謚，上以無行狀不許，曰：「何以不撰行狀？」先生進曰：「昔者黃榦以朱子高弟，其製行狀猶在二十年之後，況李滉門人安能容易乎？如滉行迹，昭在耳目，行狀有無，有何加損？吾東以儒名世者雖有其人，夷考其言行，則多不合儒者軌則。若滉精神氣魄稟得不强，才調器局誠有不及古人者，但一生沈潛義理之學，言論風旨筆之於書者，雖古昔名儒之言亦不是過。殿下於已死之賢，行迹已著，猶且靳於褒崇，況於一時之士寧有好善之誠？滉之謚，雖遲一二年猶無大害，四方之士疑殿下無好賢之誠，則其害豈淺淺乎？」

甲戌二年。先生三十九歲。

正月，陞右副承旨。因災異應旨，上萬言封事。

其略曰：「今之所可憂者有七：上下無交孚之實，臣鄰無任事之實，經筵無成就之實，招賢無收用之實，遇災無應天之實，群策無救民之實，人心無向善之實。今陳修己安民之要，爲祈天永命之本。修己爲綱者，其目有四：曰奮聖志，期回三代之盛；曰勉聖學，克盡誠正之功；曰去偏私，以恢至公之量；曰親賢士，以資啓沃之益。安民爲綱者，其目有五：曰開誠心，以得群下之情；曰改貢案，以除暴斂之害；

曰崇節儉，以革奢侈之風；曰變選上，以救公賤之苦；曰改軍政，以固内外之防。」批曰：「省觀疏辭，可見堯舜君民之志，善哉論也，古之人無以加焉！有臣如此，何憂不治，敢不書紳？此疏示大臣議處。」且命謄疏以進。未幾入侍，副提學柳希春曰：「識時務在俊傑。頃日李珥疏，自上命大臣議處，群下舉爲欣悦矣。」先生起謝，因進曰：「聖明在上，人人進言，不爲不多，但無分寸之惠及於民生，旁觀者乃以無實效，歸咎於言事之人，如此則士氣必沮喪矣。願上務求實效，無尚空言。」〇一日，上謂先生曰：「漢文何以不用賈誼？」對曰：「文帝雖賢，志趣不高，見誼言大，疑而不用耳。凡人有大志，可以做大事。譬如主人欲構數間小屋，而工師乃欲構大厦，則豈肯聽其言乎？今者聖明在上，民生困悴，此真將治將亂之機，不可徒曰恐懼修省而無其實也。近來傳教儘善，而實效則未之見也，自上每以變通爲難，故終無實效。」上曰：「若非祖宗法，則更張何難？」先生曰：「非欲盡變祖宗法，至如貢案是燕山所加定。臣非好更張，欲救民瘼也。自古聖賢隨時變通，以天運言之，歲久則曆數必差，若不隨改，則天象差謬，四時易序矣。」〇他日又進曰：「今日群臣多不以國事爲念，固可憤歎，此亦理勢然也。古來不事公而事私者，雖得罪不過罷免而已，勉於國事者往往被赤族之禍。惟國事是念者世不常有，宜乎營私者衆而奉公者少也。今欲使勉於國事，則必須自上奮發，使人人曉然知上意在於有爲可也。」○一日，上以綱紀未振爲歎，先生對曰：「綱紀之在國家，若浩然之氣在一身也。浩然之氣是集義所生，非一事偶合於義而可襲取之也。綱紀亦然，非一朝發憤而可立也。今日行一義，明日行一義，仰不愧，俯不怍，然後浩然之氣充滿流行矣。須以公平正大之心施之政事，今日行一善政，明日行一善政，直必舉，枉必錯，功必賞，罪必刑，則紀綱立矣。」上曰：「今行何事，可以爲治乎？」先生對曰：「先定大志，得賢委任可也。但知人實難，必先用功於學問，於窮理、居敬、力行三者勉勉加功，至於理明德成，則賢愚邪正可以洞照矣。且臣聞御製詩，甚有愁鬱之意，殿下何以不樂如許乎？夫人君有南面之樂，得人而任職，則可以泰然和平矣。」修撰尹晛曰：「李珥論學，以窮理置於居敬之先，臣意居敬當在窮理之先。」先生曰：「程子曰：『未有致知而不在敬者。』晛言是也。但敬是貫始終之功，無先後可論。殿下立志堅定，而敬以窮理，敬以力行，則初似辛苦，用功之久。至於義理有味，則處善循理，快然自足，心廣體胖，泰然悅豫矣。」時上頻有微恙，群臣每進戒色之言，上曰：「大德必得其壽者。舉理而言，壽夭在天，只當順受而已。」先生曰：「順受甚不易，若毫髮自戕則非順受也。程子曰：『吾以忘生徇欲爲深恥。』此言當留念也。」○先生於筵中申論鄉約曰：「臣意以爲行鄉約太早也。養民爲先，教民爲後。民生憔悴，莫甚於今日，汲汲救弊，先解倒懸，然後可行鄉約也。德教是粱肉，若脾胃極傷，糜粥不下，則粱肉雖好，其能食乎？」副提學柳希春曰：「李珥之言是也。」上命議大臣，遂停之。

二月，請以成渾付閒職，兼帶經筵，以時入侍。

上於經筵問曰：「成渾何如人？」先生對曰：「此人臣所熟知，是故徵士守琛之子也。早承家訓，資質純厚，可以爲善。但其人多病，如持平之職決不能堪。殿下必欲見此人，則遞其職而使之上來可也。未出身人兼帶經筵，是祖宗朝所爲也。如成渾，以閒官兼帶經筵，時時入侍可也。」他日，上又問：「渾才何如？可以致治乎？」對曰：「才非一般，有才智出衆、可以獨當大事者，有才雖不足而能用群策者。渾之才智出衆，則臣所未知，若其容量，則可以能用群策，豈不可以治國乎？」

請移閒局調疾，遞授僉知中樞府事。

先生以多病不堪劇仕，請遞，上答曰：「爾當在予左右，輔予不德，未可辭退，調理出仕可也。」三告，始許遞。○是時，成均館儒生從年齒坐，流俗多非之。或謂：「榜中尊敬狀元，豈可坐於狀元之上？」先生曰：「狀元之尊，施于榜會可也。館中乃明倫之地，長幼之序不可亂也。且古者王世子入學齒讓，則狀元非所論也。」

拜兵曹參知。

三月，拜司諫院大司諫，再辭不許。

請寢黃蠟入內之命。

時上命義盈庫納黃蠟五百斤，外間莫知所用，或云用於佛事。先生率同僚請問何用，上曰：「內用之物，非下所敢仰問也。」又啓曰：「宮中別無許多用蠟之處，此必出於邪岐曲逕，故臣等欲防微杜漸耳。司馬光有言：『平生所爲，未嘗有不可對人言者。』今臣等方以正心誠意望於殿下，而只此一事不敢宣示，則未知幽獨得肆之地，其能不愧於屋漏乎？」上曰：「昔梁武帝口苦，索蜜不得，不料再見於今日。」又啓曰：「殿下至以侯景比臣等，不勝驚愕戰慄之至。該司之物固皆殿下之所有，殿下用之以正，則群臣當承奉之不暇，尚敢有一言乎？若用之以不正，則雖該司亦當覆逆，況言官安敢默默乎？近者外間喧播，以爲將造佛像。聽者疑信之際，水銀、黃蠟之命適下，人心愈疑。故茲敢仰問，以昭聖明之無惑耳。昔舜造漆器，諫者十人。武王嗜鮑魚，太公不進，曰：『禮：鮑魚不登於俎。』此豈愛敬不足而然哉？誠以忠臣愛君以德，敬君以禮，逢迎承順反害於愛敬故也。」上曰：「未知聞於何人，予欲拿鞫而辨之。」又啓曰：「傳播之說，非出於一人之口，若必一一拿鞫，則何異於衛巫之監謗乎？」上曰：「諫院必有所聞之人，其直啓。」又啓曰：「傳播之言，行於道路，出於里巷，則道路里巷之人其可盡鞫乎？古者立誹謗之木，且使行旅謗於道，商旅議於市，未聞明王以謗議之無實而輒加拿鞫也。殿下只治臣等妄言之罪足矣，何必立威而箝口，以駭四方之觀聽乎？」上曰：「敢諱所聞之人，多言以塞之，此果無隱之道乎？其速直啓。」先生遂與同僚辭職以啓曰：「此不過輕視臣等，折之以雷霆之威，將以杜塞直言之路也。有聞必達，此是無隱之道，必指摘言根，則此乃畏怯逢迎，非無隱之道也。」上曰：「朦朧輕啓，問則敢諱，此果忠直之道乎？周禮有造言之刑，今則姑恕，勿辭可也。」又啓曰：「臺諫有聞不敢不達者，固是事君無隱之道。而人君聽言，有則改之，無則加勉，不詰言根者，所以待言官以禮而廣開忠諫之路也。若必窮詰言根，而輒以造言之罪加諸諫官，則群下莫敢發言而聰明日蔽矣，不幾於一言喪邦乎？」乞罷，不許。後上頗悔之，因館學儒生疏，還下黃瓛于該司。

上劄請勉學、親賢臣。詳見原編。

　　時上摧折言官，且徑許左相朴淳之辭，至於大臣三啓請仍而不允，先生上劄遡源而論之。

四月，謝病免，旋拜右副承旨，復辭遞，歸栗谷。

嘗入侍，自陳多病不能從仕之狀，請退而調攝，上曰：「病若如此，則亦無可奈何矣。」古詩曰：『洗耳人間事不聞，青松爲友鹿爲群。』豈不樂乎？」先生對曰：「古之隱士與人主不相接，無君臣之契，故可以相忘而自適於佳山好水爲樂也。臣則受恩深重，雖在畎畝，心懸冕旒，又有疾病，每患呻吟，隱居何樂？只是難於尸素，故不得不退耳。」至是決退，盧蘇齋守慎謂人曰：「李珥於經席多言上所厭聞，恐其生事，我欲止之而不相知，故不能耳。」先生聞之笑曰：「我退則無言，蘇齋可無憂矣。」鄭松江澈曰：「聞上洗耳之教，明日便可引去。」先生聞之曰：「季涵過矣。我以在朝無裨益故退耳，豈以此教之故決退乎？以此決退，明日即去，則此小丈夫悻悻之事，非我心事也。」朴思庵以書勉留，先生於簡尾書杜詩一句曰：「安危大臣在，何必淚長流？」

明日出楊花渡，乘舟而歸。

復拜承旨、大司諫，皆不就。

六月，庶子景臨生。

十月，除黃海道觀察使，上疏請革一道之弊。疏見原編。

先生以爲外職非如近侍之列，且方伯可救一方民瘼，遂赴任。上疏請革一道之弊，一曰西塞遠戍之苦，二曰進上煩重之弊，其餘悉以便宜變通，大抵以興學校、尚教化、恤民隱、修軍政、彰善癉惡爲務。士民莫不感悦，貪官污吏聞風悚戢。

乙亥三年。先生四十歲。

正月，仁順王后昇遐。二月，上疏請勿過哀。

時上哀毁盡禮，幾不能支，先生不敢以外藩爲解，遂上疏。

三月，病遞歸栗谷。

拜弘文館副提學，兼如承旨。上疏辭，不許。四月，入謝又辭，不許。

先生以爲國有大喪，臣子分義，不可退在，遂舁疾入臨。三告，猶賜暇，乃出謝復辭，批曰：「屢賜休告，豈無其意？爾今出仕，予心良慰。陳善格非，是予所期，可勿辭也。」先生不得已就職。○後諸公多疑其去就，先生曰：「進退固非一端。我當初固無供職之志，欲於山陵事畢後退去，自上屢賜休告，不改其職，且主上哀疚之中善端開發，異於昔日。故欲姑留積誠，以冀萬一之幸耳。君子果於忘世則已，如或有意於斯世，當此錮陰生陽之際，豈無可乘之機乎？」

請於下玄宫時依下教行望哭禮。

仁順王后發引，上疾不能行，下教曰：「下玄宫時，欲率百官望陵而哭。此禮何如？」先生啓曰：「禮有常有變。躬詣山陵，禮之常也；有疾攝行，禮之變也。五禮儀只道其常，故無攝行之儀。若於下玄宮時全然無事，似爲欠闕，竊恐議禮之臣未及建白也。自上孝思無窮，當此大事，無所不用其極。下教之辭，允合禮意，以實處變而得禮之正，傳之後世，永爲成法，決無可疑也。」

五月，請卒哭後以白衣冠視事。

時持平閔純上疏，請於卒哭後依宋孝宗例以白衣冠視事。上下其議，廷議不一。先生啓曰：「必欲盡合先王之禮，則當初上下當具衰絰如儀禮之節，別造布帽、布團領、布帶，以爲視事之服。今既蹉過，不能追復，寧依宋孝宗制，上下白衣冠帶視事爲近於古禮也。若玄冠、烏帶之制，揆之情禮，至爲未安。宋高宗朝，羅點建爲此制。此時喪紀廢壞，易月之後純用吉服，故點議猶愈於己。朱子君臣服議辨論甚詳，豈可不從朱子之論而泥於羅點之議乎？五禮儀撰定時，許稠引羅點之說，遂爲定制。當時無識禮之儒臣，不能導先王於正禮，至今志士慨歎，豈可再誤於今日乎？」上從之。

〇又啓曰：「臣嘗聞殿下謂侍臣：『予欲學問，只緣多事未遑也。』不識有諸？」上曰：「有之。」先生曰：「臣聞此言，一以爲喜，一以爲憂。喜者，喜上有學問之志也；憂者，憂上不察學問之理也。所謂學問，初非兀然端坐、終日讀書也，只是日用間處事一一合理之謂也。今若讀書，而日用處事不求當理，則豈所謂學問者哉？且學問要以立志爲先，立志不極高大，則所趣必卑。須奮發大志，以堯舜爲準可也。」將罷，上呼先生曰：「前日歸鄉里，仍爲監司，久未相見矣。」仍問海西民瘼。○嘗進講書傳，至「肯構肯堂」，啓曰：「今人多不解此義，只以膠守前規爲堂構，此甚不可。其父定其基址，其子仍其制而構屋，乃謂善承父業。若守其基而無所營建，則乃是不肯堂構也。以國家言之，祖宗創業，多有未遑者，或時移歲變，多有可矯革者，隨宜經紀，當乎義理，乃是繼志述事也。」

乞從徐敬德贈職之請。

時朝臣請加贈花潭徐先生職，上曰：「敬德所著書多論氣數，而不及於修身之事，無乃是數學耶？且其功夫多有可疑處。」先生啓曰：「其功夫固非初學所當法。其學出於横渠，其所著書若謂之脗合聖賢之旨，則臣不知也。但世之所謂學者，只倣先儒之説以爲言，而心中無所得。敬德則深思遠詣，多有自得之妙，實非文字言語之學也。」上許之，遂贈議政。

六月，上劄論君德。

一立志，二進德，三推行，四保躬。劄見原編。上答曰：「毋甚高論，寡人不敏，不足以當之。」先生明日入對，啓曰：「自上所答『毋甚高論』，若只是殿下謙辭則可矣，若實以臣等之言爲高，則恐非宗社生民之福也。漢文帝以三代之説爲高論，故功烈如彼其卑，此豈可法乎？」

命删正四書小註。

先生嘗定大學諺解，眉巖柳公希春因牛溪先生求見矣。一日，上命柳公詳定經書諺解，柳公辭以力小任重，仍薦先生學問高明。上於筵中教曰：「四書小註多有未穩處，欲稍删削，以便觀覽。玉堂可任此也。」先生啓曰：「此非臣所能獨當。學問之士，不論出身與否，使與同議删削，恐得其宜。」先生於四書諺解訖工，而五經則未及焉，又就四書小註，以朱墨批抹，或圈或點，分爲八條，訂其得失。語、孟失於壬辰兵火，獨庸、學存焉，其他周易傳義及近思録口訣亦行於世。

七月，劄論推治憲吏之非。

時宮奴有犯禁者跳入王子寓舍，憲吏追捕之。上以爲作挐，下吏于禁府。先生啓曰：「殿下只聽婦寺之言，婦寺不可盡信。且王子下人素稱縱恣，不可不嚴加檢飭，而王子阿保亦當擇醇謹慈良之人。且侯氏一婦人也，尚知教子之方，嘗曰：『患不能屈，不患不能伸。』今殿下有子，何患其不能伸乎？」又上劄爭之，又於筵席進曰：「近日，以憲吏一事，守法之臣多忤聖旨。殿下歷觀前史，豈無所見？自古阿諛附託者後必背叛，守正不撓者後必盡忠。漢高欲以趙王爲太子，周昌廷爭甚强。以人情言之，昌可謂不愛趙王矣。厥後，高祖深以趙王爲憂，欲爲保全之計。趙堯薦周昌爲趙相，昌盡誠保護，吕后不能召致趙，先召周昌，然後乃致趙王。惟其平日有守正之節，故後日能保護也。此意非獨自上知之，妃嬪亦當知之。」上默然。

八月，劄論諫院請推大臣之失。

時載寧郡有奴殺主者，左議政朴淳爲委官，上以無明驗命釋之，憲府請還囚，諫院以爲再起獄有後弊。先生上劄曰：「奴殺其主，綱常大變，十分窮治，明知無罪之實，然後可釋也。今此獄事，屍帳雖不符合，未及究意，遽命放送。如其無罪也，則不可更鞫矣。如其有罪，則雖十起王獄，烏可已乎？縱綱常之罪，助爲惡之人，獨無後弊乎？」先是，沈義謙爲舍人，以公事到領相尹元衡家。元衡妾女壻李肇敏與義謙相知，引入書室。義謙見室中多有寢具，歷問其人，則其一乃金孝元也。時孝元有文名，義謙心鄙之曰：「安有文學之士託迹權門乎？決非介士也。」後孝元登魁科，聲名日盛，流輩爭推之，義謙執前事遏銓薦，孝元居郎僚六七年，始入銓。蓋義謙曾有扶護士林之功，故前輩多許之；孝元當官盡職，喜進清流，故後輩多與之。孝元嘗謂義謙心戇而氣粗，不可柄用。由是，義謙儕輩疑孝元有修隙之意，或指爲小人。而孝元儕輩皆疾義謙，以爲害正之人。前後輩不相協，有分黨之漸。及是，孝元爲司諫，許曄爲大諫。曄雖前輩，而推許孝元，故後輩尊之爲領袖。朴淳有清名重望，而是前輩，故指爲義謙黨。曄、孝元以按獄失體，請推考朴淳，物情甚不韙之。正言趙瑗以請推考大臣爲非，兩司皆避嫌，而獨大司憲金公繼輝所見與趙瑗同，仍論許曄以尸親切族，持論過中，玉堂將處置而僚議不一。先生以爲大臣有罪則遞之可也，罷之可也，雖流放竄殛可也。言官隨事論斥，有何回避？但不可請推。推考者，有司詰問照律，乃督察庶官之法也。昔漢臣有請使司隸校尉督察三公，而議者非之。今之請推大臣，乃有司督察三公之法也。諫院之啓既非，而憲府雷同，皆可遞。惟大憲及正言可出。僚議又以大憲之論過中，亦可遞。於是，盡遞兩司而只出正言，公議皆以爲得中，而孝元儕輩多不快。曄之子鈞爲銓郎，嗛繼輝之斥其父，參判朴謹元阿附孝元，乃出繼輝爲平安監司。未幾，又以李公後白爲咸鏡監司，柳公希春棄官南歸。先生曰：「柳公，讀書之人也。李季真、後白字。金重晦繼輝字。練達時務，明習典故，皆不可去朝也。」乃上劄請留不得。自是黨論紛紜，先生務爲調停鎮定之策，士林倚以爲重。未久，先生去朝而乖張日甚，永爲搢紳之患。

九月，進聖學輯要。

先生輯經史要語切于學問政事者，次第彙分，凡五篇，并劄以進。翌日，上謂先生曰：「其書甚切要，此非副學之言，乃聖賢之言也，甚有補於治道。如我不敏，恐不能行。」先生謝曰：「自上每有此教，臣切悶焉。昔宋神宗曰：『此堯舜之事，朕何敢當？』明道愀然曰：『陛下此言，非宗社臣民之福。』殿下之言，無乃近此乎？」

十月，進講大學衍義，論克己復禮。

啓曰：「人性本善，純是天理，只是己私爲蔽，故天理未復。若克去己私，則全其性矣。顔子窮理素明，天理人欲如見白黑，故直從事於克己復禮。今人從前無窮理功夫，直欲克己，則不知何者爲己，何者爲禮，或有反以己私爲天理者矣。此所以格物致知爲大學之始功也。且古者做功夫，不多説克己復禮，便去實做，故只此四字可以作聖。今者言語儘多而元無實功，故亦無實效矣。」上曰：「顔子云『博我以文』，此時有何等文乎？」對曰：「此時已有六經。且楚左史倚相讀三墳、五典、八索、九丘，倚相之生先於孔子，則此時有文可讀，但不若後世之多耳。」上曰：「顔子非徒明智，儘是有勇，故能向進不已。」對曰：「上教甚當。既知如此，篤志勇詣，則何所不至？近日，自上每發愛民之教，但有其心，無其政，則民無蒙惠之效矣。」上曰：「今日生民，比曩時何如？」對曰：「比於權姦當國時，則浚剥似減矣。但貢賦徭役之規甚乖事宜，日漸謬誤，民受其害。若不改轍，則雖日下愛民之教無益也。」上默然。

受暇省墓于坡州。

時沈、金角立，朝著不靖。先生嘗見盧相守慎曰：「兩人當出于外，以定浮議。」盧相白上欲出之，先生又啓曰：「此兩人未必深成嫌隙，只是我國人心輕躁，其親戚故舊各相告語，遂致紛紜。大臣當鎮定，故欲出二人以絶其根耳。今日朝廷雖無姦人顯著者，亦豈必無小人乎？若小人目以朋黨，爲兩治之計，則士林之禍必起矣。自上不可不知此意。」後以特旨，授金孝元慶興府使，教曰：「此人在朝，使朝廷不靖，當補邊邑。」授沈義謙開城留守。先生乞暇將行，啓曰：「臣有所懷，不敢不達。孝元補外之舉，非但大臣之意與臣合，實是士林間公論。第孝元疾病甚重，受任北塞，顛頓霜雪之中，則緩死爲幸。且大臣欲以兩人補外，以爲鎮定之策而已，非以孝元爲有罪而放逐之也。請以內地僻邑授孝元。」上疑其黨於孝元，嚴批不許。後於經筵，先生復申前請。時孝元已改富寧，上又命改爲三陟府使。

還朝，召對于思政殿。

啓曰：「古者無學問之名，日用彝倫皆人所當爲，別無名目之可言，君子只行其所當爲者而已。後世道學不明，彝倫之行廢而不舉，於是以行其所當爲者，名之以學問。學問之名既立，反爲世人所指目，吹毛覓疵，或指爲僞，使爲學者諱祕遷就，以避其名，此後世之大患。人君須主張學問，使流俗不得謗議可也。」上問曰：「見成渾乎？其病何如？終不能仕乎？不能爲邑宰乎？」對曰：「邑宰尤非病人所堪也。」上曰：「能授學徒乎？」對曰：「亦以病不能也。」上曰：「予觀往史，時代漸變。夏不及唐虞，商不及夏，周不及商。今代固難復三代之治也。」對曰：「世道固漸降矣，然若行古道，豈無復古之理乎？程子有言：『唐虞不可及，三代決可復。』蓋唐虞之世，無爲而化，後世所不能及。若三代之治，則苟行其道，必可復也，只是不爲耳。」後於夜對進啓曰：「天理人欲間不容髮，二者初非二本。人心未發時，只是渾然天理而已，每於動處善惡分焉，心動然後乃有人欲。」上曰：「動者因氣，氣有清濁，故善惡分，天理人欲初非并立於心中也。」先生曰：「上教至當。天理人欲初非二本，而既分之後，界限明甚，非天理則是人欲，非人欲則是天理，無中間溫吞煖處也。」仍啓曰：「古人以夜對勝於晝講者，群動既息，君臣於靜中相對，思慮專精，啓沃有效故也。今自上亦當以學問可疑處及時政得失下問臣等也。」上曰：「必須稍有所得，然後乃可會疑，故不能問也。」

十一月，請加贈成守琛職。

啓曰：「徐敬德、成守琛，一時并出。學問之功，敬德固深；而德器之厚，守琛爲優。故論者互分優劣。先朝贈守琛爲執義，贈敬德爲佐郎。近者，加贈敬德右相，而守琛則不加焉，士類以爲歉。臣意加贈爲當，守琛廉頑立懦之功，真可尚也。」上曰：「既以爲賢者，則褒贈爲重矣，爵之高下何關？敬德之贈亦似過矣。」

十二月，復朴思菴書。

思菴少遊花潭之門，以爲經傳所論未嘗及天地之先，又以爲天地未生之前。「沖漠無眹」而已，又以「澹一清虛」爲氣之始。先生以書辨之，略曰：「夫子曰：『易有太極。』周子曰：『無極而太極。』閤下以此等説，皆歸之於天地已生之後乎？天地未生之前謂之陰者，甚當。但既是陰，則是亦象也，安得謂之沖漠無眹乎？沖漠無眹者，只是單指太極，而實無沖漠、無陰陽之時也。閤下且道天地只一而已乎？若曰天地無窮生滅，則此天地未生之前陰含陽者，乃前天地既滅之餘也，豈可以此爲極本窮源之論乎？台諭又曰：『然則太極懸空獨立。』此又不然。前天地既滅之後，太虛寂然，只陰而已，則太極在陰；後天地將闢，一陽肇生，則太極在陽。雖欲懸空獨立，其可得乎？張子之論固爲語病，滯於一隅，而花潭主張太過，不知陰陽樞紐之妙在於太極，而乃以一陽未生之前爲陰陽之本，無乃乖聖賢之旨乎？大抵陰陽兩端，循環不已，而太極無不在焉，此太極所以爲萬化之樞紐、萬品之根柢也。今曰『澹一寂然之氣乃生陰陽』，則是陰陽有始也，有始則有終矣，然則陰陽之機，其息也久矣。且澹一之氣目之以陰，則太極非根柢，而陰氣乃根柢也。但以陰爲陽之母，而不知陽爲陰之父也，其可乎？且所謂『沖漠無眹』者指理而言也，若曰指氣，則不可謂之無眹也。故『沖漠無眹』之稱，如就氣質上指本然之性也。雖曰本性，而實無本性離氣之時，雖曰沖漠，而實無沖漠之時也。若曰實有沖漠之時，而乃生陰陽，則此亦陰陽有始也。花潭用功非不深，而但思之過中，反以氣爲陰陽之本，理氣雜糅無辨，不能妙契聖賢之旨，豈不可惜哉？」

病，遞授護軍。

有送趙汝式之任通津説。見原編。

校勘記

〔一〕努力功夫各自親　「自」，一本作「日」。

〔二〕五月與牛溪先生論至善與中及顔子格致誠正之説　此段，文集係於丁卯年。

〔三〕非聖人未可　「可」，文集作「了」。

〔四〕所向不同　「向」，疑作「尚」。

栗谷先生全書卷三十四

附録二

年譜下

丙子四年。先生四十一歲。

二月，歸栗谷。

先生決意退歸，朴思菴每於經席稱先生可大用，又請勿許其退。上曰：「此人矯激，且不欲事予，予何爲强留？自古許退而俾遂其志者多矣。且賈誼讀書能言而已，實非可用之才。漢文之不用，眞有所見也。」或謂先生曰：「上以公之欲退爲矯激，不欲留之，公不可遲留乎？」曰：「自上不欲留，雖欲遲留，得乎？固將退也。聞許退而不退，是以去就爲市道也。」○時沈、金既出，朝論益乖，先生力主調劑，欲爲保合。而前輩皆以金爲小人，必欲深斥之，不從先生之言，後輩恨先生不用金，彼此皆以先生爲非。或謂先生曰：「天下無兩是兩非，公於近日事不分是非，務欲兩全，人心不滿矣。」先生應之曰：「天下固有兩是兩非矣。伯夷、叔齊之相讓及武王，夷、齊之不同，是兩是也。春秋、戰國之無義戰，是兩非也。近日沈、金之事，非關國家，而乃相傾軋，至於朝廷不靖，真是兩非也。雖是兩非，而俱是士類，但當和解消融可也。必欲是此而非彼，則方生之説，相軋之勢，何時可了乎？」大司諫洪公聖民欲劾李誠中，先生力止之，竟不聽。一日，先生與韓脩、南彦經論時事曰：「當初裁抑仁伯金孝元字。實是公論，而今議論過激，尚未安定。士類之公心中立者反生疑心，若此不已，必失人心，反使右仁伯者爲公論矣。」南曰：「如此紛紜之時，公不可退也。」曰：「不見信於上下，奈何！」南曰：「豈無一分之益？」曰：「爲一分之益，而誤我平生，何如？」金宇顒勉留之，先生曰：「若數月之内，當生禍敗，則吾可强留相救矣。今則別無形顯之禍，而朝論相乖，和氣日消，加之以俗論得行，清議漸微，數年之後始見其證矣。今吾上説下聒，皆不相信，安能坐待數年後患而踽踽强留乎？」許曄曰：「和叔、朴淳字。季真、重晦雖有時望，識者論之，則必以爲方叔沈義謙字。門客。」先生曰：「公言大誤。斯三人皆士林之望，豈是依方叔而發身者乎？」他日語人曰：「許太輝曄字。

所見甚謬，異日誤事者必此人也。」朴思菴留之甚切，先生曰：「在京一年，不能讀一卷書，如此乾没，恐誤一生。」時前後輩多來別，先生曰：「吾今欲爲定論，諸公試聽之。」皆曰：「諾。」先生曰：「權姦濁亂久矣。摧陷廓清，使士論得伸，豈非方叔諸公之功乎？仁伯欲爲國事，則宜無失巨室之心。而乃排抑前輩，使皆懷憤，士林自相角立，此則仁伯之罪也。既如此，故公論裁抑外補，已得中矣。而猶疾之太甚，攻之太劇，此則前輩之罪也。如此論斷，得其事情矣。自今以後，不相疑阻，坦懷處之，則更有何事？不然則朝廷之憂未艾也！昔則士類、俗類只兩邊而已，今則士類之中自分兩邊，致此者非仁伯而誰？」皆曰：「此真是公論。」今日在座之人皆從此論，則時論定矣。先生既退，時論益潰，不可救矣。○鄭松江澈將歸湖南，以詩示之曰：「君意似山終不動，我行如水幾時回？」其後，益疑先生偏護孝元，先生貽書諭之，略曰：「此人，兄則以爲無狀小人，必至敗亂斬伐。珥則以爲好名之人，其才亦可取也。且彼出外之後，有如縛虎，不揣輕重，只欲深攻，廷及比伍。使人心洶洶者，皆借兄爲重，珥恐若此不已，則僨事之責在兄不在珥也。鄙見如此，終不能受高誨。」又曰：「使金勢盛，將至作弊，則珥當獨啓而斥之；使金得罪過動，使士林不平，則珥亦獨啓而救之。抑其勢而扶其危，事理當然也。兄則斷以小人，惜金者皆指爲彼輩，一切揮斥，殊不知惜金者未必皆邪，斥金者未必皆正，只在心之公私如何耳。然則珥果私黨於金乎？抑公願士林無事乎？爲一身謀乎？爲國家計乎？如有餘疑，毋憚更咨也。」

拜右副承旨、大司諫、吏曹參議、全羅監司，皆病辭不就。

十月，歸海州石潭。

先作聽溪堂。

十二月，入京。除兵曹參知，辭遞。

仁順王后祥祭在翌年正月，故有是行。

丁丑五年。先生四十二歲。

正月，還石潭，會宗族，作同居戒辭，行司馬氏朔望儀。

立祠堂，作正寢，請伯嫂郭氏奉神主來居，以主祭祀，遂與兄弟子姪同爨。因作同居戒辭，每朔望率子弟行參禮於祠堂訖，會于正寢。先生坐東，庶母及郭氏與夫人坐西，受子姪及婦女拜。令子弟一人讀戒辭後，婢僕分立於庭下，行拜禮，以方言譯戒辭，諄諄警飭，率以爲常。出入則告于祠堂，與夫人相拜。側室以下，拜於庭下，女婢迎送於中門内，男僕迎送於大門外。○先生待庶母，奉養起居無異親母，要爲得其懽心而後已。至於朔望位次，多與牛溪、龜峯爭論，而亦務主情。學者疑而問之，先生曰：「我自意見如此，他人不必法也。」○時上將親祭于大院君廟，玉堂上劄以爲不可。先生聞之曰：「所後之義，固重矣；所生之恩，亦不可輕也。雖得一意於正統，豈可盡絶於私親？主上親祀於私廟，情所不免，而於禮無違，玉堂何所見而請止乎？或疑主上於私廟，若用君祭臣之禮，則子不可臣父；若用子祭父之禮，則有嫌於正統，皆不能稽古之説也。禮有公朝禮、家人禮、學宫禮。公朝禮則以君爲尊，故雖諸父，皆得以臣之，惟親父不可臣也。家人禮則以屬爲重，故人君可居父兄之下，若漢惠於宫中，坐齊王之下是也。學宫禮則以師爲尊，故雖天子，有拜老之儀，明帝之拜桓榮是也。大院君誕生聖躬，假使生存，主上必不敢臣，而相見必拜矣。今入其廟，用姪祭諸父之禮，有何不可乎？俗儒乃進無稽之説，誠可歎也。」

十二月，擊蒙要訣成。

先生患初學不知向方，略叙立心、飭躬、奉親、接物之方以教之。凡十章，别以祭儀附其後。仁祖朝命頒賜于諸道鄉校。

議立鄉約會集法及社倉。文見原編。

先生欲與州人有志者議行鄉約，以正弊習。乃將吕氏舊法更爲參酌，增損節目，要以宜於今俗而不背古制。又定會集讀約法，每間一月講約于崔文憲公沖書院，遂讀約文，講論而罷。又於野頭邨略倣朱子遺意設社倉，春秋斂取二分之息，以救士民艱食者。因作約束，其條例視鄉約加詳，以便庶民，且有講信位次等儀。海俗初甚偷薄，自是以後文風丕變，禮俗事習，雖村里愚氓亦知感化。或有棄妻數十年，好合如初者；又有庶人老者，喪弟服衰，哀痛過常。問之，皆曰：「此李監司之教也。」蓋先生曾爲道伯，故云然。

戊寅六年。先生四十三歲。

作隱屏精舍。

首陽山一支，西走爲仙迹峯，峯之西數十里有真巖山，有水出兩山間，流四十里九折而入海。每折有潭，深可運舟。偶與武夷九曲相符，故舊名九曲。而高山石潭又適在第五曲，且有石峯拱揖於其前，先生築精舍於其間，取武夷大隱屏之義，扁之曰隱屏，以寓宗仰考亭之意。精舍在聽溪堂之東。先生作高山九曲歌，以擬武夷棹歌，自是遠近學者益進。

擬立朱子祠於精舍之北。

先生以爲自濂洛以來，集羣賢之大成而折衷之，博約兩至，路脈分明，使學者可據而入道，莫如朱子。而吾東方能倡明道學，以堯舜君民爲己任者，無如靜菴。謹守朱門成法，躬行心得，可爲後生矜式者，無如退溪。遂擬立朱子祠，以兩先生配，規儀已成，仍又立條約，訓飭學徒。其有志於學者，勿論士庶皆許入籍。非聖賢之書、性理之説，不得講讀於齋中，史書則許讀焉，欲做科業者習於他所。規約見原編。○規約既定，未及營立。先生歿後二年丙戌，諸生始建祠宇奉位版，以成先生遺志焉。

作文憲書院學規。見原編。

三月，拜大司諫，赴召謝恩。四月，歸栗谷。

時有恭懿大妃喪，先生不敢辭職，且欲入對論事，因乞身而歸，乃赴召進慰，謝命訖，即辭免。時朝廷互相猜疑，諸公咸請先生暫留調劑。鄭松江亦回前見，頗主持平之論，欲與調和士論，共濟國事，挽先生益力。先生曰：「某今行非出也，只謝恩命耳。無端供職，於義無據，尺既枉矣，恐尋亦難直也。」李土亭之菡與諸名流來見，土亭曰：「當今事如人元氣已敗，無下手救藥之路，只有一奇策可救危亡之勢。」客請問甚切，良久曰：「今日叔獻留朝，則雖不能大有所爲，必不至危亡，此乃奇策也。楚、漢相距，以得韓信爲奇策；關中初定，以任蕭何爲奇策。豈於得韓、蕭之外，更設他策乎？」識者以爲的論。先生臨行，謂松江曰：「以調和之策付公而去矣。」舟中有「舟行不忍南山遠，爲報篙師莫擧帆」之句。

五月，復拜大司諫。上疏辭，許之，復上萬言疏。疏見原編。

初疏有曰：「殿下欲知臣可用與否，則當問以時事；不可用，則願勿更召。」批曰：「諫長久闕，故玆遞本職，且爾如有所懷，可實封以聞。」於是，先生極陳救時之策，言甚剴切，疏奏不省。牛溪先生讀其稾，歎曰：「真所謂直言極諫、經世之策也。此疏之用不用實關時運，非人力可及也。」

六月，又除大司諫，上疏辭。

拜吏曹參議，辭不就。

自陳不可用者四事，未上。上因先生前辭召命，遂遞諫職。諫院、玉堂爭之不能得，蓋上意欲奔走應命，而先生不然故也。

七月，哭土亭李公。

有祭文。見原編。

冬，還石潭。

行前，往別牛溪，有雪中騎牛訪浩原詩。見原編。

己卯七年。先生四十四歲。

三月，作道峯書院記。見原編。

庶子景鼎生。

小學集註成。

先生以爲小學是初學急務，而諸家註解雜亂多誤，乃集衆説而折衷之，略補己意，名曰小學集註，凡六篇。

五月，拜大司諫，上疏辭，陳保和朝廷之道。

先時李銖獄起，尹斗壽、根壽、尹晛皆被逐，公論甚不韙之，因此輾轉，益致乖張，將至於不可收拾。先生慨然憂歎，因辭職疏，極論洗滌調劑，惟賢是用之意。上以疏辭過中，命遞之。疏見原編。○先生又與李潑書，略曰：「倚樓趙公瑗也。之被劾也，旁觀者尚疑其有妨於調劑，繼發三尹之劾，則人心不服，顯以傾軋目之。今又無故顯斥沈爲小人，西爲邪黨，一節深於一節，真是捉人底手段，安可諱也？沈雖不可惜，西人皆不可惜乎？人雖至愚，責人則明；雖有聰明，恕己則昏。年前李涵偏執主西之見，反疑鄙人，珥與君緩頰苦口，極力挽回。此時，君以李涵爲何如人哉？今日君之主東，無異李涵之主西，何不以責李涵者反以責己乎？乙亥西人之失，在於舉措失當，今日時輩之舉措果勝於乙亥乎？盡斥西人以邪黨，何如乙亥獨劾公著李誠中字。乎？西人之賢者，皆不擬於清望，何如乙亥之獨不以重叔金應南字。薦銓郎乎？乙亥倚樓之受賞，誠不厭衆心。今日趨時附勢，攘臂大言，以明得意者，又不知幾倚樓乎？人心之危懼，有識之憂歎，甚於乙亥。而方且嘵嘵然向人爭辨曰東是西非，只是同類求進者信之，他人誰則信之？景涵潑字。歷覽古今，安有君子得志，清論方行，而壞弄國事如今日乎？今當曰沈也雖無形顯之過，既是外戚，又與士類相失，當只保爵禄，而不可更居要地也；三尹大忤士類，不可更參清選也；其餘西人，隨才授職，少無猜防；而東人之議論過中者，裁而抑之；乘時附會者，斥而外之。如是秉心公明，日久月深，則或有好消息矣。」但恐無人辨得此事矣，又遺潑書曰：「君疑某獨勖於君而不戒西人，此則不然。某告君之語，西人不聞也，其戒西人之語，君豈聞之乎？大抵止人之鬭，當止其勝者，若不勝者，則方願解鬭，寧有不聽之理乎？乙亥，西人小勝，東人小敗，其時某只向西人爭辨，寧有勖勵東人之說乎？今則西人一敗塗地，東人方勝，則安得不向東人爭辨乎？雖然，西人亦多錯料者，故有時相戒，則莫不信聽。至於方叔亦曰：『彼若擯吾與三尹，而西邊士類通用無礙，則人心服矣。』方叔尚如此，況他人乎？今之調劑之策在東矣，若其後日飜覆，則亦安能逆料乎？君子之道，寧人負我，無我負人。逆料飜覆，而先失舉措，已不是矣。事變無窮，安知季孫之憂不在顓臾哉？」潑等然之，而終不能用。○先是，白公仁傑草封事，請先生修潤之，其論時事一款與先生疏意略同。正言宋應洞謀以誘人上疏，匿迹欺君劾先生。大司憲李拭和之，大司諫權德輿意不合，各避嫌，玉堂金宇顒等論遞應洞職。於是，白公上疏，引程子爲彭思永代作濮王疏、爲富弼代作永昭陵疏、爲呂公著代作應詔疏以自辨。時盧相守慎問訓導朴洞曰：「宋應洞攻李某，外議何如？」洞曰：「學徒遊吾門者三四百人矣，吾欲試其意問之，則無一人不以李某爲君子者。此輩乃後日士林也，一時雖或妄詆，異日公議，其可泯滅乎？」盧相與朴相淳於經席極陳先生爲人決是君子，不可疵議，上然之。松江謂人曰：「時論至於并攻叔獻，則尚何言哉？自今此輩安得爲士類乎？」

七月，跋九容帖。見原編。

聽松成先生所書也。

八月，哭休菴白公。

有祭文。見原編。

庚辰 八年。先生四十五歲。

五月，撰箕子實記。見原編。

先是，尹公斗壽朝天，中朝人問箕子事迹，尹公不能對，既還，成一書，名曰箕子志，猶未甚精。先生以爲我東有民，不後中國，未聞睿智有作，以盡君師不責。檀君首出，文獻罔稽，惟箕子來臨，不鄙夷其民，養之厚而教之勤，變魋結之俗，成齊魯之邦。蓋箕子既陳大法於武王，道明華夏，而推其緒餘，化洽于三韓，苟非元聖，烏能如此哉？然今人鮮能知之，被人猝問，未有能言者。蓋由羣書散漫，學之不博也，遂録成一篇，略叙始終，以便學者考徵焉。

十二月，以大司諫召，遂赴謝，入對丕顯閤。

時上新經大病，思見先生，召旨懇惻，不得已赴謝，訖辭免。上引見曰："久不相見，無乃欲有言乎？"先生拜謝，仍曰："殿下嗣服之初，臣民有太平之望，厥後因循，未見振起，若因舊守轍，則決無可爲之望。朝廷之上紀綱大壞，大小之官不事其職，已成風習，此不可以一時威力治之。收召俊乂，委任責成，持之悠久，治道可興也。人君欲用賢才，則必先修己。何則？彼賢士不求富貴，只求行道。人君不先自治，則賢士必不爲之用，而求富貴利達者充斥朝廷矣。古者，爲官擇人，久任以考其績；今則不論才之當否，朝遷暮移。如是而求其不瘝厥官者，未之有也。"因請曰："自上加禮成渾，近古所罕，未知欲用其人乎，抑欲一見而止乎？」上曰：「其賢固已聞，其才何如？」對曰：「其爲人也好善，好善優於天下，此豈非可用之才乎？」思菴曰：「叔獻赴朝，吾喜而不寐。」

撰靜菴趙先生墓誌。見原編。

辛巳九年。先生四十六歲。

正月，上劄請修政事，以弭天災。

會有白虹貫日之變，上又有疾，久廢視事，故先生上劄。略曰：「孟子論養心曰『莫善於寡欲』。以殿下之清修淵默，其於物欲固已淡然矣，但血氣或虛，聖賢所不免，細行不矜，大德所由累。伏望殿下於燕閒幽獨之地，益加涵養省察之功，以爲修身基址，而嗜欲必防，飲食必節，喜怒必中，言語必慎，動止有方，視聽有則。欲既寡矣，又閑以禮，寡焉以至於無，使殿下本原之地，極乎誠立明通之境，德何以不及三五，壽何以不到期頤乎？既勉自修之功，而因以申警大臣，使之董統百僚，奮熙事功，旁招俊乂，與共天職。在朝之臣，量才授官；在野之士，盡誠加禮。必使賢者在位，能者在職。及今閒暇，修明刑政，則天意可回，民生可保矣。」

三月，以病三辭，不許。出謝又辭，不許。

時思菴爲相，引進清流，先生在臺閣，主張論議。牛溪先生赴召，一時士類多聚于朝，士氣益勵，人皆想望有爲。

四月，請命會議救民之策。

先生謂同僚曰：「去歲西道既歉，今春霖雨，兩麥傷損，救民之策，必須預講。」乃啓請三公、六卿、三司長官會議朝堂，從之。大臣以上不欲更張，只請移粟西道，設常平倉，量減貢膳軍役而已。〇柳公成龍問：「頃日闕庭救弊之議，公以爲非根本長策，未知所謂。」先生曰：「上格君心，下清朝廷，是根本長策。若宸心輕士類而喜流俗，時事豈有可望之理乎？」

五月，駁尹毅中、朴謹元等。

毅中、謹元俱被陞擢之薦，先生將劾之，大司憲鄭公芝衍曰：「叔獻獨憂時事，爲國任怨，吾輩豈可不助？」於是，兩司俱發。先生啓曰：「善惡無別，舉措失宜，則雖堯舜不能爲治矣。尹毅中以不廉致富，爲清議所鄙，若陞此人，則導一世以征利也，物情皆憤，請命改正。朴謹元託病規避守陵官，用心無狀。而銓曹近日連擬清要之望，至欲陞擢，甚爲非矣。」上命推吏曹。〇時吏曹擬金孝元司諫。上曰：「備庶官郎僚足矣。」先生曰：「一人之用捨，雖非大關，但東西之說未消，則士類疑忌，無有安帖時，自上必須消融，使無毫髮痕迹可也。李元若無才氣，則棄之何惜；其才可用，而乃牽於東西之說而不用，則甚爲士類不安之根本矣。」

上劄請變通弊法、改定貢案、併省州縣、久任監司、用賢修己、去私朋和朝廷。劄見原編。

時旱災方熾，上於經筵教曰：「凶歉如此，西道尤甚，計將安出？」領相朴淳啓曰：「須預蓄財力以救之。」先生進曰：「若不變通弊法，以濟艱難，而只欲移粟活民，則粟亦已乏，無可移者矣。祖宗朝稅入甚多，今則連歲不登，而經費猶遵舊規，安得不乏？似當酌宜加定稅入，以裕國用，而民生甚困，必須先解積苦，以悅民心，然後收稅，始可得中矣。我國貢案，不度民戶殘盛，田結多少，而胡亂分定，且非土產，故防納之徒得以牟利而齊民困苦。今須改定貢案，量其民戶田結，均數平定，使之必貢土產，則民解積苦矣。且生民休戚係於守令，守令勤怠係於監司，監司數易，故皆苟經歲月，莫肯留心於政事。循例往來，間有盡職者亦未及施爲。須以大邑爲營，使監司兼宰其邑，率眷往釐，委任責成，使之久居其職，而別擇廷臣有制治之才可堪公輔者授之，則必有其效矣。」上曰：「我國州縣甚多，守令不能精擇，予欲併省之，未知何如？」羣臣皆曰：「聖教甚當。若併省極殘之邑附于他郡，則民役甚寬矣。」至是，先生與同僚相議，上劄請變通弊法、改定貢案、併省州縣、久任監司，且請用賢以作人才，修己以清治本，去私朋以和朝廷。批曰：「省劄，良用嘉焉。舊法之變，似難輕爲，然當議于大臣處之。」會以盧相引疾，事竟不行。

製進辨誣奏文。見原編。

先是，中朝於史牒及大明會典記我國宗系甚誣。累朝遣使申雪，時已蒙皇旨許改會典，而尚未頒降。先生啓曰：「主辱臣死，宗系受誣，列聖之辱大矣。奏請之使當以至誠感動天庭，事成則還，不成則爲埋骨燕山之計，然後可成矣。」朝議多以先生爲可遣。思菴曰：「叔獻不可一日去朝。」乃以金公繼輝爲使。先生承命製奏文以進。上曰：「善哉！蔑以加矣，大事必將諧矣。」

六月，特陞嘉善大夫、司憲府大司憲，再辭不許。兼藝文館提學，辭不許。八月，遞。

先生既就職，歎曰：「都憲國之重任，立綱紀正風俗，其在斯乎？」乃因西山政經，參以己見，爲化俗儀五十餘條，榜示通衢，使人人誦習，不待發禁，而自不犯綱。大要不出於父慈子孝、兄友弟恭、親上死長之義。其或犯禁者，一犯而教之，再犯而申之，三犯而治之，人情莫不悅服。至於市人咸曰：「自我公之臨也，各司無横斂之事，行路時亦必致恭。」齊首展拜。有一老嫗訴其女不孝，先生併招二人而語之曰：「如我者爲都憲，故風俗之不美至於此耶？」因以人倫慈孝之理反覆開喻，二人感泣悔過，遂爲母子如初。○時有流言：沈義謙於主上宅宗之時，夤緣宮禁，密圖起復，欲以專擅權勢。李潑、鄭仁弘素嫉義謙，欲因此擊去之。先生曰：「此事不近情理，且義謙今日無異孤雛腐鼠，置之一邊，亦可爲國事。若必論劾，則惹起不靖之端矣。」仁弘欲并論鄭松江，或又止之，仁弘怒欲棄官而歸。李潑見先生曰：「公若論沈，則一邊人皆信服，而西邊士類漸可收用，有保合之勢。不然則仁弘將棄官，豈非可惜乎？」先生謂牛溪先生曰：「今日無端欲論方叔，甚非事宜。但時輩本疑我黨西，而今鄭又以此不合而去，則時輩必以此爲赤幟，顯然攻我矣。我去而士類盡散，則國事尤敗矣。」仁弘以掌令發論。先生曰：「此事若稍過激，則必有蔓延之患，且起復暗昧之事，不可入於啓辭也。」僚議皆從之。先生口占啓辭曰：「青陽君沈義謙曾以外戚久執國柄，貪權樂勢，積失士類之心。近年以來，公謙不平，久而益甚，而迄未蒙顯斥，故好惡不明，人心疑惑，請命罷職，以明好惡，鎮定人心。」且謂仁弘曰：「後日啓辭，不可追添語句，延及他人。」仁弘始諾而終改之，有「援附士類，以助聲勢」等語。上問曰：「士類何人也？」仁弘曰：「義謙與尹斗壽、根壽、鄭澈諸人相與締結，窺覘形勢。」先生啓曰：「鄭澈與義謙雖曰情厚，而澈是剛直介潔之士也，其氣味迥然不同，本非私黨也。」正言尹承勳以先生私於松江，欲論遞，以僚議不同避嫌。上曰：「爾言妄矣。李某等之見，又一道也。以此角立，必欲擊去，爾何人哉？」玉堂請竝出。上曰：「昨見尹承勳啓辭，必是輕薄者，故予責之。」先生啓曰：「玉堂劄論，不辨是非，只慮騷擾，故其言糊塗，如是而能鎮定者未之聞也。鄭澈剛褊，不能容物，疑士論之過激，士論亦不深究澈之心事，而詆斥過實，加以造言生事者交構兩間，輾轉至此。彼尹承勳有何識見，不過承望爲趨附之計。今雖遞承勳，將必有繼起者矣。」玉堂以先生過斥承勳，累啓以遞，仍除承勳新昌縣監。先生後因入侍啓曰：「臣性愚直，不能審察人情，承勳之言有如迎合時論，故率爾指斥矣。到今物議不平，想是臣言不中耳，大抵論事之臣，自上不可摧折太過也。」〇先生嘗謂牛溪先生曰：「東西之論至今未熄。我欲保合，而時輩自是己見，寧誤國事，必欲東勝。肅夫、金宇顒字。景涵依違兩間，欲不咈於時輩，而又欲不負我，可謂勞矣。我去則時事尤潰裂，故隱忍不去耳。」方三司之攻先生也，朴思菴曰：「年少輩識見暗昧。如叔獻可作儒林宗匠，時輩當聽命，而乃以不緊之事爭辨至此，置國事於度外，可謂逐鹿而不見泰山矣。」

授同知中樞府事。

九月，拜大司諫，辭不許，以病免。

辭疏略曰：「當今急務，在於打破東西，保合士類，而臣不能鎮定，請爲庶官，以盡葵藿之誠。」

十月，陞資憲大夫、户曹判書，辭不許。因災入對，仍請以趙光祖、李滉從祀文廟。

啓曰：「今欲明教化，則必須崇奬先賢，使後學有所矜式。近日賢者雖不可悉入祀典，如趙光祖倡明道學，李滉沈潛理窟，此二人誠可從祀，以起多士向善之心。」上曰：「此事不可爲也。」

著晦齋大學補遺後議。見原編。

晦齋李文元公著大學補遺，以「聽訟」一節還置經文之末，以「定靜安」之「安」謂與孟子「居之安」之「安」同，以「能慮」之「慮」爲思，以經文第二節、三節移置「格致」之章，以「仁」爲治國平天下之本，而以朱子爲未盡。至是，先生著議辨之。

請設經濟司。

時上以天災延訪羣臣，先生進啓，略曰：「人君將大有爲者，必立心遠大，不拘於俗論，以三代爲期，必務實學，躬行心得，以一身爲一世表準，可也。然若不施諸政事，則是亦徒善也，且人君必知一世之弊，然後可興一世之治。今日之弊誠難枚舉，大概病根在於不任賢才也。至於革弊一事，臣有妄計，請令大臣商議設局，名以經濟司，使大臣領之，而擇士類曉達時務而留心國事者。凡有建白之言，皆下其司，商議定奪，以革弊政，則天心庶可回也。」上不許。

跋擊蒙編。見原編。

編即朴龍巖雲所作。金公就文跋其尾，引朴松堂語曰：「爲學之道，有所得，然後操存養之。」先生辨之曰：「學者必操養之，然後乃有所得。若不操不養，則寧有所得乎？退溪評松堂之學帶得禪味云，無乃指此等處耶？一字之義不明，而誤人知見者多矣。先正固當尊敬，而至於論道，則不可以不明辨也。」

跋學蔀通辨。見原編。

時中朝學者多尊陸九淵、王守仁之學，正學幾廢。清瀾陳氏建始著是書，以辨其非，論議甚確，先生乃爲之跋，統論古今異端之弊，其歸頗獎陳氏，至於所論得失亦皆備存焉。

十一月，兼弘文館大提學、藝文館大提學，知經筵、春秋館、成均館事，四辭不許。

先生每歎俗尚浮藻之習，及典文衡，凡科試取士，必主理勝之文。

經筵日記成。

先生自出身以來，常記朝政私議關於大體、可爲後法者，釐成此編，始於明廟乙丑，止於當宁是歲，皆手自楷寫爲三册。或曰：「壬午、癸未兩年事亦有別録，而今亡矣。」牛溪先生曰：「此編最多格言，可以垂示百世。見斯人之爲青天白日，極爲關重，非他文比也。」

壬午十年。先生四十七歲。

正月，拜吏曹判書，三辭，不許。

啓辭略曰：「古人有言，欲法堯舜，當法祖宗。祖宗之朝，銓衡之長必極一時之選，或以三公領之，或以重臣兼之，主張一時清論，而郎僚只補其不逮而已。今則館閣清選一委之郎僚，只以注擬微末之官爲己任，而亦復瞻前顧後，以請託高下爲輕重。昔者，該官各執其職，格王正事，恩命雖出於上，而不合公論則必覆逆。今則該曹只奉文書，如有内除之命，則惟上命是順，真所謂『三旨宰相』也。吏曹有考功之司，檢察百僚，有不稱職，則隨現汰去。今銓曹只掌除授，而其於考課不知爲何事，用是百司解弛，庶績皆敗。今欲以孤根弱植，自奮於羣譏衆笑之中，效愚輸忠，則必將左右掣肘，無所裨益。如欲隨行逐隊，以循俗例，則亦將上負國家，下負所學，生當抱羞，死不瞑目矣。」○先生既就職，專以革舊弊、清仕路爲務。如簡賢士以充臺憲之任，擇學術以爲師儒之官，獎恬退以勵名節，薦吏才以試郡縣，重監司之選以責承流宣化之績，嚴守令之薦以考仁民愛物之迹，皆一時所請施行者也。○有寄牛溪一絶云：「盛際千年會，憂時一病身。顧回巖穴老，終作匪躬臣。」〔一〕

四月，哭黄岡金公。

有祭文、輓詞。竝見原編。

七月，奉教製進人心道心説。

略曰：「天理之賦於人者，謂之性。合性與氣而主宰於一身者，謂之心。心應事物而發於外者，謂之情。性是心之體，情是心之用，心是未發已發之摠名，故曰心統性情。性之目有五，曰仁、義、禮、智、信；情之目有七，曰喜、怒、哀、懼、愛、惡、欲。情之發也，有爲道義而發者，如欲孝其親、欲忠其君、見孺子入井而惻隱、見非義而羞惡、過宗廟恭敬之類是也，此則謂之道心。有爲口體而發者，如飢欲食、寒欲衣、勞欲休、精盛思室之類是也，此則謂之人心。理氣渾融，元不相離，發之者，氣也；所以發者，理也。非氣則不能發，非理則無所發，安有理發氣發之殊乎？但道心雖不離乎氣，而其發也爲道義，故屬之性命。人心雖亦本乎理，而其發也爲口體，故屬之形氣。

發道心者氣也，而非性命則道心不生；原人心者理也，而非形氣則人心不生；此所以或原或生、公私之異者也。道心純是天理，故有善而無惡。人心也有天理，也有人欲，如當食而食、當衣而衣，聖賢所不免，此則天理也。因食色之念而流而爲惡者，此則人欲也。道心只可守之而已，人心易流於人欲，故雖善亦危。治心者於一念之發，知其爲道心，則擴而充之，知其爲人心，則精而察之，必以道心節制，而人心常聽命，則人心亦爲道心矣。真西山論天理人欲極分曉，但以人心專歸之人欲，一意克治，則有未盡。朱子既曰：『雖上智不能無人心，』則豈可盡謂之人欲乎？以此觀之，七情即人心道心善惡之摠名，四端則道心及人心之善者也。或以四端爲道心，七情爲人心，四端固可謂之道心，七情豈可只謂之人心乎？七情之外無他情，若偏指人心，則是舉其半而遺其半矣。子思以七情之未發者謂之中，已發者謂之和，論性情之全德而只舉七情，則寧有偏舉人心之理乎？此則較然無可疑者。性既本善而情或有不善者，理本純善而氣有清濁。氣者，盛理之器，當其未發，氣未用事，故中體純善，及其發也，善惡始分。善者，清氣之發也；惡者，濁氣之發也：其本則只天理而已。周子曰：『五性感動而善惡分。』程子曰：『善惡皆天理。』朱子曰：『因天理而有人欲。』皆此意也。今之學者，不知善惡由於氣之清濁，乃以理發者爲善，氣發者爲惡，使理氣有相離之失，此是未瑩之論也。」因具圖其後以進。

奉教製進金時習傳。見原編。

奉教作學校模範及事目。見原編。

上嘗於經席論及士習偷薄，師道廢弛，命先生作擇師養士之規。既成，啓曰：「臣受命以來，夙夜惕慮，此是作成人才、挽回世道之一大機會，必須深思熟講，以爲經遠之圖。故累月商量，以擇師養士爲事目，又作學校模範十六條，以補學令之未備者。儻命依此施行，持之以悠久，則狂瀾之倒庶可回矣。」教曰：「觀此書啓，用意甚勤，從當舉行。」

八月，拜刑曹判書。

九月，拜議政府右參贊。上疏辭文衡，不許，特加崇政大夫，拜議政府右贊成，三辭不許，遂上萬言疏，極陳時弊。

其略曰：「殿下當覆隍之運，危亡之象，明若觀火。世污於循俗，績敗於食志，政亂於浮議，民窮於積弊，此四者其大目也。古之論爲治者，必以格致誠正爲本，今爲老儒陳言，孰不以爲迂且遠哉？然欲捨格致誠正而求治者，終無是理。何則？不格致則知不燭理，不誠正則心不循理，不燭理則無以辨邪正是非之分，不循理則無以施任賢安民之術。殿下誠能篤信大道，終始典學，居敬窮理，兩進其功，動靜云爲。一循天則，以一身立表準於上，使一國臣民咸覩聖心，重道崇儒，申明教化，快若雲霧盡消，太陽中天，則污世濁俗，寧無於變之勢乎？如是而至誠側席，旁招俊乂，不問其類，只觀人器相當，勿拘常格，使各稱職，則食志之患非所慮也。其於賢者，委任責成，使之舉其所知，分掌百職，則清論有主，而國勢尊嚴。悠悠之輩亦皆俯首聽命，各守其分矣，浮議安得以亂政乎？若積弊之可祛者，則今難枚舉，臣之每達于經席者，是改貢案、省吏員、久任監司三者耳。」上批曰：「觀卿上疏，具見忠懇。非不欲策勵有爲，而眇眇寡昧，才識不逮，以至于今，事與心違。予亦竊歎焉，當更加警省留念焉。」仍賜酒。○先生封事既入，會值賜對羣臣于思政殿，命徧示之曰：「右贊成自前每請更張，予則以爲重難，諸意何如？」掌令洪可臣進曰：「此實當今急務也。譬如所御殿宇，本祖宗朝作，然若歲久年深，必至頹敗，勢須鳩材擇工，朽者改之，毀者補之，然後方得重新。李珥之言，何以異是？」上亟然之。翌日，副提學柳成龍上劄論更張之非，其議遂格。

十月，受遠接使之命，力辭不許。

時以皇子誕生，翰林院編修黃洪憲、工科給事中王敬民奉詔出來。大臣啓以先生爲遠接使，先生以詞藻非所長，力辭不許。○前此使臣專務事體，頗張威猛，一路蕭然，先生痛革宿弊，剛以制慢，寬以代猛，取足以奉待詔使而已。由是，事無闕漏，而民賴其惠。○義順館迎詔之日，兩詔使注目良久，問于譯官曰：「遠接使有山林氣象，無乃借出林下士以待我耶？」對曰：「這是三場狀元，屢經侍從，中間退居林下有年，今王倚任已久矣。」又問曰：「這作天道策者乎？」沿途酬唱，操筆立成，詔使歎曰：「大手大手。」詩、賦諸篇見皇華集及原編。

還朝，爲詔使作克己復禮說。

詔使入京，謁文廟，請先生講解「克己復禮爲仁」之義，且曰：「毋拘宋儒窠臼可也。」詔使蓋是陸學者，故其言如此。先生即著說以示，略曰：「仁者，本心之全德。禮者，天理之節文。己者，一身之私欲也。人莫不具此本心，而其所以未仁者，由私欲間之也，欲去私欲，須是整理身心，一遵乎禮，然後己可克而禮可復矣。義、禮、智均是天理，而獨舉禮者，禮是檢束身心底物事，視聽言動，悉循天則，動容周旋，皆中節文，則心德斯全而義、智在其中矣。顔子一聞聖訓，擔當勇詣，便復天理，此所以獨稱好學也。小邦之人，所見孤陋，只守程朱之說，更無他道理可以敷衍，雖欲不拘宋儒窠臼，不可得也。中朝性理之窟，必有繼程朱而作者，願承高明之誨，以祛坐井之疑。」兩使讀至五六遍曰：「此説極好，當傳布中朝。」

十一月，伴送詔使于境上。

副使回至安州，出示所述謁箕子廟賦曰：「俺居在箕子古邑，嘗得紬繹範旨於洪範堂中，極以未悉東入事迹爲恨，今幸至此，願賜開示。」先生既步韻以酬，且贈箕子實記，兩使見之，敬歎不已。副使見箕子實記，驚喜曰：「中國本無如此之文，今遠接使所記若是炳炳，謹當齎歸，繡梓而傳後也。」至龍灣臨別，遽出葱秀山觀射獵長篇、玉溜泉短律，蓋來時宿構，而欲於倉卒試先生也。先生就席上，呼紙筆寫贈，詔使大驚服稱賞，謝曰：「蒙手寫爲賜，不勝摧謝，謹當襲藏，永以爲寶也。」將別，兩使皆有戀戀惜別之意，至於執手揮涕而去。詔使知先生爲有道君子，書詞往復，必稱栗谷李先生，禮敬備至，終始不懈。其後我人赴京，一路接待，頓異前日，怪而問之，則曰：「黃、王詔使還時，戒俺等曰：朝鮮真箇禮義之邦，今後使价來者，必禮接之，愼無慢忽，故如此耳。」論者以爲詔使之致敬儐使，前古未有其比，蓋誠服先生道德，不徒文詞之爲尚云。

十二月，復命，拜兵曹判書。上疏辭，不許，仍陳西路民弊。

凡六條：一請賜一年田租之半，二請救驛路凋殘之弊，三請變通館軍之弊，四請令監司盡心救荒之政，五請革濫定官屬之弊，六請革黃州判官。

癸未 十一年。先生四十八歲。

正月，三告加由，出謝又辭，不許。

懇陳病甚之狀，且言故事主文之人鮮有主兵，蓋以文武重任決非一人所兼。上答曰：「故事有無，不足言也。我朝兵力固不及於前朝，而昇平百年，兵政之散久矣，予時思之，未嘗不隱憂，而歎不得其人焉。卿常以更張改紀，前後眷眷，是卿之素志也。今卿誠能出奇運謀，革盡流弊，作爲養兵之規，則於國家幸矣。」時又有北胡入寇之報，不敢固辭，遂就職。本曹素號劇部，屬當警急，簿牒旁午，先生剖決如流，綱舉目張，細大不遺，曹中老吏咸歎以爲曾所未見。

二月，啓陳時務六條。

一曰任賢能，二曰養軍民，三曰足財用，四曰固藩屏，五曰備戰馬，六曰明教化。其足財用末端，極論文昭、延恩兩殿一日三祭，山陵一月兩祭，煩瀆之非，仍請量宜減省，以紓民力。詳見原編。先是，本曹點閱上番軍士，闕者或許贖布，其數不貲，本曹官員分爲己用，已成規例。先生議於同僚，輸送北邊，以爲戍卒衣資。

閏二月，上疏乞退，不許。

時上專意眷注，而首相亦極推重焉，先生遂以經濟自任，知無不言，言無不盡，每以格君心、正朝廷爲出治之本，又以激濁揚清爲正朝廷之先務。由是，不容於淸議者皆懷怨嫉，凡有建白，動輒沮撓。至是，先生因朝講啓曰：「臣欲陳所懷，第經筵之規，必講書後啓事，以致臨朝日晏。請於燕閒之時賜對。」上許之。司諫權克智等論避，以爲無時請對，慮有後弊，答曰：「爾等欲使君臣阻隔，心術可知，其遞差。」先生遂上疏陳情乞退，不許，仍引見慰諭。

三月，承命薦成渾等。

時上命備邊司各薦人才，先生言成渾可任經綸，成允諧逸民之有才德者，鄭逑有英才。

四月，上封事極陳時弊，復申前請改貢案、改軍籍、併省州縣、久任監司等事。又請庶孽許通，公私賤有才者贖良。

上既不許退，眷倚彌隆。先生感不世之遇，以鞠躬盡瘁爲心，又上封事，極陳時弊。略曰：「和朝廷而革弊政者，其本也。調兵食而固防禦者，其末也。又申請貢案、軍籍、州縣、監司等四事。又請募庶孽公私賤入戍北邊，無才者令納粟于邊，而庶孽則許通仕路，賤隸則爲良人，此皆世宗朝已行之規也。」是時新經北胡之變，兵食俱乏，邊鄙告急，束重無策，先生此疏，蓋出於權宜不得已之計。答曰：「予偶閲卿年前上疏，而卿疏適來，前後惓惓，識卿不忘庸君之孤忠也。貢案事，廷議不一，當隨後商量焉。軍籍事，惟在卿設施何如耳。省州縣事，果出於寡昧輕淺之意，而恐貽他弊，不敢自是，卿勸請不已，當爲卿試之。久任監司，難於創設，遲疑到此，亦當從卿矣。庶孽賤人事，事變之初，因卿獻策，即命行，而言者論之，當更問于備邊司，商議舉行矣。」自是倚任益重，於是，浮躁之徒恐一朝公論得行，則不免退斥，日夜聚謀，益肆其詆毁。蓋先生之意，欲除燕山弊政之未盡革者，且改近例之變亂經制者，一遵祖宗朝美意，雖曰更張，而實欲率由舊章，與論者之説正相反也。

請設纂集廳。

先生於筵中啓請設局，纂次祖宗朝故實，勒成一書，以爲一代攷據之地，從之。未幾，先生卒，不克就。

入對，請預養十萬兵以備不虞。

先生於經筵啓曰：「國勢之不振極矣，不出十年，當有土崩之禍。願預養十萬兵，都城二萬，各道一萬，復户鍊才，使之分六朔遞守都城，而聞變則合十萬把守，以爲緩急之備。否則一朝變起，不免驅市民而戰，大事去矣。」柳公成龍以爲不可曰：「無事而養兵，是養禍也。」筵臣皆以先生言爲過慮，遂不行。先生退謂柳公曰：「俗儒固不達時宜，而公亦有是言耶？」仍愀然久之。壬辰亂作，柳公於朝堂歎曰：「李文成真聖人也。」

六月，被三司構劾，引咎乞退，歸栗谷。

時北胡再逞，以二萬餘兵圍鍾城，邊報日急，中外騷動。先生方在本兵，兼備局有司之任，專掌軍務，夙夜憂勞，罄竭心力，晝則終日在公，夜則明燭達朝，一時措置策應皆出於先生。號令明肅，施爲有序，人情信報，不擾而事集。由是，上益翕然倚仗，而媢嫉者媒櫱益甚矣。時當分等，鈔京中射手萬餘人，以赴戰所，先生請以軍資監綿布計給戰士衣資，且減百官俸禄，以恤其妻孥。又請募人以粟輸邊，軍情大悅，糧餉亦足矣。及當戰士之赴北，騎馬難猝辦，先生以爲乙卯倭變時，赴戰軍士掠馬於都下，寔爲亂階，欲請於三等以下射手募令納馬免防，而不知應募者有無，乃先下令。於是，納馬者雲集，而戰士臨發，頃刻爲急，故一面陳啓，一面頒馬，上即允之。行者以得馬爲喜，留者以免防爲便。一日邊報至，上命召先生，先生素患眩暈，至是勞瘁轉劇，力疾詣闕，未及政院，眩證猝重，僅得入内兵曹而卧。政院啓以此意，上遣内醫看病，令退而調理。於是，三司并劾先生以專擅權柄，驕蹇慢上。所謂擅權，指徑下納馬之令也；慢上，指不得詣政院也。先是，宋應溉、朴謹元、許篈皆爲先生所斥，蓋先生嘗以應溉爲世濟其惡，以謹元循私失政，勸鄭公芝衍論之。及爲大諫，又劾以規避守陵。又嘗惡篈之躁佻，且以侍父疾不謹。掌銓時，遏直提學之望，三憸合勢，而慫慂者衆，醖釀伺隙久矣。至是，乘時構捏請罷職，累啓不允，乃停。先生上疏請罪，上温諭不許，其答再疏曰：「卿識敏才高，忠誠體國，今疆場多事，方藉卿謀猷，無定北方，安戢兵民，何遽有求退之言耶？寥寥千載，君臣相遇，得做功業者，絶無而堇有，卿不親聞向者之教乎？丁寧一言，鬼神亦知之，宜勿更辭，速體予意，勉强就職。」疏凡六上，批諭愈懇惻，先生不得已詣闕申懇。略曰：「臺諫之停啓，特以久未蒙允，且以臣爲非全然無恥者，必知所以自處故也。臣若不知自處，幸上之優容，偃然從政，則前後累疏只是固寵之計，而無禮無義甚矣。先失其身，何以事君？臺諫既以專擅驕蹇爲臣罪目，則是乃一罪。大臣爲臣分疏，敦迫令出，而猶不敢以彈章爲過當，臣之負罪，至此益驗矣。殿下獨以臣爲無罪，然而不加辨覈，每以公論爲衆咻、爲謗毁，臣固不敢承當，而臺諫聞之，亦豈安於心乎？伏望聖慈明察義理，務定羣情，舉臣之罪，咨詢左右及諸大臣，使之稱量輕重。如以爲可貰，則臣雖未安，敢不黽俛隨行乎？如以爲實犯，則雖加竄殛，臣實甘心。今玆仰控之辭，固知非臣之所敢言，亦非臣之所當言。然臣無仍冒之義，而上教丁寧可感神祇，臣雖終日涕泣，終夜繞壁，不知所以處身之地。敢此冒達。」答曰：「在卿自處，雖當如是。然予若詢于左右，則是未免一毫疑卿之意，予豈敢如此？」大司諫宋應溉、獻納柳永慶、正言鄭淑男等啓曰：「某累日陳疏，辭氣不平，必欲以臺諫所論置之虛捏之地，至欲詢諸左右，有若決其勝負者然，其蔑臺諫、蔑公論之罪大矣。」大司憲李墍、執義洪汝諄、掌令李徵、持平李景嶸、許鏧等亦同辭請罷職。典翰許篈自草劄子，率同僚繼請，至有「禦下蔽上，以成其私，將欲何爲」等語。上手教于大臣曰：「近因李珥言語間事，臺諫相激，至於玉堂上劄，比珥於誤國小人，此非發於偶然言語間事也。蓋珥自前裁抑新進之士，惡其趨時黨附，累爲陳論，由是見忤於時論者久矣，遂因所失，乘時伺釁，必欲劾去而後已。凡公卿大夫承召不來者多，未聞有以慢上論之者，是何臺諫獨能直截於珥也。其納馬不稟，亦不過許多事務間趁未取稟耳，是豈擅權而然哉？夫擅權慢上，人臣極罪，名之不可不明。君之於小民尚不可以情外罪名輕加於其身，況宰相耶？既曰擅權慢上，則何不明正其罪，請令有司照以王法，以戒萬世爲人臣者？而乃敢請以罷職，有如乙巳姦臣輩，目之以叛逆而罪之以罷遞者之爲耶？此所以珥心不服，累辭不已，亦豈有忌克忿怒於言官哉？所貴乎臺諫者，身任公論耳，若陰濟其私，以爲排擯傾陷之計，則烏在其臺諫之道也？卿等如以珥爲誤國小人，當明辨斥退，不然，攻之者是小人，安有人君用小人而可以爲國之理乎？分別淑慝，其不在今日乎？卿等不宜含糊不辨。」仍命招三公議。既退，又教曰：「卿等雖請留用珥，萬無出仕之理，兵務甚急，姑遞其職，以安其心，何如？朝廷淆亂，賢邪莫辨，何以爲國，予不勝痛心，此則予自當隨後處之耳。」議于三公，朴淳議請依上教，鄭芝衍謂：「珥終不出仕，則不得不遞。然此後事，自上平心處之，臣之所憂，非特朝廷欲爲李珥保全令名。」上答曰：「兵曹判書可遞。李珥既陷於誤國小人之名，安有所謂保全令名者？右相之議何其迂也。其心所在，實所難測，予雖暗君，豈屑屑與小人同事乎？嗟乎！珥其好歸鄉關，高卧白雲，誰得以羈縻哉！」先生即出楊花渡，舟歸栗谷，有「孤臣一掬淚，灑向漢陽城」之句。

七月，牛溪先生上疏伸辨。八月，特命竄宋應溉、許篈、朴謹元。

先生既退，朝野憤激，物議讙譁，至於街童走卒亦莫不咄嗟怒罵，皆以爲小人陷君子，而舉朝畏其勢焰，無一人出一言辨之。牛溪先生時被徵至京，以爲其義可以言矣，乃上疏陳三司構誣之狀。略曰：「伏見三司舉劾李珥以無君誤國之罪，使珥無所容而去，政刑之失，無大於此。臣受聖朝罔極之恩，目見時事之非而不言，則是知朝廷過舉而畏禍以負殿下也。李珥爲人，疏通明敏，天分甚高，少有求道之志，慨然以學自勵。其於衆理，雖不能周遍，而義理大原，不可謂無見，非如拘儒曲士坐守章句之徒也。其愛君憂國，出於至誠，惟知有國，而不知有其身。急於濟時，而不以温飽爲念者，乃其平生所素有也。雖然，氣質所就如此，故其病痛亦有之。惟其疏通，故有率爾之病，而少沈潛縝密之氣；其性白直迂愿，故絶無修飾外貌、調適人情之態；志大而闊，略於細微，自信而不徇乎時俗。是以愛之者鮮而笑之者多，憂之者少而嫉之者衆矣。且屢陳時弊，以觸其實，故爲時人所忌，且薦鄭澈爲可用是以尤不合於衆情。珥知不可久在朝廷，而被殿下不世之遇，思欲鞠躬盡瘁，以報萬一，所以遲回數歲而不能去也。至如納馬免防，急遽之中，因率爾之失而有此也，不請命而下令，此固罪也。然謂之專擅國柄，則非其罪也。不進政院，乃眩暈重發之故，謂之驕蹇慢上，則非其情也。大臣爲珥請出，而不敢以臺諫之言爲過重。噫！臺諫過激之言，其失小，珥無君之罪，其惡大。欲護至小之失，而不雪至大之罪，强令出仕，則是欲其入而閉之門也。聖教至誠委曲，諭珥出仕，珥於是不勝悶迫，不得已而啓請稱量其罪之輕重，其意豈在與臺諫爭勝負乎？只欲開出仕之路，以承上命耳。珥之不敢易出，乃所以畏公論、重臺諫，而反以此爲輕臺諫、蔑公論，不亦異乎？初因微罪而加以無君之名，又因此名而據法請罪，是必欲置之死地而後已也。嗚呼！論者自以爲公論，而不公不平如此，其腹心意態披露於外，不復以人人覰破爲憂，不亦可羞之甚乎？然今日朝論，豈皆作意罪珥，不過附會者乘時疾攻，而挾怨者又持其幾以至此耳！殿下不以辨別忠邪爲意，而以含糊兩可爲務，則臣恐善善而無所勸，惡惡而無所懼，使懷姦之徒有以窺聖意之所在，無所忌憚，植黨專權，忠賢之禍方橫掔一世而不可救矣。伏願聖上深燭幾微，杜塞其源，而使善善惡惡之心沛然若決江河，則國家幸甚。」上答曰：「觀爾上疏，忠憤激烈，如使姦邪聞之，足破其膽。信乎君子一言，爲國輕重也。」遂下教于大臣曰：「予以寡昧，不知忠邪，莫曉是非，故頃日問卿等以忠邪是非，而卿等乃敢爲含糊之說。予固已洞知卿等之心，而隨後處之之意則已諭矣。今觀成渾上疏，大臣事君之道果如是乎？當初李珥之排擯者誰？其朋姦之類又誰也？其辨別以啓，毋更含糊，以貽國家之羞。」領相朴淳、左相金貴榮請面對，領相極陳先生忘急殉國之實，而又論應溉、篈害正之狀，左相對以不知。上乃下教切責曰：「人君所與爲國者，大臣也。昨日，予以忠邪是非問諸大臣，而左相金貴榮憚於甲非乙是，乃敢爲依阿苟容之態，曾見自古大臣有如此者乎？辨別賢邪，進退人物，乃其任也。若不知賢邪則是不智，知而不以直啓則是不忠，其何以在具瞻之地。」承旨朴謹元營救金貴榮，上答曰：「觀此啓辭，可謂指東而答西也。昨予問李珥之賢邪，左相乃曰『臣不知』，終乃引『知人則哲』之語以文之。此其心路人所知，其謂予不知耶？人主問其臣之賢邪於大臣，而大臣乃以不知對，苟如此，人主自任聰明足矣，將焉用彼相哉？噫！以暗主而遇不知之相，是猶以瞽而借盲之視，將見相率而顛隮，莫之救以死也。」○大司諫宋應漑避嫌，斥兩先生及領相，構誣醜詆，無所不至，至以先生爲射利爭財，賄賂輻輳，當國半載，怨及蒼生爲啓。上答曰：「爾言設使皆是，今乃言之，是不忠也。」遞差，仍特貶許篈昌原府使，宋應漑長興府使。於是，兩司合啓，劾領相與沈義謙及先生及牛溪先生結爲心腹，共託死生。聲勢相倚，氣焰薰灼，擠陷士類，以啓空國之禍，請罷領相，上皆嚴批斥之。王子師傅河洛上疏言三司悖罔，忠賢受誣之狀。承旨朴謹元等啓斥洛疏，以爲偏黨，上答曰：「爾等杜塞人言，掩蔽聰明，終欲爲何事？公論之在人，如水之在地，不必以臺諫而是，芻蕘而非。今玆臺諫之言，人心不服，義士奮袂，將四面而起，爾等雖竭力彌縫，不可得矣。」○是後，幼學邊士楨、申碟、朴濟等亦相繼上疏伸辨。○七月，太學生柳拱辰等四百六十餘人上疏極論三司誣悖之狀，答曰：「予智不足以辨賢邪，才不足以治國家，使朝廷不靖，是非混淆，責在於予，夫復何言？今觀疏辭，忠讜激勵，爾等義氣如此，予何憂國事？」兩司以被斥避嫌，上答曰：「自兩司論啓之後，予不下一言。予非口吃者，豈無一言之可發，一威之可施者乎？以君臣之間所傷者多也。當此國家艱虞、生民塗炭之時，爾兩司孰非李氏之臣？而惟兹大臣公卿皆比肩一時，如兄如弟者，何不先公後私，痛去己意，渙然冰釋，和協一心，戮力王室耶？爾兩司莫如即日停論，將一場紛挐付之一笑，此非予幸，實兩司之利也。君臣之間情如父子，故予今言之，若執迷不悟，論之不已，則予豈但默默而已，必將有不得已之舉。到此時也，其無悔乎？」承旨朴謹元等啓以太學疏爲悖亂，教曰：「仕進承旨并爲出送。」大司憲李塈、執義洪汝諄、掌令尹承吉、李徵、持平李景嵘、許鑾、大司諫朴承任、司諫李希得、獻納權悏、正言沈岱、李澍等啓以太學生爲讒口交亂，以朴謹元爲盡言不諱，上答曰：「在昔宋時，六賊當朝，李綱去國，太學生陳東等上疏而極論之。千載之下，聞其風節，尚不覺投袂而興起。今兹館學儒生目見朝論之乖宜、國事之日非，倡義相率，叩閼抗章，其忠肝義膽，讀其疏凜凜有不可犯者，誠可謂不負所學，而横流之砥柱也。夫太學，首善之地，公論所在，朝廷是非可亂於一時，而太學公論焉得以廢也？自予即位以來，諸生上疏非一，而其間豈無訐直逆耳者，而予未嘗一示不悦之色，必以温言慰諭，誠以國家元氣在此，朝臣可罪而諸生之氣不可折也。設使狂生所爲，或有過重，猶不可待之如此，況其正直之氣，邁青松而挺孤節者哉？予以千乘之尊，尚且屈己下之，彼幺麼數臣，昵伏近密，恣爲朋比，杜絶人言，掩蔽聰明，乃敢目諸生以悖亂，是欲踵黃潛善之所爲，眞小人而無忌憚者也。予不卽舉流放竄殛之典，使魍魎之類騁驁於昏夜，已爲失刑之甚，而終未免爲漢元之歸。爾兩司反爲伸救耶？」○方太學上章時，三司親黨李廷友等數十人立異，別爲一隊，詣闕陳疏，詆斥兩先生，以柳拱辰等疏爲非公論，人皆駭笑，指謂臺諫子弟疏，上批嚴斥之。○宋應漑之甥博士韓戩，獨擅停舉柳拱辰等百餘人，上下教曰：「韓戩懷姦逞私，無君不道，拿鞫。」府啓請停刑，上曰：「戩乃應漑之姪也，爲惡無忌，至於此極。宋家一門，乃戾氣所鍾。」乃決配，教曰：「近日三司之論劾宰輔，以其交結義謙爲之赤幟，是不過以義謙爲穽於國，凡一時名臣賢士之異於己者必擠陷於其中。而聲其爲黨與，蓋其意以爲一加之以此名，則人不敢救。君可以疑，不如是不足以籠絡一世之耳目，而使人靡然奔走於吾之風聲之下，夫如此則吾志可得而吾意可遂。殊不知自君子視之，如見其肺肝，曷足以動予中，而惑予意也？雖論之十年，豈有可從之理？不如速爲停之。」三司猶力爭不已，特遞李墍、朴承任等。○湖南儒生徐台壽等、海西儒生柳帶春等相繼上疏，指陳邪正，上皆優批以褒之。○上命招二品以上，引見于宣政殿，教曰：「宋應溉、許錞、朴謹元等三人，予知其姦，遠竄何如？」左右相以爲聖明之下，不可以言獲罪，禮曹判書鄭澈啓以不可不明示其罪，以定是非。乃命竄應溉于會寧，錞于甲山，謹元于江界。上親製責詞曰：「憸人在位，朝著不靖，司寇失刑，國是靡定，爰舉流放之典，永爲來世之鑑。應溉等以邪憸之性，挾斗筲之才，締結浮薄之徒，作爲朋私之黨，互相汲引，盤據要津。或塵喉舌之司，或冒臺侍之官，張皇聲勢，簧鼓邪説，擅弄權衡，脅制朝廷，傾陷大臣，排擯忠賢。朋比之迹已彰，尚稱公論；挾憾之蹤盡露，自謂貞方。事皆罔蔽，言悉誕誣，忠良屈抑，惡且極於濁亂，羣小得志，罪難逭於棋國，遠近咸知，朝野共憤。尚寬肆市之誅，薄施惟輕之典。嗚呼！錯枉舉直，爲政之要；懲惡勸善，制治之道。可怒在彼，予豈得已？」於是，前後三司權德輿、李墍、朴承任、洪汝諄、洪進、洪迪及金應南、金瞻等皆命補外。

自栗谷歸石潭。

先生上疏辭兼帶文衡諸任，仍請追改已受爵秩，不許，遂歸石潭。○吏曹佐郎金弘敏上疏救三竄，答曰：「弘敏亦邪黨，其言之如此，無足怪者。至於以李珥爲黨，其能以此説動予意乎？噫！苟君子也，不患其有黨，惟患其黨之少。予亦法朱子之説，願入於珥、渾之黨也。自今以後，以予爲珥、渾之黨可也，爾輩尚復有說乎？惟詆斥珥、渾則必罪無赦。」命遞其職。○大司諫金宇顒等伸救三竄，又論李景嵘、李徵當初措語之妄，請罷職，又以鄭公澈爲乘時傾陷，答曰：「國可亡，三姦斷不可貸，如兩李者何足道哉？不過以無識摇尾之人得除言官，爲邪黨之先鋒耳！今此輩情狀敗露，技窮術盡，欲歸罪於兩李，圖爲自脱，可哀也已。實如初非攻擊之意，而城上所自以己意添入『慢擅』等語，則其時三司有何所難而不爲駁正，共肆邪說，無所不至，必欲賊害忠良而後已耶？其平日旁伺猜然之心，蓋未嘗一日忘于懷，第未得其隙耳！一朝見李珥小失，挾彈睥睨之徒，雀躍而起，自以爲時哉不可復得，於是邪說充塞，四面圍合。小人之謀可謂巧且慘矣，而其實誠愚也！其時憲府啓辭亦有此等之說，與李景嵘別無異同，而今乃曰以己意添入云者，是何言耶？至於鄭澈之爲人，其心也正，其行也方，惟其舌也直，故不容於時，見憎於人耳。若其當職盡瘁，清忠節義，草木亦知其名矣，真所謂鵷班之一鶚、殿上之猛虎也。引見之日，讜言斥邪，予固知今日得此謗。若罪澈，是朱雲可斬也。」後亦竟罷景嵘等。

九月，除判敦寧府事。上疏辭，不許。

批曰：「噫！天未欲平治我邦耶？是何以卿之爲人而不得於時也？意者，天使卿動心忍性，增益其所不能，任舟楫霖雨之責於後日也，天之於卿可謂曲成而玉汝矣。今日之事於卿何損？人言之嘵嘵，不滿一哈，何足介意？卿不可不速來見予。兼陳懷抱，慰安衆情，在此一行，其勿復辭。」

拜吏曹判書，上疏辭，不許，促召。

其疏略曰：「臣竊念近日之事，不過出於搢紳之不相知耳，轉輾相激，竟不相保，誠非始慮所及。攻擊雖過，臣實多疵，過既均有，罪當分受。臣是何人，獨免譴罰，反承寵渥乎？噫！士生斯世，遭遇聖君，千載一幸，同寅協恭，竭誠致身，圖治濟世，正在今日。而事乃大謬，紛紜乖隔，惟爭勝負，不恤是非，甚至於同舟變爲敵國，朋友按劍相眄，至於章甫亦成蠻觸，朝廷閭巷判而爲二，引長爭短，厚養禍胎，後日之患有不可測，此真千古所無之變。遂使至尊獨憂社稷，嗚呼痛哉！靜思厥咎，職臣之由，擢髮糜身，無以仰謝君父矣。義當杜門席槀，内省改圖，以收桑榆，以蓋前愆，安敢抗顔無恥，再污清朝乎？」答曰：「卿身爲重臣，與國同休戚者，非林下逸士之比，卿身進退，亦不可以自任。而初不辭於予前，有若逃遁之爲，恐於義未穩，況今銓衡之長非卿不可。予方待卿之來，不翅飢渴，卿其慎勿更辭，急速乘馹上來。設或辭職，必須親辭於予前，於禮爲得。」

十月，赴召謝恩，復上疏辭，不許。

先生黽勉赴謝，即上疏陳主銓衡有四不可之義，仍乞致仕。上引見慰諭，仍教曰：「予如漢元帝之爲君，不能斥遠小人，國幾亡矣。」先生對曰：「朴謹元、宋應溉固邪人，許篈則年少輕妄，其才華可惜，非邪人也。此三人得譴太重，同罪之人皆不自安，須從寬典。」上曰：「予意已定，卿不須言。」對曰：「此人等雖放歸田里，豈能更爲濁亂乎？且三人獨得罪，同罪者無一人願與之同受其罪，可見其無義也。」上曰：「予不知其盤據至此。當其時無一人立異者，假令當靖康、德祐之禍，必無一人死義者，是可歎也。」對曰：「非若權姦當朝之時，若曰盤據則不可也。一時自謂士類者，其論同然，是乃無識見而然也。彼輩自以爲士類，故雖成渾亦不饒之，士類所爲豈若是乎？然皆以爲姦邪則不可，姦邪之人必探上意而巧中，彼輩則知上意不回，而猶且固執，可知非姦邪也。大概今之是西者未必皆君子，是東者未必皆小人，分別用之難矣。」又曰：「自古人臣得君行道，必如家人父子，讒言不得以間之，然後可以有爲也。近來年少輩執朝權三十餘年，物極則反。今當總攬于上之時也，但官高者若主時論，則嫌於權姦，鄙夫則反附於年少輩，以爲媒爵之計必得重望鎮物者，然後可付朝政。得其人難矣，如臣未厭人心，彼輩豈能心服？成渾若上來，則可以可否相濟，而此人豈能易致乎？」上曰：「既有卿矣，予當委任之。」先生曰：「鄭逑可用。」上曰：「召之不來，奈何！」先生曰：「凡特召者皆不敢承當，故不來，如成渾是矣。渾前日頗無宜情，牢不就職，今則稍不如前，而但有病不堪供職，若以閒官兼參贊官，或以特進入侍經筵，則有所裨益矣。嘉善官資，何足惜哉？」上曰：「金宇顒何如人？」先生曰：「可謂善人，而是非不明者也。」又曰：「韓戩乃狂妄之人也，其所爲固有罪，然以無君不道爲罪名，所以不服也。」上曰：「若以予爲君，則敢爲如此之事乎？假託前例而恣行胸臆，乃姦人也。朴謹元壅蔽上下，猶趙高，戩則猶李斯也。」其後，先生與牛溪先生引對之日方請放還三竄，而皆未蒙允，退而相謂曰：「三人雖不爲無罪，以言獲罪，非所以示後嗣，不可不反覆陳啓，期回上意。」蓋是時，天心嚮合，邪議屏息，同德共貞，保合調劑，庶幾大有所爲，而先生已病矣。○時有三種之説：其一，以爲東人相率欺罔，排陷忠賢，壞弄至此，不可復用，此則主西之説也。其一，以爲三司雖有躁妄之失，亦是士類，切不可排斥，只當依舊用之，無有疑間，此則主東之説也。其一則以爲三司舉措悖甚，當依乙亥三尹例，勿叙清要，以懲兩邊生事之失，其餘東西之人一體收用。先生以第三説爲是。或問曰：「先生初志，欲與東邊士類收拾西邊，共爲國事。而及今東人皆袖手睨立，豈調劑之道有所未盡耶？」先生答曰：「兩邊互相排斥，吾獨苦口爭辯，必欲打破東西者，誠以士類不合，終不可以爲國也。西人不用吾言而敗於前，東人可以戒矣，而又有今日。蓋東西之時，如三尹、李潑輩爲主，故言不見用而敗相尋。今則我方爲主，此正調劑將成之秋也。今吾欲收拾東邊，豈異於前日收拾西邊，而時輩不知吾本心，懷疑顧望，至於如此。然苟使心公者，久久觀吾所爲，必能明我赤心，來與共事，不但如今却立睨視已也。」○先生又奏曰：「今日主和平之論者，或以爲前日三司皆可用也。臣意朝廷一朝廷，若并用此等人，則論議多岐，終無歸一之時，不可盡爲復用也。」又答牛溪先生書曰：「來諭激不激之論，終是苟且計較利害。且所謂不激云者，當初有兆朕，而事未發之時也。彼輩既以誤國小人逐鄙人之後，雖欲不激，其可得乎？末俗偷惰，不能正言，固其時習，於斯時也。又以尊兄不激之論行於其間，則天地間正氣消盡矣，願勿更言也。」先生雖務主寅協，未嘗偏於一邊，而其辨別淑慝亦未嘗不嚴，觀於此數言，可知也。

甲申 十二年。先生四十九歲。

正月甲午，十六日。疾終于京城大寺洞之寓舍。

先生自歲初寢疾。十四日，聞徐益受巡撫北路之命，欲以方略授之，子弟更諫以爲疾方劇，願毋費精神，先生曰：「此國家大事，不可蹉過此機。」乃扶坐口號，令弟璘書之，凡六條，大略宣上仁德，招綏蕃部，伸我王威，殄滅叛胡，簡省使命供億以紓民力，預察將帥才略以備緩急。此其絶筆也。因是病益劇，不可爲矣。令子弟門生侍疾，揮婦女勿近，神思安閒，無一言及家事，諄諄如夢中語皆國事也。鄭公澈來問疾，執手丁寧勉以用人不可偏重。至曉扶起，命易卧席，東首正衣巾，恬然而逝，享年四十有九。前夕夫人夢黑龍出自寢房，飛騰上天云。〇卒之日，家無餘資，其襲斂皆用朋友所襚，城中常僦居，妻子無所託，門生故舊各出財買宅以居之。〇自疾病，上軫念，醫問交道。訃聞，上哀慟，哭音徹於外，下教曰：「賢相卒逝，予心極爲驚痛。」命輟朝三日，賜祭致賻加數，店道護送妻孥。遠近士子莫不號慟，如喪親戚，下及廝隷軍民、鄉曲氓庶皆咨嗟涕洟。太學生及三醫生徒、各司胥吏亦皆致奠，盡哀而去，或聚山谷舉哀焉。發引之日，送者塡街咽巷，哭聲震天，禁軍市人等皆來執炬，光燭都門數十里外。〇牛溪先生哭之曰：「栗谷於道，洞見大原。其所謂『人心之發無二原』、『理氣不可謂互發』等語，皆實見得，誠山河間氣、三代上人物，真是吾師。天奪之速，不能有爲於斯世，痛矣夫！」

三月己亥，二十日。葬于坡州紫雲山卯坐酉向之原。

在贊成公墓後數十餘步。

丙戌　十四年，提督官趙憲上封事，辨先生前後被誣。

先生既没，黨議愈激，潑等詆誣日甚，至目之以邪黨。憲上封事痛辨之，凡數千言，疏入不報。

丁亥　十五年，生員李貴、趙光玹及李有慶相繼上封事，極陳先生道德，因辨諸誣。

辛卯　十九年，録光國原從一等勳。

先是，己丑。奏請使尹根壽奉會典全編以來，快雪宗系之誣，宣廟命録勳，先生在原從一等。

庚戌　三十八年。光海君二年。

十月，儒生邊就正上疏，請先生及退溪先生從祀文廟。

辛亥　三十九年，文集成。

先生没，門人朴汝龍等稟于牛溪先生，編次文集略備，詩集則爲朴守菴枝華所選，至是年始成，開板于海州。○其後，續集、外集、别集亦行于世，皆文純公朴世采所編也。

癸亥 熹宗皇帝天啓三年。仁祖大王元年。

三月，命贈大匡輔國、崇禄大夫、議政府領議政兼領經筵、弘文館、藝文館、春秋館、觀象監事，遣禮官致祭。

知經筵李廷龜啓請今宜加贈李珥，以示褒異儒宗之意，遂有是命。

知經筵鄭曄、黄海道儒生吴瀣等并請先生及牛溪先生從祀文廟。

甲子 四年八月，贈謚曰文成。

太常議謚文成、文靖、文忠，以文成下批。道德博聞曰文，安民立政曰成。

乙亥 毅宗皇帝崇禎八年五月，太學生宋時瑩等上疏，請先生及牛溪先生從祀文廟，不許。

三公尹昉、吴允謙、金尚容及玉堂沈之源、趙錫胤等上劄，請從多士之請。〇京畿道儒生辛喜道等、黄海道儒生尹弘敏等、坡州儒生俞應台等、平安道儒生洪僎等、豐德儒生崔時達等、開城府儒生高迥等、全羅道儒生金時等、忠清左道儒生尹坰、右道儒生閔汝者等相繼上疏，并申太學之請。〇知事趙翼上疏，論兩賢道德。

丙子 九年十月，太學生尹城等上疏，復申從祀之請。

先是，有蔡振後等醜正之論，前察訪安邦俊上疏辨誣。

己丑 二十二年孝宗大王即位初年。十一月，太學生洪葳等上疏請從祀。

諸道儒生等亦相繼上疏。

己亥 三十二年顯宗大王即位初年。十一月，太學生尹抗等上疏請從祀。

諸道儒生等相繼上疏如前。

壬寅 三十五年，江原道儒生李模等上疏請從祀。

太學生柳逗等及諸道儒生等上疏如前。○成均館祭酒宋浚吉、大司成俞棨上疏，請從多士之請。

癸卯 三十六年，太學生李積等上疏請從祀。

丙午 三十九年，太學生權尚夏等上疏請從祀。

辛酉 五十四年肅宗大王七年。九月，太學生李延普等與八道儒生合請從祀，許之。

李延普等既上再疏，批曰：「兩賢道德實爲一世之景仰、士林之矜式，從享文廟，夫誰曰不可？而累朝之未允。予之持難，皆出於慎重之意也，多士之請愈久愈甚，終難強拂。其令該曹問于大臣，特從五賢從祀之請。」時儒生并舉宋朝楊龜山時、羅豫章從彥、李延平侗從祀故也。禮曹議于大臣，領議政金壽恒、左議政閔鼎重、右議政李尚真、判中樞金壽興、鄭知和皆請依聖教施行，乃許之。

壬戌 五十五年五月壬戌，遣官禮曹正郎韓洸。賜祭家廟。

丁卯 從祀文廟。

位在東廡文純公李滉之下。○七月，奉安位版於八道州縣鄉校。

乙丑 五十八年，奉朝賀宋時烈上章辨誣。

先是，尹拯以其父宣舉江都事抵書史局，有「栗谷真有入山之失，先人初無可死之義」等語。領議政金壽恒於筵中辨之，臺臣之救拯者引沙溪説實其誣。時烈上疏以明先生本事，兼爲沙溪辨誣。上批曰：「今觀伸辨之章，義理明暢，足以打破姦膽而永有辭於後世矣。」

丙寅 五十九年，朝命特立曾孫厚葑後以承先生祀。

先是，癸亥。先生曾孫厚葑歿，其子繼乙丑又歿，無子，無可立繼後者。士林憂之，與斯文長老、朝中諸公議以厚葑從弟厚樹子綎立爲厚葑後，以主先生祀。大臣陳白於筵中，上特允之，仍命録用。綎年長於繼，故仍爲宗孫，而繼爲别宗。

己巳 六十二年三月，輟享文廟。

東人餘孽得志顓國，蔽惑天聽，唆原州人安瓛上疏，請黜先生及牛溪先生文廟之享，兇黨充斥於館學、臺閣，相繼力請，上從之。進士沈齊賢等上章辨誣，竄林川，李師中、李渾、李炳等繼有疏，皆不入。未幾，仁顯王后遜于私第，士禍滔天，尤菴宋文正公時烈受後命。

甲戌 六十七年六月，復享文廟。

上心開悟，迸黜兇黨，仁顯王后復位，即命復享先生及牛溪先生于文廟，仍賜祭家廟。○己巳輟享時，甲山位版埋安于府城外長平山北麓下潔地，其側有老杉三株枯死，至是復享，忽有生氣，枝葉繁茂。其後，監司尹陽來築壇立碑於其下，人比之廟檜之重發云。

癸卯 九十六年，景宗大王三年。海州儒生朴蕃等上疏，辨尹宣舉遺事中詆誣先生之語。

先是，尹宣舉遺事中有曰：「栗谷先從上達處入，學之無可依據。」末段又曰：「蘇學與程學并行於世，其書始出於丙申年間。」丁酉，四學儒生沈鳳威等疏論宣舉誣孝廟之事，因辨「上達」、「蘇學」等說，肅廟下該曹，命奪宣舉父子爵，又令毀院。至是，其徒黃昱等陳疏廟堂，回啓復宣舉父子爵，又令立院。朴蕃等具疏呈政院，三日不捧，持平柳時模論啓，竄蕃會寧。今上甲辰，放還。

壬子 一百五年，英宗大王八年。特命賜祭于紫雲書院。

上進講聖學輯要畢，親製序文，弁于卷首，命近侍賜祭于紫雲書院，特加嗣孫綎資，又命録用子孫。

辛酉 一百十三年，賜祭紫雲墓所。

上幸松都，歷過坡州，命賜祭于先生墓所。

甲子 一百十七年，英宗大王二十年。全書成。

先生詩文，原集外有續、外、別集。文正公李縡與先生五代孫鎮五相議，略加更定而合編，名曰「全書」，總爲三十八卷。後五年，以活字印若干本。又有拾遺六卷。

庚辰 一百三十三年，賜祭于家廟。

上進講聖學輯要，親製祭文，遣承旨李重祜。致祭于先生家廟。三月十三日，命道臣畫進石潭書院及先生舊居基址。

癸未 一百三十六年，賜祭于家廟。

嗣孫仁林筮仕在京，移奉祠版于京第，上聞之，遣官禮曹佐郎沈鏶。致祭。三月十二日。〇時壯洞舊弟貰賣於人，搢紳章甫收合錢財，贖還之，而重葺祠宇焉。

丁亥 一百四十年五月，命除奉祀孫仁林邑宰。

時銓曹序遷仁林郵官，大臣筵白以郵官不得奉祠版以往，殊非朝家使之官享之意云，故有是命。六月，除青陽縣監。

辛丑 一百五十四年正宗大王五年。七月，特命賜祭于紫雲書院。九月，又遣承旨賜祭于紹賢書院。

是年夏，命道臣畫高山九曲以進。七月初一日，傳曰：「月前兩先正晦齋、退溪。書院致祭時，此先正書院豈不并設？而予自幼尊慕文成之學，而曠世之感誠不淺淺。古所謂朝暮遇者，即實際語也。」伊時，適因手編先正文字，擬待訖工，仍命賜祭矣。今則册子既成，先正文成公紹賢書院，遣承旨致祭，祭文業已親撰矣。初二日，傳曰：「昨有紹賢書院致祭之命，而追聞筵臣之言，此書院即配享云，更思之御製祭文體重，當行於主享之院。至於紫雲又在墳塋之所，昨日所下傳教中「紹賢」二字改以「紫雲」，配享位并祭，亦有已例。金文元、朴文純祠版承旨一體奠爵，祭文令内閣撰進。紹賢書院致祭，不但已有成命，此地即先正杖屨之所，而朱夫子主享，先正趙文正、李文純、李文成、成文簡、金文元、宋文正東西配侑云，可謂盛矣。其中一先正追配之日，舊甲重回，事亦不偶，才命旋寢，心有所缺然，依初下教。致祭主享位祭文當製下，配位祭文亦令内閣撰進。圻内以旬望擇日，紹賢方當農時，以秋成後擇日事，分付該曹。」傳曰：「先朝紫雲書院致祭時，有録用子孫之命，此亦繼述之一端。先正李珥奉祀孫或支孫間，亦令録用。」紫雲致祭，承旨李晉圭；紹賢致祭，承旨李在學。

癸卯　一百五十六年正月，遣閣臣致祭于紹賢書院，仍命閣臣書揭崇儒重道綸音及傳教。

時尤翁玄孫德相背祖負國，附麗賊臣國榮，受其陰嗾，投進凶疏，逆節畢露。聲討方嚴，而湖海之變繼此而起。上乃下崇儒重道綸音，仍傳教曰：「逖矣關西，距京敻越，尚無怪乎土俗之貿貿。至若湖西、海西，皆是先正俎豆之鄉也，杖屨之所也，不幸近日承訛襲訛，因疑傳疑，未見有衛正闢邪之效。職由予忝位君師，教未下孚之致，豈道內一二人士之罪也？予方反省歉歎，倘使先正在世，世道胡至於此？此時曠世之感，尤不容已。西原華陽書院、海州石潭書院，遣閣臣致祭。西原則獨享宋文正，而海州則趙文正、李文純、成文簡、金文元、宋文正五先正與李文成配食云，祭文各當親撰矣。適值歲首，宣此十行，予意竊以爲目下要務莫大於是故也。」於是，閣臣徐鼎修奉往綸音傳教，致祭訖，書以鏤板，揭于院額之傍。華陽則閣臣金憙下去，亦如之。

甲辰　一百五十七年，賜祭于紫雲書院。

是年秋，八月十八日。上幸坡州，謁永陵，遣承旨金載瓚。致祭于是院，并祭金文元公、朴文純公。祭文親撰。

戊申 一百六十一年，上親製先生手草擊蒙要訣序及遺硯銘。

江陵人權漢緯，先生姨親後裔也，以騎曹郎入侍。上問知先生手草擊蒙要訣及遺硯藏在烏竹軒，命取而見之，親製序文及硯銘。使閣臣李秉模書之弁卷，硯銘則上親書，刻之硯背而歸之，建閣于烏竹軒之傍而奉藏焉。越二年庚戌夏，上又命海西道臣李時秀。以其序文鏤板，揭于紹賢書院。五月二十二日，道臣親奉告由而懸之。

己酉 一百六十二年，賜祭紫雲墓所。

是年春，二月十五日。上幸長陵，歷過坡州，遣承旨韓晩裕。致祭。祭文親撰。

甲寅 一百六十七年，内賜三經、四書於石潭書院。

後又賜五經百編、春秋左傳、鄉禮合編、雅誦、奎章全韻等書。

辛酉 一百七十四年，今上元年，特命除奉祀孫宗孝職。

是歲春，宗孝中增廣進士，以新恩入侍。上知其爲先生嗣孫，命當日除職，即拜弘陵參奉。

戊辰 一百八十一年，賜祭紫雲書院。

是年秋，八月十日。上幸坡州長陵，遣承旨金履永。致祭。

院享錄

紹賢書院，即隱屏精舍。先生定居石潭，擬立朱子祠於隱屏，以靜菴、退溪二先生配於東西。先生沒後二年丙戌，諸生始建祠宇，奉安三先生位版，以成先生遺志。其後十一年丙申，奉先生位版，配于東一位。萬曆庚戌，賜額。至顯廟辛丑，又以牛溪先生配于西一位。又至肅廟丁酉，以沙溪配于西二位。正宗丙申，又以尤庵先生配于西三位，移奉沙溪位配于東二位。

紫雲書院，在先生墓下。萬曆乙卯，創建，後移建于州南五里許泉岾。其後，又移于墓下。孝廟庚寅，賜額。肅廟丙子，竝享朴南溪世采。至乙未，配以沙溪，仍移南溪就配位。

松潭書院，在江陵，即先生胎鄉也。崇禎丙子，創建于石川，奉安位版。後壬辰，監司金益熙、府使李晩榮移建于府南求正村。顯廟庚子，賜額。

竹林書院，在礪山、黃山，實兩湖之交會也。沙溪倡士林創立書院，享先生及牛溪先生，又追享靜菴、退溪二先生及沙溪。顯廟乙巳，賜額。肅廟甲戌，追享尤菴。

莘巷書院，在清州治東，先生嘗守是州。隆慶庚午，創建，依退溪所定迎鳳之儀，隔截東偏，以奉先生，以李牧隱穡及慶徵君延、金冲菴淨、朴江叟薰、韓松齋忠、宋圭菴麟壽、宋泉谷象賢同享，而李西溪思胤則位西而面東，以配侑焉。

龜巖書院，在豐德府西北，即先生姓鄉也。肅廟乙卯，創建，奉安位板。壬戌，賜額。

飛鳳書院，在延安府東北二里許飛鳳山下。萬曆丙申，創建，享朱文公，配以崔文憲公沖、寒暄先生及先生，名之曰輔仁齋。肅廟壬戌，賜額。其後，追配牛溪先生及朴南溪。○先生嘗有棠陰遺躅，故黃海道内諸邑多建書院，而大率皆依紹賢書院之例焉。

文會書院，在白川治内，舊有書院，宣廟御書賜額曰文會。回祿于壬辰之變，亂定重修，乞頒舊額時，適朱詔使之蕃在館，宣廟命該曹求其筆以賜焉。肅廟庚申，始立西東兩祠，以先生及牛溪先生祀于西祠，以趙重峯配，又以鄉賢安貞愍瑭、辛白麓應時、吳晚翠億齡、金醒翁德諴祀于東祠，仍請官給牲幣。肅廟特降御筆，遣近侍宣揭。其後，又以朴南溪配西祠。

白鹿書院，在黃州治東十里許白鹿洞，舊享朱文公。肅廟丁卯，追配先生。辛丑，賜額。

鷲峯書院，在安岳治北二里許。萬曆己丑三月，創建，享朱文公，以先生配。肅廟丁丑，賜額。

景賢書院，在載寧治南二十五里許清水里金藏山下洗心臺上，臺即先生所命名云。仁廟丙戌，創建，至顯廟癸卯，享朱文公，配以先生。肅廟癸酉，移建於其南二里許。乙亥，賜額。

屏巖書院，在青松。肅廟戊寅，創建，享先生，配以沙溪。壬午，賜額。

文公書院，在宣川。肅廟辛巳，創建，享朱文公，配以先生。

雲田書院，在咸興。顯廟丁未，創建，享圃隱先生，配以靜菴、退溪兩先生及先生、牛溪先生，後追配尤菴、趙重峯、閔老峯鼎重。

龍巖書院，在長淵治東十里巨文山下。肅廟己丑，創建，享朱文公，配以先生。辛丑，賜額。

道東書院，在松禾治南二十里許龍谷。萬曆乙巳，創建，享朱文公，配以靜菴、退溪兩先生及先生。肅廟己卯，賜額。

鳳巖書院，在殷栗治南二十里許院坪。萬曆癸丑，創建，享朱文公，配以寒暄先生及先生。肅廟辛巳，移建于縣東三里許月岳下。未及賜額。

鳳岡書院，在文化治西二十里許烏洞。孝廟丙申，創建，享朱文公，配以靜菴、退溪兩先生及先生。肅廟己卯，賜額。

文井書院，在鳳山治南十四里許。肅廟壬子，創建。庚申，享先生，配以沙溪及金慎齋。戊戌，追配姜月塘碩期。

花谷書院，在瑞興治西二里許。肅廟丙戌，創建，竝享寒暄先生及先生。未及賜額。

正源書院，在信川治南十里許。享朱文公，配以靜菴、退溪兩先生及先生。

德水書院，在肅川治南七里許德水洞。先生聘翁盧公守是府時，先生構草堂，往來舊址，多栗木，傳言先生手植。英宗壬子，諸生創建奉安。辛酉，因朝命毁撤。正宗戊申，復設。

門人錄

金長生，字希元，號沙溪，官刑曹參判，謚文元。師事先生，備聞聖學之奥，潛心力行，自任甚重，先生期許特深，卒傳先生之統。有文集、經書辨疑、家禮輯覽、喪禮備要、疑禮問解。有書院。肅廟朝，配享聖廡。

趙憲，字汝式，號重峯，官僉正。壬辰，起義兵，殉節於錦山，賜吏曹判書，謚文烈。學於先生，實體力行，動慕聖賢。先生嘗謂汝式每以唐虞可猝復，未免驟擾，俟其鍊達，可大用。牛溪亦曰：「汝式之學，日就月將，甚可畏也。」蓋先生早没，未及見其學問長進云。丙戌，上封事訟先生。有文集、書院。

鄭曄，字時晦，號守夢，官參贊，謚文肅。有文集、近思釋疑、周易釋疑、國朝寶鑑續錄。

李貴，字玉汝，號默齋。癸亥，奉仁廟反正，策元勳，封延平府院君，官左贊成，謚忠定。自十五歲，師事先生，從學於石潭。丁亥，上封事訟先生。

黃愼，字思叔，號秋浦，官判書，謚文敏。學於牛溪，仍出入先生門。有文集。

安天瑞，字應休，先生有答公四七理氣書。

沈禮謙，字文叔，官府使，後贈領議政。從學先生。有問辨書札。

李廷立，字子政，號溪隱，官參判，廣林君，謚文僖。從學先生，深有所得，尊信師道，不少撓改。有文集。

李岐，字伯高，進士。與弟嶸同學於先生。

李嶸，字仲高，官奉教。自少從學於先生，年二十三卒，先生撰墓碣，甚歎惜之。

邊以中，字彦時，號望菴，官寺正。先生特加敬重。

尹昉，字可晦，號穉川，官領議政，謚文翼。學於牛溪，仍出入先生門。有文集。

韓嶠，字子仰，號東潭，官郡守。師事先生，講性理之學。有小學續編、洪範衍義、家禮補註、四七圖說辨疑、深衣考證。

成瓚，字□□，號聽竹，官縣監。師事先生，夙聞儒者規模義理向方，不屑於世俗之所爲。尚州有鄉賢祠。

吳希舜，字孝元，官直長，海州人。謹愼篤學，以禮律身。

朴汝龍，字舜卿，號松崖，官正郎。壬辰，與諸同門倡義旅扈駕，録原從勳，贈左承旨。從學於石潭，特見親信。從先生家於松崖，石潭精舍之成，皆公承先生區畫而爲之。先生没後，刊行文集，又有語録。鄉人立鄉賢祠於石潭書院之旁，享公。英宗庚申，因朝命毁撤。正宗己酉，立祠於松崖舊址，俎豆之。有文集。

趙光玹，字季珍，官縣令。先生稱以好學，與松崖朴公同享傍賢書院。

趙光瑗，字時獻，進士。與從兄光玹同受學於先生。

金興宇，字善慶，官參奉。蚤遊先生之門，嶷嶷有立，弱冠，才業蔚然。

洪錫胤，字善應，即先生姊子也。先生有贈説。

趙嶙，字士鎭，亦先生姊子也。自少受學於先生，未嘗少離。

李有慶，字天休，官牧使，嘗爲先生辨誣。

李培達，字達夫，官郡守。早事先生，先生愛其向道之誠篤，至於通家，如奉祭接賓等事，悉使公管之。雖爲蔭仕，出處必視先生以爲準則。

禹思仁，字隱翁，長先生九歲，官參奉。以孝旌閭。

李通，字天衢，官郡守，先生再從族弟也。九歲，奉其父執義公遺命，從學於先生，先生愛重之。光海丙辰，見彝倫斁絶，遂隱不仕。

李景震，字誠甫，官參奉，號臨湖，先生伯兄子也。早孤，奉母或京或鄉，惟先生是從焉。丁亥，上疏辨先生誣。

李景恒，字常甫，官參奉，景震之弟，與兄同受學。

金振綱，字子張，官判官。牛溪先生稱金子張、吴孝元氣質毅壯，立志甚篤，皆可敬之士。録壬辰原從勳。有理氣心性情問答。

金義貞，字公直。先生創立隱屏精舍時，公爲有司，幹事惟謹。

趙德容，字汝潤，官别坐。自十餘歲，端重清若，先生以兄子妻之。

李慎孝，字子能。早卒，先生有挽詩。

李師善，嘗裒集先生逸詩爲一編。

許克諶，字實夫。重峯稱與其弟克誠文學甚高。

許克誠，字信夫，即實夫之弟也。

韓汝復，字士初，靖社功臣，西城君，謚襄惠。

吴潔，字聖與，官參奉，即希舜之子也。八歲，受小學於先生。著四書辨疑。

任鐸，字士振，官直長。癸未，掌議太學，倡諸生抗章辨先生誣。

尹耆獻，字元翁，號長貧子，官少尹通政。有所著胡撰。

宋爾昌，字福汝，號清坐窩，官郡守。受學於先生，浸灌淵源，爲儕類所重。

崔洛，字學源，進士兩試。

崔瀫，字彦沈，號楊浦。自少師事先生，先生甚重之，不以童子視之。十四，擧南宫會試，先生適爲考官，公以嫌自避，詩成竟不納卷。不幸早卒。有詩集。

崔湑，號秋浦，與兄瀫同學於先生。

崔濬，字彦洞，亦瀫之弟，官察訪。有滄海寓言。

崔渙，字彦深，亦瀫之弟。有至行，先生深許之，年甫十七而没。

洪龜祥，官郡守。

洪致祥，字應和，進士。與兄龜祥同受學於先生。

申葆，官參軍。

沈友明，官參議，即先生姊壻。

許昕，字景晦，官寺正。癸未，倡諸生疏辨先生誣。

辛慶晉，字用錫，號丫湖，官參判。

尹起三，官監察。受四書於先生。

金光佑，字邦輔，以牛溪書來石潭受學。

姜宗胤，字伯承，即先生友壻也，官縣監。壬辰，倡義扈從，録勳。

姜德胤，字敬承，即宗胤之弟，官參奉。與其兄竝録勳。

奉聖民，字時仲，官監察。壬辰，録原從勳。

安玶，字君珍，少師退溪先生，又與曹南溟友善，號蟠松。長先生二十三歲，而執册受業。官縣監。

安興宗，字士顯，玶之子。

安光宗，字汝顯，生員，亦玶之子，與父兄同受學於先生。壬辰遇倭，翼蔽其父，同被害，事聞旌閭。

俞瀣，字淑夫，官直長。

許昭，字晟甫，生員。

李璧，字景昭，官參奉。壬辰，與朴汝龍、趙光玹倡義至義州，扈駕還海州，録原從勳。

李軫，字景任，官牧使，即璧之弟。壬辰，運餉，録原從勳。

金屹，字士仰，坡平人，蒙優老典爲通政。

尹興，字伯起，海平人，蒙優老典陞通政。

李質純，字景一，全義人，官參奉。

尹東老，字期仲，號水心堂，官同知中樞，坡興君。

吳興門，字起夫，生員，海州人。

吳禧年，字仲老，海州人。

姜偭，字而進，官都事，即宗胤之子。父子同學於先生。

尹旭，字景明，坡平人。受小學於先生。

金截。

李康濟，仁川人，牛溪先生稱其人辭氣謙可取。

李橧，官判官。

吳夢男。

李德元。

沈友恭。皆海州人。

金光運，字希健。

洪千璟，字君玉，號松磵，官察訪。

姜海，字汝容，與金光運、洪千璟自湖南徒步從學於石潭。

金景一。

李成春。

松津守瑾，字士懷。

康津守琮，字士温，松津之弟，與兄同受學於石潭。

尹翈，字季叟，官監察，即先生姊子。先生與宋龜峯書有論稱號事。壬辰之亂，起義兵，直拜禁府都事。

盧孝蕃，字永錫，即四印寺正盧公號。公庶男也，官副正。

先生易簀後，精舍儒生皆加麻，更番宿聽溪堂，晨省筵几。終三年，相向哭歸，又修同門契，春秋會書院。其立規一遵先生鄉約節目，歲收粟助祭，子孫相承不廢，士林傳爲美事。

校勘記

〔一〕盛際千年會憂時一病身願回巖穴老終作匪躬臣　此詩，文集係於辛巳年。

栗谷先生全書卷三十五

附録三

行狀

門人金長生撰

本貫京畿豐德府德水縣。
高祖抽，知郡事，贈左贊成。 妣尹氏，贈貞敬夫人。
曾祖宜碩，判官，贈大司憲。 妣崔氏，贈貞夫人。
祖蒧，贈左參贊。 妣洪氏，贈貞夫人。
父元秀，監察，贈左贊成。 妣宜人申氏，贈貞敬夫人。

先生諱珥，字叔獻。 上世有諱敦守，高麗中郎將，實爲鼻祖，世趾其美。 政丞府院君曰允薑，司空、樂安伯曰千善，政堂文學曰仁範。 文學生諱揚，始仕我朝爲參議，贈判書。 生諱明晨，知敦寧事，謚康平。是生知郡事。詳在德水世譜及諸墓碑、碣所記。

監察公悃愊無華，休休樂善，有古人風。申氏，己卯名賢命和女，資禀絶異，習禮明詩，於古女範，博極無餘。先生以嘉靖丙申十二月二十六日，生于關東臨瀛北坪村。生時，申夫人夢龍抱兒納于懷中，故小字見龍。生而穎悟絶倫，學語便知文字。

三歲，外王母以石榴試之曰：「此物何似？」先生即舉古詩以對曰：「石榴皮裏碎紅珠。」人奇之。

五歲，申夫人感疾危劇，一家奔遑。先生潛禱于外王父祠堂，從母適過而見之驚嘆，與之慰解而抱歸。嘗有人渡水而顛躓幾危，人皆拍手，先生獨俯視怵惕，亟發驚動之聲，其人獲免乃已。其孝親愛物之心，天性然也。

八歲，就外傅，業日進。嘗題詩花石亭，調格渾成，雖老於詩律者，有不能及也。

九歲，覽二倫行實，讀至張公藝九世同居，即慨然曰：「九世同居，勢或有礙。至於兄弟，不可離析。」遂手畫兄弟同居奉父母之圖以觀之。又好摭前古名賢將相事實，題其姓名，記其行迹而景慕焉。

十三歲，中進士初試，文章日就，聲聞藉藉，而亦不屑爲也，遂專心于聖賢之學。

十六歲，丁内憂。廬墓三年，一遵家禮，不脱衰絰，躬執祭饌。雖洗滌之事，不使僮僕任之。

十八歲而冠，爲學專用力於內。時先生新免於喪，哀慕不自克，常日夜號泣。一日，入奉恩寺，披覽釋氏書，深感死生之説，且悦其學簡便而高妙，試欲謝去人事而求之。

十九歲，以書留別諸友曰：「文不可學而能，氣可以養而致。是氣者，人之所同得者，而養之則役於心，不能養之則心爲氣役。氣役於心，則身有主宰而聖賢可期；心役於氣，則七情無統而愚狂難免。古之人有善養氣者，孟子是也。孔子曰：『知者樂水，仁者樂山。』樂山者，非取其峙而已，取其靜之道而體之也。樂水者，非取其流而已，取其動之道而體之也。仁知者之所以養氣者，捨山水而奚求哉！」因入山門，戒定堅固，至忘寢食，久之忽思，以爲佛氏戒其徒勿作增減想者，何意也？蓋其學無他奇妙，只欲其截斷此心走作之路，凝聚精神，以造靜極虛明之域，假話頭，使之依靠下功。而又恐人先知此意，則著禪必不精專，故又設此禁以誑之也。乃悟異説之非，盡棄其學，而專心吾道。著自警文，一以聖賢爲準則，敬義夾持，知行竝進，不由師承，自得其妙。嘗語學者曰：「吾少時，妄意禪家頓悟法，於入道甚捷而妙，以『萬象歸一，一歸何處』爲話頭。數年思之，竟未得悟，反以求之，乃知其非真也。」

二十三歲，謁退溪先生于陶山，問主一無適、應接事物之要。厥後，往來書札，辨論居敬窮理及庸學輯註、聖學十圖等説，退溪多捨舊見而從之，嘗致書曰：「世間英才何限，而不肯存心於古學。如君高才妙年，發軔正路，他日所就，何可量哉！千萬益以遠大自期。」

辛酉，丁外憂。

甲子，試司馬文科，皆擢狀元，即拜户曹佐郎。明廟以釋褐登龍門命題，先生製三十韻律詩以進。上嘉賞之，賜賚特優。

乙丑，移拜禮曹佐郎，尋拜司諫院正言。自以新進未可遽當言責，上疏辭，不許。

丙寅，率同僚陳疏，請立志勉學，親近正士。冬，遷吏曹佐郎，慨然仕路之溷濁，務張公道，欲防關節請託之路。銓長朴永俊不肯，先生歎曰：「痼弊誠不可醫也。」

隆慶丁卯，明廟喪，用日者言，卜葬以第四月。儒生上疏，有譏其渴葬者。王大妃命用第五月，曰：「雖不吉，亦可用也。」領相李浚慶、左相李蓂啓以爲安厝先靈，而不用吉月未安。先生聞之，歎曰：「諸侯五月而葬，先王之定制，未聞擇月也。慈殿明燭正理，而大臣不能將順其美，反以左説爲重，時事可知。」

戊辰，遞爲直講，以千秋書狀官朝京。冬，還朝，拜弘文館副校理，即宣祖初服也，上疏辭職，自陳少時，誤染禪學之失，不敢當論思之任。上優批答之曰：「自古雖豪傑之士，未免爲佛氏之所陷溺矣。不可以昔日從事禪門之小失，輕遞玉堂論思之重任，且悔過自新，其志可嘉。」既復拜吏曹佐郎，聞外王母病甚，棄官歸省于江陵。諫院以歸覲外祖，法典不載劾之，上嘉其孝，不允。

己巳，拜弘文館校理，承召入京。自以爲學未進，不可從政，前此累辭要職。至是，自陳外祖母有養育之恩，居江陵，老病無子，請解官歸養，且竢學進而仕。上答曰：「身雖在朝，亦可往來省覲，何必解職？」因命吏曹曰：「往見外祖母，雖非法例，校理李珥，特令省覲可也。」先生感恩就職。時當明廟禫，舊例禫後陳賀，先生謂同僚曰：「自上喪制甫畢，遽受賀禮，揆之情理未安，且百官哭泣之餘，旋即陳賀，是歌哭同時也。」乃上劄請以賀爲慰。八月，於經席進講孟子。啓曰：「世代各有所尚。戰國之時，在於富國强兵、戰勝攻取而已。至於西漢之淳厚、東漢之節義、西晉之清談，皆一代所尚也。人君當觀一代所尚之如何，所尚不正，則當矯其弊。今者承權姦鉗制之後，士習委靡偷惰，徒知食祿自肥，而無忠君憂國之心。縱有一二有志者，皆爲流俗所拘，莫敢出氣力以振國勢，俗尚如此。聖上當奮大有爲之志，以作士氣，然後世道庶可變。昔者，孟子以匹夫之力，只以言語教人，尚能熄邪熖廓正路。況人君任治世之責，能以斯道教民，則非徒垂教於後世，亦可興化於當時，其功豈特孟子而已？」講畢，又啓曰：「人君不欲治則已，如欲爲治，必先下功於學問。學問者，非特勤御經筵、多讀古書而已。必也格物致知、誠意正心，功夫不懈，實有其效，然後乃可謂之學問也。匹夫在家，雖有學問之功，其效不見於世。人君則不然，蘊之心術，發爲政事，故其效立見也。當今民生困瘁，風俗薄惡，綱紀陵夷，士習不正。而殿下臨御數年，未見治效。竊恐殿下格致誠正之功，有未至也。殿下誠志於治，則雖芻蕘之言，可補聖德。若殿下悠悠泛泛，只事文具，則雖孔孟恒在左右，日談道理，亦何益哉！」領議政李浚慶進曰：「朝廷之上，當守體統。頃日承旨請面對，事非近規，恐壞體統。假使國家有可畏之機，自有臺諫論思之臣，何必承旨請對耶？」先生曰：「此言不然，只在所言之如何耳。若所言是，則何妨於體統？承旨亦經筵參贊之官，請對言事，亦其職也。今者，善政不舉，百度廢弛，若不奮然振作，以新一代之規矩，而徒欲拘常守舊，則安能祛積弊而大有爲哉！大臣不能引君當道，而惟遵守近規是務，殊非羣下所望也。」先生每因進講，極陳爲學爲治之說，而上默無一言。乃啓曰：「入侍之臣，預思所啓之事，晝夜量度，及至上前，怵於天威，言不盡意。自上雖虛心酬酢，尚患下情不達，況沈默不言以阻之乎？且今天災時變，近古所無，臣民惴惴，不知更有何事。殿下當敷求善策，汲汲救時，不宜深拱無所猷爲也。明宗大王以二百年宗社付之殿下，殿下受其憂也，非受其樂也。二百年宗社，日阽危地，而殿下不思所以振起之乎？」上曰：「蘊之爲德行，然後乃可發之爲事業，豈可無德行而有事業乎？且三代之治，不可猝復也。」先生曰：「殿下此言，固是循本之論。但德行非一朝可辦，而政事不可一日廢也。允德未成之前，將置政事於不問，而任其紊亂乎？德行事業，當交修並進也。且三代之治，固不可猝復，至於革弊救民，則此豈難行之事乎？堯舜之德，雖曰難及，但求堯舜之用心，法堯舜之善政，則庶幾堯舜之治矣。」上曰：「古亦有無堯舜之德，而有堯舜之治者乎？」先生曰：「古人無法堯舜者，故不見其治。誠能法堯舜而行之，則豈無其治乎？孟子勸齊宣、梁惠行王道，以一君可行王道故也，豈好爲空言哉？」先生嘗因書堂月製，乃設爲問答之辭，論王伯、治國、安民之道，名之曰東湖問答，以奏御。後上問曰：「何以漢文帝爲自棄乎？」對曰：「文帝固是賢君，當漢道全盛之時，可以復古，而終於雜霸，故臣以爲自棄耳。」上曰：「文帝之不能復古，以經籍遇火、真儒不作故耳，豈是文帝之過乎？」對曰：「文帝無大志，每好卑論，雖有文獻，亦將如之何哉？人君立志不高者，大抵皆自棄也。」時壼儀未建，先生疏論時弊，因陳擇妃之道。其略曰：「古之帝王所與爲婚者，莫非先聖之後、仁賢之裔。其求之之道，不過曰『窈窕淑女，寤寐求之。求之不得，寤寐思服』而已，未聞聚會闕庭，辨其優劣，如今日之爲也。已然之事，雖不可追。自今以後，勿以容姿服飾次等級，推卜吉凶爲急務，而先觀父母之賢否，以察其家法。次觀威儀之合度，以察其女德。且以宣問大臣，必得衆心允協，然後乃定。則天人之意，無不同矣。」一日，上語及乙巳之事，領議政李浚慶曰：「衛社之時，善士或有坐死者，其瘡痍未合矣。」先生曰：

「大臣之言，何可含糊不明乎？衛社，是僞勳也，其得罪者，皆善士也。仁廟禮陟，中廟嫡子只有明宗一人而已，天命人心，豈歸他人哉！姦兇乃敢貪天之功，斬伐士林，以録僞勳，神人之憤久矣。今當聖上新政之初，當削勳正名，以定國是，不可緩也。」浚慶曰：「事在先朝，不可猝改。」先生曰：「不然，明廟幼沖即阼，雖不免姦兇之欺蔽。今則在天之靈，洞照其姦，雖曰先朝之事，豈可不改乎？」冬，聞外祖母病重，解官歸省。

庚午，又拜弘文館校理。五月，白仁傑上疏，請昭雪乙巳、己酉之冤枉。於是，政府三司同發論啓，而猶未舉僞勳。先生以爲正名爲政之本，而名之不正，莫甚於僞勳，乃言于同僚，力主削勳之議。時退溪先生與奇高峯大升亦以爲先朝已定之事，不可革罷。朝議多以先生之議爲過，而先生獨排衆議，終始不撓。玉堂四十一劄，皆先生手筆也。至丁丑，因先生議又論之，竟得回天，物論快之。冬，辭歸海州。

辛未，還坡州，拜吏曹正郎，不赴，尋以弘文館校理承召入朝。拜檢詳舍人、弘文館副應教，皆辭。六月，除清州牧使，專務教化，手撰鄉約法以率之，未幾病遞。

壬申夏，拜弘文館副應教，謝恩，病不供仕，復辭歸坡州。時相李浚慶，高亢不能下士，且膠守舊轍，導上因循架漏，無相業可觀，士類多短之，乃與洪曇、金鎧輩有裁抑士類之意。戊辰年間，金鎧爲大憲，承浚慶風旨，欲論去朴淳、朴應男、奇大升、李後白、尹斗壽等十六人、適以事遞職，不果。己巳，再入筵中，極言年少輩朋黨，以少後長，幾成己卯之習。臺諫安自裕、鄭澈、承旨沈義謙等，面斥其詆毀己卯，紹述袞、貞之所爲，三司竝發，請門外黜送。翌日，承旨奇大升請對，力陳其曲折而請罪之。退溪先生亦惡其所爲，與奇高峯書有曰：「吾輩今日實無更張國事，變亂政法，將欲追逐舊人，濟己植黨之爲者。而彼乃強此之無，擬彼爲罪，援昔所詆，斥今爲證，必欲納之罟擭陷穽之中而後已也。」其後，李浚慶入侍，啓承旨請對非近規，先生辨其不然。及明廟喪畢，士類以爲明廟既後仁廟，爲人後者爲之子，仁廟不宜亭於延恩，當祔文昭殿。浚慶之意，則仁廟之於明廟異於父子，當亭於延恩。議不合，三司論浚慶復踵李芑之論。辛未，李浚慶使其族弟李元慶通白仁傑、洪曇諸宰等，論復欲罪朴淳、朴應男、李後白、尹斗壽、尹根壽、吳健、鄭澈等十七人。其言傳播，語侵白仁傑，仁傑遽歸坡州，以此浚慶之計解散。及疾病將死，上箚言朝臣朋黨疑亂上聽，必欲去之。上頗驚疑，先生爲陳疏解之。既而，遠接使啓差從事官，拜司諫院司諫，辭。又拜弘文館應教，上疏辭。自上有李珥本是迂闊者之教，蓋先生自以爲學未進，不可從政，累辭要職。而凡所陳說，必以唐、虞、三代之道爲言，故下是教。未幾，拜典翰，又辭不就。

萬曆癸酉，拜弘文館直提學，三召不置，乃入朝。上曰：「爾何退而不來？」對曰：「臣病深才疏，自度不能有爲，徒食廩祿，不如退免罪戾，故不敢進耳。」上曰：「爾才予所知也，勿爲過謙之辭，從今不更求退可也。」先生曰：「臣跧伏田里，未知聖學成就如何。今日民生憔悴，風俗頹敗，至於如此。臣佇見聖學之日章，而終不見效，臣竊怪焉。即位之初，大臣輔導失宜，每引以近規，排儒者之論，故至今不善治耳。匹夫讀書躬行，尚且志在濟世，況殿下稟可爲之質，主一國之民，操可爲之勢，寧無惕然自奮之志乎？鄉約是三代之法，而殿下命行之，誠近代所無之慶也。但凡事有本有末，鄉約，正萬民之法也，朝廷百官未底於正，而先正萬民，則舍本治末，事必無成。殿下必須躬行心得，而施及朝廷，政令皆出於正，然後民有所感發而興起矣。」上曰：「予自顧省，不欲輕舉，而言者不止，故從之耳。」對曰：「殿下誠心願治，則只此一念，便是關雎、麟趾之意。豈必德如文王，然後始興周家事業乎？」十月，於筵中啓曰：「人君處崇高之位，自以爲滿足，則善言何由而入？必也兼聽博聞，擇善虛受，然後羣臣皆爲我師，而衆善合於君身，德業以之崇廣矣。今殿下謙沖退讓，形於下教，而至於不從公論，自是非人，則反有謂人莫己若之病，臣竊憫焉。三公雖欲建白，恐拂聖旨，反爲君德之累，故悶默度日。若聖旨在於求治，則大臣亦必盡言，而廷臣各陳所懷矣。」上曰：「我國之事，誠難爲也。欲改一弊，又生一弊，弊未能革，反添其害。」先生曰：「紀綱不立，人心解弛，官不擇人，苟充者多，徒知餔啜，不念國事。革弊之令一下，先懷厭憚之心，非徒不能奉承，又從而故令生弊，此所以績用不成也。」已而陞同副承旨，入侍筵中。啓曰：「今日國無紀綱，無可爲者，若今因循，則更無所望。必須自上奮發大志，深悔既往之誤，因以儆勅大臣百僚，一時振發，以立紀綱，然後可以爲國紀綱，不可以法令刑罰强立之也。朝廷善善惡惡，得其公正，私情不行，然後紀綱立矣。今者，公不能勝私，正不能勝邪，紀綱何由而立乎？人之所見，自古不同，迂儒則以爲堯舜之治，朝夕可做。俗士則以爲古道決不可行，此皆非也。爲治須以唐虞爲期，而事功則須以漸進也。臣昔者忝冒玉堂，每以唐、虞、三代之事陳達於上前。臣意非欲遽見其效也，只欲今日行一事，明日行一事，漸入佳境耳。我國惟世宗大王之政可法，用人不拘常例，任賢使能，各當其才。今日必須擇人授官，委任責成，然後庶績可熙矣。己卯年間，趙光祖有致澤之志，而年少士類，作事無漸，未免騷擾，竟致士林之禍。至於任事者輒以己卯爲戒，然己卯之作事無漸，豈不逾於今日之全不做事乎？自上必先躬行，本原澄澈，然後爲治之具，次第舉行，則羣下聳動矣。既先修己，必須尊賢。所謂尊賢者，非爵之而已，必用其言，施之事爲，然後方是尊賢也。今殿下可謂好賢矣，但見命之爵而已，未聞用其言也。彼誠守道之士，豈爲虛禮而來仕乎？且未出身人，若有才德，則用爲憲官，此國家恒規也。自己卯以後，遂杜其路，此不遵祖宗之法也。」上曰：「用賢固好矣，但不經事之人，恐其作事過中也。」對曰：「若有過中之舉，則自上當裁制之，不猶逾於恬然不爲者乎？世衰道微，士子只知科舉爲發身之路。彼一等人物，必不屑屑於此。科舉用人，乃叔季之習也。」又曰：「今日之務，莫急於恢張公道，自上無一毫私意，然後可以感發人心。而近日臺諫所啓，若涉宮禁内需等事，則上必牢拒，羣下疑殿下之有私，而以容默爲得體，孰有如臣愚者乎？愚者或有一得，其言亦可聽也。」他日，先生更請以未出身人通臺憲之路，上乃下其議于大臣，大臣皆以爲是，上允之。上夜御丕顯閣，召侍臣，進講書傳。先生啓曰：「太甲賴伊尹匡救之力，克終允德。若無伊尹，則成德未可期也。人君之得賢，非但爲一時之益，亦可託六尺之孤矣。雖聖智之君，天下之大，不能獨理，必以得賢爲務。故孟子曰：『堯以不得舜爲己憂，舜以不得禹、皋陶爲己憂。』人君之職，在於得賢耳。」講訖，又啓曰：「自上所論人心道心之説，至爲精切，以此精明之學，益加踐履之功，則可以匡濟一時矣。雖精於文義，若不切己用功，則亦何益乎？臣見近來紀綱板蕩，命令不行，民生之苦，如在水火。如是而國家無事者，未之有也。今須急聚賢士，使之各陳所懷，切於救民者，採而用之，則猶可及救也。苟或因循舊轍，日益向下，則雖有大賢，亦無如之何矣。」上曰：「自古新立國之君，不能無失德，而尚致小康。立國寢久，漸至衰微，則雖有賢君，不能爲治矣。」對曰：「不然，周宣王、漢光武皆中興之主也。二君豈賢於文王、高祖乎？至如晉悼公，十四即位，六卿强，公室弱，而悼公能自振奮，卒成霸業，顧其立志如何耳！今者，殿下立志求治，矯革宿弊，則何治之不可成乎？」上曰：「革弊極難矣。」先生對曰：「若得人則不難矣。」上曰：「雖得人，若如宋神宗之志大才疏，則亦何益乎？」先生對曰：「宋神宗之立志，亦誤矣。爲國以愛民爲先，而神宗欲事富强，故小人進興利之説。若以保民爲務，則小人何由售其姦乎？爲人君者，須以保民爲志，可也。」時羣臣請賜退溪先生謚，上以行狀未成不許，先生進曰：「李滉行迹，昭在耳目，行狀有無，有何增減？殿下於已死之賢，猶且靳於褒崇，況於一時之士，寧有好善之誠乎？李滉之謚，雖遲一二年，猶無大害。四方之士，疑殿下無好賢之誠，則其害豈淺淺乎？」是時，先生欲積誠以回天意，黽勉從仕，牛溪先生語之曰：「儒者當以格君爲務，若上心不回，則當速引退，不然則是枉尺直尋，非儒者事也。」先生曰：「此言固然，但上心豈可遽回，當徐徐積誠，以冀感悟。若以淺薄之誠，責效於旬月，而不如意則輒欲引退，亦非人臣之義也。」

甲戌正月，以右副承旨上萬言疏，極陳時弊，且言弭災之策及進德之功。上答曰：「善哉論也！古之人無以加焉，有臣如此，何憂不治？第緣事多更張，不可猝然盡變。此疏示諸大臣議處。」且命謄書以進。副提學柳希春進啓，以愼飮食爲治病之要。先生曰：「治病非但藥餌食物，必須治心養氣，然後可以養病。古人詩曰：『萬般補養皆虛僞，只有操心是要規。』是故治心本也，食物末也。苟不治心，亦何能養生乎？」先生雖被上眷，而言不見用。有人問曰：「公留朝數月，有何功業？」先生曰：「雖當國之人，亦不可責效於數月之内，况能言而不能施者乎？」人曰：「識者頗疑叔獻之久留也。」先生曰：「每冀天心庶或可回，是以不決去就耳。」或又謂先生曰：「志在扶顛持危，則雖涉苟且，不可退去。」先生曰：「苟且則是枉己也，枉己而能扶顛持危者，吾未之聞也。」或曰：「雖不能大有所爲，隨時隨事，有所補益，使不至危亡者，是或一道。」先生曰：「此當國大臣之事也，大臣已受重任，當見危授命，不可退去。苟非大臣，則見幾而作，不可失其身也。」先生語人曰：「吾留數月，或疑其久留，或恐其速退，識見之得中，豈不難哉？」蓋以上頗好儒術，傾嚮先生，先生自任之重，庶幾有爲，故雖有不合者，猶眷戀低徊，不忍遽退也。二月，上謂先生曰：「漢文何以不用賈誼乎？」對曰：「文帝雖賢，志趣不高，見賈誼言大，疑而不用耳。凡人有大志，然後可以做大事，譬如主人欲構數間小屋，而工師乃欲構大厦，則豈肯聽從其言乎？」因白上曰：「今者災變屢作，民困日甚，不可徒曰恐懼修省而無其實也。近來教令儘善，而實效則未之見也。」上曰：「何以則有實效耶？」對曰：「殿下每以變通爲難，故終無實效，若不更張，無以爲國。」上曰：「若非祖宗法制，則更張何難？」對曰：「非欲盡變祖宗之法也。至於貢案，是燕山所定，非祖宗法也。臣非好更張，欲救民瘼也。若欲改紀今日之政，則必求有爲之才。若不改紀，則求賢何用？自古聖賢，隨時變通，以天運言之，歲久則曆數必差，代各有人，出而改正，若不隨改，則天象差謬，四時失序矣。」後日，上以紀綱未振爲歎，先生對曰：「紀綱在國家，若浩然之氣在一身。浩然之氣是集義所生，非一事偶合於義而可襲取之也。須是今日行一義，明日行一義，義積于身，仰不愧俯不怍，然後浩然之氣，充滿流行矣。紀綱亦然，非一朝發憤而可立也，須以公平正大之心，施之政事，今日行一善政，明日行一善政，直必擧枉必錯，功必賞罪必刑，紀綱立矣。」上曰：「今行何事可以爲治乎？」先生曰：「爲治之道，何可盡達。大概先立大志，得賢委任可也。但知人實難，必先用功於學問，窮理、居敬、力行三者，勉勉加功。至於理明德成，則人物之賢愚邪正可以洞照，毫髮不差矣。然學問必資啓沃之助，須親近儒臣，使之盡誠輔導，此等事是爲治之根本，此外別無他巧術矣。殿下若於羣臣親密無間，則可以細知情狀，得其取舍之正矣。世宗大王知人善任，亦由知其情狀故也。世宗朝用人，不問久近高卑，惟其人器相稱，故有守一職而終身者，有超擢不日而至卿相者。六卿百官，莫不久任，而庶績以成。其於儒臣，眷遇殊絶，故臣鄰咸懷效死之心。今日殿下既無親信委任之臣，庶官數易，故百事不理。譬之家事：則分家衆以職，耕者耕，樵者樵，織者織，然後家業以成。若朝耕而午樵，午樵而暮織，則無一事可成矣。今士大夫，盡職者無賞，瘝官者無罰，其爲身謀則便矣，奈國事何哉？殿下何不擇人授職，使久於其任乎？」修撰尹晛進曰：「李珥論學，以窮理置於居敬之先，臣意居敬當在窮理之先。」先生曰：「程子曰：『未有致知而不在敬者。』尹晛之言是也。但敬是貫終始之功，無先後可論，且窮理知也，居敬行也，臣以知行之序言之耳。」又曰：「殿下欲用功於爲學，則先須立志，堅定不移。而敬以窮理，敬以力行，用功之久，至於義理有味，以學爲樂，則處善循理，快然自得，心廣體胖，泰然悦豫矣。古之人君，有能治其國而不知學問之樂，徒勉於事功，故多有終始參差者。昔者，唐明皇以身瘦國肥爲言，此是强作者也，其能久乎？若學問有效，則身與國俱肥矣。」是時，成均館儒生序齒，流俗多非之。李公海壽謂先生曰：「齒坐，非館中所宜也。榜中尊敬狀元，此亦禮俗，豈可坐於狀頭之上乎？」先生曰：「狀元之尊，施于榜會可也。若館中，乃明倫之地，長幼之序不可亂也。且狀元之尊，何如王世子乎？古者世子入學，尚以齒坐，狀元非所論也。」三月，上命義盈庫納黄蠟五百斤，外間莫知所用，或云將用于佛事。時先生爲大司諫，啓曰：「黄蠟將用何處耶？亟示聖意，以解羣惑。」上曰：「内用之物，非羣下所敢仰問。」又啓曰：「宫中别無許多用蠟之處，此必出於邪歧曲逕，不可使聞於人，故臣等憂聖志之不能無惑，欲防微杜漸耳。昔司馬光曰：『吾平生所爲，未嘗有不可對人言者。』今臣等方以正心誠意望於殿下，而只此一事，不肯宣示，則未知幽獨得肆之地，其能不愧屋漏乎？請自今以後，勿進非正之供，洞示聖懷，若青天白日，使羣下得仰見也。」上怒曰：「昔者，梁武口苦，索蜜不得，不料再見於今日也。時事至此，寧不痛心！」先生率同僚辭職曰：「聖教辭氣太厲，至以侯景比臣等，臣等不勝驚愕戰慄之至。該司之物，固是殿下之所有，用之以正，則羣下當奉承之不暇，尚敢有一言乎？若用之以不正，而君舉將歸不法，則雖該司亦當覆逆，況言官安敢默默乎？近者，外間喧播之説，或以爲將造佛像，或以爲將興佛事，而水銀、黄蠟内入之命，適下於此日，臣等豈無憂懼之念乎？殿下但當内省于心，有則改之，無則加勉而已，祕諱峻拒一至於此，何歟？昔舜造漆器，諫者十人；武王嗜鮑魚，太公不進：此豈愛敬不足而然哉！誠以忠臣愛君以德，敬君以禮，逢迎承順，反害於愛敬故也。殿下以一言之不能承順，輒加震怒，至於痛心。夫逢迎承順之態不足，而有妨於惟其言而莫予違者，殿下之所痛心也。上無虚受之量，下乏忠鯁之益，國事日非，不可收拾者，臣等之所痛心也。臣等輕淺陋劣，誠未上乏，請斥逐臣等。」上尤怒曰：「今見啓辭，不足備一笑。假使崇奉異教，流來胡像亦多矣，新造何爲？未知聞於何人乎？予欲拿鞫。」啓曰：「傳播之説，非出於一人之口，若必一一拿鞫，則何異於衛巫之監謗乎？殿下只治臣等妄言之罪足矣，何必立威而箝口，以駭四方之觀聽乎？嗚呼！君德日就高亢，士習日趨萎弱，雖使朱、汲在位，讜言日進，時事之正，亦不可望，況以臣等之淺劣，其能有補於萬一乎？請賜斥罷。」凡五啓，上教愈嚴，而言尤切直，不少挫焉。既而，上頗悔之，命還下黄蠟。先生每於入侍之時，懇懇多所陳達，盧相守慎謂人曰：「李某於經席多言上所厭聞者，恐其生事。我欲止之，而不相知故不能也。」先生聞之，笑曰：

「既不能自言，又止他人之言。平生讀書，何所見而如此乎？」他日入侍，先生自陳多病，不能從仕，請退而調攝。上曰：「病若如此，亦無可奈何，隱居最好。古詩曰『洗耳人間事不聞，青松爲友鹿爲羣』，豈不樂乎？」先生對曰：「臣則有不然者。古之隱士與人主不相接，無君臣之契，故可以相忘，而又身健無疾，自適於佳山好水。臣則受恩深重，故雖在畎畝，心懸冕旒，又有疾病，隱居何樂焉？只是難於尸素，故不得不退耳。」因謝病免，旋拜右副承旨，復謝病歸坡州。拜承旨、諫長，皆辭不就。十月，拜黃海道觀察使，先生以爲外職非如近侍，且方伯可救斯民一分之瘼，乃拜命，疏陳民瘼。蠲除弊政，專以興學校、尚教化、恤民隱、修軍政、旌淑癉惡爲務。士民感悅，貪猾悚戢。

乙亥春，以疾遞歸坡州。即拜副提學，又以疾辭，不許。會有仁順王后之喪，遂舁疾入京，呈辭至三，又不許。持平閔純請於卒哭後，依宋孝宗例以白衣冠視事，乃會二品以上及三司長官廷議。二品以上皆曰：「《五禮儀》，祖宗時撰定之久矣，不可輕變。」大司憲柳希春亦以爲當守祖宗之典，且曰：「人君居喪，與士大夫不同。」時先君子爲大司諫，與先生意合，力言喪禮不古久矣，因此幾會，當變通從近古之禮。先生引古禮以啓曰：「必欲盡合先王之禮，則當初上下當具衰絰，如《儀禮》之制，別造布帽、布團領、布帶，以爲視事之服。今既蹉過，不能追復，寧依宋孝宗制，爲近於古也。若玄冠、烏帶之制，宋高宗朝羅點建白行之。

此時喪紀廢壞，易月之後純用吉服，故羅點此論猶愈於已。朱子君臣服議辨論甚詳，豈可不從朱子之論，而泥於羅點之議乎？」五禮儀撰定時，無識禮之儒臣，不能導先王於正禮，豈可再誤於今日乎？」左議政朴淳、右議政盧守慎乃議啓，請從白衣冠之制。先生去年以大諫言不合退去，而今又供職，諸公多疑其出處。牛溪先生亦語人曰：「如叔獻出處，古未之有也。」先生聞而笑曰：「出處固非一端。我當初固無供職之志，欲於山陵事畢後退去。而適自上累賜休告，不改其職，且主上哀疚之中，善端開發，異於昔日，故欲姑留積誠，以冀萬一之幸耳。君子果於忘世則已，如或有意於斯世，則當此錮陰生陽之時，豈無可乘之機乎？」上於卒哭後，猶未復膳，三公率二品以上啓請從權，羣臣將退，上呼先生來曰：「副提學歸鄉里，仍爲監司，久不相見矣。」因温諭，問以海西疾苦，賜語良久而罷。後日，講書傳至「肯構肯堂」處，先生啓曰：「今人多不解肯堂構之意，只以膠守前規，爲肯堂構，此甚不可。其父定其基址，其子仍其制而構屋，然後乃爲善承父業也。今若只守其基，而無所營建，則是不肯堂構也。以國家言之：祖宗創業，法度未備，或時移世變，有可矯革者，隨宜經紀，當乎義理，乃是繼志述事也；若只守其法，不知變通，因循頹墮，則豈是繼志述事乎？」蓋先生欲改弊政，故臨文諷之，因問上曰：「曾聞殿下謂侍臣曰：『予欲學問，只緣多事未遑。』此誠有之乎？」上曰：「然。」先生曰：「臣聞此言，一以爲喜，一以爲憂。喜者，喜上有學問之志也。憂者，憂上不察學問之理也。學問非謂兀然端坐，終日讀書也，只是日用間處事，一一合理之謂也。惟其合理與否，不能自知，故讀書以求其理。若只以讀書爲學問，而日用處事，不求當理，則豈所謂學問者哉？今上日用之間，事事深求合理，而無少不善，則此乃學問也。自上質美寡欲，其於學問，不爲也，非不能也。」六月，入侍啓曰：「昨日，自上答館劄曰：『毋甚高論。』若只是殿下謙辭則可矣，若實以臣等之言爲高論，則恐非宗社生民之福也。漢文帝以三代之説爲高論，故功烈未免乎卑，此豈可法乎？」一日筵中，上曰：「四書小註多有未穩處，欲稍删改，以便觀覽，玉堂可任此也。」先生啓曰：「此非臣學力所能獨當。學問之士，不論出身與否，使參玉堂，同議删定。」上曰：「前日，大臣使予招見成渾，予亦欲見之。但未出身人，無入參經席之例，雖招賢者，只一見而已，有何益乎？」先生曰：「自上誠欲有爲，則雖舊例所無，亦可變通。膠守前規，豈能有爲乎？學問之士處以閒職，使之輪日入侍經筵，則於助成允德，大有所益矣。」他日又啓曰：「今日急務，莫如勉加聖學，以爲出治之本，而必得賢士，與之居處。曾以未出身人出入經筵事進啓，而自上以爲難，當更問大臣而處之。且承旨親入啓事，此中廟朝所行也。成廟朝，不時招玉堂入直之臣，對于便殿，名曰獨對，此例亦可復也。」又曰：「當用超遷久任之法。世宗用人以此法，今之官爵，朝更夕變，有同兒戲，百事不可做矣。」七月，有宫奴犯禁，毆打憲吏，跳入王子寓舍。明日，憲府追捕益急。上聞之大怒，以爲憲吏作亂于王子寓舍，命下憲吏于義禁府，傳旨曰：「憲府不當捉人于王子寓舍。」憲府避嫌。時先生遭服在家，出仕後乃獨啓曰：「此事上下胥失之。憲吏之事，非臺官所目覩，安知非直捉于王子寓舍，而明言其不然耶？殿下亦非目睹，只聽婦寺之言。婦寺之言，何可盡信？且王子宮奴素稱縱恣，當嚴加檢飭。侯氏一婦人也，尚知教子之方，常曰：『患其不能屈，不患其不能伸。』殿下有子，何患其不能伸乎？」後於經席啓曰：「人不能皆賢，不能皆不肖。賢者，欲君上是非分明，愛好儒士。不肖者，亦欲君上是非不明，不喜儒士。此理勢之自然也。頃者，自上頻接大臣，傾嚮儒士，且有不時召見之教，人皆欣然以冀至治。而近日事勢忽變，非徒不喜引接，開筵亦罕。閭閻間不善者皆喜悦增氣，賢者憂而不肖者悦，此豈盛世之事乎？」因啓曰：「近日以憲吏一事，守法忤旨之臣，上必厭之。但自古阿諛附託者後必遺君，守正不阿者後必盡忠。以周昌之事觀之：昌廷爭甚强，可謂不愛趙王矣。後爲趙相，盡誠保護，呂后不能召致趙王，先召周昌，然後乃致之。惟其平日有守正之節，故後日能保護，此意非獨自上知之，妃嬪亦當知之。」上默然。時許曄爲大司諫，金孝元爲司諫，以爲左相朴淳按獄失體，啓請推考，淳乃謝病。於是，兩司議論相符，而獨正言趙瑗與先君子以請推大臣爲非。先君子時爲憲長，乃論許曄以厖親切族，持論過重，兩司引嫌辭避，弘文館當處置。先生問于同僚曰：「此事何如？」皆曰：「若遞兩司，是妨言路。」先生曰：「不然，當觀其事之是非耳。諫官有失，而玉堂糾正，則何妨言路乎？大臣有罪，則遞之可也，罷之可也，雖流放竄殛亦可也。言官隨事論斥，有何回避？但不可請推也。所謂推考者，有司詰問照律，非所以待大臣也。昔漢臣有請使司隸校尉督察三公，議者非之，以爲不可使有司督察三公。今之請推大臣，乃有司督察三公也。諫院之啓既非，而憲府雷同，皆可遞。惟金大憲、趙正言可出仕。」僚議不同，先生力辨，良久乃歸一。著作洪迪、李敬中等曰：「許大諫豈至於私所親，而爲過重之論乎？大憲亦不可不遞。」乃上劄盡遞兩司，而只請趙瑗出仕。先時，尹元衡方用事，沈義謙爲舍人，以事詣其家。元衡之壻李肇敏與義謙相知，引入書室。室中多有寢具，義謙歷問是何人所寢，肇敏隨答以對〔二〕，其一則金孝元也，孝元時未登第而有文名，義謙心鄙之曰：「安有文學之士，乃從權門子弟游乎？決非介士也。」厥後，孝元登魁科，聲名日盛，朝士爭推奬焉。吳健欲薦孝元爲銓郎，義謙以前事輒沮遏，故孝元居郎僚六七年，乃爲銓郎。癸亥年間，李樑方禍士林，義謙有救護之力，故前輩士類多許之。而孝元心嫉義謙，常語人曰：「沈也戇而氣粗，不可柄用。」前輩皆疑孝元挾前憾，有報復之志，或有指爲小人者。而孝元儕輩亦皆斥義謙，以爲害正之人。由是，前後輩不相協，有分黨之迹。許曄雖前輩，而推許孝元，故年少輩尊之爲首。朴淳有清名重望而是前輩，故人或指爲義謙之黨。許、金之攻朴，實出於私意，而年少輩皆孝元之儕輩，故議論之和附至此。九月，大司諫鄭芝衍問于先生曰：「士論橫潰，將何以處之？」先生曰：「此由銓曹不得其人故也，但當靜以鎭之，終不可駁擊。惟朴謹元所爲，不厭衆心，此可啓遞。」芝衍深然之，欲只駁朴謹元。而同僚欲悉駁銓官，其論甚盛，芝衍不能抑，請盡遞參判以下。時先生銳意於格君，乃採掇經史要語切於學問、政事者，彙分次第，以修己治人爲序，名之曰聖學輯要，上劄進之。翌日，上御經筵，謂先生曰：「其書甚切要，此非副學之言，乃聖賢之言也，甚有補於治道。但如我不敏，恐不能行耳。」先生起而伏地曰：「自上每有此教，臣隣極以爲悶，殿下資質卓越，其於聖學，不爲也，非不能也。願勿退託，篤志自奮，以成允德焉。昔宋神宗曰：『此堯舜之事，朕何敢當？』明道愀然曰：『陛下此言，非宗社臣民之福。』殿下之言，無乃近此乎？」十月，先生以沈、金角立，朝廷不靖爲憂，言于右相盧守愼曰：「兩人皆士類，非若黑白邪正之可辨。末路囂囂，浮言交亂，大臣當陳啓，兩出于外，則庶可鎭靜。」右相然之，乃於筵中白之。先生進啓：「此未必深成嫌隙，只是二人親舊各傳所聞，遂致紛紜。大臣此言，欲鎭靜故耳。今日朝廷，雖無姦人顯著者，亦豈可謂必無小人乎？若小人目以朋黨，爲兩治之計，則士林之禍必起矣。此不可不知也。」於是，特旨以金孝元爲富寧府使，沈義謙爲開城留守。孝元輩危懼不定，且孝元病不堪赴塞。先生獨啓曰：「金孝元補外之説，非但大臣之意與臣合，實是士林間公論。第孝元疾病深重，將此筋力，受任塞北，則緩死爲幸，安能有所籌畫，以爲固邊之計？且大臣之意，只欲爲鎮靜之策而已，非以孝元爲有罪而放逐之也。請以内地僻邑授孝元，内全君臣之義，外固邊圉之備。」後於引對日復及之，乃改授三陟府使，因白上曰：「前日上批有未安者，謂人臣食禄則當效死，是人臣自言則可矣，在上則不當發此言也。人君當量臣子才力，擇授可堪之職，人臣則當死生以之。夷險一節，重禄深恩，固所以結臣子之情，然人臣當以分義爲重，若只慕恩禄而效忠，則他人亦必誘以恩禄矣。」上然之。先生又啓曰：「古者，無學問之名，日用彝倫之道皆人所當爲，别無標的之名目，君子只行其所當爲者而已。後世，道學不明，彝倫隨晦，於是以行其所當爲者，名之以學問。學問之名既立，反爲世人所指目，吹毛覓疵，或指爲僞學，使爲善者諱祕遷就，以避學問之名，此後世之大患。人君須主張學問，使俗流不得謗議可也。」上謂先生曰：「予觀往史，時代漸變，夏不及唐虞，商不及夏，周不及商，今代固難復三代之治也。」先生曰：「世道固漸降矣。雖然，若行古道，則豈無復古之理乎？程子有言曰：『虞帝不可及已，三代決可復也。』蓋唐虞無爲而化，後世所不能及。若三代之治，則苟行其道，必可復也，只是不爲耳。三千年來，爲之而不成者，不可見矣。」十一月夜對，啓曰：「天理、人欲，間不容髮。二者初非二本，未發時，只是渾然天理而已；每於動處，善惡分焉，心動然後乃有人欲。」上曰：「動者因氣，氣有清濁，故善惡分焉。天理、人欲，初非竝立於心中也。」對曰：「上教當矣，天理、人欲初非二本。而既分之後，界限甚明，非天理則是人欲，非人欲則是天理，未有非天理非人欲者也。」上曰：「所行雖善，而或有求名之心，則亦不可謂天理也。」先生曰：「心欲求名，而矯情爲善，則是亦人欲而已。」上曰：「好名之人，能讓千乘之國，而簞食豆羹見於色，其無根本如此。且好利者不能欺人，好名者善於欺人，其弊大矣。」先生曰：「上教當矣。但爲善者與好名者，辨之甚難。若見爲善者，而輒疑其好名，則無好善之實矣，此不可不知。」未幾，謝病辭職，遞授西班。

丙子，先生既遞副提學，朴思菴淳每於經席薦其賢且才可用，上曰：「此人矯激，且不欲事予，予何爲强留乎？自古許退而俾遂其志多矣。賈誼讀書能言，而實非可用之才，漢文之不用誼，真有所見也。」金孝元既出之後，朝論便激，欲深治之，先生極力止之，務欲調和鎮定。而前輩則尤先生之不攻孝元，後輩則尤先生之不用孝元，論議中分，皆以先生爲非。先生當初於東西亦無偏重之見，只欲保合人才，惟賢是取。東人反以先生爲主西，必欲去之。或謂先生曰：「天下無兩是兩非，公於近日事，不分是非，務欲兩全，如何？」先生應之曰：「沈、金之事，非關國家，而自相傾軋，至於朝廷不靖，真是兩非也。雖曰兩非，而俱是士類，但當和解消融可也，必欲是此而非彼，則方生之説、相軋之勢何時可了乎？」先生上既不得於君父，下則儕友不從其言，遂決退意。士類知先生將退，多來就別，東西雜坐。先生曰：「吾今欲爲定論，諸公試聽之：權姦濁亂久矣，摧陷廓清，使士論得伸，豈非方叔諸公之功乎？仁伯若爲國事，則宜無失巨室之心，而乃排抑前輩，使前輩懷憤，士林自相角立，此則仁伯之罪也。既如此，故公論裁抑，出補外官，已得中矣。而猶嫉之太甚，攻之太劇，此則前輩之罪也。如此論斷，得其事情矣。」皆曰：「此言真是公論。」三月，解官歸坡州。拜右副承旨、大司諫、吏曹參議、全羅監司、兵曹參議等職，皆不就。

丁丑，歸海州。先生嘗慕張公藝同居之事，至是立祠堂，築居室，請伯嫂郭氏奉宗家神主以來，大會兄弟子姪同居，以遂平生之志。拜大司諫，不就。時上將親祭于大院君廟，弘文館上劄，以爲禮不可祭于私廟。上大怒曰：「誰作此議？將詔獄鞫問。」大臣救解乃止。先生聞之曰：「主上於大院君之廟，親行祀事，於禮無違，於情所必至，玉堂何所見而請止乎？或疑祭大院君，若用君臨臣廟之禮，則子不可臣父。若用子入父廟之禮，則有妨於尊正統，此非稽古之説也。公朝禮以君爲尊，故雖諸父，皆行臣禮，但親父則不可臣也。家人禮以尊屬爲重，故人君可居父兄之下，若孝惠於宫中，坐齊王之下，是也。學宫禮是師爲尊，故雖天子，亦有拜老之儀，若孝明拜桓榮，是也。況大院君誕生聖躬，假使尚存，主上必不敢臣，而相見於宫中必拜矣。今入其廟，用姪子祭叔父之禮，有何不可？」

戊寅三月，以大司諫赴召。時恭懿王大妃昇遐，上方在哀疚中，故不忍安居，一出謝恩而已。本無供職之念，還向坡山，有「舟行不忍終南遠，爲報篙師莫擧帆」之句。五月，又拜大司諫。上疏辭職，且言：「殿下若欲知臣可用與否，則當問以時事；言不可用，則願勿更召。」上答曰：「諫長不可久闕，兹遞本職，如有所懷，可實封以聞。」乃上疏極陳時弊，且陳救時之策，過萬餘言，言甚剴切。政院請更召，乃有召命。未幾，復拜大司諫。先生不知旋授大司諫，只辭召命，而上遽命遞之。政院、玉堂皆以爲不待自辭，徑遞諫長，既非故例，亦非待士之道，不允。牛溪先生讀先生陳弊疏曰：「眞所謂直言極諫經世之策，此疏蒙允與否，乃關時運，非人力可及。」居數日，拜吏曹參議，先生竟辭不至。時士類中分，東盛西衰，一時進取者咸趨入於東，扼腕以爲東是西非。尹晛與金誠一同作銓郞，議論矛盾，遂成嫌隙。晛之叔父斗壽、季父根壽皆在要津，扶西抑東，東人深嫉之。金誠一於經席啓曰：「全應禎以行賂受罪，而亦有載米行賂者，貪風未戢矣。」上問何人，誠一對曰：「珍島郡守李銖，臺諫請治其罪。」上命下銖詔獄，曰：「只治與者，不治受者，可乎？」臺諫乃擧三尹爲受者，先君子以大司諫受暇，自鄕還啓曰：「三尹俱被擢用，別無大段過惡，受賂事安知非陰中者所造言乎？徐待獄成，治罪未晚，而遽拈出三人之名，泛請治罪，非待士之道。」於是，兩司憤激，掌令李潑掊摭醜詆，無所不至。憲府聞李銖之米接置于市人張世良家，乃託他事，捕繫世良，因移囚禁府，必欲成獄，考掠至二十餘次，殆死而終不服。或謂世良曰：「汝若承服則可免死，何苦忍杖？」世良曰：「我豈不知不服則死，服則生乎？但實無是事，安可自貪其生而陷人於死地乎？」上以世良久不服，疑銖獄不實，命釋之。政院爭之至四啓，上大怒，盡罷遞承旨。先君子素負清望，後輩亦或咨稟，至是大乖。鄭松江澈不直此獄事，語頗及之，東西自是，更無相合之望。先生聞之曰：「李銖行賂，虛實未可知，而張世良接米之罪甚輕。以世良爲干證，必欲其直招，則爲干證者考訊，例不過三次，何可濫加二十餘次乎？設令世良爲正犯，國法非死罪，則不可限輸情窮治，世良之罪不過杖之而已，安可以輸情爲限乎？後輩識見不明，用意不弘，只恐獄不成，反中其禍。不念殺無辜之爲害義，不顧前後是非，而惟獄之務成，不可使聞於他人也。」又答李潑書切責之。

己卯五月，復以大司諫召先生，辭疾不就。上疏論東西分黨，而東人攻西太甚，欲强定是非。請洗滌東西，保合士類，使之一心徇國，言甚激切。上以疏辭不中，命遞之。七月，白參贊仁傑上疏，極論保合東西之策。仁傑將陳疏，而恐其辭不達意，請先生修潤，先生憐其憂國之誠，臨死不渝，乃依其言爲改草。至是，正言宋應泂聽李陽元指嗾，啓曰：「白仁傑之疏出於李珥之手。仁傑老妄不足責，珥以經幄舊臣，凡有所懷，宜直達無隱，而乃敢匿迹回互，隱然代述，請正人臣詭祕不直之失。」於是，兩司、玉堂是非相持。仁傑陳疏自明曰：「宋之程頤，代彭思永作論濮王典禮疏，代富弼作論永昭陵疏，代呂公著作應詔疏。此等事先儒亦嘗爲之，故臣用李珥之文而不以爲嫌，向人無隱。故傳者以爲珥誘臣上疏，臣雖無狀，豈敢以非臣本意而聽人所教，爲此疏乎？」

庚辰冬，拜大司諫，承召。自海州入京辭，不許。引見問以凶歉之狀，且曰：「久不相見，無乃欲有所言乎？」先生請移粟賑饑，歷陳治道之要，因白上曰：「自上加恩禮于成渾，近古所罕。」上曰：「渾之賢，予已聞知，第未知其才如何。」先生曰：「才亦非一般，有可獨任經綸之責者，有好善而能用羣才者。成渾之才，若謂之能經綸天下則過矣。其爲人也好善，好善優於天下，此豈非可用之才乎？」

辛巳正月，白虹貫日，先生率同僚請修政以弭天災。先生初無從政之志，見上頗有向用之意，又見士論潰裂，欲留而調劑。士類問先生以當務之道，先生曰：「當今患在君臣不相知，士類不協和，須通融爲一，不相疑阻，而相與積誠，以回天意，此是第一策也。」二月，講春秋，啓曰：「程子曰：『後王若知春秋之義，則雖無禹湯之德，亦可以法三代。』願殿下每讀此經，必思如何作爲可回三代之治，則必有益矣。」是歲大旱，平安、黃海凶歉特甚，國儲已罄，救荒無策，朝廷恬然無所猷爲。先生深憂之，乃於筵中啓曰：「若不變通弊法，以濟艱難，而只欲移粟活民，則粟亦已乏，無可移者矣。我國貢案失宜，故防納之徒以牟利，而齊民困苦。今須改定貢案，均敷平定，而使之必貢土產，則民解積苦矣。且生民休戚，係於守令，守令勤怠，係於監司，監司數易，故皆苟經歲月，間有盡職者，亦未及施爲。須以大邑爲營，久居其職，而別擇制治之才、可堪公輔者授之，則必有其效矣。」退與同僚商議，上劄又請變通弊法、改定貢案、久任監司、併省州縣，且請用賢以作人才，修己以清治本，去私朋以和朝廷。時宗系之誣雖蒙聖旨許改，而未及頒降，會典纂修垂畢。先生慨然曰：「匹夫受誣，尚能伸雪，安有國君受誣二百年不伸者乎？此由使价不得其人故也。」乃啓請擇遣，奉教製進奏本。上曰：「善哉！蔑以加矣，大事將必諧矣。」六月，特陞嘉善，拜大司憲，再辭不允。時朝議益攜貳，隨事潰裂，掌令鄭仁弘、典翰李潑素嫉沈義謙，必欲劾去。先生力止不能得，言於牛溪曰：「鄭必欲擊去方叔，此甚非是。然我若不從，則鄭必怒而下去，其徒必執此而攻我矣。我去則無復保合之望矣，勢將黽勉而從之矣。」牛溪然之而歎曰：「鄭可謂平地起風波矣。」先生遂與仁弘議草啓辭曰：「此啓辭十分停當，此後不可添删。」仁弘唯唯。一啓之後，仁弘添以義謙援附士類，以助聲勢等語。上問士類何人，仁弘對曰：「所謂士類者，義謙與尹斗壽、根壽、鄭澈等諸人，相與締結，窺覘形勢也。」先生謂仁弘曰：「年前時論過激，故李涵以爲過，果有不平之言，此非爲義謙也。李涵是介士也，若以爲締結義謙，以助聲勢，則冤枉極矣。君須避嫌，爲澈分疏，然後某可供職。」仁弘乃屈意從之。先生與同僚將處置仁弘，僚議不一，互爲避嫌。尹承勳爲正言，以先生爲黨護松江，欲論遞而僚議不同，獨避嫌以啓。於是，公論以爲承勳當遞，而時輩深嫉松江，玉堂之論至欲獨留承勳，竝遞兩司。李潑、金宇顒依違兩間，上劄不分是非，請竝出兩司。先生曰：「時論之偏，我不能匡救。三司皆無公論，我不可無言。」乃避嫌啓曰：「玉堂劄論，其言糊塗，如是而能底鎮定者，未之聞也。大抵鄭澈疑士類之過激，屢形於辭色；士類亦不深究澈之心事，而詆斥過實。士類之疑澈愈甚，而澈之不平愈深。澈固不是，而以澈爲黨於義謙者，亦不得爲公論矣。彼承勳，不過承望士類之風旨，爲趨附之計耳。士論如此，豈有寧靖之時乎？」兩司以指斥尹承勳爲太過，請遞先生，上下峻教不允，而屢啓乃允，特出尹承勳爲新昌縣監。先生既遞大司憲，公論皆以時輩所爲爲害正。先生見同朝之士皆無識見，殊鬱鬱不樂，曰：「我欲打破東西，保合士類，而時輩則自是己見，寧誤國事。我若退去，則時事尤潰裂，故隱忍不去耳。」後因入侍，引咎自陳，且言尹承勳不可折之太過，上優答而已。方三司之攻先生也，朴思菴淳歎曰：「年少輩識見暗昧。如叔獻可作儒宗，時輩當聽命，而乃以細事爭競至此，置國事於度外，可謂逐鹿而不見泰山也。」九月，拜藝文提學、司諫院大司諫，上疏辭職曰：「當今急務，在於打破東西，保合士類，而臣不能鎮定，請爲庶官，以盡葵藿之誠。」上答曰：「具悉卿意，可勿辭。」竟以疾遞，上憂度支未得其人，大臣首薦先生，特陞資憲，拜户曹判書，辭不許。上以天災，延訪公卿，先生進啓曰：「天道玄遠，誠難窺測，第以古史觀之，治亂之形已定則無災異，災異必作於將亂之際，雖賢君亦不免災異。蓋天心仁愛，欲使人君儆省興治也。我朝立國幾二百年，至于今日，如老人元氣垂盡，不可復振，而幸有聖上出焉，此正將治將亂之幾也。若於此時，奮興振作，則爲東方億萬年無疆之休，不然則將至於潰敗澌盡而莫之救也。人君必知一世之弊，然後可與一代之治，如醫者必知病根之所在，然後方可對證用藥。今日之弊，誠難枚舉，大概病根，不能委任賢才之故也。今不能做實功，而欲望其無災，得乎？至於革弊一事，臣有妄計，請令大臣商議設局，名之曰經濟司，使大臣領之。而擇士類達曉時務、留心國事者與其選，凡有建白之言，皆下司商議，以革弊政，則天心庶可回矣。」又啓曰：「今欲明教化，則必須尊奬先賢，使後學有所矜式。本朝名儒雖不可悉入祀典，如趙光祖倡明道學，李滉沈潛理窟，此二人誠可從祀，以起多士向善之心。」他日入侍，啓曰：「延訪求言，未聞用某策救某弊，如此則徒爲文具，何以應天變乎？」上曰：「何以則可應天變乎？」先生曰：「若殿下不先立適莫之心，與大臣及識時務者，商確救時之策，不以更張爲主，亦不以膠守爲主。祖宗良法廢而不舉者，修舉之；近規之貽患於生民者，革除之；新策之可以利國活民者，講行之。如是勤求匡救之術，日有所爲，則人心世道可變，而天怒亦可弭矣。不然而只以恐懼修省爲名而無其實，則將何以上答天心，下慰人望乎？」是冬，拜兩館大提學，累辭不許。先生每嘆浮文之弊，及典文衡，痛革此習，凡試取必以理勝爲主。

壬午春，拜吏曹判書，三辭不獲。先生專以革舊弊、清仕路爲務，如簡賢士以充臺憲之任，擇學行以爲師儒之官，舉恬退以礪名節之風，薦吏才以試臨民之職，重監司之選，嚴守令之薦，皆一時所請施行者也。秋，拜議政府右參贊，陞崇政，拜右贊成，皆辭不允。奉教製進人心道心圖說、金時習傳、學校模範[三]。先是，上於經席，論及士習偷薄、師道廢弛之弊，命作擇師養士之規。先生商量構思，以擇師養士爲事目，又作學校模範十六條，以補學令。冬，皇朝遣國史編修黄洪憲、工科給事中王敬民來頒詔。三公薦先生爲遠接使，迎於境上，兩使注目良久，問於譯官曰：「頗有山林氣象，無乃强起林下士以儐我耶？」譯官對曰：「三場狀元，久居侍從。中年退去林下有年，今則國王倚任已久，實非林下士也。」又問曰：「然則豈作天道策者乎？」對曰：「是也。」兩使頷之。及途次賡和兩使題詠，先生操筆立成，而詞意俱美，詔使嘆美曰：「大手，大手。」知先生爲有道君子，禮敬甚至，必以栗谷先生稱之。入京謁文廟，見壁上書程子四箴，請先生講解「克己復禮爲仁」之義，先生即爲説以解之，詔使讀至五六遍，曰：「此説極好，當傳布中朝。」回程至江頭，臨發，正使遽出七言古律各一首求和，先生以行旆將發，即就座上，自寫以呈。兩使傳玩，臨分皆戀戀，至執手揮淚而別。論者謂詔使致敬，近古所未有也。俄拜兵曹判書，三辭。

癸未正月，又辭，終不許。本曹事務煩劇，又值胡變，㦝牒雲委，剖決如流，而備邊司許多籌畫，咸推先生裁決焉。布置策應，各適其當，號令嚴明，緩急有序，人情信服，上下倚仗。時昇平日久，軍備虚疏，調發相繼，兵食俱乏，先生建請募庶孽及賤隷，入戍北邊，而使無武藝者納粟于邊。庶孽則許通，賤隷則從良，皆一時便宜而實祖宗朝已行之規也。禁錮庶孽，已過百年，人皆習熟見聞，而先生獨以爲王者立賢無方，不可廢棄人才，每欲通庶孽仕路，而至是啓行之，流俗頗多不悦。又進六條：曰任賢能，曰養軍民，曰足財用，曰固藩屛，曰備戰馬，曰明教化，皆切時之務也。又上時弊疏，其大略言和朝廷而革弊政，有本也；調兵食而固防禦，其末也。先生之意，蓋欲盡革燕山朝弊政及近來謬規，一遵祖宗全盛時故事。興衰補弊，率由舊章，惟以文昭、延恩之祭，山陵朔望之祭爲非禮，以爲雖未能一朝據禮盡廢，而煩黷已甚，非可繼之道，請於山陵只祭四節，兩殿日行一祭，以謹祀事，以紓民力。此先生立朝建白大議論也。上見朝臣皆庸瑣無能，充位持禄，而先生公忠不黨，至誠憂國，倚任頗專，多用其言。而時輩忌憚愈甚，日夜偵伺，謀所以傾陷之者，凡有建白，動輒沮撓，浮議交亂，謗言繁興，而時事決不可爲矣。夏，北胡再舉入寇，國内騷動。鈔發射手，官無戰馬，難以卒辦。先生懲乙卯戰士之掠馬，深以階亂爲憂，募所鈔三等以下許令納馬免防，以給一二等之應赴者。初欲啓請，而恐鮮應募者，乃先下令試募之，於是，納馬者雲集。而戰士臨行，不可緩期，遂先領馬而後啓聞。上既允之，行者以得馬爲幸，留者以免防爲喜，公私兩便。又請出軍資監綿布，計給衣資，減百官祿，以給赴防者之妻孥，軍情大悅，不知有防戍之苦，而應募輸邊之粟亦足以繼餉矣。一日有邊報，上命召先生，先生方患眩暈，力疾趨命，未及政院，疾甚，不得已入臥內兵曹。於是，三司以專擅權柄，驕蹇慢上論劾。所謂專權，指納馬免防，不先啓請也；慢上，指承召不詣政院也。先是，許曄爲慶尚監司，得病危重，其子篈以應教呈辭省親，挾妓游戲，不謹侍藥，曄竟不起。及先生典選，時輩將擬篈以直提學，先生斥其事而不許，篈之徒多怨之。朴謹元爲吏曹參判，先生嘗勸鄭公芝衍劾以徇私失政。先生爲大諫時，又劾謹元貪鄙巧詐。且先生中立不比，激濁揚清，收用西人之可用者，沮抑東人之偏私者。由是，諸憾蝟起，毀言橫流，醞釀媒孽，其來已久，至此而乃發，累啓不允。先生陳六疏，引咎請罪，上曰：「寥寥千載，君臣相遇，得做功業者，絶無而僅有之。卿不親聞向者之教乎？予命之退然後退。丁寧一言，神鬼亦知之，卿何忍今日欲辭去也？」前後批辭，愈益懇切，促出甚至。先生遂詣闕復啓，上終不允。臺諫宋應溉等復劾以無臺諫蔑公論。許篈爲典翰，自草劄，率同僚論啓，至有「偏聽生姦，獨任成亂，妒賢嫉能，欝下蔽上，以成其私，其志欲將何爲」等語。上以手教下大臣曰：「近因李珥言語間事，臺諫相激爭辨，反覆纏繞。至於玉堂上劄，比珥於誤國小人，此非發於偶然言語間事也。蓋珥自前裁抑新進之士，惡其趨時黨附，累爲陳論，由是見忤於時論者久矣。遂因小失，乘時俟釁，必欲劾去而後已。凡公卿大夫承召不來者多，未聞有以慢上論之者，是何臺諫之言，獨能直截於珥也！其納馬不禀，亦不過許多事務閙趁未取禀耳，是豈擅權而然哉！夫擅權慢上，人臣極罪。人君之於小民，尚且不可以情外罪名，輕加於其身，況宰相耶！既曰擅權慢上，則何不明正其罪，照以王法，乃敢請以罷職，有如乙巳姦臣輩目之以叛逆，而罪之以罷遞者之爲耶！此所以珥不心服，累辭之際，果有涉於自辨，豈有忌克忿心於言官哉？所貴乎臺諫者，身任公論爾，若陰濟己私，以爲排擯傾陷之計，則烏在臺諫之道也。卿等如以珥爲誤國小人，則當明辨斥退；不然，攻之者是小人也。安有人君用小人而可以爲國之理乎？分别淑慝，其不在今日乎？卿等不宜含糊不辨。大抵朝廷朋比分黨，國事日去，而大臣不爲分别，則將置國事於何地耶？」乃以兵務久曠，姑遞其職。先生退歸坡州，朝野憤激，物論讙譁。牛溪先生上疏，極陳三司構陷之狀。上命招三公，仍傳曰：「頃日問卿等以賢邪是非，而卿等乃敢爲含糊之説。予固以洞燭卿等之心，而隨後處之之教則已諭矣。今觀成渾疏，大臣事君之道果如是乎？當初排擯李珥，誰所爲也？其朋姦之類，又誰也？其辨别以啓。」朴思菴淳以首相請對，極陳先生忘身徇國之實，許、宋飾誣害正之罪。宋應溉因避嫌復捏虛，醜詆無所不至，於是，太學及湖南儒生相繼抗章申辨。朴謹元爲都承旨，前後累啓，至以儒生疏爲悖亂。上洞燭情狀，下手教竄逐朴謹元、宋應溉、許篈等。其徒上疏救之，上答曰：「觀此上疏，只是謄寫三司啓辭，邪黨言之如此，無足怪者。至於以李珥爲黨云，其能以此說動予意乎？苟君子也，不患其有黨，惟患其黨之少。予亦法朱熹之說，願入珥、渾之黨也。自今以後，爾輩以予爲珥、渾之黨可也。爾輩尚復有說乎？惟詆斥珥、渾，則必罪不赦矣。」先生自坡州因下海州。未幾以判敦寧府事命召，先生陳疏懇辭，上答曰：「噫！天未欲平治我邦耶？是何以卿之爲人而不得於時也？意者天其使卿動心忍性，增益其所不能，將任舟楫霖雨之責於後日也。天之於卿，可謂曲成而玉汝矣。今日之事，於卿何損焉？」已特拜吏曹判書，且有召命，先生復陳疏辭，入京又辭。上即命引見，先生引咎陳謝，請疏放三竄，因乞致仕，皆不許。先生與牛溪前後引見，力請放還三竄，退而相謂曰：「三人雖不可謂無罪，以言獲罪，至於投之魑魅之鄉，非所以示後嗣。此事不可不反覆陳啓，以回天意。」時時輩布列臺閣，懷疑顧望，無意共事，先生歎曰：「時輩之心公者，觀我所爲，久當明我赤心，與之同事矣。」

甲申正月初三日，始感疾。十四日，聞徐益受巡撫之命，將往北道，扶疾口號方略六條，使弟瑀書以贈益。自是病尤劇，翌日卒，年四十有九。疾病，上命醫問疾賜藥。訃聞，上哀慟，命進素膳，輟朝二日，乃遣禮官弔祭。祭文有曰：「盡瘁乃已，卿則何悲？中流失楫，予甚痛之。」且令沿路州郡護送其家屬。以是年三月某日，葬于坡州斗文里紫雲山某坐某向之地，從先兆也。

先生之配曰貞敬夫人盧氏，谷山望族，知中樞府事重禮之玄孫。考諱慶麟，宗簿寺正，妣安東金氏，繕工監正諱漢老之女。夫人生于嘉靖辛丑，丁巳歸于先生。仁順慈和，配君子無違德，事庶母如事母，承奉宗姒郭氏極其誠意。待衆妾以恩，視之如姊妹，撫妾子如己出，至自抱持鞠育之。雖侍婢之賤，未嘗加以威怒，蓋其性度和順也。甲申春，奉先生几筵歸海州，朝夕上食必與一妾親自精備，三年之後，遇朔望必哭泣而奠。撫憐奉祀妾子，出於至誠，凡家政細大，一使主之，而己不與焉。顧恤諸姪，甚於私親，而於宗姪尤篤。以坡州田收盡爲助祭之資，凡待宗族，接隣里，一以先生時爲法，人以爲是觀感所致。壬辰之變，聞賊渡海，語子姪曰：「我本以病人，不能騎馬，且此大盜彌滿一國，必無偷生之地，與其轉死他鄉，寧死於坡山墓側。吾志決矣，爾輩勿以我爲念，善爲避兵，他日亂定，好收吾骨於墓側。」子姪對曰：「寧有是哉？」夫人笑曰：「爾輩以我死爲難乎？吾喪所天已八年，吾之命不亦頑乎？況逢大亂，不死於墓側，而苟且偷生，有何義乎？吾志決矣，勿復言。」四月晦，大駕西幸，乃奉神主歸坡州墓所。及賊至，夫人猶守初志，不離於墓側。卒以五月十二日，遇賊不屈，遂被害。明年，大駕還朝，命旌表其閭。夫人有一女早夭。側室有子二人，曰景臨、曰景鼎；女一人，爲進士金集妾。景臨有子五人，曰穧、曰秬、曰秋、曰稱、曰某；女一人，幼。景鼎子二人，曰稔、曰某；女一人，幼。金集妾有子女四人，皆幼。

先生天稟極高，忠厚愷悌，容儀秀發，神彩動人。其言有物，其行有常，寬而有制，和而有節。喜愠不形於色，恚罵不發於口，行步必詳，動靜有法，一見輒知其爲有道君子也。其爲學也，以收心養性爲本，而一於主靜，遂暫染禪學，一朝釋然開悟，去邪歸正，醇如也。天人性命之微，修己治人之道，無不研窮玩索，洞見大原，體之於身心，而推之於事爲。紛華之中，自持愈嚴，屋漏之隱，謹獨無愧。見識精詣，踐履篤至，而每以爲未足，勇往直前，惟恐不及。雖於世味一切淡泊，而至應物處事，則條理詳察，不遺錙銖。每日晨起，整齊衣冠，詣祠堂焚香拜謁。退坐書室，涉覽經傳，尤喜朱子大全。嘗患胃疾，故讀書不喜出聲，而若遇理會自得處，輒欣然朗讀而止。自晨至夕，必有所事，或讀書思索，或朋友講論，或應接事物。非有疾病，未嘗偃卧枕席。講説道理，精微透徹，多闡先儒所未發者，試撮其大者而言之。

雲峯胡氏以爲性發爲情，其初無有不善，心發爲意，便有善不善。退溪先生以爲四端理發而氣隨之，七情氣發而理乘之。胡氏以情意爲二歧，退溪以理氣爲互發。而先生辨之曰：「心之體是性，心之用是情，性情之外更無他心[三]。故朱子曰：『心之動爲情，情是感物所發底，意是緣情計較底，非情則意無所緣。』故朱子又曰：『意緣有情而後用，心之寂然不動者謂之性，心之感而遂通者謂之情，心之所感而紬繹思量者謂之意。然則心性果有二用，而情意果有二歧乎？』五性之外無他性，七情之外無他情。孟子於七情中剔出其善情，目爲四端，非七情之外別有四端也。情之善惡，夫孰非發於性乎？其惡者本非惡，只是掩於形氣，有過不及而爲惡。故程子曰：『善惡皆天理。』朱子曰：『因天理而有人欲。』四端七情果爲二情，而理氣果可互發乎？夫以心性爲二用，四端七情爲二情者，皆於理氣有所未透故也。凡情之發也，發之者氣也，所以發者理也。非氣則不能發，非理則無所發。理氣混融，元不相離，若有離合，則動静有端，陰陽有始矣。理者太極也，氣者陰陽也。今曰太極與陰陽互動，則不成説話，太極陰陽不能互動，則謂理氣互發者，豈不謬哉！」

牛溪以爲朱子論人心道心，有「或生或原」之語，似與退溪之意合。四七之與人心道心，雖其立言意味，差有不同，皆其説性情之用耳。理氣互發之説，非天下之定理，則朱子何以有「或生或原」之説耶？先生曰：「感動者，固是形氣，而其發也直出於仁義禮智之正，故主乎理而目之以道心。其源雖本乎天性，其發也由乎耳目四肢之私，故主乎氣而目之以人心。人心道心只是一心，而隨其發而異其名耳。若曰理氣互發，則是理氣二物各爲根柢於方寸之中。未發之時，已有人心道心之苗脈，理發則爲道心，氣發則爲人心矣。然則吾心有二本矣，豈不大錯乎？退溪以四端爲由中而發，七情爲感外而發，以此爲先入之見而以朱子發於理發於氣之説，主張而伸長之。夫心必有感而動，而所感皆外物也，天下安有無感而由中自發之情乎？所感有正有邪，其動有過有不及，斯有善惡之分耳。今以惻隱言之，見孺子入井，然後此心乃發。所感者，孺子也。孺子非外物乎？安有不見孺子之入，而自發惻隱者乎？就令有之，不過爲心病耳，非人之情也。朱子之説意必有在，不過曰四端專言理，七情兼言氣云爾，非四端則理先發，七情則氣先發也。且言七情則四端在其中，非若人心道心之相對立名也，既曰道心則非人心，既曰人心則非道心，故可作兩邊説下矣。若所謂四端者，則只是七情中直出者也，何可謂四端非七情，七情非四端，而分兩邊説乎？」前後往復，殆至十數書，皆在兩先生文集。先生於心性情理氣源頭，極深研幾，通透灑落，故其見識言論，非近世諸儒所可及。

其居家也，孝友因心，自少有宗族同居之志。家世清貧，骨肉離散，常以是傷之。伯兄早世，家累在懷德，迎致于家，撫養其子女，訓誨成長，婚嫁以時，捐己臧獲以給之。財用諸事，使宗姪掌之，每與仲兄、季弟、諸姪、諸甥相聚一堂，連枕而宿。歲時佳辰，若有酒食，命弟彈琴，使少長歌而和之，極歡而罷。凡祭祀，一依朱子禮。朔望參後，内外親會坐正寢，先生坐東，庶母及郭氏與夫人坐西，受子姪婦女等拜。又令子弟讀所著同居戒辭以警之。婢僕亦於庭下分男女序立，以次行禮。又以方言譯戒辭，諄諄告飭，率以爲常。國法嚴禁屠牛，犯者至於徙邊。先生曰：「國禁不可犯。」自是牛肉不用於祭，不入於口。凡人之饋遺，必擇而受之，雖驕直，盡散與親舊。事庶母致其誠，卒化其暴悍。使奴僕先恩後威，家庭之内肅穆如朝廷。居常遠女色，嘗以省姊行到黄州，有名妓近房，即明燭以拒之。其和而不流如此。先生雅好山水，凡勝地無不往觀。如海州潑陽洞、藏仙洞、乘仙巖、寒巖洞、浩然亭，乃游詠之地也。常與學者五六人乘興而往，沿流上下，日夕忘返。有時攜酒，飲不至醉，微醺輒歌詠自娱。以舊業在坡州栗谷村，故曾修花石亭于故址，自號「栗谷」。後改卜于首陽山之西，溪山秀麗，巖石奇瑰，盤回屈曲者九區，而高者壁立如屏，下者渟流作潭，如武夷九曲之狀。先生杖屨逍遥，行至第五曲曰：「此可居矣。」名之曰隱屏，乃作精舍。且立祠宇，專祀朱子，而以靜菴、退溪配焉。春秋奠享如儀，時率諸生詣廟庭行禮，出廟門分庭而揖，朔望則用公服開中門，焚香行禮而退，即所謂石潭書院者也。

其立朝也，引君當道，必以唐、虞、三代爲期，勸講格致誠正之學。臨文論説，多有所發明。每請立志遠大，以定其規模，恢張公道，以立其紀綱，旁招賢俊，布列朝著，變通弊法，痛刮民隱。而至於章疏之所陳，勤勤懇懇，莫非爲治之急務。或君舉失當，則必正色直言，冀回天聽，雖迫之以雷霆之威，而守正不屈，上亦虚心聳聽，多所歎賞。或至日昃罷對，金應南嘗自筵中出，謂人曰：「不圖今日復見三代都俞之盛云。」嘗於筵中，請預養十萬兵，以備緩急，否則不出十年，將有土崩之禍。柳相成龍以爲無事而養兵，養禍也。時久安恬嬉，筵對之臣皆以先生言爲過。先生出謂成龍曰：「國勢危如累卵，而俗儒不達時務，他人則固無望，君亦爲此言耶？」逮壬辰之後，柳相於朝嘗語人曰：「到今見之，李文成真聖人也。若用其言，則國事豈至於此乎？且其前後籌策，人或呰議，而今皆鑿鑿中窾，真不可及。栗谷若在，必能有爲於今日矣，誠所謂不待百年而知也。」嘗以爲朝廷不和，則無以爲治。自東西相軋之後，必欲打破東西，混融彼此。兩出沈、金于外，以爲鎮定之計。而西人欲深治金孝元，則力止之；及駁罷沈義謙之時，東人之議太甚，至欲竝斥士流，則裁抑之，與之辨爭。先生之意，只欲調協士類，共濟國事而已，實非有所偏倚者，而是非相激，爭咎先生。先生道與時乖，難進易退，而只緣國家多事，新經詔使，又值胡變，無隙可退，蹇蹇匪躬。而挾憾之輩，興心嫉妒，乃敢顯然攻之，其禍將有不可測者。幸而公論不泯，是非自定，於先生有何損益？

其教人也，不問貴賤而來者受之，無分智愚而各因其材。使學者先讀小學，次讀四子，以及近思録、心經，必以立志爲先，而期至聖賢，躬行爲務，而盡其孝悌。以敬爲入道之要，誠爲聖學之根，循循然善誘不倦。於四書三經，患其口訣釋義不精，或違本旨，多所更定，而小註諸説同異，亦頗取舍點抹。於小學書，病其舊註訛舛，詳略互異，乃擇精要，删繁亂，而有未備者，補以己意，名曰集註。且恐初學不知向方，又無堅固之志，而泛泛請益則無補也，爲著擊蒙要訣，使知立心飭躬、奉親接物之方，又作學規以申之，約束以警之。嘗語學者曰：「道非高遠，只在於人倫日用之間，隨事各得其當而已。但不學之人，心地茅塞，識見茫昧。故必須讀書窮理，以明當行之路，然後造詣得正而踐履得中矣。」學徒聞風，遠近咸集，盈堂溢齋，後來者無所容。又於海州野頭村設社倉，一以勸德業，一以救患難。先生聞人之善，未嘗隱，見人之惡，不欲揚。待人開心見誠，無所隱伏。或譏其輕許人物，先生笑曰：「彼既以誠來，我何不以誠待乎？」先生卒，士大夫相弔於朝，處士相弔於家，至於窮村父老亦皆咨嗟涕泣曰：「生民無福。」太學生、三醫司各司胥吏，皆來哭奠。發引之時，禁軍、市人等奉炬左右，哭而送之。

嗚呼！我東方自箕子以來，仁義忠信，禮樂衣冠，以君子之國見稱於中華，而研究性理之士寥寥乎其無聞。至麗末，鄭文忠始以道學倡之，名儒繼作，盛於我朝。而學造高明、才堪經濟而進退以義者，趙文正及先生。而己卯之事，令人氣塞，尚忍言哉！先生以明道爲己任，濟時爲己憂，雖在林泉，未嘗忘君，累承綸命，進不隱賢，而空言無施，雖切何補？雖然，先生論學之旨，昭載於著述諸篇，而建白謀猷，見於前後章疏者，具在集中。有志之士苟能因其言而求其心，行其策，體之於身而施之於邦國，則先生之道雖不得行於一時，然其爲萬世開太平，則其功可謂遠且大矣。天生命世之大賢，夫豈偶然哉！

校勘記

〔一〕肇敏隨答以對　「答」，疑作「問」。

〔二〕奉教製進人心道心圖說金時習傳學校模範　「模」，原本作「規」，據文意改。

〔三〕性情之外更無他心　「情」，原本無，據文意補。

栗谷先生全書卷三十六

附録四

謚狀

行大提學李廷龜撰

先生諱珥，字叔獻，學者稱爲栗谷先生，豐德郡德水縣人。德水之李，其稱蓋久。高麗中郎將諱敦守，是其鼻祖。十代祖劭，閤門祇候，賜紫金魚袋，知三司事。九代祖允莖，民部典書，贈僉議政丞、德水府院君。八代祖千善，守司空柱國，樂安伯，謚良簡。七代祖仁範，政堂文學，藝文館大提學。六代祖揚，始入我朝，爲工曹參議。五代祖明晨，知敦寧府事，謚康平。四代祖抽，知温陽郡事，贈左贊成。曾祖宜碩，慶州判官，贈大司憲。祖諱蕆，贈議政府右參贊。考諱元秀，司憲府監察，贈左贊成，悃愊樂善，有古人風。娶平山申氏，即己卯名賢進士命和之女，英秀貞靜，博通古今，工畫善屬文。

以嘉靖丙申十二月二十六日，生先生于江陵臨瀛北坪村。將誕之夕，申夫人夢黑龍騰于大海，飛入寢舍，小字見龍以此也。生而異常，學語便知文字，甫三歲，外王母持石榴問曰：「此物甚似？」先生即對曰：「紅皮囊入碎紅珠。」人奇之。

五歲，夫人疾劇，一家奔遑。先生潛禱于外王父祠，衆驚異。嘗見人渡水而蹎，幾危，人皆拍手，先生獨抱柱注目，憂形於色，其人獲免乃已。其誠孝仁愛之心，天性然也。

六歲，自江陵外家，隨父母入京。

七歲，著陳復昌傳，略曰：「君子積德於內，故其心坦蕩蕩；小人荏蓄乎內，故其心長戚戚。余觀復昌之爲人，陰懷戚戚，陽欲蕩蕩，使斯人得志，異日之患，庸有極乎？」時復昌未及顯用，而適在比鄰云。

九歲，覽張公藝九世同居，慨然慕之曰：「九世同居，勢或有礙，至於兄弟，不可離析。」遂手畫兄弟奉父母同居之圖，又摭前古忠賢事蹟，題其姓名以觀之。

十二歲，贊成公疾劇。先生刺臂出血，泣禱于先祠，請以身代，疾乃瘳。

十三歲，中進士初試，文章日就，聲聞藉藉，而專精學問，不屑小技。

十六歲，申夫人棄世，廬墓三年，不脱衰絰。喪制一遵家禮，躬執祀事，雖洗滌烹飪，不任僮僕，前後喪皆然。自傷早失所恃，日夜號泣。一日，偶閱釋氏書，深感死生之説，且悅其學簡便清淨，有欲謝人事之意。

十九歲，入金剛山，貽書留別諸友，仍棲山寺，戒定堅固，至忘寢食。居無何，覰破佛氏近理亂真處，遂盡棄其學，而專心吾道。著自警文，一以聖賢爲準則。嘗語學者曰：「吾少時，妄意禪家頓悟法於入道甚捷。數年思之，竟未得悟，反以求之，乃知其非也。」

二十三歲，謁退溪先生于陶山。厥後，往來書札，辨論義理，退溪先生多從其説。趙月川穆見先生和陶山詩，稱玩不已。退溪先生曰：「詩不如其人。」嘗致書於先生曰：「世間英才何限，而不肯存心於古學。如君高才妙年，發軔正路，他日所就，何可量哉？」

辛酉，丁贊成公喪。

甲子，試司馬、文科皆狀元，并魁初試、覆試，人稱「九度狀元」，即拜户曹佐郎。明廟以「釋褐登龍門」命題，製三十韻律詩以進，上嘉嘗，錫賚特優。

乙丑，自禮曹佐郎，拜司諫院正言。自以新進未可遽當言責，上疏辭，不許。與同僚上劄，請立志勉學、親正人、固邦本。丙寅，選吏曹佐郎，慨然以恢公道爲己任。

戊辰，以千秋書狀官朝京。冬，拜弘文館副校理。即宣廟初服也，陳疏辭職曰：「臣髫年求道，學未知方，泛濫諸家，罔有底定。生丁不辰，早喪慈母，以妄塞悲，遂耽釋教。膏浸水潤，反覆沈迷，從事禪門，迨周一年。賴天之靈，一朝覺悟，誣辭僞説，破綻昭著，抽臟濯賄，未足洗污。自分爲世所棄，便欲謝絶世務，窮經讀書，以送天年。臣父惜臣稍有雕蟲末技，强令求名，父在觀志，不得自由。臣亦自念家貧親老，無以爲養，包羞掩垢，遂作舉人。科業未就，臣父棄世，名宦之念，頓絶於心。區區之意，只求升斗之禄，以救其飢寒耳，豈期好官儻來，謬恩横被也？」上答曰：「自古豪傑之士，未免佛氏之所陷溺，不可以昔日眈禪之小失，輕遞論思之重任。且悔過自新，其志可嘉。」復拜吏曹佐郎。聞外王母病甚，棄官歸省江陵。言官劾以非法，上嘉其孝，不允。

己巳，拜校理，自陳學未進不可從政，外祖母有養育之恩，請解官歸養，且竢學進還朝。上答曰：「可往來省覲，何必解職？」仍教吏曹曰：「雖非法例，特令省覲。」先生感恩就職。時明廟禫後陳賀，先生曰：「自上喪制甫畢，遽受賀禮，百官哭泣之餘，旋即陳賀，是歌哭同時也。」乃上劄請以賀爲慰。嘗於經席啓曰：「人君如欲爲治，必先下功於學問。學問者，非特勤御經筵、多讀古書而已。必格致誠正，實有功效，然後乃謂之學問。殿下臨御數年，未見治效，竊恐格致誠正之功有未至也。若悠悠泛泛，只事文具，則雖孔孟恒在左右，日談道理，亦何益哉？」時相臣以承旨請對非近規，恐壞體統。先生曰：「只在所言之如何耳。若所言是，則何妨於體統？承旨亦經筵參贊官，請對言事，職也。今者，善政不舉，百度廢弛，若不奮然振作，以新一代之規，而徒欲拘常守舊，則安能祛積弊而大有爲哉？大臣不能引君當道，而惟遵守近規，殊非所望。」上臨筵，不喜酬答。先生啓曰：「入侍之臣，預講所陳，晝思夜度。及至上前，壓於天威，言不盡意，十漏八九。自上雖虚心酬酢，尚患下情不達，況淵默不言以阻之乎？明宗大王以二百年宗社付之殿下[二]，殿下受其憂也，非受其樂也。」上曰：「豈可無德行而有事業乎？且三代之治，不可猝復。」先生曰：「德行非一朝可辨，而政事不可一日廢也。允德未成之前，當置政事於不問而任其紊亂乎？德行事業，當交修竝進。」嘗因書堂月製，設爲問答，陳王伯治安之道，名之曰東湖問答。上曰：「東湖問答以漢文帝爲自棄，何也？」對曰：「文帝以質美之君，當漢道全盛之時，可以復古，而終於雜伯者，以其無大志，好卑論，故謂之自棄耳。人君立志不高者，大抵皆自棄也。」時壼儀未建，先生因時弊疏，并陳擇妃之道曰：「古之帝王所與婚者，莫非仁賢之後。其求之之道，不過曰『窈窕淑女，寤寐求之，求之不得，寤寐思服』而已。未聞聚闕庭辨優劣，如今日之爲。請自今勿以容姿服飾、推卜吉凶爲等級。先觀父母之賢否，以察家法，次觀威儀之合度，以察女德，宣問大臣，允協衆心，然後乃定，則國家之福也。」一日上語及乙巳之事，領議政李公浚慶曰：「乙巳之禍，善士或有坐死者。」先生曰：「大臣之言，何可含糊？衛社是僞勳，其得罪者皆善士也。仁廟禮陟，中廟嫡子只有明廟一人，天命人心，豈歸他哉？而姦兇乃敢貪天之功，斬伐士林，以録僞勳，神人之憤久矣。今當聖上新政之初，當削勳正名，以定國是，不可緩也。」李公曰：「事在先朝，不可猝改。」先生曰：「不然。明廟幼沖即阼，雖不免姦兇之欺蔽，今則在天之靈，洞照其姦，雖曰先朝之事，豈可不改乎？」

庚午，又拜校理。時白公仁傑上疏，請雪乙巳、己酉之冤，於是，政府三司共論之，猶未及於削勳。先生以爲正名爲政之本，名之不正，莫甚於僞勳，乃於玉堂，力主削勳之議。一時名賢大臣亦或難之，先生獨抗議不撓，凡玉堂四十一劄，五六劄外皆先生筆也。至丁丑，因先生前日之議，竟得回天，羣情快之。先是，朴思菴淳拜銓相，累辭不出。先生謂朴公曰：「今日之事，當裒集清流，靜以鎮物，務積誠意，以感聖心。公若固辭，使俗輩操柄，則是誤國也。」淳乃出。金公繼輝謂先生曰：「當今朝臣，可當大事者誰？」先生曰：「朴和叔淳字。表裏潔白，憂國以誠，只恨精神氣魄稟得弱耳。白老指仁傑。心事不凡，志切愛君，但氣麤學荒，無以有爲。若退溪先生，則學精德尊，可以有爲，而終無擔當底意思。奇明彦大升字。氣蓋一世，亦豪傑之士，但自許太過，無溫謙受善底意思。無已則和叔乎？」至是，思菴果被大用。冬，辭歸海州。

辛未，還坡州。拜吏曹正郎，不赴。尋以校理承召入朝，拜檢詳、舍人、副應教，皆辭。歸海州，與學徒遊賞高山九曲，愛其泉石，遂卜居於第五曲。六月，除清州牧使。爲政事務教化，手撰鄉約法以教民，未幾病遞。

壬申，又拜副應教，謝恩後復辭，歸臨津江閣。遠接使辟爲從事官，辭。拜司諫、副應教，辭。先生自以學未進不可從政，累辭要顯，而凡所陳說必以唐、虞、三代爲言。於是，上有李珥自是迂闊者之教，拜典翰、直提學，皆不就，三司交章請留而不能得。作感君恩四章，乘舟歸坡州。

癸酉秋，又拜直提學，三召不置，乃入朝。上召見，責其易退，對曰：「臣病深才疏，自度不能有爲，徒食廪禄，不如退免罪戾耳。」上曰：「爾才予所知也，從今更勿求退。」先生曰：「匹夫讀書，尚且志在濟世，況殿下亶可爲之質，操可爲之勢，寧無慨然自奮之志乎？殿下誠心願治，則只此一念，便是關雎、麟趾之意。且人君處崇高之位，必須兼聽博聞，擇善虛受，然後羣臣皆爲我師，而衆善合於君身，德業以之崇廣。若自以爲滿足，則善言何由而入乎？殿下謙沖退讓之意，溢於辭旨，而至於不從公論，自是非人之時，則反有謂人莫己若之病。三公雖欲建白，恐拂聖旨，含默度日。若聖志在於求治，則大臣亦必盡言，而廷臣各陳所懷矣。」俄陞同副承旨。筵中每勸上奮發大志，仍曰：「自古人之所見不同。迂儒則以爲堯舜之治朝夕可做，俗士則以爲古道決不可行，此皆非也。爲治須以唐虞爲期，而事功則須當漸進。臣每以唐、虞、三代之事陳於上前，非欲遽見其效，只願今日行一事，明日行一事，漸入佳境耳。己卯年間，趙光祖大有致澤之志，而年少士類作事無漸，竟致士林之禍。至今任事者，輒以己卯爲戒。己卯之作事無漸，豈不愈於今日之專不做事乎？且人君須無一毫私意，可以感發人心。而近日言官論事，若涉宮禁，則上必牢拒，羣下疑殿下之有私，而以含默爲得體，孰有如臣之愚者乎？」且屢以未出身人通臺憲之路爲請，上下其議于大臣行之。諸臣請退溪先生謚，上以無行狀不許。先生曰：「李滉一生沈潛義理之學，言論風旨，雖古昔名賢亦不是過。行狀有無，有何增減？殿下於已死之賢，行迹已著，而猶靳褒崇，況於一時之士，寧有好善之誠乎？李滉之謚，雖遲一二年，猶無大害。四方之士，疑殿下無好善之誠，則其害豈淺淺乎？」是時，先生感激恩遇，黽勉從仕，牛溪先生成渾語之曰：「儒者當以格君爲務，若上心不可回，則當速引退。不得上心而先務事功，則是枉尺直尋，非儒者事也。」先生曰：「此言固然。但上心不可遽回，當遲遲積誠，以冀感悟。若以淺薄之誠，責效於旬月而不如意，則輒欲引退，亦非人臣之義也。」

甲戌，上萬言疏，極陳時事，上答曰：「省觀疏辭，可見堯舜君民之志，善哉論也！古之人，無以加焉，有臣如此，何憂不治？深嘉乃忠，敢不書紳？第緣事多更張，不可猝然盡變，當與大臣議處。」仍命謄書以進。先生雖蒙上眷，言不見用，人或疑其不去，先生曰：「欲退則恐天心或可回，欲留則言不見用，是以不決進退耳。」一日，上謂先生曰：「漢文何以不用賈誼？」先生曰：「漢文雖賢，志趣不高，見誼言大，疑而不用耳。凡人有大志，然後可以做大事。譬如主人欲構數間小屋，而工師乃欲構大廈，則豈肯聽從其言乎？」仍白上曰：「今者民困日甚，若不更張，無以爲國，非欲變祖宗之法也。至如貢案，是燕山所更定，非祖宗法也。臣非欲更張，欲救民弊耳。」上以紀綱未振爲歎，先生曰：「紀綱之在國家，若浩然之氣在一身。浩然之氣，是集義所生，非一事偶合於義而可襲取之也。須是朝行一義，暮行一義，義積乎身，仰不愧，俯不怍，然後浩然之氣充滿流行。紀綱亦然，非一朝發憤而可立也。須以公平正大之心，施之政事，直必舉，枉必錯，功必賞，罪必刑，則紀綱自立矣。」時泮中儒生序齒，流俗多非之曰：「尊敬狀元，此亦禮俗，豈可坐於狀元之上乎？」先生曰：「狀元之尊，施于榜會可也。館中乃明倫之地，長幼之序，不可亂也。世子入學，尚以齒坐，狀元之尊何如王世子乎？」嘗以病辭承旨，上答曰：「爾當在予左右，輔予不德，不可辭退。」拜大司諫，累辭不許。一日，上命義盈庫納黃蠟五百斤，外間莫知所需，或云將用于佛事。先生啓曰：「所需若正，則亟示聖意，以解羣惑，如其不正，請寢入内之命。」上曰：「内用之物，非在下所敢仰問。」又啓曰：「宫中别無許多用蠟之處，此必出於邪蹊曲逕，不可使聞於人故耳。昔司馬光，平生所爲未嘗有不可對人言者。今臣等方以正心誠意望於殿下，而只此一事不能宣示，則未知幽獨得肆之地，其能不愧屋漏乎？請洞示聖意，若青天白日，使羣下得以仰見。」上曰：「昔者梁武口苦，索蜜不得，不料再見於今日。」先生率同僚辭職曰：

「該司之物是殿下之所有。用之以正，則羣下當奉承之不暇；若用之以不正，則雖該司亦當覆逆，況言官安敢默默？外閒喧播之說，或以爲將做佛像，臣等豈無憂懼之念乎？殿下但當內省于心，有則改之，無則加勉，而祕諱峻拒，一至於此，何也？昔舜造漆器，諫者十人。武王嗜鮑魚，太公不進曰：『禮：鮑魚不登於俎。』此豈愛敬不足而然哉？誠以忠臣愛君以德，敬君以禮，逢迎承順，反害於愛敬故也。」上曰：「假使崇奉異教，舊像亦多，新造何爲？未知聞於何人，予欲拿鞫。」啓曰：「傳播之說，非出於一人之口，若必一一拿鞫，則何異於衛巫之監謗？殿下只治臣等妄言之罪足矣，何必立威而鉗口，以駭四方之觀聽？」答曰：「敢諱所聞之人，此果無隱之道乎？當有造言之罪。」啓曰：「傳播之言，殿下非不知難詰言根，而如是追問者，此不過折之以雷霆之威，將以杜塞言路也。臺諫凡有所聞，雖出於傳播，不敢不達者，是事君無隱之道。若必窮詰傳播之言，輒以造言之罪，加諸諫臣，則不幾於『一言喪邦』乎？」累啓，言益切直不少挫，既而上頗悔之，命還下黃蠟。先生自以累承嚴譴，不安在朝，仍入侍，力陳多病乞退，上曰：「病若如此，無可奈何，隱居最好。古詩曰『洗耳人閒事不聞，青松爲友鹿爲羣』，豈不樂乎？」對曰：「臣則有不然者。古之隱士，與人主無君臣之契，故可以相忘而自適於佳山好水。今臣受恩深重，雖在畎畝，心懸冕旒，退居何樂？只是難於尸素，故不得不退耳。」遂謝病免。旋拜承旨，辭以疾，歸坡州。將行，崔公永慶曰：「君之自處當如此，奈時事何？」先生曰：「自處未盡而能救時者，未之有也。」盧公守愼謂人曰：「李某於經席多言上所厭聞，恐其生事，我欲止之而不能也。」先生聞之，笑曰：「我退則無言者矣，蘇齋盧相號可無憂矣。」拜黄海觀察使，以外職乃拜命。疏陳民瘼，專以興學校、尚教化、恤民隱、修軍政爲務。

明年，疾遞歸坡州。即拜副提學，又以疾辭，不許。時有仁順王后之喪，輿疾入京。持平閔純請於卒哭後，依宋孝宗故事，以白衣冠視事，乃會廷臣議，皆曰：「五禮儀，祖宗時撰定，行之久矣，今不可變。」先生引古禮以啓曰：「必欲盡合先王之禮，則上下當具衰絰，如儀禮之制，別造布帽、布衫、布帶，以爲視事之服。今既差過，寧依宋孝宗制爲近於古也。若玄冠、烏帶之制，宋高宗朝羅點所建白，而朱子君臣服議辨論甚詳，豈可不從朱子之論而泥於羅點之議乎？五禮儀撰定時，無識禮儒臣，不能導先王於正禮，豈可再誤於今日也？」相臣朴淳、盧守愼、大司諫金繼輝議與之合，遂用白衣冠之制。上於朝會，特呼先生使前曰：「副提學歸鄉里，仍爲監司，久不相見矣。」仍問海西疾苦，温諭良久。先生問曰：「聞殿下謂侍臣曰『予欲學問，多事未遑』，有諸？」上曰：「然。」曰：「臣聞此言，一以爲喜，一以爲憂。喜者，喜上有學問之志也；憂者，憂上不察學問之理也。學問，非謂兀然端坐、終日讀書也，只是日用閒處事，一一合理之謂也。惟其合理與否，不能自知，故讀書以究其理。若只以讀書爲學問，而日用處事不求當理，則豈所謂學問者哉？聖上質美寡欲，其於學問，不爲也，非不能也。」又曰：「昨日答本館劄，有曰『無甚高論』。若只是殿下謙辭則可矣，若實以臣等之言爲高論，則恐非宗社臣民之福也。漢文以三代之說爲高論，故功烈如彼其卑，此豈可法乎？」上皆嘉納。上謂先生曰：「四書小註多有未穩處，欲稍刪改，以便觀覽，卿可任此也。」曰：「此非臣學力所能獨當。學問之士，不論出身與否，使參同議。」上曰：「前日，大臣使予招見成渾，予亦欲見之。但未出身人，無入參經席之例，雖招賢者，一見何益？」曰：「殿下誠欲有爲，則雖舊例所無，亦可變通。學問之士，處以閒職，使之輪日入侍經筵，則於助成允德，大有所益矣。」時憲府吏執宮奴僭服，宮奴擊吏，逃入王子舍。明日，憲府發他吏獲宮奴，付之獄。上聞以爲憲吏闌入王子舍，命囚憲吏于禁府，教曰：「憲府不當捉人于王子舍。」憲府以此引避，明吏之不入王子舍。先生上劄曰：「此事上下胥失之矣。憲吏之所爲，臺官非所目睹，安知其不入王子舍？其曰直入，亦非殿下所目睹，只聽婦寺之言耳。婦寺之言，不可盡信，且王子下人，素稱縱恣，當嚴加檢束。侯氏，一婦人也，尚知教子之方，嘗曰『患其不能屈，不患其不能伸』。殿下之子，何患其不能伸乎？」仍啓曰：「近以憲吏一事，守法忤旨之臣上頗厭之，臣竊悶焉。自古阿諛附託者後必背君，守正不阿者後必盡忠。以周昌之事觀之：昌廷諍甚强，可謂不愛趙王矣。後爲趙相，盡誠輔此意非獨主上知之，妃嬪亦當知之。」上默然。先生鋭意格君，乃採摭經傳及史家要語切於學問政事者，彙分以修己治人爲序，名曰聖學輯要，上劄進之。他日入侍，上曰：「其書甚有補於治道，但如我不敏之君，恐不能行耳。」先生起而對曰：「昔宋神宗曰：『此堯舜之事，朕何敢當？』程伯子愀然曰：『陛下此言，非宗社臣民之福。』今殿下之言，無乃近此乎？」先是，沈義謙爲舍人，到領相尹元衡家，見士人寢具在元衡贅郎書室中，問知爲金孝元。孝元時未登第而有文名，義謙心鄙之，謂人曰：「安有士人而宿於權門者乎？」厥後，孝元登魁科，才名日盛，銓官欲薦爲郎，義謙輒以前事沮之。後孝元竟爲銓郎，屢短義謙，昌言排之。前輩以義謙有扶護士林之功，謂孝元偹郤而有此言，孝元儕輩亦以外戚斥義謙，由是，士林前後輩不相協，遂有東西分黨之迹。先生以沈金角立、朝著不靖爲憂，言于相臣盧公守慎曰：「兩人皆是士類，末路譊譊，浮言夜亂，大臣陳白，兩出于外，則庶可鎮靜。」守慎然之，乃於筵中白之。先生啓曰：「此未必深成嫌隙，只是二人之親舊各傳所聞，遂致紛紜，大臣此言，欲鎮靜故也。若小人目爲朋黨，爲兩治之計，則士林之禍起矣。」於是，特命金孝元爲富寧府使，沈義謙開城留守。孝元病不堪赴，先生獨啓曰：「兩人補外之説，臣實主之。雖是士林公論，第孝元疾病深重，將此筋力，授任北塞，則安能有所籌畫，以爲固邊之計？且大臣之意，只欲鎮定[二]，非以孝元爲有罪而放逐之也。請改授內地，內全君臣之義，外固邊圉之備。」上以先生爲黨於孝元，嚴批不從，後於筵中陳白益懇，乃改授三陟。先生欲保合人才，惟賢是取。或謂先生曰：「天下無兩是兩非，公於近日事，不分是非，務欲兩全，人心不滿如何？」先生曰：「沈、金之事，非關國家，而乃相傾軋，至於朝廷不靖，真是兩非也。雖是兩非，而俱是士類，但當和解消融，必欲是此而非彼，則相軋之勢，何時可了？」僚友不用其言，先生遂決歸，右沈右金者俱來別，先生曰：「吾今欲爲定論，諸公試聽之：權姦濁亂之時，摧陷廓清，使士論得伸，豈非方叔義謙字。諸公之功乎？仁伯孝元字。乃因私排抑，使前輩懷憤，士林阻隔，此則仁伯之罪也。既如此，故公論裁抑，出補外官，已得中矣。而猶嫉之太甚，不相調協，此則前輩之罪也。以此論斷，事情得矣。」皆以先生言爲公論。

三月，解官歸坡州。拜承旨、大司諫、吏曹參議、全羅道觀察使、兵曹參議，皆不赴。

丁丑，歸海州，常以宗兄早歿，祖先神主在於寡嫂家爲恨。至是，築居室於高山舊卜之地，立祠堂，請伯嫂郭氏奉宗家神主，大會兄弟諸姪，同居一室，以遂平生之志。於是，遠近學徒聞風日集，至無所容。士子合力鳩材，創建精舍于居室之東，以爲藏修之所，名曰隱屏精舍。以濂洛羣賢中集大成者莫如朱子，而吾東方能謹守朱門成法者莫如靜菴、退溪兩先生，乃立朱子祠於精舍之北，以兩先生配焉。每春秋，率諸生奠享。作學規及擊蒙要訣，以訓諸生；設社倉儲穀，以救士民之艱食者；倣呂氏鄉約，以勵鄉俗。時上親祭于大院君廟，玉堂上劄以爲不可，上怒甚。先生聞之曰：「主上於大院君之廟親行祀事，於禮無違，於情所不免，玉堂何所見而請止乎？禮有公朝禮、家人禮、學宮禮焉。公朝禮以君爲尊，故雖諸父，恭行臣禮焉，但親父則不可臣也；家人禮則以尊屬爲重，故人君可居父兄之下，若漢惠於宮中坐齊王下是也；學宮禮則以師爲尊，故雖天子，亦有拜老之儀，若漢明之於桓榮是也。況大院君誕生聖躬，假使尚存，相見於宮中，必拜矣。今入其廟，用姪子祭叔父之禮，有何不可？俗儒徒知尊君抑臣之爲禮，而不知私親之不可絕，誠可嘆也。」

戊寅，有恭懿王大妃喪，以大司諫承召，入京謝恩。還向坡州，有「舟行不忍終南遠，爲報篙師莫擧帆」之句。五月，又拜大司諫，上疏辭職，且言臣言若見用，則臣身雖退，猶在朝也。上答曰：「如有所懷，可實封以聞。」乃上疏極陳時弊凡萬餘言，言甚剴切。成牛溪讀其疏曰：「真所謂直言極諫、經世之策。」疏上，命遞諫長，政院、玉堂啓以非待士之道，不許，俄拜吏曹參議。

己卯，又拜大司諫，皆不就。先生以士林攜貳爲憂，以鄭澈、李潑俱有人望而所見皆偏，貽書責之曰：「君等論議協和，則國事可做。」潑不能用。時議大加詆斥，先生乃上疏，言沈義謙雖出於戚畹，實善人也，今以義謙爲穽，收司之律，延及士類；鄭澈忠清剛介，一心憂國，金繼輝清白儒雅，練達治體，韓脩恬靜老成，好善愛士，而竝加以黨邪之名，使不得接迹於朝。只此三人之退，已爲可惜，況吹毛覓疵，不止於此乎？」疏奏不省。參贊白仁傑上疏，請洗滌東西，老病辭不達意，要先生潤色，先生嘉其憂國之誠而許之。宋應泂劾之以匿迹代，仁傑陳疏曰：「宋之程頤，代彭思永作論濮王典禮疏，代富弼作論永昭陵疏。如此等事，先儒亦嘗爲之。故臣用李珥之文而不以爲嫌，向人無隱。故傳者以爲珥誘臣上疏，臣雖無狀，豈敢以非臣本意而聽人所教而爲之乎云？」

庚辰冬，又拜大司諫。是時，上寢疾新愈，思見先生，諭旨激切，先生感而承命入京，引見慰問曰：「久不相見，有所欲言乎？」對曰：「歷觀古史，有爲之君不世出。殿下嗣服之初，臣民有太平之望，厥後因循，未見振起。今殿下大病之餘，善端開發，號令之下，悅服人心，臣民之望，無異初服。殿下須堅定求治之志，收召俊乂，委任責成，庶可有爲。若徒守謬規，則治道無由可成。」嘗於夜對啓曰：「古人以夜對勝晝講者，羣動既息，君臣靜中相對，思慮專一，啓沃有效故也。今夜自上宜以學問可疑處及時政得失，下問於臣等也。」上曰：「學問必有所得，乃可會疑，故不能問也。」先生曰：「昔孟子問齊宣王曰：『四境之內不治，則如之何？』王顧左右而言他。朱子譏其不能有爲。今者四境之內不治，殿下當如之何？」上不答。上嘗有人臣食祿則當效死之教，先生曰：「人臣當以分義爲重，若只慕恩祿者，人皆誘之以恩祿矣。故以分義爲重者，不計人君待我之厚薄，皆能伏節死義。若只以恩爲重，則其心不可信也。」上然之。又曰：「自上加恩於成渾，近古所罕。」上曰：「成渾之賢，予已聞知，第未知其才如何。」先生曰：「才亦非一般，有可獨任經綸之責者，有好善而能用羣材者。成渾之才，若謂之能經綸則過矣，其爲人也好善，好善優於天下，此豈非可用之才乎？」

辛巳年間大旱，國儲已罄，先生深憂之，筵中啓曰：「若不變通弊法，以濟時艱，而只欲移粟活民，則粟亦無可移者矣。」退與同僚上劄，請變通弊法，改定貢案，久任監司，併省州縣，且請修己以清治本，祛私以和朝廷。時國系之誣尚未快雪，先生慨然曰：「安有國君受誣二百年而不伸者乎？此由使价不得其人故也。奏請之使，當以至誠感動，不成則爲埋骨燕山之計，請擇專對之材。」朝議或以先生爲可遣，大臣曰：「李某不可一日去朝。」乃止。先生承命製奏文以進，上覽之曰：「善哉！蔑以加矣，大事將必諧矣。」六月，特命陞拜大司憲。時議益攜貳，必欲擊去沈義謙，掌令鄭仁弘發於席上，先生曰：「義謙居散地已久，只以先后至親，使不失其祿而已。此於國家恩義，有何不可，而必欲論之乎？」羣議益激，先生不能止，乃戒以毋過激，毋波及。仁弘於後啓，添以援附士類等語。上問士類何人，仁弘歷舉鄭澈等諸人以對曰：「相與締結，窺覘形勢。」先生謂仁弘曰：「季涵鄭澈字。介士也，若以爲締結義謙，窺覘形勢，則冤枉極矣。」仁弘即從先生言，乃獨啓避嫌。於是，三司論議紛然，正言尹承勳斥先生以黨澈，先生與執義南彦經、持平柳夢井啓曰：「鄭澈剛褊，不能容物，憤士論之過激，屢形於辭色。時輩亦不深究澈之心事，而詆斥過實，士輩之疑澈愈甚，而澈之不平愈深。造言生事者，交構兩間，輾轉阻隔，乃至於此。澈固不是，而以澈爲黨於義謙，亦不得爲公論矣。彼承勳有何識見，不過承望士類之風旨，爲趨附之計耳。」兩司因先生引避，請遞之，上峻批不允，屢辭乃許遞。特命尹承勳爲新昌縣監。先生因入侍，引咎自陳曰：「承勳之言，有如迎合時論，故臣性愚直，率爾斥之。殿下折之太過，恐因此而直言之士有所囁嚅也。」朴公淳歎曰：「如叔獻可作儒林宗匠。年少輩識見暗昧，乃以不關事爭辨至此，置國事於度外，可謂逐鹿而不見泰山也。」拜藝文館提學、大司諫，上疏辭，不許。度支缺，上難其人，大臣首舉先生，特陞資憲，拜户曹判書。時以天災延訪，先生啓曰：「自古治亂之形已定，則無災異，災異必作於將治將亂之際。我朝立國幾二百年，此正將治將亂之機也。若於此時奮興振作，則爲億萬年無疆之休，不然則將至於潰破澌盡而莫之救也。人君必知一世之弊，然後可興一代之治，如醫者必知病根之所在，然後可用對證之藥。革弊一事，臣有妄計，請令大臣商議設局，名之曰經濟司，使大臣領之。而擇曉達時務者建白施設，以革弊政，則實治可做，而天心可回矣。且欲明教化，必須尊獎先賢，使後學有所矜式，而聖上每以爲重難。我朝賢者，雖未得悉入祀典，如趙光祖倡明道學，李滉沈潛理窟，亟宜先許從祀，以振士望。」上皆然之，而其不準施者，憚於更張也。俄拜大提學。

壬午，拜吏曹判書，皆屢辭不獲，專以革舊弊、清仕路爲務。秋，遞拜右參贊，俄陞崇政，拜右贊成。上命製人心道心説、善惡幾圖及金時習傳、學校模範以進〔三〕。俄上萬言封事，極陳時弊，答曰：「具見忠懇，非不欲策勵有爲，而眇眇寡躬，才識不逮，以至于今，事與心違，予亦竊歎焉。」冬，皇朝遣翰林編修黄洪憲、給事中王敬民頒皇子誕生詔，先生爲遠接使。江上迎詔之日，兩天使注目良久，問於譯官曰：「頗有山林氣象，無乃借出林下士，以待我耶？」對曰：「三場狀元，久在侍從，中年以疾辭職，退居林下。今則國王倚任已久，實非林下士。」又問曰：「然則這作天道策者耶？」先生爲舉子時，對天道策居魁，一世膾炙，傳入中華，而兩使亦曾見之，欽仰有素，故有此問。對曰：「是也。」兩使頷之。及途次酬唱，先生操筆立成，而辭意具美，自中準繩，詔使歎服曰：「大手大手。」禮敬甚至，必以栗谷先生稱之。至文廟，請先生講解克己復禮爲仁之義，先生即著説以進，兩使曰：「此説極好，當傳布中國。」回至江上，正使宿構七言長篇及長律，臨行，遽出求和，欲以倉卒試其才。先生即於席上步韻，手寫以呈，兩使傳玩，稱賞再三。將別，執手戀戀，至於出涕，人以爲詔使愛敬儐相，前古所未有云。還途，拜兵曹判書，辭不許。

癸未，呈告乞免，且以文衡主兵，皆是重任，請解兵務。上答曰：「卿常以更張弊政，前後惓惓，是卿之素志也。今卿誠能出奇運謀，革盡流弊，作爲養兵之規，則國家幸矣，卿其努力。」時北道藩胡入寇，先生遂就職。本曹事務煩冗，屬當警急，牒牒雲委，左酬右答，剖決如流，綱舉目張，細大不遺。進六條方略曰：任賢能、養軍民、足財用、固藩屏、備戰馬、明教化。又上封事曰：「和朝廷而革弊政，本也；調兵食而固防禦，末也。方今黨論日激，士禍將起，請消融蕩滌，鎮定調和，陟罰臧否，一徇公道，以定國是。朝廷既和，然後可議得人而革弊矣。」又請募庶孽及公私賤有武才者，入戍北邊，無武藝者，納粟于邊，以補軍興。庶孽則許通，賤隸則爲良，此皆世祖朝已行之規。而北鄙警報甚急，國家兵食俱乏，權宜之策，不可已也。且申請前日建白改貢案、改軍籍等事。上答曰：「予偶閲卿前疏，今卿疏又適來，前後惓惓，識卿不忘庸君之孤忠也。」蓋先生之意，惟欲盡除燕山朝弊政之未盡剗革者，且革近來謬規之變亂舊制者，一遵祖宗朝故事，興衰補廢，率由舊章而已。所欲便張者，實欲復古也。且以文昭、延恩一日三祭及山陵朔望之祭爲非禮，請於山陵只祭四節，文昭、延恩日行一祭，以謹祀事，以紓民力，此先生之前後累陳不已，而上意則以一時輕改爲難者也。上於此等論議，雖或厭聞，而見先生公忠不黨，至誠憂國，眷任頗專。時輩忌憚日甚，謀所以惎之，而先生之才學德望無疵可指，乃揣知上厭聞革弊之議，遂以更張爲目，凡有建白，動輒沮撓，浮議交亂，吹毛益巧，先生正色立朝，任怨不避。夏，北胡再舉兵，久圍鍾城，邊報日急，國内騷動。先生夙夜優勞，罄竭心力，晝則終夕在公，夜則不解衣帶，明燈達朝，公事之至，輒應之不滯。號令明肅，緩急有序，人情信服，不擾而事集。由是，上益翕然倚仗，而媢嫉者媒櫱益甚矣。時鈔發射手，而官無戰馬，難以猝辦，先生懲乙卯戰士之掠馬，深以階亂爲憂，募所鈔中老孱，從願納馬，以給應赴者。而應募之有無，未能預料，乃先下令而募之。於是，納者雲集，而戰士行急，不可緩期，且啓且頒，上即允之。行者以得馬爲幸，留者以免防爲喜，公私便之。一日邊報入來，上不時命召，先生素患眩暈，至是因勞瘁轉劇，力疾趨命，疾甚不省，入卧内兵曹。於是，三司以專擅權柄、驕蹇慢上劾之。所謂專權慢上，指上二事也。先是，朴謹元、宋應漑、許篈皆曾爲先生所斥，三憾合勢，助之者衆，醖釀積久，至此而發屢啓不允，乃停。先生陳疏，引咎乞罪。上答曰：「卿識敏才高，忠誠體國。今疆場多事，方籍卿謀猷，撫定北方，安輯兵民，其勿疑沮，以副予望。」凡六疏，天語諄切，促出就職，且教曰：「寥寥千載，君臣相遇，得做功業者，絶無而僅有之，卿不聞向者之教乎：予命之退然後退。丁寧一言，鬼神亦知之〔四〕，卿何忍今日欲辭去也？」先生不得已詣闕自劾曰：「臺諫之停啓，以久未蒙允，且以臣爲非全然無恥者，必知所以自處故也。臣若幸上之優容，偃然從政，則從前累疏，只是固寵之計，而無義甚矣。先失其身，何以事君？請舉臣罪，咨詢左右。如以爲可貰，則臣雖未安，敢不黽勉隨行；如以爲實犯，則雖流放竄殛，臣實甘心。」上答曰：「在卿自處之道，雖當如是。然予若詢于左右，是不免有一毫疑卿之意，予豈敢爲此！」於是，大司諫宋應漑、獻納柳永慶、執義洪汝諄及典翰許篈復劾以無臺諫蔑公論，至有「禦下蔽上，其志將欲何爲」等語。上以手教下大臣曰：「近因李珥言語間事，臺諫相激，比之於誤國小人，此非發於偶然也。蓋李珥自前裁抑新進，惡其趨時黨附，屢爲陳論，見忤於時論者久矣。遂乘時伺釁，必欲劾去而後已。凡公卿大夫承召不來者多，未聞有以慢上論之者，是何臺諫之言，獨能直截於珥耶？其納馬不稟，亦不過許多事務間，未及爲之耳，是豈擅權而然哉！夫擅權慢上，人臣極罪，人君於小民，尚不可以情外罪名，輕加於其身，況宰相耶！既曰擅權慢上，則何不明正其罪，照以王法？而乃敢請以罷職，有如乙巳姦臣輩，目之以反逆而罪之以罷遞者之爲耶？」大臣回啓後，教曰：「李珥無出仕之理，兵務甚急，姑遞其職，以安其心。當此北方兵起、國家將亡之時，朝廷淆亂，賢邪莫辨，何以爲國？予不勝痛心。嗟乎！李珥其好歸鄉關，高卧白雲，誰得以羈縻也哉？」於是，朝野憤激，行路咄嗟。牛溪先生成渾被徵至京，疏白先生情事。上答曰：「觀爾上疏，忠憤激烈，使姦邪聞之，足破其膽，信乎君子一言，爲國輕重也。」命召三公，教曰：「排擯李珥，誰所爲也？其朋姦之類又誰也？辨别以啓。」領相朴淳請對，極陳先生忘身徇國之實，許、宋乘時構捏之狀。兩司復劾先生及朴淳、成渾，極其醜詆。太學生柳拱辰等四百七十人、全羅道儒生徐台壽等二百四十人、黄海道儒生柳帶春等一百八十人爲先生相繼抗疏，守闕伸辨。上答曰：「觀爾等疏辭，忠讜激厲，義氣如此，夫復何憂？當今士風，遠邁漢、宋矣。」王子師傅河洛上疏，言三賢乃士林領袖，而被三司誣罔，都承旨朴謹元等啓以洛爲偏黨。上答曰：「爾等欲杜塞人言，掩蔽聰明耶？如是而終欲爲何事？大抵公論之在世間，如水之在地中，不必以臺諫而是，不必以芻蕘而非。今兹臺諫之言，人心不服，義士奮袂，將四面而起，爾等雖竭力彌縫，不可得矣。」政院又啓以儒生爲悖亂，兩司啓以朴謹元等爲直言。上答曰：「宋時，六賊當朝，李綱去國，太學生陳東等上疏極論。千載之下，聞其風節，尚不覺投袂而興起。今兹儒生，目見朝論乖宜，倡義抗章，其忠肝義膽凛凛有不可犯者，誠可謂不負所學而横流之砥柱也。太學，公論所在，朝廷是非可亂於一時，而太學公論焉得以廢也？設使狂生之言，或有過中，猶不可待之如此。況其正直之氣，邁青松而挺高節者哉！彼幺麽數臣，昵伏近密，恣爲朋比，杜絶人言，掩蔽聰明，乃敢目諸生以悖亂，是欲踵黄潛善之所爲，真小人而無忌憚者也。予不即舉流放竄殛之典，將使魍魎之類騁騖於昏夜，已爲失刑，爾兩司反爲伸救耶？」遂以御筆親撰教書，命竄朴謹元、宋應溉、許篈等。其教書曰：「憸人在位，朝著不靖，司寇失刑，國是靡定，爰舉流放之典，永爲來世之鑑。朴謹元等以憸邪之性，挾斗筲之器，締結浮薄之徒，作爲朋私之黨，互相汲引，盤據要津。或塵喉舌之司，或冒臺侍之官，張皇聲勢，簧鼓邪說，擅弄權衡，脅制朝廷，傾陷大臣，排擯忠賢。朋比之迹已彰，尚稱公論；挾憾之態盡露，自謂貞方。事皆罔蔽，言悉誕誣，忠良屈抑，惡且極於濁亂，羣小得志，罪難逭於誤國，遠近咸知，朝野共憤，尚寬肆市之誅，薄施惟輕之典云云。」仍教曰：「以李珥爲黨云，其能以此說動予意乎？噫！苟君子也，不患其有黨，惟患其黨之少。予亦法朱熹之說，願入珥、渾之黨。自今以後，以予爲珥、渾之黨可也。惟詆斥珥、渾，則必罪不赦。」又教曰：「三司之論，不過以義謙爲穽於國，凡一時名臣賢士之異於己者，必擠陷於其中，而聲爲其黨，蓋其意以爲一加此名，則人不敢救。君可以疑，吾志可得，吾意可遂，殊不知自君子視之，如見其肺肝，雖論之十年，曷足以動予中而惑予意也！」

先生自坡州下海州。未幾，以判敦寧府事命召，上疏辭職。上答曰：「噫！天未欲平治我邦家耶？意者，天使卿動心忍性，增益其所不能，將任舟楫霖雨之責於後日。天之於卿，可謂曲成而玉汝矣，於卿何損焉？」冬，特拜吏曹判書，先生又陳疏懇辭。上答曰：「卿朝廷重臣，非林下逸士之比，卿身進退，亦不可以自任，而不辭於予，有若逃遁之爲。望卿之來，不翅飢渴，設或辭職，必須親辭於予前，於禮爲得。」先生不得已承命入京，上即引見，先生引咎陳謝，力請放還三竄，仍乞致仕，皆不許。先生謂成牛溪渾曰：「三人以言官獲罪，至於遠竄，不可不反覆陳啓，以回天意。」與成牛溪渾人侍，前後陳懇，而天怒終不解。先生以踽踽孤蹤，獨承恩眷，專務調和，無論彼此，惟以收拾兩邊士類爲先。而時輩皆布列臺閣，懷疑顧望，却立睨視，無意共事，先生歎曰：「時輩之心公者，久久觀我所爲，必能明我赤心。」

無何忽感疾，易簣于大寺洞寓舍。是夜家人夢黑龍自寢房穿過屋樑，飛躍上天，翌朝先生屬纊，甲申正月十六日也。還朝秉政，纔六十餘日，享年四十九。前二日，聞徐益以巡撫御史受命按北，招來欲授以方略。子弟交諫，先生曰：「此乃國家大事，吾豈可過念身病失此機事？況死生有命，吾豈必因此而死？」乃扶起口號，令弟瑀書之，凡六條，此乃絶筆也。書畢，奄奄有垂盡之狀，病遂革。臨絶，諄諄如夢中語，皆國事，無一言及家。卒後，家無甔石，借衣以斂，無宅於京，妻子轉徙無依，不免飢寒。朋友及士子，出米布爲買一宅於京，且爲庶子二人納粟，許通仕路。先生之疾病也，上日遣太醫，藥餌交道。訃聞，哀慟特甚，哭聲徹於外，命進素膳，撤朝三日，遣禮官弔祭，且命沿路州郡護送一家。從遊之士與聞風慕義之徒，以至窮鄉村氓，莫不聚會舉哀，號痛相弔曰：「生民無福。」太學生數百餘人及禁軍、市民、流品庶官、各司吏胥皆來哭奠，盡哀而去。發引之日，望於郊外，執炬而送者，連亘數十里，填街咽巷，悲號震野。是年三月，葬于坡州紫雲山先兆。

夫人盧氏，谷山望族，宗簿正慶麟之女。仁順慈和，配君子無違德，承奉宗姒，極其誠敬。先生之歿，朝夕上食，必手自具。三年之後，亦不廢朔望哭奠，待宗族，撫衆妾，一以先生在時爲法。壬辰之變，語子姪：「大盜彌滿，必無偷生之地，與其轉死他鄉，寧死於坡山。爾輩勿以我爲念，他日好收吾骨於墓側。」子姪屢諫，夫人曰：「吾喪所天已八年，吾之命不亦頑乎？況逢大亂，苟且偷生，有何義乎？」聞大駕西行，乃奉神主歸坡山，及賊至，罵賊不屈，遂被害於先生墓側。本州上其事，上命旌表其閭。側室子二人，曰景臨、曰景鼎，女一人。景臨有子五人，曰穦，進士，餘幼。景鼎有子二人，幼。女爲進士金集妾。

先生天資極高，英雋出人，清明温粹，忠厚愷悌。寬而有制，和而不流，慕古而不泥，應俗而不混。待人開心，洞赤無隱，處事坦夷，不設崖岸，終日樂易，未見忿厲之容。光輝融徹，符彩秀朗，望之如祥雲瑞日，輒知其爲盛德君子也。少時，雖汎濫諸家，流入禪學，惟其氣質明透，乃能釋然開悟，旋即歸正。自是用力益深，進修益專，刻意覃思，精詣實踐。其於義理，洞見大原，不待師承，暗合道妙。其功程次第，一本於濂洛宗派，而得之考亭者尤多，故門路之正，雖質之前聖而無疑。至於六經之奧義，百家之異説，無不研窮探賾，瞭然裁判於胸中矣。教人必以立志爲先，躬行爲務，循循有序，善誘不倦，隨人材品，開導以誠。其講論之際，分析精微，竭盡底蘊，立言著説，多有發前人所未發者。嘗見雲峯胡氏心性情論，爲文以辨之。且與退溪先生論理氣，牛溪先生論人心道心，往復長書累數十篇，皆出自得，不襲陳言，明白證援，曲暢旁通，横説竪説，無不當理。平生尊信小學，病其舊註訛舛，詳略互異，乃折衷羣言，擇精要，删繁複，其有未盡者，補以己意，名曰小學集註。四書五經口訣、釋義，多所更定，小註諸説，亦多取舍。且恐初學不知向方，爲著擊蒙要訣、學規等書。至於聖學輯要，則格致誠正之功，修己治人之方，無不備具，而尤詳於明正學、闢異端之説。蓋其理明義精，養深積盛，充而爲德行，發而爲事業，皆明體適用之學，實非沈潛自守、不閑世務之比也。

其居家也，孝友敦睦，出於天性。奉伯兄寡嫂于家，撫養其子女猶己出。與兄弟諸姪聚一堂，連枕而宿。歲時設酒食，命弟彈琴，使少長歌而和之。每晨，整衣冠拜祠堂，朔望參奠後，坐正寢，受男女子姪之拜，作同居相戒辭，讀而警之。家衆亦於庭下，分立行禮，又以方言釋戒辭，諄諄教飭，率以爲常。奉祭祀一遵家禮，務盡誠敬。庶母性悍且嗜飲，先生事之如親母，出入必告面，晨必湯酒適寢所，問起居，禄俸亦不自專，或有不豫色，則柔辭起敬，懽其心乃已。庶母後乃感化，先生之殁，服喪三年。事仲兄愛敬俱至，應對服勤，如事嚴父，既貴如一日，門人或疑其過，先生曰：「朋友之間，過恭非禮，父兄之前，行過于恭，禮也。」儉於自奉，不問生産業，家貧屢空，鄉居或食麥飯。而每日晨起，必先經紀庶母及兄嫂供奉炊爨之具，飯非粳米，饌無兼味，則不敢進。閨庭之間，内外斬斬，姬妾僮僕無敢闌語。奔人之急，如救水火，接人無閒，親疏貴賤一以誠悃，羣居燕笑，和氣藹然。平生未嘗與人私語，胸襟洞豁，表裏如一，樂道人之善，而不求備於人，故賢愚善惡咸得盡其情。雅好山水，曾於栗谷舊業修花石亭，故址後改築石潭精舍。一室圖書，玩心高明，養以沖恬之趣，積其靜一之功。自是，學益精行益修，道日益尊，名日益高，從遊之士日益衆。講劘之暇，時與冠童婆娑水石，詠歌自娱，蕭然有出塵之想，一切世味泊如也。

其立朝也，居官必以古先賢哲自期，引君必以唐、虞、三代爲期，惟思竭心殫誠，盡吾之所當爲而已，不以循常守舊爲心。其於富貴貧賤、毁譽榮辱，不一動其心，而惟以善人君子亨否爲己休戚，國事治亂爲己憂樂，常謂君心出治之本。法筵勸講，章疏陳説，勤勤懇懇，皆本仁義。每於上前，開陳治道，别白事宜，義利公私之辨，天人王伯之分與夫治民備邊之策，無不傾倒羅列，引據古今。上亦虚心聳聽，多所歎賞，或至日昃罷對。金公應南自筵中出謂人曰：「不圖今日，復見三代都俞之盛云。」常以士論之攜貳，爲朝廷痼弊，務欲打破東西，同濟國事。雖人心不如我心，卒未能調其乖隔，而公平正大之心，可質神明。既以孤誠受上知，感激恩遇，一心循國，知無不爲，言無不盡。嘗於筵中，請預養十萬兵以備緩急，否則不出十年將有土崩之禍。西厓柳公成龍以爲無事而養兵，養禍也。時久安恬嬉，筵對之臣皆以先生言爲過。先生出謂成龍曰：「國勢危如累卵，而俗儒不達時務，他人則固無望，君亦有此言耶？今不預養，必無及矣。」因愀然不樂。逮壬辰之後，西厓於朝堂語諸宰曰：「當時吾亦慮其騷擾而非之，到今見之，李文成真聖人也！若用其言，國事豈至於此極乎？且其前後章劄中籌策，其時人或訾議，而今皆鑿鑿先見，真是不可及之才。栗谷若在，必能有爲於今日矣云，誠所謂不待百年而知也。」

爲文章論説，必本於性理。雲行水逝，初不經意，而發言成章，雄渾無涯，如菽粟、如芻豢、如大海廻瀾、如天馬驤空，讀之使人心融理透，蕩滌查滓，真可謂經世衛道之文也。有文集十卷行于世。

嗚呼！天爲人君開太平之業者，必有鳴世之才出爲其用。當宣廟勵精之日，有斯人爲之佐。天之降大任，似非偶然，明良相遇，千載一時，可謂盛矣。然世之用賢，賢者之用於世，亦非一道，小用之則小效，大用之則大效。若先生寧爲不用，而不能爲小用者也。蓋先生學問之精深，德行之淳備，論議之俊發，出處之正大，皆非俗士淺見所可窺測，如祥麟儀鳳之瑞世，如泰山喬嶽之鎮物，日星于中天，砥柱于奔流。而其高才遠識，貫穿今古，偉略宏猷，軒舉宇宙。既任斯民之責，又荷君上之眷，將欲挽回世道，陶鑄唐虞，興一代之禮樂，振百年之頹廢，其所抱負期待，爲如何哉？然而流俗不知，黨議相軋，欲行古道，則謂之迂闊；欲祛弊法，則謂之紛更；欲調劑士流，則謂之依違；欲擔當世務，則謂之專擅。羣擠衆咻，使不得一日安於朝廷，雖其行道濟世之心、愛君憂國之念惓惓于中，而難進易退、不爲苟容者，是固平生之所守。故竭忠以感上心，而言不用則去；推誠以協朝論，而義不合則去。是知先生之在朝也，固未嘗一日而忘退，其退也，亦未嘗一日而忘世也。先生之心事，其亦戚矣，而進退大節，可謂不負所學矣。逮夫乾綱夬斷，眷任纔隆，而先生已病矣。年未滿半百，位未躋台鼎，竟未及展布其志，天之與奪，果何意耶？噫！朝論日益乖張，賢路日益崎嶇，君子之不容於世，自古而然。雖使先生久當國柄，其能大有施設，得展功業，如先生志，固未可期也。而又安知其不觸冒危機，顛躓狼狽，爲士林之長恨也。是先生之脱躧人間，翩然長逝，在先生固無所憾。而其設教立言，足以開牖後學，遺風餘韻，足以聳動衰俗，則先生之道雖未及大行於當時，而先生之澤亦可謂流及於無窮，或者斯亦天意也耶？

神道碑銘并序

領議政李恒福撰

昔我昭敬大王，右文興學，好尊用儒臣，其登于朝者，彬彬多文學之士矣。天篤降材，有開必先，雲從龍，風從虎，聖王作而賢佐出。時則有若李先生珥，遭遇盛際，身任繼開，若將以有爲也。乃以甲申正月，天奪之速，上降服喪食，自疾及卒而葬，醫問交道，藥餌便蕃，既近臣致弔，司馬致除，司徒庀窆器，宗伯詔竁禮，凡所以崇終而康宗臣者備矣。太學生及三學生徒、禁軍胥徒奔走填門會哭，至衆庶街巷，徹舂而嗟者傾都，咸一口言曰：「吾其如何？」及葬軔出堩，執燭而祖者，皆舉音以過哀。君子曰：「優優大哉，德之祖洽於衆也如是夫！」壬辰之後，七年不解兵，儒服弊于地。功利趨競，私慾滔天，挾書僞學之禁已兆，爲善者懼，則異時宗李氏之道者，宜若背面掉臂，諱言其學。而乃薦紳韋布，日益嚮往，鳩材斬石，圖所以垂永者，委重於余，固辭不敢。凡六往返，猶持不釋，愍然敬諾，俄又僇在素蔑，泯泯伏荒野。前日士數輩，以狀踵門速銘曰：「爲初言，故敢勤子。多士須矣，請子圖之。」遂拜受狀以敘曰：

李出德水縣。其始有敦守者，事高麗爲中郎將。六世而至判官諱宜碩，贈大司憲。生諱蕆，贈左參贊；生諱元秀，贈左贊成。德水之李，其稱蓋久，至公益大著。

初，進士申命和奇愛一女，穎悟邁倫，通古今書，善屬文，工繪事。年十九，歸于李氏。嘉靖丙申，申夫人方重身，夢龍騰海入室，抱兒納懷中，已而公生。三歲，自知文字。五歲，申夫人疾病，禱于外家祠。

十二，贊成之疾亦然，人始異之。

十六，夫人歿，慈良於喪，廬墓不釋哀，三年如一日。

十八，有求道之志，放迹山寺，偶閲釋氏書，感死生之説，又聞有所謂頓悟法。

十九，入金剛山，堅固戒定，常自念于心曰：「萬象歸一，一歸何處？」思之又思，終未有窾竅。然後盡棄其學，遂發篋而取孔氏書，伏而讀之。逾年以出，都中宿儒皆注意高仰之，折輩行求識面。謁退溪先生于陶山，辨論義理，退溪多從公説，嘗致書于公曰：「發軔正路，存心古學，他日所就，何可量哉？」前後簡牘，具在本集。自是學益精，道益明，餘事文章，爾雅紆餘，遊刃射科，發必中鵠。

甲子，就司馬、明經兩試，連爲選首，時稱「九場壯元」，歷地部、春官、天曹郎署、正言校理，賜暇湖堂等職，華聞日隆。公陳情自劾曰：「髫年求道，學未知方，汎濫諸家，遂耽釋教，從事禪門，迨周一年，豈期好官儻來也？」上曰：「自古雖豪傑之士，未免爲佛氏所陷溺，且悔過自新，其志可嘉。」不許。嘗於經筵言治亂、陳王事，發言動聽，聞者灑然。又因書堂課製，陳王霸治安之道，名曰東湖問答，冀有以啓發上心。一日，上語及乙巳事，大臣有言善士或有坐死者，公駁言曰：「大臣不宜含糊。姦人造飾遊辭，草薙士類，藉以僞勳。今當新政，宜先削勳正名，國是乃定。」退而倡議於朝，則朝中先輩尚或有難，公獨抗言不撓，遂悉力擊破之無遺，朝野增氣。

庚午，自以學不加進，不可以從政，遂棄官歸，築室于海州之高山而龍蛇焉。非聖哲之書不讀；非其義，雖千駟不顧也。其於一切世味，泊如也。朝議惟欲縻以爵〔五〕，累拜天官員外、玉堂中書、薇垣亞長，間或黽勉入朝，皆不久而退。其以直學入也，朝野知公有確然之志，三司至交章請留，而公則去矣。公自親歿之後，事庶母及伯兄寡嫂如慈母，事仲兄如嚴父，告面定省，老猶不懈，家政悉聽庶母，禄俸不自專。嘗讀書至張公藝九世同居，慨然曰：「九世之親，雖難同室，至於兄弟，豈可分異？」乃與兄弟羣從，同堂連枕。每酒食之會，命弟彈琴，少長歌樂。晨拜家廟，退序于堂，子姓男女以至家衆，庭禮栗如。一人執禮，展讀家訓一遍，衆抑首敬恭聽，一門抵此賴之。俄陞同副承旨。公每見上，動引三代，上以爲迂闊。至是，又勸上奮發大志，且曰：「自古儒者難與俗吏謀。儒者曰唐虞可立致，俗吏曰古道必難行，故俗吏詘儒學，儒學亦詘俗吏，均之兩言皆非也。爲治當法堯舜，事功則須以漸進。臣言三代者，非曰一蹴便到，今日行一善事，明日行一善政，漸圖至治耳。」時新喪退溪，方欲議謚，上以行狀未撰難之。公言滉之言論風旨，已著於世，行狀有無，非所輕重，殿下於已死之賢，猶靳一褒，滉之有謚，雖遲一年，固無不可，竊恐四方疑殿下無好善之誠也。

甲戌，上萬言疏，上命書一通，朝夕觀省。其爲諫長，一日命進黄蠟五百斤，公廷爭之强，上責問誰受，公言道路喧言，將造佛像，殿下但當内省，有則改之，何至峻拒？上曰：

「敢諱言根，非無隱之道，至欲治以造言之律。」公曰：「臺諫有聞即諫，是謂無隱。今欲以重律加諸諫官，不幾於一言喪邦乎？」時天怒益震，同列縮頸，而公對益切不少挫。上亦悔之，命還其蠲。既而病免歸，就拜黃海道觀察使。明年辭還，拜副提學。上於經筵謂公曰：「四書小註錯亂，須經刪定，今以委爾。」時朝臣前後輩，多以形迹相標榜，至有東西黨，朝端始騷。公預憂不靖，言於盧相守慎，請兩出沈義謙、金孝元外郡以鎮之。於是，義謙得開城，孝元得富寧。公曰：「北塞非儒臣所處，孝元病弱，懼不生還。」乃言於上，上反以公黨孝元不從，後公又力言不已，孝元遂改三陟。或曰：「天下無兩是，公於此務欲兩全，何耶？」曰：「二人致朝廷不和則兩非也。然俱爲士類，必欲是此而非彼，其勢無時可息，惟當和解消融。」朝議不以爲然，乃決歸，既退而承旨、諫長、東西亞銓、全羅方伯等官，皆儵來而適去者也。其居海州，屢徵不起，日教授學子，遠近坌集。

庚辰，擢長御史，俄遷諫長。時戶部缺尚書，大臣薦授之，并提文衡，節財勤民，去其所惡，下天上施。

壬午，移判吏曹，舉不失選。俄陞崇政，爲右贊成。冬，黃、王兩詔使來〔六〕，命儐于境。及饗宰修爵，公自縣門登成拜，黃問是何有山野氣，得無爲皇華起耕釣耶，譯人曰：「壯元三場，盛之王堂久矣。中歲遂退處鄉園，人贊黃扉，亦有年矣。」兩使起敬，至稱先生而不名。事竣，移判中兵。時北虜寇亂，戎務填委，公手判口決，目覽心計，不相參涉，涣若不思。上多公之爲，專屬任公北關事，事積而不欝，竝行而不謬。人人竊言曰：「不有我公，其能國乎？」公嘗建議欲養兵十萬，以備緩急。柳西崖成龍以爲不可，公退朝，謂之曰：「國勢不振久矣，俗儒不達時宜，公亦有是言耶？」壬辰之亂，西崖嘗語朝堂曰：「當時無事，吾亦以爲擾民，今而思之，李文靖真聖人也。」公平生以一朋黨、改貢案、約定祀禮以紓民力爲先。上初甚濩落，歷試既久，則信之益篤，方依以爲政，公亦聳善抑惡，直行不顧。反有不悦者，陽浮慕之，而陰置畦畛，鑱言放紛，謀撓上眷，甚其所爲而齮齕之日甚，至乃奮其朋勢，傅致微文而顯劾之。公引咎乞退，上曰：「卿識敏才高，忠誠體國，今疆域多事，方藉卿撫定，其勿疑沮。」公亦上章不已，上曰：「寥寥千載，君臣相遇，得做功業者，絶無而僅有之。卿不聞向者之教乎？丁寧一言，鬼神亦知之。」公愍然詣闕自陳。時大司諫宋應溉、獻納柳永慶、執義洪汝諄、典翰許篈等曾爲公所斥，挾前憾，論之益甚。一日，上教大臣曰：「李珥嘗裁抑新進，惡其趨時黨附，累爲陳論，見忤時論久矣。乘時伺釁，必欲劾去而後已。納馬免防，先行後啓，特因多事未遑耳，是豈擅權？凡公卿之承召不來者多，未聞論以慢上，是何臺評獨能直截於珥乎？夫擅權慢上，人臣極罪而乃請罷職，有如乙巳姦臣，目之以叛逆而罪之以罷遞者之爲耶！」成牛溪渾被徵至京，疏陳其狀，領議政朴思菴淳請對，力爲救公，兩司復再論淳、渾。而大學生四百餘人，守闕伸辨，都承旨朴謹元等以爲偏黨悖亂。上曰：「爾等杜塞人言，掩蔽聰明，將欲何爲？今人心不服，義士奮袂，爾等雖欲彌縫，不可得矣！」兩司因伸救政院，上曰：「太學，公論所在。朝廷是非可亂於一時，而大學公論焉得以廢也？彼幺麽數臣，昵伏近密，恣爲朋比，真小人而無忌憚者也。予不舉流放之典，使魍魎之類，騁騖於昏夜，已爲失刑，兩司反欲伸救耶！」命竄朴謹元、宋應溉、許篈。公去國未幾，以判敦寧府事召，辭不就，上曰：「噫！天未欲平治我邦家耶？」其冬，特除吏判，下諭切峻，公不得已入謝。上即引見，公引咎陳謝，請還三竄，仍乞致仕。後六十日病不起，時年四十九。

公字叔獻，學者尊之爲栗谷先生。所著有擊蒙要訣、聖學輯要、小學集註及文集十餘卷，行于世。墓在坡州紫雲山下，夫人盧氏祔焉，即宗簿正慶麟之女，無子。側室子曰景臨、景鼎。盧夫人遇壬辰之亂，奉主歸山足，罵賊遇害，事聞，表其閭。

公嘗以諫長至京，余以弱冠拜公于邸舍，則諄諄爲學之要曰：「余已有歸志，子若有意，可訪我於石潭。」自是公不歸，余亦乾没於世，自畫於門牆，不得窺其涯涘。今當大事，腐毫不能爲言，獨其徒能審視而謹書者，往往而在。吾友金沙溪長生，不改師法，能持其說，掇公世系言行及歷官始終，請銘以詔後。噫！公規模之宏遠，議論之正平，開物成務之才，窮天貫古之識，致君澤民之大志，進退出處之大節，赫赫在人耳目，烏待余言贅？其學以收心養性爲本，而至於天人性命之微，修己治人之道，真知實見，精詣力踐，紛華之中，自持愈嚴，屋漏之隱，謹獨無愧。教學者，必以立志爲先，循循有序，開導以誠，和氣藹然，表裏洞澈。與人講學，所見恒出人意表，立言著説，横竪無不當理。與成牛溪爲道義交。嘗見胡雲峯以情意之發分屬性心，退溪又有理氣互發之説，牛溪尊信退溪，常主其説，公以爲發之者氣，所以發者理，無先後，無離合，不可歧分，辨析往復，累數十書。間有發前賢所未發處，不泥前書，自契經旨，後栗谷千載，必有神指妙按，方尋真脈，不然，認濇爲芤者衆矣。蓋公入處正而覺處透，故説時裕而做時敏。又其進學之序，若禹之鑿龍門也，先從肯綮處透，汝、漢、濟、漯沛然順勢，故世之見者，疑若上達而後下學，然安有倒用功夫者？嘗聞經曰「清明在躬，志氣如神」，傳曰「自誠明」。解之者曰：天開日明，自然無蔽。間有英爽過人，則能超形氣之私，脱去窒暗之臼。其立也猶蜃閣之浮于海，無斤斧繩削之痕，而不可窮其間架。昔程子謂邵堯夫空中樓閣，朱子謂張敬夫不歷階級而得之，抑謂是者非耶？不由知索，暗合道妙，開關啓鑰，洞視本體，中持活敬，故無沾滯之虞，精義制事，故有適用之利。逐曲舞交，冰解的破，後世皆可稱述焉。嗟乎！拔車山淵，竟入丘虚，出險無牽，骭軸俱折，惜也。恨今世無傑巨人可以持衡輕重者，獨以眇眇余一人之見，定千載不可考之論，徒强顔耳。又不知後此幾百年，幸而有所不知何人，如今李恒福者，一人出而同其說，則幾矣。姑少俟之。

銘曰：道出於天，而寓於人，人存道亨，人去道堙。自吾道東，顯晦無時，公惟厚棟，任重不疑。惟古典訓，義奧旨微，公徐指示，如旅斯歸。凡號儒者，或善說事，至於致用，戒于差異。繄公有言，行必隨之，大名之下，古難善持。屈而益明，躬夫折矢，孰爲後焉？允矣多士。紫雲之側，維水瀰瀰，銘于牲繫，爲示無止。

守夢鄭曄上白沙李相書曰：「伏承台示碑文草，辰讀再三，儘噩噩也。第以淺見言之，作文字喜簡，而於先生居家至行、立朝言論有所闕略。至於癸未三司挾私憾肆邪論之狀，此乃大段是非，而下語不明快。末段論學處，如『蜃閣』、『御風』等語，似非儒家說話，不審於台意如何？」○月沙李廷龜答沙溪金先生書曰：「先生碑文，與時晦、汝益諸公，會諸生勘定，南窓老丈今方寫石。大概羣議以爲今作者既已作古，雖一字不敢增減云，則此文雖棄，不可仍用也。既云不可不用，而又爲不得不改處，則略爲删潤，務得備詳，俾無疑義爲當。至於論學處，則鰲相之意，雖出推揚先生高明透出處，而措語皆出外家。千萬人見之，皆以先生之學爲或近象山，或近禪學，或似花潭、南冥云。吾儕見之，亦復如此，一邊好詆議者，應添一般唇舌。先生之學，門路最正，見得最高，緣形容不襯，使人生疑。作者之意，雖不如此，安能家道戶說也？以此時晦、汝益之意，則總論以下，極欲盡棄而改之。鄙意則以爲文之歸重，在於總論，若盡改則文體不倫，且極未安；不如全用元文而略添數語，以證前賢之論，略改數字，以破後人之疑而已。故羣意終循鄙意，如是勘定，只恨尊丈不在此，不得面承清誨也。鰲相爲文務氣，元欠商量，看書又不細釋，以此用古語多錯，如慈良於喪者皆是。而然苟非有害於先生者，則不刪不添，自家文疵，不必盡改也。」又曰：「白沙公爲文，以氣爲主，下語務出新奇。今者，論先賢學問而不用儒家文字，推許則至矣，而語或不瑩。其曰『鑿龍門』，其曰『上達而後下學』，其曰『蜃閣之浮于海』等語，其意蓋以先生之學一蹴高明，似無循序漸進之功。故人或疑其倒用功夫，而此特英爽過人，所見卓然故然也。此是白沙自謂獨得先生妙處，故其下所謂『傑巨人』、『眇眇余一人之見』、『決千載不可考之輕重』等語，皆指此也。」

墓誌銘并序

愼獨齋金集撰

栗谷先生之歿，今一甲子有十年矣，士林慕其學，朝廷思其道，斯民懷其澤。其間世變不一，以至寇戎交亂，倫常屢絶，則又相與言曰：「栗谷之志，少行於當時，則庶幾無今日矣。」嗚呼！此豈利以誘之，威以驅之而使然哉？傳曰「盛德至善，民之不能忘也」，其先生之謂歟？

先生姓李氏，諱珥，字叔獻，其曰栗谷者，學者之所稱也。系出豐德郡德水縣，上世有敦守爲麗朝中郎將，厥後，世有聞人。高祖抽，知郡事；曾祖宜碩，慶州通判；祖蕆，贈左參贊。考元秀，監察，贈左贊成，好善任真，有古人風；妣平山申氏，己卯名賢命和之女，英秀貞靜，博通今古，善書畫，以嘉靖丙申十二月二十六日生先生于江陵北坪里。申氏夢黑龍自大海騰入寢室，俄而先生生，故小字見龍。姿相異常，能言便知文字。三歲見石榴，即誦「碎紅珠」之句。五歲，申夫人疾劇，潛禱于祠堂。嘗見人渡水顛仆，人皆拍笑，先生獨憂形於色，其人獲免乃已。其孝親愛物之心，天性然也。七歲，作陳復昌傳，略曰：「君子德充於己，故坦蕩蕩；小人荏藏于內，故長戚戚。今復昌常有戚戚之容，使斯人得志，異日爲患，庸有極乎？」後復昌果爲士林禍媒。八歲，題詩花石亭，有「山吐孤輪月，江含萬里風」之句，一時膾炙。九歲，讀張公藝傳，慨然曰：「九世同居，勢或未易。至於兄弟，不可分貳。」遂作兄弟同居事親圖，又摭前賢忠孝事迹以觀之。十一歲，贊成公疾，先生又泣禱于祠，請以身代，疾遂已。

十三，中進士解，自是文章日就，聲聞藹然，自以小技不屑也。已而申夫人棄世，廬墓，躬執祭奠，雖洗滌烹飪亦不委人，喪除，哀慕彌深。一日偶閲釋氏書，因感死生之説，且喜其學清淨簡捷，遂以書留别親友，入金剛山，戒定堅固，至忘寢食。一日，大悟其非，遂盡棄之，反以求諸吾道，一以聖人爲準。

戊午，謁退溪李先生滉于陶山，辨論義理，退溪多棄舊説而從之。後致書于先生曰：「存心古道，發軔正路，他日所就，何可量哉！」嘗對天道策，精深廣博，雖老師宿儒皆望洋焉。

辛酉，丁外艱。

甲子，竝魁司馬、文科，初試覆試，時稱「九場壯元」。明廟召見，命製三十韻律詩以進，大加稱賞，由户禮曹佐郎拜正言。上劄請立志勉學、親正人、固邦本，拜銓郎，慨然以公道爲己任。宣廟即位，以書狀朝京，還選入玉堂。自以責任漸重，遂引初年染禪事陳情自劾，上曰：「自古豪傑之士，未免爲佛氏之所陷。」不許，復拜銓郎。告歸江陵，省外王母，言者劾以非法，上嘉其孝，不聽。

己巳，拜校理，辭以學未進，外祖母有養育恩，乞歸養，上特令帶職歸省。明廟喪畢陳賀，先生上劄，改賀爲慰。嘗進言曰：「人主學問，必須格致誠正，實用其力，然後乃見其效；不然則雖孔孟恒在左右，日談道德，何益哉？」又曰：「當今士習偷薄，昔孟子以匹夫，猶能闢邪反經，以承三聖。人主能盡責任，則其明道淑人之切，豈特孟子而已？」時有宰臣，顯斥己卯士流者，奇高峯大升以承旨請對，極陳其非。相臣言承旨請對非近規，恐壞體統，先生進曰：「所言是則何妨於體統，大臣不能引君當道，惟近規是拘，殊非所望。」一日，上謂曰：「豈可無德行而有事業乎？且三代不可猝復。」先生曰：「德行事業，當交修竝進，豈可以允德未成，而政事任其紊亂乎？程子曰：『後王明春秋之義，雖德非舜禹，亦復三代之治。』此其明驗也。」賜暇湖堂，製進一書，極論王伯治安之道。上問何以漢文爲自棄也，對曰：「漢文以美質，好卑論，不能復古，故謂之自棄也。」時將擇妃，先生請重昏禮，勿復親閱容色焉。上語及乙巳，先生曰：「仁廟禮陟，天命人心，捨明廟何歸？而姦兇乃敢貪天之功，斬伐士流，以録僞勳。今當洗冤削勳，以定國是，可也。」時退溪先生及奇高峯亦皆難之，先生力主前議，凡四十餘劄，言甚剴切，後竟得如章，物情快之。又嘗惡四館侵虐新進，建請痛革曰：「中朝人駭笑，以爲胡風也。」上從之。已而退歸鄉里，拜吏曹正郎、檢詳、舍人、副應教，皆不赴。閒以校理，詣闕即歸，與學徒遊賞海州高山，愛其九曲之勝，遂卜居焉。

辛未，除清州牧使，爲政專務教化，設行鄉約，未幾病遞。

壬申，累拜應教、司諫、遠接使從事、典翰、直提學，先生自以所學未優，不欲從仕。而所言必引唐、虞、三代，上有迂闊之教，故乞退益力，三司交章請留而不能得。

癸酉，復拜直提學，召命三至，乃入朝。上引見，責其輕去，先生謝以才疏病深，仍曰：「匹夫讀書，尚欲濟世利物。今上禀可爲之質，操可爲之勢，寧無慨然自奮之心乎？殿下誠心願治，則只此一念，便是關雎、麟趾之意也。且人君兼聽虚受，則衆善萃於一身，而德業以成；若自以爲滿足，則善言何由而至乎？」陞同副承旨，每勸上奮發大志，且曰：「迂儒則以爲堯舜之治朝夕可做，俗士則以爲古道決不可行，此皆非也。爲治須以古爲期，而事功則當以漸進也。」時退溪先生卒，上以無行狀，不許贈謚，先生曰：「李滉沈潛性理，雖古名賢亦無過是。滉之謚典，雖遲數年，猶無大害，若四方之士以此疑殿下無好善之誠，則非細事也。」先生與牛溪成先生渾爲道義交。牛溪謂先生曰：「儒者行道，不先格君，而先期事功，是枉尺直尋也。」先生曰：「上心不可遽回，當積誠以冀感悟。若責效於旬月，而輒欲引去，非事君之義也。」

甲戌，上萬言疏，極陳時事，上寵答而不能用。上曰：「漢文何以不用賈誼？」對曰：「漢文志趣不高，故見誼言大而不用耳。譬如人欲構小屋，而工師乃構大厦，則豈肯聽從乎？」又仍曰：「今日民生日困，若不更張，無以拯濟。」上以紀綱未振爲歎，先生曰：「紀綱如浩然之氣，須是義積于身，心無所歉，然後其氣充滿而流行。紀綱亦然，須以公平正大之心，今日行一善政，明日行一善政，則紀綱自立矣。」移大司諫。上命進黃蠟五百斤，外間謂將造佛像，先生率同僚爭之。上責問誰從得此，先生曰：「若是正事，則當明示所用；如果不正，則但當亟改而已。今欲跟問道路之言，則何異於衛巫之監謗乎！昔司馬光平生所爲未嘗有不可對人言者，今臣方以誠正之功望於殿下，而只此一事，掩藏如此，未知幽獨之地，其能無所愧乎？」上曰：「敢諱言根，非無隱之道也，欲繩以造言之律。」先生曰：「有聞即陳，是乃無隱也。今欲以重律加諸諫臣，不幾於一言喪邦乎？」上遂寢黃蠟之命。先生自是求去愈堅，上引「洗耳人間事不聞」之詩曰：「隱居豈不樂乎？」先生曰：「古之隱者與人主無契，故可以相忘而自適。今臣受恩深厚，雖在畎畝，心懸冕旒，只是難於尸素，故不敢留也。」遂歸坡山。或曰：「公之自處則善矣，奈時事何？」先生曰：「自處未盡而能有救時者乎？」除黃海監司，先生以藩臬猶可自效，乃赴任。即疏陳弊瘼，專以尚教化、恤民隱、修軍政爲務。

明年遞歸。適有仁順王后喪，以副提學承召入慰，因論喪制曰：「若欲盡從古禮，則君臣皆具衰絰，而別造布帽衫以視事。今既蹉過，則寧依宋孝之制爲近於古也。玄冠、烏帶是羅點所制，而朱子論辨甚詳，豈可捨朱子而從羅議乎？」時閔公純首建是議，而朴公淳、盧公守慎、暨集王父大憲公繼輝，議與先生合，故遂用白衣冠之制，仍爲恒式。上見先生，問以海西利病，温諭甚至。先生曰：「竊聞殿下嘗謂予欲學問而多事未遑，臣聞此言，一喜一憂。蓋喜上有學問之志，而復憂上之不察學問之理也。所謂學問者，只是日用處事一一合理之謂也。惟其不能知理之所在，故讀書以求之而已。若徒讀書，而日用云爲，與之背馳，則豈學問之謂哉？臣昨見所答臣劄曰『無甚高論』，昔漢文亦嘗如是，故其功烈甚卑，何足法也？」上以四書小註多有未當，令先生删定，對曰：「臣不能獨任，請與成渾共之。且殿下誠欲有爲，則如渾者，可處以閒職，使之輪日入侍，補益必多矣。」時憲府吏入王子舍執宮奴犯禁者，上怒，推治憲吏。先生上劄曰：「殿下信聽婦寺之言，有此過舉。昔程母一婦人也，尚知教子之方，嘗曰『患不能屈，不患不能伸』，殿下之子，何患其不能伸乎？近日守法忤旨者，例被訑訑之色，臣竊悶焉。」先生嘗編聖學輯要，至是隨劄以進，上曰：「此書甚有補於爲治，第如我者，恐不能行耳。」先生起對曰：「昔宋神宗曰：『堯舜之事，朕何敢當？』明道愀然曰：『陛下此言，非社稷臣民之福也。』今日上教，無乃近之乎？」嘗於夜對啓曰：「天理人欲，閒不容髮，初非二本，而既分之後，界限甚明，非天理則是人欲也。」又曰：「殿下奮發聖志，於窮理、居敬、力行三者勉勉加工，日用言行粹然一出於正，無一毫之私，然後以此表率臣民，則君子有所恃而盡其忠，小人知所畏而不敢干矣。」時搢紳因沈義謙、金孝元是非頗有攜貳之漸，先生深以爲憂，言于盧相守慎曰：「出此兩人于外，則庶可鎮定矣。」

盧相從之。於是，孝元爲富寧府使。先生又啓曰：「北塞非儒臣所處，而孝元病甚，懼不生還，請改内地。」上以爲黨於孝元，嚴批不從。先生陳白益懇，孝元乃改三陟。先生欲保合彼此，共濟國事，或曰：「天下無兩是兩非，公於近日務欲兩全，何也？」先生曰：「兩人之黨，互相傾軋，是兩非也。雖兩非，而俱是士類，但當消融協同，必欲是此而非彼，則相軋之勢何時可已？」時議多不相入，先生遂決歸。時舉朝皆來别，先生曰：「當權姦濁亂之時，摧陷廓清，使士論得伸者，豈非沈之力乎？金乃因私排抑，使前輩不平，此則金之過也。既已裁抑補外，則已得中矣，而疾之太甚，此則前輩之過也。以此論斷，事情得矣。」諸公皆以爲至公之論。既歸，連拜承旨、大司諫、吏曹參議、全羅監司，皆不赴。

丁丑，自坡州仍歸海州，遂築室立祠，奉兄嫂郭氏俾主之，大會兄弟諸姪，同居一室，以遂夙志。朔望坐於正寢，受子姪之拜，展家範，讀以警之。婢僕則叙立於庭下行禮，亦以方言作誡辭以飭之。庶母嗜酒，先生晨必煖酒，適寢所起居，顔色不和，則柔辭致敬，得其歡笑而後退，尺布以上，聽其所裁。事仲兄如嚴父，不以既貴而有改也。佳辰令節，置酒彈琴，使少長歌而和之，家庭之内肅然雍睦焉。於是，學徒坌集，至無所容，遂建精舍以處之，名曰隱屏。嘗謂自孔孟以後集羣儒之大成者惟朱子，而吾東能謹守其法者莫如趙靜菴光祖及退溪，乃立朱子祠於精舍之北，配以二先生。作學規及擊蒙要訣以訓諸生，設社倉以賑貧，立鄉約以勵俗。時上親祭于私廟，玉堂爭之，以致上怒。先生聞之曰：「人君有家人禮，在宮中則序以親屬。況大院君誕生聖躬，今若在世，則主上當拜於私室。今入其廟，用姪祭叔之禮，有何不可？俗儒但知尊君之義，而不知私恩之重，可歎也。」

戊寅，恭懿大妃薨，適有諫院之命，赴召即還。俄又以前職召，先生辭曰：「臣但能言之而已，言而見用，則猶在朝也。」上曰：「如有所懷，可實封以進。」乃極陳時事萬餘言。牛溪見而歎曰：「真經世衛道之文也！」上命遞職，玉堂以爲非待士之道，不報，又拜吏曹參議。

己卯，大司諫〔七〕，皆不就。先生雖退歸，以士類分朋爲憂，貽書于彼此人，勉以和協。李潑不從，以沈義謙爲阱收司之律，延及士類。先生上疏極言，又深救鄭公澈暨集王父，疏奏不省。參贊白公仁傑亦欲陳白時事，先生嘉其誠，代成其疏。言者刻以匿迹嗾人，白公引程子代彭、富之事以辨之。

庚辰，上寢疾小愈，思見先生，諭旨懇惻，遂命入見。上曰：「幸得相見，欲有所言乎？」對曰：「殿下大病之餘，善端開發，須堅定求治之志，以修己爲用人之要。」仍請曰：「齊王不答四境不治之問。假令殿下當之，則當如何對之？」上不答，退與同僚上劄，請修身以出治，祛私以明理。時宗系之誣久未昭雪，先生曰：「此使价不得其人故也，請擇專對之士。」朝議以先生爲可遣，大臣以爲某不可一日去朝，乃遣集王父。先生草進奏本，上覽之曰：「善哉！事將諧矣。」已而特陞大司憲。掌令鄭仁弘欲擊去沈義謙，先生諭不可則遂勉從，而曰：「我若不聽，則鄭必怒去而其徒執此攻我矣，我去而無復調劑之望矣。」翌日，仁弘因論義謙，濫及士流，先生乃悉心救解，仁弘亦頗愧伏。而其徒紛然競起，反指先生爲偏黨，先生引避，上特黜其詆斥者以安之。朴公淳歎曰：「如叔獻真是儒林宗匠。而時輩排擯至此，可謂逐鹿而不見泰山也。」拜藝文提學、大司諫。會度支缺，上特陞先生以領之，兼典文衡。時上以天災，延訪公卿。先生請設經濟司，使曉達時務者建白施罷，則實效可見而天譴可弭矣，蓋欲改定貢案、久任監司、并省州縣、頒學制、詰戎兵也。又以爲教化之興，必須崇奬儒賢，我朝如趙光祖、李滉，宜許從祀聖廟，以振士風。已而移判吏曹，屢辭不獲，專以清仕路、革流弊爲務，若舉遺逸以充憲職，揀學行以爲師儒，奬恬退以勵名節，薦吏才以試郡縣，皆一時建請施行者也。遞爲參贊，陞贊成，上命作人心道心說、幾善惡圖及金時習傳、學校模範。又上萬言疏，極陳時事。皇朝遣翰林黄洪憲、給事王敬民頒慶，先生爲儐使，往迎境上。兩使竦然起敬，問知爲先生，曰：「這作天道策者耶？」先生儀表灑然，酬唱贍敏，兩使每稱栗谷先生。至文廟，請先生講克己復禮，先生著説以進。蓋兩使主象山、陽明者也，欲以試先生，先生專主程朱之訓，兩使曰：「此説極好，當傳布中國。」回到江上，臨分，戀戀不忍別，至於出涕，禮敬之至前後所未有云。拜本兵，上曰：「更張是卿素志，卿其努力。」時有北關之警，遂不敢辭，條上六事，且極陳根本之可憂，又請募兵粟以復通庶孽、贖賤隸之規，謹祀典、節浮費以紓民力之萬一。時睿眷甚專，時輩甚嫉之，揣知上不喜更變，凡有建白，輒加沮撓。

癸未夏，北警再起，邊報日急，先生罄竭心思，緩急有序，上下益翕然倚重。先生以權宜下募馬之令，而一面啓請。一日，承召至闕下，疾作不得入。三司指此二事，論以專擅驕蹇。先生引咎，累疏請罪，上曰：「寥寥千載，君臣相遇，得做事功者，絶無而僅有，方藉卿謀，安輯兵民爾。」先生遂詣闕自劾曰：「請舉臣罪，咨詢左右。以爲可貰，則敢不出仕；如曰有罪，則流放是甘。」上曰：「予若詢問，則是有一毫疑卿之意，豈敢爲此？」三司復以無臺諫、蔑公論劾之，至有「禦下蔽上，將欲何爲」等語。上曰：「李某嘗裁抑輕浮，見忤於時論，故遂欲伺釁而擊之。夫專擅慢上，人臣大罪，何不正以王法？而只請罷職，有如乙巳姦臣，目善流爲逆而請遞其職耶？」遂議于三公，遞先生職曰：「姑以安之爾。」先生即歸坡山，仍下海州。時牛溪先生被徵至京，暨朴相淳相繼訟先生，并被兩司之劾。於是，大學、湖南、海西儒生八百餘人相與陳疏，守闕伸辨。上御宣政殿，命招二品以上議三司之罪，遂親製教書，竄朴謹元、宋應溉、許篈，而曰：「三司以李某爲黨。苟君子也，惟患其黨之不多。子亦法朱子，願人其黨，自今以子爲珥、渾之黨可也。」未幾，以判敦寧召，先生力辭，上答曰：「天未欲平治我邦耶？是何以卿而不得於時耶？意者，天使卿動心忍性，增益其所未能，以任大責也。」又特拜吏曹判書，又辭不許。促召益懇，先生乃入京。市民、衛士莫不手額曰：「栗谷來矣。」上引見慰諭，先生陳謝，請放三竄，乞骸骨，皆不許。先生謂牛溪曰：「三人固有罪，至於遠竄則過重，且諫臣以言獲罪，不可以示後嗣。」遂同對陳懇，上終不許。時先生獨承委任，專務調和，惟以收拾士類、共濟時事爲先。而時輩懷疑顧望，無意同寅，先生歎曰：「時輩觀我所爲，久當知我赤心。」無何感疾，易簀于京中寓舍，甲申正月十六日也。前一日，聞徐益受命巡北，欲面授方略。子弟交諫，先生曰：「此國家大事，死生有命，豈必因此而死？」遂條六事以付之，此其絶筆也。臨絶，諄諄如夢中語，皆國家事。歿後家無擔石，殮以襚衣，知舊買宅以處其家屬。先生之病也，上軫念，醫藥交道，訃聞，哭聲徹外，進素膳，撤朝三日，遣禮官弔祭，且命沿道護送其妻孥。館學諸生及禁軍胥徒奔走哭奠，以至遐方委巷，無不涕嗟曰：「吾其奈何！」發引之日，塡門咽街，執燭而出埛者亘數十里，悲號震野。三月，窆于坡州紫雲山先兆。

夫人盧氏，籍谷山，宗簿正慶麟之女，仁順慈和。壬辰，抱先生主歸于墓側，罵賊遇害，事聞旌閭，無子。有側出二男一女，男曰景臨、景鼎，女爲集妾。景臨子穡、秬、秋、稱、穧，參奉。景鼎子稔、稈。

嗚呼！先生德美之盛，非集末學所敢形容。昔先君子師事先生，實得其傳，嘗聞先君子之言：先生天稟極高，英嶲出人，清明温粹，忠信豈弟，寬而有制，和而不同，慕古而不泥，應俗而不流。接人開豁，無有閒隔，處事坦夷，不設崖岸。終日樂易，未見忿厲之容，光輝洞徹，符彩射人，望之如祥雲瑞日也。少時雖汎濫諸家，流於異學，惟其氣質高明，故旋即悔悟而歸於聖道，則醇如也。自是用力益深，進修益專，厲志覃思，精詣實踐。其於義理，洞見大源。其功程次第，一本於濂洛宗派，而得之考亭者尤深。故其門路之正，雖質之前聖而無疑。至於六經之奥旨、百家之異辭，無不研窮，各極其趣。其立言著説，多有發前人所未發者。退溪先生嘗論理氣性命、四端七情之説，以爲理氣互發，四七分歧，先生曰：「理者，氣之主宰；氣者，理之所乘。非理則氣無所根柢，非氣則理無所依著。」又曰：「發之者，氣也；所以發者，理也。理者，太極也；氣者，陰陽也。今曰太極與陰陽互動，則不亦誤乎？至於四七，則四端不如七情之全，七情不如四端之粹。蓋聖賢之立言雖異，其性情之理，則固無不同也。」蓋先生妙契至微，沛然自信，敢説先儒未敢説底。然後如耒耜陶冶備具，而生人之道乃足矣。又嘗折衷羣言，删繁就要，爲小學集註。採摭經傳，提綱挈維，爲聖學輯要。謂初學必先下學，作擊蒙要訣。謂學者當有準則，作自警文。至於四書、六經註解口訣，多所更定，其於經傳本旨，無不脗合。凡所論說，發明極致，通透灑落。

先生教人，無問賢愚，而其科級甚嚴，聽其辭氣，放心邪氣，自然不萌心胸。其接人，和以有容，剛以制義。御小人，俾不罹於罪，助君子，必欲成其美。故人無愚知，莫不飲其醇、茹其實，以爲盛德君子。而至於才周萬物，學際三才，行貫神明，識徹古今，事變萬殊，而獨之不失毫釐者，則未有窺其涯涘也。先生抱經濟之器，至誠在斯民，惟恐一物不得其所。立朝二十年，引君必以堯舜爲期，事業必以三代爲準，經筵講說極公私之辨，明王伯之分。其言感激動人，上每虛心竦聽，或至日昃忘倦。一時聳歎，莫不斂衽推先，真所謂儒林之山斗、國家之蓍龜也。

嗚呼！當宣廟之際，天降先生，明良相遇，千載一時，固將挽回世道，以興禮樂。奈何流俗不知，黨議相軋，欲行古道，則謂之迂闊；欲祛宿弊，則謂之紛更；欲和士類，則謂之依違；欲任時事，則謂之專擅。羣咻衆誹，使不得一日安於朝廷。雖其行道救世之心，惓惓于中，而亦不爲枉尺直尋之論。故竭忠以感上心，而言不用則退；盡誠以協朝論，而意不合則退。是知先生之在朝也，未嘗一日而忘去；其去也，亦未嘗一日而忘世。則先生之心，其亦慼矣。逮夫乾剛獨斷，陽復有期，而天不慭遺，年未半百，位不充德，天之與奪，果何意歟？宋人有言曰「伯淳之無祿，天下之無祿」，其謂是歟？惟其立言明道，足以開牖後學；遺風餘韻，足以聳動衰俗。則先生之道，雖不及大行於當時，而其流及於無窮者，誠不可誣矣。意者，天之所以降先生者，其或在是歟？仁祖初政，特贈領議政，謚文成。京外諸生屢請從祀文廟，而羣議尚今不成。集以爲程叔子之繼孔孟，須待一紫陽而後知也。

銘曰：明道之資，考亭之學，欲行於世，天奪之亟。惟其有傳，惠我無極。

校勘記

〔一〕明宗大王以二百年宗社付之殿下　「明宗」，一本作「恭憲」。

〔二〕只欲鎮定　「定」，一本作「靜」。

〔三〕上命製人心道心説善惡幾圖及金時習傳學校模範以進　「模」，原本作「規」，據文意改。

〔四〕鬼神亦知之　「亦」，一本作「亮」。

〔五〕朝議惟欲縻以爵　「惟」，疑作「逾」。

〔六〕黄王兩詔使來　「黄王」，原本作「王黄」，據行狀改。

〔七〕大司諫　以上當有闕文。

栗谷先生全書卷三十七

附録五

墓表陰記

右議政李廷龜撰

先生德水李氏，諱珥，字叔獻，學者稱爲栗谷先生。高麗中郎將諱敦守是其鼻祖。考諱元秀，司憲府監察，贈左贊成。配平山申氏，己卯名賢進士命和之女，英秀博通經史，以丙申十二月二十六日生先生于江陵。將誕之夕，夢黑龍騰海入室，抱兒納懷中，以故小字見龍。學語便知文字。五歲，申夫人疾劇，先生潛禱於祠。七歲作陳復昌傳，斥其姦邪。十三中進士初試。弱冠謁退溪先生辨論理氣，退溪歎服，多從其説。

甲子，生員壯元，進士高等及第，初試、覆、殿試皆壯元。拜正言、天曹佐郎、弘文校理，賜暇湖堂。自陳學未進未可從政，築室于海州石潭，與學徒講説經傳以爲樂。累拜舍人、副應教、典翰、直提學，乞退益力，三司交章請留而不果留。擢拜承旨、大司諫、黄海監司、副提學、吏曹參議、全羅監司、兵曹參議，皆不赴，或不久而遞。其爲副學、諫長尤多。

庚辰，特陞大司憲、藝文提學，用大臣薦，拜户曹判書兼大提學。

壬午，吏曹判書、右參贊，特拜右贊成。黄、王天使之來，爲遠接使，華使敬服曰：「是三場壯元作天道策者耶？」還途拜本兵。癸未胡變，悉以軍政委之，號令明肅，上翕然傾嚮，羣小忌而媒蘖之，遂傳致文罔。先生上章自劾，論者持之益急，朴思菴淳、成牛溪渾疏陳救解，兩司復并劾之。於是，羣情愈憤，太學生及湖南、海西儒八百餘人相繼上疏，守闕伸辨。上曰：「今見儒疏，忠肝義膽，凛凛有不可犯者。誠可謂不負所學而横流之砥柱也。」又教曰：「謂李珥爲黨，苟君子也，不患其有黨，予亦法朱熹之説，願入珥、渾之黨也。」親製教書竄朴謹元等三人。先生還海州，陳疏乞致仕。答曰：「噫！天未欲平治我邦家耶？」其冬，特除吏判。諭曰：「卿非林下逸士，進退不可自任，望卿之來，不翅飢渴。」先生不得已入謝，請還三竄。

無何忽感疾，病劇，口號書進北邊方略六條，是絶筆也。家人夢黑龍自寢房飛上天，翼朝，先生屬纊，甲申正月十六日也，還朝秉政纔六十餘日，春秋四十九。宣廟哀慟，哭音徹於外，賻錫加常數。牛溪先生聞訃，哭曰：「栗谷於道學，洞見大原。其所謂『人心之發無二原』、『理氣不可互發』等語，皆實見得，真是吾師！誠山河間氣，三代上人物，天奪之速不能有爲於斯世，痛矣夫！」其年三月，禮窆于坡州紫雲山先兆庚向原。多士配享先生於石潭紹賢書院，又就墓下建書院，以爲藏修興慕之所。至癸亥聖上即位之初，筵臣進先生行狀及所著聖學輯要，上覽之嘉歎，贈議政府領議政，命太常議易名之典，贈謚文成公。道德博聞曰文，安民立政曰成。

夫人盧氏，宗簿正慶麟之女，賢有至行。壬辰之變，謂家人曰：「吾喪所天八年矣，吾之命已頑，苟生何爲？」奉神主歸坡山，罵賊被害於先生墓側，葬同原後穴。事聞旌閭，無子。側室子景臨、景鼎，女爲縣令金集妾。景臨子穧、秬、秋、稱，穧進士，女適成倚耉。景鼎子稔、稺。金集子曰益炯、曰益煉，生員，女長生員金泰立，次鄭廣源。

先生之學，自得濂洛宗派，不歷階級，先臻閫奧。立言著説，恒出人意表，多有發前人所未發者。既養深積厚，精詣力踐，充而爲德行，發而爲事業者，皆明體適用之實。遭遇宣廟，擔當世務，庶幾振百年之頹廢，興一代之禮樂。而流俗不知，黨議相軋，羣擠衆咻，使不得安於朝廷。及其乾剛夬決，眷任纔隆，而先生已病矣。年未滿半百，位未躋台鼎，竟未能展布其志。天喪斯文，謂之何哉！

廷龜於壬子年間，詮次行狀而未敢發，又請白沙李相國銘于墓而未及竪，逮今狀徹于朝，始乃白于筵中，有追爵贈謚之典。遂與斯文諸公，謀於多士，建碑於神道。州人前縣監盧希天得石於山麓，樹之墓顔，諸公俾余記其陰。

追記

判中樞府事李畬撰

舊表立於崇禎四年辛未。其後，中外多士請以先生與文簡成先生從祀聖廟，歷仁、孝、顯三朝而請益力，今上壬戌始許之。己巳，姦壬柄國，士禍滔天，至輟兩先生之享。甲戌更化，復命陞享如初。噫！先生之道，如日月昭揭，雖有一時氛翳，顧何病焉？表刻初用東淮申公翊聖筆，而石脆字細，寖以磨滅，無以示久遠。老峯閔公鼎重與斯文諸長老議，既以尤菴宋先生之文樹碑於紫雲廟庭，又將改表，治一石稍大於舊樣而未及鐫。今先生承重玄孫全義縣監綎欲卒就其役，來諗於畬，仍請爲追記。余不敢以孤陋辭，遂謀于數三士友而協成之。謹以原記以後事及改表始終，識于石末，且以系派之後出者録于下云。

紫雲書院廟庭碑

尤菴宋時烈撰

惟我東方，自殷師以來，已變夷俗之舊。而逮至本朝，則道學彬彬，浸淫乎洛、建之盛矣。然道之體用之全未盡顯，理之精微之藴未盡明。至我栗谷先生出，然後體用之全、精微之蘊靡不躍如，而斯文在兹矣。

先生姓李氏，諱珥，字叔獻，德水大家也。考監察元秀。妣平山申氏，己卯名賢命和之女，性行卓絶。及娠，益以禮自持，夢見神龍，文章爛然，飛入寢室，而先生生焉，嘉靖丙申十二月二十六日也。

期歲，自能知書。五歲，母夫人疾病，竊入祠堂，禱于神主。十三，赴場屋，居上游，其後不復屑焉，一意於學問。既盡通經傳，則便以爲聖賢之道止於是乎，遂汎濫諸家。至釋氏書，喜其言廣大宏闊，復因母夫人喪，偶感古人塞悲之説，入金剛山，專心耽索〔一〕，殆忘寢食。周歲而遂悟其非，反以求之六經、語、孟，則純如也。嘗南游訪退溪李先生，辨論義理，退溪多從其説。

歲辛酉，監察公歿。喪除，魁司馬及文科，由户曹佐郎入司諫院爲正言。上劄請立志勉學、親賢愛民，移吏曹佐郎。

戊辰，以書狀官朝京。冬，拜弘文館校理，以昔時染禪辭職，宣廟諭曰：「自古豪傑之士，未免爲釋氏所陷溺。」自是恩遇日隆，先生亦自任以世道，常以格致誠正爲出治之要。上免明廟喪，請改賀爲慰。當擇妃，請遵大昏正禮。請削乙巳僞勳，退溪諸賢亦以爲難，而先生爭益力，後竟得請。又請革侵虐新進之弊，許之。然先生自以學未成，不欲從仕。累拜舍人、應教，皆辭。卜築於海州高山之石潭，爲藏修所。

辛未，除清州牧使，專務教化，還復舊踐。至直提學，其所進言必引古昔，上以爲迂闊，先生乃歸栗谷，三司請留不得。

癸酉，召命三至，遂入朝，又陳治道之要。陞拜承旨，進曰：「爲治必法三代，事功須以漸進。」先生與牛溪成先生爲道義交，牛溪以必先格君爲言，先生曰：「君心不可遽格，故要積誠心，以冀感悟爾。」

甲戌，上萬言疏。上憂紀綱不立，先生曰：「此如養氣，須用集義。若以公平正大之心，行之積久，則紀綱自立矣。」時外人傳言内間將有佛事，先生以大司諫爭之。上不肯明言有無，而詰問誰受，先生曰：「臣方以誠正責上，而只此小事，掩護如此。而況幽獨之地，能保無愧乎？」遂退歸。除黄海監司，先生曰：「外事猶可自效。」既至，悉去弊瘼，興學敦化。

明年乙亥，遞。仁順王后薨，以副提學召入，論喪禮，至今以白衣冠視事，是先生所議定也。上令删定四書小註，先生請與牛溪共之。且編進聖學輯要，上曰：「如我恐不能行。」先生起對曰：「昔宋神宗曰：『堯舜之事，朕何敢當？』明道愀然曰：『非天下之福也。』今日上教無乃近之乎？」嘗極論天理人欲間不容髪，因曰：「殿下誠能於居敬、窮理、力行三者勉勉加工，使其言行一出於正，則君子有所恃而盡其忠，小人知所畏而不敢肆矣。」時有沈義謙、金孝元是非之爭，先生白出兩人于外。孝元得富寧，先生又以爲言，遂內移。然先生亦辭退于石潭，連有除命，皆不就。先生幼時，作兄弟同居圖，慨然慕張公藝事。至是，依家禮立祠堂，奉寡嫂郭氏，俾主其祀；修明司馬氏居家儀，以御家衆，而節目尤備。時學徒坌集，遂開精舍以處之，而作擊蒙要訣以訓焉。立鄉約以礪俗，設社倉以賑貧，又議建朱子祠，侑以趙文正、李文純。恭懿大妃喪，承召入臨，旋歸，復召力辭。上曰：「所懷可實封以進。」遂極陳時事。

庚辰，上寢疾少愈，思見先生。先生曰：「大病之餘，善端昭著，欲於此際，有以開發。」遂詣闕面對，又上劄請進德修政。又請極選使价，奏雪宗系之誣，仍草進奏本。上曰：「事其諧矣。」將遣先生，大臣以爲不可一日不在左右，遂止。陞大司憲。先生曰：「立紀綱正風俗，其在斯乎？」遂作化俗儀數十條，布告中外，大抵皆主於明人倫也。時士流多聚於朝，而論議不協，先生將統會彼此，一矯弊習，以圖國事，而終爲橫議所沮，識者恨之。陞戶曹判書兼大提學，請設經濟司，改革舊弊，又言趙光祖、李滉宜許從祀文廟。俄移吏曹，專以清仕路、收人才爲務，舉遺逸充憲職，薦學行爲師儒，揀吏才以試郡縣，奬恬退以礪名節，四方翕然風動，而忌嫉者益衆。特陞贊成，以命撰進人心道心說、學校模範。皇朝學士黃洪憲、王敬民來頒慶詔，先生儐于境上，兩使見之，竦然起敬，每稱栗谷先生。兩使至泮宮，語講克己復禮，先生爲作説以示，專主洛建宗旨，兩使曰：「此説極是，當傳布中國。」上特移兵曹曰：「更張通變，是卿素志。」

癸未，條陳六事，又請改貢案、釐軍籍、併省州縣、久任監司。時有北警，三司復捃摭其間細故論劾之，上諭止甚勤而不止，遂遞先生以安之，先生遂西歸。時牛溪被徵在京，上疏伸辨，京外儒生八百餘人亦投章訟先生，上乃親製教書，竄朴謹元等三人曰：「予欲法朱子，入珥、渾之黨矣。」上屢諭先生還朝，且曰：「天未欲平治我邦耶？是何以卿而不得於時耶？意者，天使卿動心忍性，增益其所不能，以任大責也。」促召愈懇，先生遂應命至。上喜甚，引見，先生陳謝，請赦三竄，不許。上復委以銓衡，倚任益重，而先生病矣。先生嘗曰：「時輩觀我赤心，則終必相信而共濟國事也。」竟以甲申正月十六日易簀。訃聞，上驚慟，哭聲徹于外。官居野處，無不哭泣相弔曰：「斯文喪矣！生民無福矣！」其三月，禮葬于坡州斗文里之先兆。夫人盧氏，寇亂全節，旌表門閭，亦可見先生正家之一端也。

先生天分甚高，不由師承，自知爲學。雖早悦禪旨，而亦以識見超詣，故旋即覷破。既專心於洙、泗、洛、建之學，則不厭不倦，必期於造極而後已，故常自信曰：「吾幸生朱子後，學問庶幾不差矣。」以故格致、存養、踐履三者爲終身路逕。其用功最深於小學及四書、近思録，日夜覃思，不明不措，必至於各極其趣，故其探賾辨論之精，可質前聖而無疑矣。然不以莊敬涵養爲本，則意緒悤悤，無以察其糾紛微奥之致，故常虚明靜一，不爲事物所奪。又謂省察之功常在知行之間而不可少緩，故雖事物叢沓之時，閒居幽獨之地，其所以辨別天理人欲者，愈嚴愈密。及其養之深積之厚，則行之於身，措之於事，皆沛然有裕，無所凝滯，而品節不差，以至於道全而德備。則造化之原，性命之微，無不洞貫於一心；天地之運，綱常之重，無不統體於一身。自任之重，則賁、育莫能奪；自信之篤，則髡、衍不能亂。至其正倫理、篤恩義以齊其家，辨義利、明王霸以事其君，皆自所學中出來。其經綸規畫正大宏遠，遍布纖密，不泥於古，不狃於俗。承大任而無所疑懼，行至難而若決江河，其所造詣可謂深且遠矣。又嘗謂聖學之不傳，由於經旨之不明，自程、朱以來，其所註釋無復餘蘊，而後儒之繳繞者反以汩其本旨。遂取諸家之説，分析其同異，論正其得失，務得至當之歸，故雖粗解文理者無不得其正意。又嘗謂中朝之士學尊信象山，以至陽明之徒出，則尤爲正學之害，遂推窮源委，剖破詖淫，使之不惑，然後人人皆宗考亭之説矣。蓋自朱子以後，聖學可謂大明，而其學之者亦未免源遠而末分矣。其有樂渾全而惡分析，則先生必辨其同異於毫釐之間；其有逐末流而昧本原，則先生必一其宗元於統會之極。故極深研幾而不外於日用之常，庸言不行而必根於性命之源。蓋極其妙則如不可捉摸，而驗諸實則易知而易從矣。然後承鄒、魯、洛、建之遺緒，以合乎殷師之大法，使人知道德文章、禮樂政事皆出於一，千古相傳心法學術不爲天下裂。雖末學後生誦其言者，必曰理未嘗不該於事，事未始不本於理。要當體之於身，驗之於行，必至於道全德備而後已云爾。則雖其利澤不究於當世，而其繼開之功又不可謂不及於無窮矣。故諸老先生嘗論之曰：「不由師傳，默契道體，似濂溪；一變至道，潛思實踐，似横渠；發明極致，通透灑落，似明道；博約齊頭，集而大成，又似乎晦翁夫子。」後之君子夷考於遺編，則知斯言之不誣也。若其祥麟瑞鳳，玉潤金精，世雖以資禀之粹稱之，而亦豈非德美之充積者著見於外耶？昔黄勉齋、蔡九峯以後諸賢，卓然有功於斯文者，不爲無人，而先生猶不以朱門適傳許之。百世之後，復有大眼目人出而論先生，則復以爲何如也？

搢紳章甫，屢請從祀聖廟而立祠享祀。殆遍國中，惟此坡州者，其以祖墓之鄉，先生所嘗往來，擬於晦翁之婺源。而又以其衣冠之所藏也，京外諸生建院作廟而俎豆之，孝廟賜額曰紫雲，遂立牲繫于三分一之庭，而刻文其上云。銘曰：

天眷我東，篤生哲人。聰明穎詣，絶類離倫。世遠言微，默契道妙。人所分寸，先生闊步。其所千百，先生十一。既透大原，以及微密。迨其弱冠，能自得師。其師維何？關、陜、濂、伊。最所尊信，晦翁夫子。盡讀其書，以賾其意。有如父兄，説門内事。子弟聽受，無所疑貳。外内巨細，悉皆承纘。體用大備，理事一貫。始焉析之，入於無内。終而合之，其大無外。惟器與道，是一而二。七情之純，其端則四。物格之云，匪物自至。我既格之，物無餘理。前訓炳然，豈四不啓？七十子喪，大義乖弊。先生闡發，如燭照夜。明理之功，孰與高下？道明德立，雖未四十。聖賢相逢，時哉親見。顧其陳說，大經大典。與世罔同，屢屈而卷。遑遑救世，如禹之急；囂囂居巷，若顏之樂。善治雖無，則有真儒。事親盡孝，孝非可名；事君盡忠，忠豈其稱？無蔽無缺，允集其成。文在於斯，捨此誰程？

賜祭文 宣廟甲申，遣禮官知製教李海壽製進

天挺人豪，英邁超常。師友聖賢，志業虞唐。養素幽貞，碩人薖軸。作霖大旱，民望攸屬。生晚好古，頹波獨立。動與時違，衆謗來集。惟其有容，不以介意。終和且平，寔卿雅志。仁民利物，髮膚無惜；愛君憂國，鬼神可質。予嘉乃誠，曰篤無替。邦之多艱，期與共濟。天既奪予，胡奪之速？人之云亡，民實無祿。盡瘁乃已，卿則何悲？中流失楫，予甚慟之。茲陳菲薄，用寓予哀。靈其不昧，庶幾來哉！

二 仁廟癸亥，贈職時知製教張維製進

道原於天，因人以傳。人之污隆，道實係焉。稽昔哲王，致崇儒先，斯文增重，道脈以

延。予惟本朝，文獻足徵，爰有五臣，儒道大弘，質有其文，彬彬可稱。閒氣所鍾，卿乃代興。才高志大，氣清質粹，一變至道，真知實履。敬義夾持，誠明兩至，發而爲文，精深閎肆。留心世務，熟講精思，全體大用，貫穿靡遺。如有用我，舉而措之。釋褐登朝，麟出鳳儀。遭逢宣廟，寤寐英弼。賞卿德業，置卿近密。陳善責難，雍容吁咈。謨猷底績，契合彌切。羣邪側目，盜言潛媒。天監孔昭，蜮弩自摧。方期大用，進踐台階。梁木忽隕，儒林興哀。經濟之才，淵微之學，形於論著，略可尋繹：擊蒙有訣，聖學有輯。情性源委，理氣離合。窮深極微，炳若日星。閒攟未發，悉本遺經。其人雖亡，其道則明。光前啓後，百世可程。予從潛邸，夙慕風規。誦詩讀書，恨不同時。逮茲踐阼，任兼君師。賢範非遠，化理可推。爰命有司，式舉褒隆。何以贈之？秩視上公。何以祭之？庶羞醇醲。九原有知，感予深衷。

三　仁廟甲子，贈謚時知製教趙翼製進

於昔聖人，以道相傳。天工載贊，人文以宣。道絶而續，在宋諸賢。先聖之法，自兹燦然。吾道之東，巨儒挺生。明明惟卿，玉潤金精。鳳凰芝草，和風景星。文極多聞，義臻一理。實泝濂洛，以達洙泗。顔子是希，伊尹其志。天人之源，王霸之略。鬼神之幽，萬物之

賾。丕哉聖謨，優哉史籍。貫穿上下，優遊探索。發爲文章，施爲事業。致行于家，孝友盡倫。謇謇于邦，身任經綸。退而教育，其徒如雲。民樂其澤，士喜其薰。蓋惟上智，早知其方。學則純儒，才實佐王。爲民霖雨，爲國蓍龜，爲道先覺，爲士矩規。昔我先王，歡深魚水。方資展布，大猷是俟。天不欲治，泰山頹矣。大賢之亡，于兹三紀。遺文具在，可法可師。萬世太平，其將取斯？藐予嗣位，值此艱危。思吾先正，慨歎何追？尚賴遺法，思用緝寧。兹陳泂酌，聊致予誠。

四 孝廟庚寅，紫雲書院宣額時知製教李時楷製進

百載真儒，受天間氣。威鳳在霄，祥麟出世。心求精一，志孝經濟。卓見高識，早起超詣。學嫌游夏，道希周孔。玩心高明，該達體用。微言妙旨，默契羣聖。內外交修，曰義與敬。箕疇已邈，仁義路荒。國朝蔚興，文運始昌。靜退之後，卿振厥聲。窮尋墜緒，自得遺經。曾唯一貫，顏事四勿。鄒魯宗風，孰會其訣？卿惟泝派，閩洛先獲。既博而約，優入堂室。懷寶不迷，兼善邦家。策對天道，名動中華。聖祖龍飛，遭遇最隆。明良千載，契合昭融。清朝黼黻，五彩彰施。民瞻喬嶽，國倚蓍龜。和風甘雨，化工無迹。陶鑄商周，庶幾禮樂。疏陳萬言，治具畢張。挈目提綱，黜霸行王。憂深黨漸，累申封章。手挽頹風，心切鎮

靜。羣蜚刺天，忮善害正。將行將廢，斯道之命。惟明我后，炳卿丹心。國豈無賢，明降玉音。方謀三事，進貳黃閣。不欲平治，天奪何速！山頹梁折，朝野唏噓。東湖有答，輯要有書。惟卿事業，粗見遺集。惟予緬懷，恨不同時。坡山之阿，坡水之湄，爰建祠宇，揭虔妥靈。久欠堂額，闕典斯行。扁名紫雲，寵以光榮。一瓣明蕆，神庶歆誠。

五 顯廟庚子，松潭書院宣額時知製教金萬基製進

洪惟穆廟，丕闡文治，孰肯欽承，而左右之？曰惟儒賢，應期挺出。粹然天分，金精玉潔。義理在躬，清明豈弟，不待師承，默契道體。精思實踐，先立大本，遠紹絶學，直透關鍵。考亭遺緒，大明吾東。歷泝前賢，獨得其宗。理氣有辨，擴前未發，開示穾奧，冰釋河決。聖學有輯，折羣言衷，修己治人，舉在其中。造詣之深，門路之正，道積德成，施于有政。羽儀王庭，黎民加額，壁立巖廊，扶我皇極。聖祖典學，講殿日闢，法筵啓沃，在殷惟説。聖祖圖治，疇咨臣隣，嘉謨入告，若周之陳。出處之正，惟道是偕，進任致澤，退則繼開。如日斯揭，不肖者呾，曾不是愠，江海容物。砥柱狂瀾，獨持衡平。惟我聖祖，鑑此孤誠，晚躋家宰，契遇冞隆。與共天職，佇臻時雍，天奪何速？哀動宸極。予思先正，徽猷如昨。炳然遺編，爲世之程。明體適用，允矣其成。其人則亡，其道則長。作成後人，霑濡無

疆。瞻彼臨瀛，山川清淑，篤生斯人，實是亭毓。士林瞻依，遺風不沫。禮樂絃誦，小子有述。揭虔妥靈，有穹者宇。濟濟青衿，肅將籩豆。崇儒重道，有國之典。樹之風聲，爰揭華扁。武夷名區，白鹿遺規，觀感興起，孰無秉彝？庶弘斯道，樹我國脈。兹陳牲醴，尚冀是格。

六 英廟壬子，紫雲書院致祭時玉堂李宗城製進

道出於天，而寓於人。人之存亡，道以屈伸。自吾道東，時晦時明。趙李之後，卿又挺生。程伯醇姿，晦翁法門，獨尋墜緒，洞見大原。粵我聖祖，度越百王，至誠求賢，有慶來章。卿爲鳳麟，瑞于明庭，道德文章，以緯以經。君臣相得，魚水契合，仰感眷遇，竭誠報答。淵微之學，經濟之業，發爲著述，盡其精力。成一部書，拜獻于朝，其書伊何？聖學輯要。治國準繩，修身規矩，提綱挈目，統會類聚。天理人欲，如晝如夜。誠僞之分，爲王爲伯。窮深極微，俱載於是。噫乎此篇，道學要旨。條理有序，首尾貫聯。其欲向學，捨此何先？眇予小子，深愳凉學。自在春邸，寤寐賢德。一篇東湖，潛心在手。有味其言，尊尚蓋久。逮兹御極，始講斯書。全體大用，開卷起予。紀綱既立，生民始安。序次之意，三復感嘆。實見真得，是驗是符。莫曰人亡，書則楷模。炳如丹青，不朽千古。莫曰世遠，遇是朝

暮。若聆箴戒，若接輝光。百載之下，師禹拜昌。作序弁首，庸寓崇敬。庶幾服膺，母負先正。坡山之麓，歸然祠宮。坡水源長，洛閩與通。道統之傳，徵我俎豆。予懷明德，赫若山斗。乃眷配列，惟金暨朴。曾得其宗，孟曰私淑。一室東西，如陪丈席。爰命有司，薦此苾芬。予感斯切，予意斯勤。雖云代撰，實衍予。〔一〕

七 英廟庚申，紫雲墓所致祭時玉堂申思健製進

嗟卿云亡，邈已世五。大德流光，莫不師慕。矧世逾弊，念賢逾篤。肆予曠感，有朝暮若。猗卿名世，蓋應五百。資隣生知，道造下學。純粹精剛，灑落明通。理事兼舉，內外交融。體全用該，君子之盛。出而左右，際宣廟聖。靡闕不補，靡言不昌。惻怛經帷，四十一章。顯忠明義，其辭甚切。正名是先，于今賴國。朋黨之熾，抑邪扶賢。隨時處中，斯義皭然。噫讒孔多，豈道非耶？彼之自異，卿其奈何？聖眷采隆，度越古先。蓋將舉國，而俾陶甄。綱宏目細，何修何廢？著龜之明，江河之沛。發揮萬變，不跲不窮。倘究其用，庶幾虞唐。天之不憖，百世猶恨。斯道之行，若是其吝。咨予小子，際屯思亨。獨不得卿，而仰厥成。寤寐予思，若或見之。讀卿遺書，幾發予欷。今予苦志，即先正心。瞻彼江樹，不覺愴深。〔三〕有封四尺，衣履之藏。坡山峨峨，流水泱泱。輂路斯經，彌增感傷。爰致牲酒，遣官

以侑。靈如不昧，庶歆玆饌。

御製家廟致祭文英宗庚辰三月

嗚呼海東，文教扶植。吁嗟先正，洙泗正嫡。早年登科，三場首捷。天道一策，流傳中國。三司兩銓，政府館閣。萬言封事，芳名史牒。兩朝知遇，士林準則。未及知命，莫究蘊蓄。從享聖廟，萬代血食。今覽輯要，乃卿手録。編成五篇，斷斷忠赤。頃於壬子，初講是册。特序其文，曠世追憶。暮年重講，累經歲籥。書自我自，寀切愧恧。豈曰無人？若對前席。景慕寀深，豈敢泯默？瞻彼石潭，先正遺宅。爰命近侍，替奠泂酌。卿若有知，庶幾歆格。

御製紫雲書院致祭文正宗辛丑七月

河山正氣，關洛嫡傳。不由師承，默契聖賢。早歲横渠，晚年晦翁。允矣大成，牖我羣蒙。進由薑策，天人縱横。禮正勳削，綱扶彝明。東西分派，信手調停。聖祖曰咨，倚汝治平。茅拔坡原，有臣同德。推車袽船，一乃心力。蚊雷四起，卷懷林扃。入黨恩言，罔解羣讟。志閼纓冠，樂保餌菊。義嚴闢廓，功大開繼。人亡道存，日星昭晣。躋彼孔廡，永蕆明禮。予懷典刑，慨未同辰。筵講輯要，壁藏遺編。仰止高山，想卿盤旋。武夷九曲，堯夫百原。光霽灑落，若寄丘園。爰命邇班，酌洞齋芬。靈其顧享，啓佑斯文。

御製紹賢書院致祭文正宗癸卯正月

仰止高山，逶迤九曲。居因武夷，院起白鹿。遺化在人，絃誦比屋。豈料亨炡，乃反黨賊？染我一方，幾底淪胥。自愧不教，何咎于渠？緬憶高風，出日皦若。如公在者，人豈冥擿？展也君子，九原難作。親製數行，罄我悃愊。

御製紫雲書院致祭文正宗甲辰八月

公倡絶學，優入聖閫。發前未發，四七精蘊。一部輯要，聖祖垂衮。廟屋特特，大坡之原。配食伊誰？曰有文元。篤學敦禮，紫陽淵源。亦粵文純，曩躋侑列。著書既博，賾微亦切。有秩鉶簋，黍馨醴潔。凝鑾曠感，近侍替酌。

御製紫雲墓所致祭文正宗己酉二月

坡山峨峨，百世仰止。展也文成，左海夫子。擊蒙遺草，曩予弁卷。駐駕替奠，罍豆俴俴。

御製華城聖廟西廡位告由文正宗乙卯

天挺英豪，道德經綸。武夷石潭，千古二人。我儀圖之，日星昏衢。盛典將講，先奠清酤。

賜祭文正廟辛丑，紹賢書院致祭時知製教沈念祖製進

缺彼高山，紫陽攸祠。武夷名區，白鹿遺規。既配靜退，亦右坡沙。卿位于中，俯仰孔嘉。若孟紹尼，似朱繼程。間我五賢，繼開文明。念卿天姿，英邁超倫。在霄威鳳，出世祥麟。周陳嘉謨，商說典學。國倚蓍龜，民瞻喬岳。東西頹瀾，一柱撑持。累起累躓，奈此羣飛。遂服講道，百世師法。擊蒙有訣，聖學有輯。人文朗宣，理氣洞析。緬維緒餘，寤焉曰篤。手編丌尊，昕夕敬瞻。近密替酌，自雲暨潭。因卿義起，一院齊饗。山仰之懷，寸管莫狀。

賜祭文當宁戊辰，紫雲書院致祭時知製教□□□製進

我朝右文，羣賢倡學。倬彼石潭，英姿達識。玉潤金精，淵停嶽峙。際遇穆陵，契隆魚

水。亦粵文元，有德有儀。黄岡爲父，栗翁爲師。大啓來學，及門高弟。暨茲玄石，亦克追配。豈弟君子，受知聖祖。一體祭祀，無斁于後。輦路西過，院宇密邇。伻官敬奠，庶歆一觶。

教書肅廟壬戌，配享文廟時知製教李敏叙製進

王若曰：眞儒爲一世所宗，固宜表章於國政。公論待百年乃定，詎緩從享於廟廂，僉謀既同，縟儀斯舉。惟卿生稟星嶽，道貫天人。霽月光風，依然周子之灑落；金聲玉色，允矣伯淳之渾成。資已極於高明，氣又養以剛大。泛濫早歲，人雖閒於程、張；拔出迷塗，勇實過於賁、育。精思暗合於妙道，卓識洞見於大原。約禮博文，兩致顔淵之竭力；明體適用，一遵考亭之成規。不待師承，自臻於堂奥；有非俗士，敢窺於藩籬。門路之正，淵源之深，斯其至矣；豪傑之才，聖賢之學，可謂兼之。當宣廟之寤寐英髦，宜志士之展布器業。謀謨啓沃之盛，前古罕聞；契合知遇之隆，舉世莫及。蓋欲格君爲致化之本，必以安民爲固國之圖。至若破朋黨而集人才，與夫革弊政而講治法。陳辭激烈，率多流出於血誠；潤色鋪張，舉皆發揮於經術。言行則至理可復，志乎而委任方專。驚讒人之中傷，痛皇天之速奪。養兵十萬，誰識文靖之聖人？假我數年，庶興孔明之禮樂。雖道之將廢也命，亦没

而不亡者存。門徒之在四方，可知爲先生弟子；遺法之施後世，何莫非大用宏綱。奚但卓越於近儒，實是承繼於往哲。言猶在於簡冊，光耀無窮；澤未斬於搢紳，誦法不懈。士類咸有所歸仰，國脈潛賴其延長。是其功化之洋洋，不翅事業之卓卓。易名贈爵，褒隆既盡於累朝；慕義懷賢，享祀相望於下邑。惟此泮宮腏食之禮重，未循章甫崇報之請勤。經四紀而齊聲，益見羣情之久鬱；有一臣而同志，咸謂并配之是宜。天未終喪於斯文，事若有待於今日。玆以卿從祀于文廟之廡。於戲！舉先王所未遑者，非盛德孰能與焉？嗟光儀之莫追，九原難作；凜英爽之如在，百歲奚遙。于以慰答於衆心，于以昭明於聖化。夫子在上，顔曾在下，尚周旋而罔違。國人所式，多士所依，庶顧佑之靡忒。故玆教示，想宜知悉。

二 肅廟甲戌，復享文廟時知製教金盛迪製進

王若曰：道之廢也亦命，暫黜從享於廟廡。理無屈而不伸，宜復躋典於俎豆。紓輿情於積鬱，俾斯文而有光。惟卿豪傑之才，聖賢其學。淵源之正，直接乎本朝五賢；造詣之深，無讓於有宋諸子。至於經綸事爲之際，益見公平正大之心。程伯淳之在朝，朋黨可革；諸葛亮之不死，禮樂庶興。眞儒爲一世之宗，大有功於吾道；公論待百年而定，終克

配於先師。不幸消長之迭乘，未免陞黜之或遽。祀典暫闕，實是時運之所關；悔端旋萌，蓋由尊尚之素篤。肆當更化之日，亟舉復饗之儀。一種醜正之論，曾莫爲累；多士景賢之志，乃復得伸。豈惟風動乎四方，抑亦光增於兩廡。二賢并祀，固德隣之不孤；六載重陞，寔恩禮之無間。生徒有矜式之地，文實在茲；國家啓休明之期，道其不墜。用闡儒化，大慰人心。茲以卿復享于文宣王廟廡。於戲！顯晦有時，豈盛典之久缺；享祀如故，庶永世而罔愆。縱予心不能無愧於前，猶此事亦足有辭於後。故茲教示，想宜知悉。

祭文

成渾

嗚呼！惟兄與我，情同兄弟，義重師友，弱冠相友，于今三十年。而兄則康强，任世道之重。我抱羸疾，與死亡而爲隣。孰謂今日兄亡而我存，使我失聲而長號，呼天而痛哭耶？

嗚呼！兄之志大而遠，學邃而明，才英而富，量宏而毅。天之生材，若有意焉。早見於大道之原，而不自以爲足；自任以生民之責，而不愛其身。遇事沛然，而盤根錯節，不足嬰其慮；與物無競，而小夫窶人，不得窺其際。若是者，天果使兄負荷其大，而推天地生物之心於吾民也。際遇明時，君臣相得。去而復還，跲而復奮，抑揚頓挫，似若培植發揮於事業。而一朝遽奪之，示其兆而不畀其終。天何不仁，以兄爲戲，而忍使吾民終困而莫之救耶？

嗚呼！孔明、希文死於前，伯淳、君實亡於後。夫惟國家之治亂，時運之盛衰，天必以賢者爲之榮悴，而使之消長於其間。則天之爲不仁，其已久矣，何獨見於今日乎？

嗚呼！渾實顓蒙，加以癃疾，初遇兄而稍有所聞，至欲事之爲師，則其有得於兄可知。邇來老大，情意相孚而益深，講磨相資而益切，我若無兄則其不能自立明矣。兄且憂我之疾而懼我之死，我謂先兄而死，使兄作我之傳。而今焉反易常道，一至於此。所謂天者不可測，而理者不可知也。

嗚呼！世路未平，利欲充塞，兄獨何心，棄我而先，使我獨留人世，彷徨旅舍，不知所之，飲泣中夜，抱茲苦心耶？展閱舊書，丁寧諭我以留仕之義，其言深切，不覺執書而泣。兄何苦留我而不自留，忍棄君父而去無顧戀耶？

嗚呼！死生壽夭、往復屈伸於大化之中，理之常也，亦復何恨？舊山之阿，山青水綠，兄返真宅，既順而安。浮雲太空，任其舒卷，悠然而散，無有蹤迹。我今猶在血肉軀殼之中，故有情而有知，送兄而號咷也。我亦在世寧復幾日，而不隨兄於地下乎？東里向陽，連山相望，庶幾游魂相接於千秋也。

嗚呼！我今歸訃益決，移告臥家，不得往送兄之歸。引領哀號，腸裂無寸，謹具薄奠，遣子代告。我若歸家，往哭況墓，當具文以告之。伏惟英靈，鑑此哀訴，尚饗！

二

宋翼弼

嗚呼哀哉！天胡賦兄以温潤和樂、灑落清通之姿，而不并假以期耄之壽？天胡修兄以仁恕誠明、從容純粹之學，而不兼畀以澤世之福？使吾君信之如蓍龜，位極崇班，而贊化之未試其術。使儒林仰之如山斗，名振中華，而睢盱者指摘其間。德之厚而禄之薄，合於古而乖於今，優於理而短於數。負一世經綸之望，荷千載際遇之深，若將有爲而擯擠之者非一。卒乃乾旋坤轉，事機方新，加額之手不下，云亡之歎先至。韞玉緘香，抑而終夭，此所以舉國中外，上自有志，下至匹夫匹婦之愚，驚擢呼哭，失聲相弔，雖未識面，而涕泗先下者也。

嗚呼！吾道之在天地間，或顯或昧，或抗或墜，而終不至泯滅者，得其位行其道，世雖或遠而修諸書，明其道以淑諸人。真儒之任其責者，亦能相繼而不絶也。程朱既遠，聖學益孤，人欲横流，天理將滅，功利科舉之習，日以誤人。兄於少日，藹然興歎，謂余志同，共策駑鈍。或對講而未洽，又交書而研窮。兄之所是，我或非之，我之不然，兄或然之，糾紛往復三十年于兹。大之爲天地山川，小之爲草木昆蟲，陰陽鬼神之變，誠幾動靜之妙，近以灑埽應對，遠以盡性至命，析之極其精，合之盡其大。聖賢之所未窮，夫婦之所可知，行藏之義，進修之方，兄既探賾不舍，而我亦粗識其一二。我以柴荆之賤，一簞一瓢，白首空谷。兄又與世寡合，投紱窮經，相期百年，庶卒斯業。中年兄被聖明不世之知，謂將推成己之功，以及于人。而果論天閼，斯民不幸。既不能行此道於當世，又不能明此道於遺編，使垂絶如綫之派，否晦而莫之知。天意誠不可知，而鬼神誠不可測也。

嗚呼！吾兄果棄吾東方而至於斯耶？叩之無聞，問之不答。悲呼而莫我知，已矣哉已矣哉！如金之聲，如玉之容，不可復見於今世矣。今朋友講磨之有託而不之念耶？何門人開發之有待而不之恤耶？何後世修道之有屬而不之憂耶？何同朝搢紳謀議籌畫之倚以爲決而不之顧耶？何戍北將士擐甲周歲，日望還我而不之憐耶？何政煩賦重，流離鰥寡，引領佇足，活我之有待而不之哀耶？何聖上虩惕憂懼之深，都將二百年宗社付之一介臣，冀有更張而不之體不之奉耶？何生之遲回眷戀，不忘斯世，而何死之相絶之深耶？嗚呼哀哉！嗚呼哀哉！

吾兄有水涌山出之文，而吾不以文章稱；有通今博古之見，而吾不以多見稱；有牛解冰釋之識，而吾不以能識稱；有燭照數計之智，而吾不以智術稱；有江漢倒懸之辯，而吾不以善言稱。恬淡寡欲，而不以爲清；盡言不諱，而不以爲直；撫幼賤猶恐有傷，而不以爲慈；奉父母死生極其情，而不以爲孝；處兄弟終始盡其愛，而不以爲友；接人悃愊無華，而不以爲信；事君至誠無隱，而不以爲忠者，所望於吾兄，渾然全體，不欲以一藝一行而成其名也。嗚呼哀哉！嗚呼哀哉！

吾兄天分超邁，鳳翔風表，鶴立鷄羣，雲開碧落，月照冰壺。上無所傳，不待而興。敬信小學，尊尚近思，旁通史氏，發揮諸經。苟能登擢不早，充養有序，優游隱約之中，涵泳本源之地。累以功程，積以時日，精思者貫徹，蓄貯者深厚。續響洙泗，接源濂洛，的有端緒，載書垂後。玩心乎文武之未墜，收效於日月之重光。則其遇干一州者，舒亦無憾，卷亦無憾也。其體天地之正，任造化之運，爲斯道爲斯人者，固無損益於其間也。今乃不然，修於幽獨未發之前者，未及乎愈精愈密；而望於施設云爲之間者，反有以太露太速。軒冕煌燿於下帷之時，陰沴蝃蝀於當軸之日，求退不得，大限俄窮。在身者有啗蔗未窮之歎，人人者有時雨未洽之恨。誠所謂造物之所戲，而吾道之將窮也。天之期下地降斯人之意，竟安在哉？嗚呼哀哉！

兄於平日，許我以於道體有所見，晚來數論，漸無異同。我於學問上或有新見，衆人皆以爲疑，而惟兄獨信之。顯晦雖殊，相期相待之心，白首愈大，任重道遠，共抱終身之憂，那知今日遽先吾而死耶？死而有知，其亦知吾之戚戚也。吾言之而和者誰歟？吾行之而酬者誰歟？此朱子所謂「任左肱而失右臂」者也，此所以哀號痛惜，獨異於衆人者也。

嗚呼！吾生先兄二歲，今年五十有一也，以兄之如許精神而不能保如此，況我之衰朽殘劣，亦何能久於世乎？只祈修身補過，相見於地下而已，復何有心於人世間哉？雖然，與吾兄相許之深，不可以生死而殊異，則未死前日月，是皆報吾兄用力之地也。敢不履平地若臨淵，惕然於桑榆之末，卒有所成就，而不相負於冥冥之中也耶？

嗚呼！言有窮而情不終，淚有盡而痛無極，知乎不知，長慟欲絶，伏惟尚饗！

三

鄭澈

嗚呼！我叔獻公與我同年生，月日差先後。歲丙辰，從景魯識公。當時自楓岳初至京，清水芙蓉，其高材盛名爲一世冠，若無有也。余少且愚，但謂公是文人中第一。從遊既久，余亦省事，始知公之爲公也，獨文乎哉，淵乎學矣！學醇而正，蓋天資近道，不勞而得也。晚又研磨玩索，積以歲月，然後學益進，識益明，其高大徧，一帆千里，先輩亦或不及。

噫！茲豈易與俗人道哉？若夫無喜怒，任死生，忘得喪榮辱，不以外物經心，乃性然也。疏通敏達，遇事沛然者，非子也耶？愛君如父，憂國如家，不以江湖廊廟異其心者，非子也耶？忠信待人，與物無競，人皆曰君子者，子之德也。雖曠度弘量，無物不容，與惡人對，不借辭色者，子之介也。

噫！朝議攜貳，水激火烈。公於此時，務欲調劑，寧累變其説，而不欲失士望、僨國事，其志悲矣。卒亦媒此遭讒，幾陷不測。天日昭明，既去而還。方隆聖眷，正騁遐步，棸忽摧矣。生若有期，死若有奪。

噫！天欲不祚宋耶？罷精憊心，不遺餘力，死於國事，古亦無比。死之日，都之人奔走悲號者，皆不識公面，何以得此？愛公者多，而亦有不愛公者；傷公者衆，而亦有不傷公者，於公何損？於吾無狀，有何可稱？公獨饒我于三十年，由吾狷狹激惱，可絶交者何限，而終不失舊誼，未復瀾漫同歸，公實賢矣。

噫！謀國掄材，俱收鄙劣，匪曰能之，願學焉，以共濟時艱。公忽棄我而歸，若無意世道，何哉？以浩原學問才識，尚不能無公而獨運，顧我空空，將何以補國萬一？

噫！憂時一念，至死不衰。將屬纊，執我手，丁寧無非國事。死亦團結，此氣不散，爲祥雲甘霔，釀得豐年，使吾民含哺鼓腹耶？爲烈風迅雷，使魑魅遠遁，魍魎屏迹耶？爲麒麟鳳凰，使諸休井臻，萬福畢集耶？爲泰山喬岳，鎮我神都，延曆百年耶？公於四者，必默佑陰相，決不是庸衆魂氣，生則惷爾，死則飄散如風煙也。

噫！自我哭公，忽忽無復人世意，如一隻孤禽形影相弔，如絲無桐，如竹無竅，縱欲彈且吹，奈無所施何，吾已矣夫！噫！朋友非天合血氣，何以至此？西湖水潮矣，東山月上矣，蓬萊五色如昨矣。嗟我叔獻，何時回矣？言盡奠盡，一聲長號。尚饗！

四

尹斗壽

嗚呼哀哉！天之愛人，亦已久矣。有陂有平，曰傾其否。若或相之，禍有其悔。人雖不臧，天實仁愛。如何此日，理幾斷絶。天乎人乎，杳茫難詰。公之遇知，千載一時。擬展所學，勇於敢爲。世路崎嶇，是非力戰。羣飛刺天，聖明獨見。公之西出，暮雨舟中。公之東來，匹馬二童。都人加額，多士向風。爲政數月，旋轉其功。云胡一疾，竟至不救？天耶人耶，理何足恃？

嗚呼哀哉！堯舜君民，是公素志。肥遯林泉，乃公餘事。章疏勤懇，陸公之文。痛哭傷時，賈生與倫。

嗚呼哀哉！天奪之速，氣象已變。龍亡之後，羣怪屢見。石潭煙鎖，栗谷雲沈。圖書荒絶，山水高深。公私之慟，視天茫茫。伏哭柩前，有淚浪浪。尚饗！

哀詞

尹根壽

萬曆十有二載，大冢宰栗谷李先生倏一疾不起。無論朝失儀表，士失依歸，即聖上亡一鑑之痛，言有所未易既。嗚呼！天何不憖遺，若畀之而遽奪之，若栽之而遂傾之？蒼蒼茫茫，聽其自爲者，振古而固然耶？抑氣已漓矣，稟其醇者，恒不足于永年耶？蒼生之望於公者，東山之安石；搢紳之期于公者，振作之希文；至於學者之所師尊，不視以洛建諸君子；而聖上之歡然，不以爲魚水之交乎也耶？飢需之食，渴竢之酤，雲霓之大旱者，將不可得以復見矣乎？

公凝然獨立，視天下之物，無足以嬰其中，貴富利達，蓋埒浮雲。惟其忘身殉國，一心經濟者，素所蓄積。世之進取於名途者，見公之柄用，始焉入宮之妒，終之梁園之嚇，羣起而競咻之，必使無所容其身而後已。由知者觀之，直不滿一哂，而又何足以累公之毫髮也哉？聖上獨運乾斷，旌别有歸，天召絡繹，起公丘園，還公掌銓，藻鑑一世，蓋將賴公彙征善類，陶鑄清明之化，維匡調娱。倚毗方深，而公則不得待矣。海東之治，天固僾之，而天下人無福，爲今日道者耶？公平心率物，愛憎不概於心，恩怨不出諸口。其所足容，蓋不翅千頃，而顧乃謗者者興而尼者力，此則有不可理推，而無亦數然者耶？

公江湖廊廟，進退皆憂，而同氣子姪，一家共爨，學者對食，脱粟一盂，勇於爲義，怯於趨時。其致主之誠，神明可質，進學之功，終始不懈。晚始際遇，羽儀朝廷，恫瘝民瘼，期淑世道，罄竭心知，上副隆旨。雖在疚病，而草邊事不置，遂至轉革。諸葛盡瘁，温國諄諄，公兼之矣。昔沂公三元，而公繼之，志不在温飽，沂公自語。

公位躋崇班，死之日，無田於野，無宅於都，孤嫠無所歸，以此報國。科甲有光，不謂之追配并美者耶？不佞根壽，致墒埴於冥途乎？亦嘗忝公之僚，登公之堂，承下風而聆餘論者屢矣。存没永隔，雪涕懸河，執紼相哀，匪辭奚以。辭曰：

於惟先生，隱衷粹行勵冰雪。閒氣所鍾，稟厥清明資夐絶。妙齡秀發，五彩驚人若丹穴。文章落筆，傳誦四方華而揭。哀然舉首，江都文山公并列。青雲梯迴，白玉堂高地清切。易退難進，匪以近名君子節。山林日久，講磨功深理昭哲。潛心大義，學專爲己期貫徹。栽培浸灌，體驗研窮芻豢悦。衡門清泌，若將終身脱羈紲。生逢堯舜，千載一時寧永訣。嚴召自天，裹足而趨裳則裂。寵擢荐加，睿眷日隆知人哲。鴻毛順風，如漢之葛、殷之説。既參大政，黄扉咫尺見施設。柄文本兵，乃長銓衡主甄别。難諧者俗，平地波瀾肘競掣。精金不變，率敢坦坦孰磨涅[四]？司馬還朝，人望太平若飢渴。入告嘉猷，勤勤裨益底蘊竭。二豎乘之，百身莫贖梁木折。其神上征，爲風爲霆轟烈烈。奎璧晻翳，道義晦淪同電滅。天敢忍此〔五〕，經濟未究中道輟。人師難遇，學者何依嗟孑孑。作聖有編，副以高文垂軌轍。睠彼新阡，河津在旁山嵽嵲。丹旐翩然，越川度陸悲曉月。追懷疇昔，一别終天隕涕血。金石可泐，德音難忘謇詞拙。

挽辭

成渾

無官豈不好？身閒且讀書。山野豈不廣？居然著吾廬。云胡去復來？末路仍躅躇。志士亦少成，天心竟何如？大道終晦蝕，生民失菑畬。無機是獨智，用巧還紛拏。有恨不可窮，有歌何太歔？方知有生苦，樂哉歸太虛。會須泉下逢，千秋長遂初。

二

宋翼弼

聖主招迎禮，羇臣道義論。平生無枉志，今日不貲恩。杳邈唐虞事，孤危格致言。惟餘著述處，誰叩舊山門？其往其來道義隨，蒼生幾度卜安危。伊周境上行何晝，濂洛源頭夢未衰。孤獨棲遑經理席，故山迢遞著書帷。丹旌此日都門祖，不是年前送别時。

三

朴　淳

曾承嚴召出雲扃，欲爲明時致太平。朝暮佇看調玉鉉，國家今忽喪金城。孤墳寂寂依山木，百口飄飄學水萍。聖主軫哀垂雨露，可憐泉下亦恩榮。

四

宋　寅

經術真儒作，文章大雅餘。精誠無表襮，孚信及豚魚。主倚方如柱，民依共若廬。設施猶未半，天奪竟何如？常棣天倫至，菁莪學力深。期功一家食，徒弟遠方尋。美事稀聞古，高風幸見今。可傳非一二，長使後人欽。

五

李義健

光岳初鐘秀氣偏，德優才俊出于天。胸襟灑灑難容芥，壇宇恢恢肯佩弦。學究五經心自得，眼通今古見應先。文章山斗華人服，事業經綸士論賢。遭遇向來真不世，設施今日却無前。一生憂國言何隱，百忍同居樂更全。進退有期寧苟出，安危繫望詎長捐。匡時志切憂成疾，味道誠深景不延。富貴鼎來惟四壁，榮華雲散遽重泉。山摧木稼乾坤變，虎逝龍亡魍魎翩。巷哭已聞均遠近，宸情更忍重悲憐。論文南嶽溪窓酒，悵別西湖夜雨船。煙月石潭路幾許，暮雲花樹夢依然。金聲玉色終難忘，泣向蒼天理又玄。

六

楊士彦

弱歲追隨三十春，雲泥雖隔分猶親。子平進退知謙德，彦博心情見大仁。三接每陳憂國計，兩楹何遽濟世身。遥悲士子逢相泣，來奠生芻有幾人？

七

尹斗壽

賈生才調陸公資，太古淳風力挽之。妻子寒飢都不管，圖書微妙獨深思。忠存邊報蒼黄日，量見羣飛貝錦時。聖主知臣千載一，九泉含笑更何悲？

八

辛應時

閒氣攸鍾挺震方，麟遊郊藪鳳鳴岡。江湖易退曾難進，魚水千年幸一堂。仰澤民心方似渴，奪賢天意爲誰忙？忠魂未散應思報，助叶陽和降百祥。泣閲牀頭聖學書，平生精力此勤渠。斯文未喪尋遺緒，天下先憂謝隱居。盡瘁可憐身奄忽，云亡其奈國孤虚？從今忍過西州路，花石荒涼只弊廬。

九

鄭　澈

芙蕖出水看天然，間氣難逢五百年。天欲我東傳絶學，人生之子紹前賢。心中剩有丸中妙，目下都無刃下全。何處得來何處去，此時相別幾時旋？小學書中悟靜存，聖賢資質已三分。科程豈是功名事，翰墨無非義理源。出洞漫留龍麝迹，石潭空鎖水雲痕。泉臺想有無窮痛，未報吾君不世恩。先我而來去亦先，死生何不少周旋？欲從真歇臺邊月，會作毗盧頂上仙。千劫縱灰難得子，九原如作更逢賢。無人解聽峨洋趣，却爲鍾期一斷絃。

十

李海壽

公昔窮經日，人知濟世才。風雲博萬里，霖雨近三台。盛業應難竟，浮生本自催。公私有餘慟，哀淚落漼漼。已信生如夢，如何夢復忙？死生惟憂國，榮辱竟亡羊。石室雲無主，寒潭月自藏。西州談笑地，却憶使人傷。

十一　洪聖民

淚爲公私自濕裾，吾儕已矣國何如？雲愁大澤龍亡後，日晏重溟楫折餘。清議在人名不朽，孤忠入地事歸虚。蒼茫天意高難問，獨立風塵鬢欲疏。

十二　李山甫

河嶽精靈閈世才，光風形采霽天懷。孤忠終始惟清直，一節行藏幾險猜。顧託政深霖雨望，謳思還慘棟樑摧。憂時誠懇留人腹，感動誰能不致哀？

十三　李俊民

芝蘭空室不聞香，奠罷三杯老淚長。斷雨殘雲藏栗谷，世間無復識吾狂。

十四　李希參

夙夜匪躬只一誠，遭逢隆眷早蜚英。宋治才化亡君實，漢業將興失孔明。古屋無人應鬼鬫，深山去虎任狐行。傷心重爲邦家痛，死别還輕故舊情。

十五　　趙憲

胡爲夫子便長休，斯道斯民不幸秋。弊瘼從今誰與議，危微自此罔攸求。溪堂永夜憂時歎，海閣高歌經世謀。萬事悠悠嗟已矣，愚蒙增慟喪交修。

十六　　沈喜壽

德水波深瀛海長，地靈人傑重珪璋。如愚顏氏天資邁，至孝曾參幼性良。讀破名山司馬史，坐穿當日管寧牀。閎中肆外淵淵色，大葉麤枝曄曄光。文不在茲猶有歎，道將墜地若爲匡。同塵餘事青錢選，撫壯亭衢白玉堂。啓沃嘉猷真學士，激揚精鑒稱天郎。誠專好古師先聖，志切傷時愧小康。乙巳諸賢冤已極，明宗初載變非常。恢張耳目陶新化，昭雪幽明煥舊章。國祚共瞻盤石奠，士論爭仰鳳凰翔。焚魚不是忘當世，養疾還宜返故鄉。內聖外王明道術，連章累牘感穹蒼。靜便力勝甘時晦，莊敬功深就日强。圖畫傳巖思寤寐，鬼神宣室問蒼黃。烏臺不許乘驄久，鼠輩猶聞解綬忙。千載遭逢期密勿，十年儲養秉文昌。皇華使者來頒詔，王命先生往迓疆。禮備易于專儐相，才兼騷雅協宮商。三韓早識絲綸手，中夏相傳錦繡腸。北闕未成金馬奏，西銓已領羽林行。俄聞漢塞驚刁斗，遂使虞庭動戚揚。爲憲萬方憑尹甫，運籌千里賴張房。如何罔極橫讒構，祗是從前巧中傷。止棘蒼蠅成貝錦，騰空白日照毫芒。石工免刻碑中字，漁父休歌澤畔霜。近侍宣麻催驛路，都人加額擬巖廊。潞公固已亡纖芥，元聖何須破斧斨？萬死不應摧直節，一心猶欲振頹綱。憂勞未免三和損，瞑眩難醫二豎殃。道德文章歸漠漠，山河箕尾入茫茫。忠賢有骨藏坡麓，香火無家寄漢陽。受惠遺民悲喪母，聞風賢士慟摧樑。家門小子居仁里，丱角當年望德墻。但冀提撕愚質變，誰知獎拔賤名香？津亭一别丹楓暗，燕館三冬寶漏涼。玉色金聲森不記，冰壺秋月耿難忘。蓬山陋作疑雖起，經席陳談志則彰。邢七孤恩誠不敢，陳三事主尚云蘉。生芻一束人何處，獨立春風淚滿眶。

十七

洪履祥

斯文宗匠國蓍龜，赫赫聲名走卒知。洛下初逢司馬日，蜀中新喪卧龍時。青衿不耐摧樑痛，丹扆偏深失鑑悲。何意挺生何意奪，蒼天漠漠問憑誰？

十八

李廷立

昨宵星彩掩奎躔，痛哭斯文淚澈泉。亡鑑悲連宸禁月，失師哀動泮宫天。石潭函丈生春草，坡谷亭臺鎖暮煙。縻職遠違埋璧會，撫膺西望劇中煎。

十九

吴信齡

一德經綸合，千齡灑落期。欲行王佐志，漫有俗人疑。白日寧無照，丹心本不欺。世方須砥柱，天遽喪蓍龜。士切頹樑慟，民興輟杵悲。厥施終未普，神理亦難知。

校勘記

〔一〕專心耽索　「耽」，一本作「探」。

〔二〕實衍予　以下有闕文。

〔三〕今予苦志即先正心瞻彼江樹不覺愴深　此四句，書眉小注曰：「上親製添入。」

〔四〕率敢坦坦孰磨涅　「敢」，疑誤。

〔五〕天敢忍此　「敢」，疑誤。

栗谷先生全書卷三十八

附録六

諸家記述雜録

洪叔龜祥於先君子爲再從表弟也，與其弟致祥同受業，嘗曰：「吾兄弟自少侍先生受學，至長，未嘗見其與人有私語密言。嘗謂學者曰：『士君子持心處事，當如青天白日，使人人得而見之。』真可謂言行表裏如一也。」出年譜草稾。

嘗思韓文公所謂「考之言行而無瑕尤，窺之閫奥而不見畛域，明白純粹，光輝日新」者，此實善形容有道者氣象。考之今古，則惟栗谷可以當此矣。出沙溪語録，下同。

栗谷與人言，不閒親疏，必豁然無所礙阻，傾倒無餘而止，可見其德量之宏大。而其見陷於小人者，亦以此也。

栗谷於精微肯綮處，必明白說破，雖文理未通者，皆能曉解。龜峯則不肯剖析，其意蓋謂吾雖言而人未必知也，其氣象不侔矣。

謁石潭祠宇，其中有及門之士，言先生風儀簡潔，言語坦蕩。與鄉人接，無少長愚智，各得懽心。或有所思索，端默移時，既而如初。出畸菴雜錄。

石潭書閉緘三復，不但心知處長進而已，石潭見容受人言，别有過人處。非物我無阻，氣象平和，能若是耶？出龜峯簡帖。

叔獻來訪，先誌送于朴思菴，删點以還，更視叔獻，似甚未安。而叔獻自求見，出而視之，略無幾微現於辭色。此人此德，不可及也。出松江日記。

牛溪嘗與先生泛小舟於花石亭下，忽風起浪盛，幾不能定。先生在船頭，吟眺自若。牛溪瞿然曰：「豈不聞處變之道耶？」先生笑謂曰：「吾兩人豈有溺死之理？」俄而風浪遂息。出尹宣擧魯西記聞。

先生入城日，適赴松江懸弧之會。先生及階，見紅粉在列，語主人曰：「彼紅粉，恐不宜於今日之會也。」栗谷笑曰：「涅而不緇，是亦一道也。」先生遂陞座。出牛溪言行錄。

拜成先生，先生曰：「君過栗谷之門而不見，何意耶？」對曰：「曾未納拜。司馬公作相，劉元城以門人不復往來。曾未納拜之門，豈可輕自投進乎？」先生曰：「栗谷今在林下，則異於此矣。後日行過時，須一見其面目，必以前言爲悔矣。」出禹庚溪伏龍雜録。

公嘗曰：「每對先生，如登高閣，洞開入窓，使人自無邪僻之心。」又曰：「吾於山見楓嶽，於人見栗谷先生。」出申晚退應榘遺事。

栗谷，雖千百世下，想見其心事如青天白日。出金農巖昌協文集。

栗谷先生母即申氏少女，性貞靜剛方，能文，且解丹青，閨範甚嚴，動以女則律身。先生之學，得於胎教者爲多。出陽川覆瓿稾。

生而神異，廓然有大志，聰明夙慧。七歲，已能通經，著書不事雕篆而文章夙成，名聞四方。出李澤堂植雜稾。

四歲，就外傅受史略初卷。至「齊威王初不治，諸侯皆來伐」，傅誤於「侯」下著口訣。先君子默然拱手，審視不讀，良久乃曰：「『皆』字在『諸侯』下，以文勢觀之，則當於『不治』下作句讀。」聞者歎服。出年譜草稾。

叔獻之敏，得之天資。凡看文字，與人談笑，而披閱周覽，略綽見之，疾如風雨，已得其大義。其後雖加潛玩，意味不長，渠之所自言如此。出牛溪文集。

一學老宿嘗言，少從栗谷遊山，行過一處，有小泉出石竇。衆皆聚飲，栗谷亦命酌取一啜曰：「此水絶味也。」衆皆不知有異。栗谷曰：「凡水清者佳。清則斤兩重，濁則雖雜以泥沙，斤兩不及於清水。」同行者爭試之，果然斤兩倍於他水。乃知哲人於物，無所不通，皆此類云。出畸菴雜録。

栗谷答人疑問，略不思量，應聲輒對，而皆中理致。出沙溪語録。

栗谷問先生曰：「兄之看書，未知幾行俱下耶？」答曰：「看得不過七八行矣。」栗谷曰：「吾亦不過十餘行而已。」出牛溪言行録。

十九歲，入金剛山，從事戒定。山中諱言生佛出矣，既而省悟其非，反而專精正學，篤信力行。出澤堂雜稾。

栗谷入山時，自號義菴，蓋亦志乎集義生浩然氣也。出沙溪語録。

逮知爲學，繪藏朱子遺像，中夜必興，整飭衣冠，自告日用之云爲。行若中宜，則告以允合於遺行；若有差失，則訟而自貶之。其篤行晦翁之道，蓋無一日之閒也。出崔絣坡有海文集。

栗谷於孟子，表出「行一不義，殺一不辜，得天下不爲」之語，常自勉而勉人。學者不可不知也。出宋尤菴時烈文集。

前月之晦，歷見叔獻于栗谷。案上展開詩傳國風，渾問之曰：「今年讀得幾多書乎？」答曰：「今年讀四書三巡，巡三遍，摠計九遍矣。今又始讀詩至王風矣。」渾聞之，不覺歎羨。以余長閒，又勝於叔獻之修屋、幹家、接賓多事，而終年不讀一卷書，如此而望有見於道理，殆却步而圖前也。出牛溪日記。

栗谷於理氣説，通透灑落，横説竪説，根節分明，雖如我之鈍根者，無不曉然。出沙溪語録，下同。

退溪理氣之論，終有未透處，若聞栗谷之言，則必相契合矣。

人心道心皆發於性，與朱子「或原或生」之説不同。然朱子之説乃紹其泒流，先生之論乃究其源本，非反於朱子也，各有所指，故不同也。於此見先生見道理源頭透徹，不拘拘於前言，而直出胸中所自得，發前賢所未發也。出趙浦渚翼文集。

克己復禮，論語本註不翅通貫明白。又栗谷先生所呈詔使説，極正且詳，今何敢更爲贅説乎？出尤菴文集，下同。

人心道心，栗谷説一遵朱子，更無可疑。

格物物格，退溪初年所論，使後學見之，未能曉解。至於晚年所改之説，愈有可疑。朱子於或問及語類，論之詳矣。栗谷之説，一主於此，故明白洞快，無可疑矣。

權思誠嘗誦其先人晚悔公之言曰：「物格之説，惟栗谷洞見朱子之意，退溪終始可疑云。」

偕叔獻謁白參判先生。翌日，謁城主于州館。觀叔獻從容自持，處心中正，不爲險僻自貶之事，深自感慕，庶思砥厲，以禮律身，少祛余暴慢之失也。出牛溪日記，下同。

見叔獻無病神淸，敏於義理，終不可及。又見修身自信，應務從容，而氣勢自大，人不可輕，若官爵之來，亦當然事也。

栗谷稱牛溪操履敦確，吾所不及，此蓋以持敬功夫言耳。人或以此疑栗谷行處不及牛溪，其實栗谷力行最不可及，不但誠孝篤至，能通神明，凡於辭受之節，聲色之戒，皆極謹嚴，無一毫放過。以此而言，其行處何嘗不及牛溪。若其治家御衆，一以古人爲法，閨門之內有若朝廷，則恐牛溪亦無此力量耳。出農巖文集。

十一歲，贊成公疾革，先君子割臂進血，請以身代曰："某年少多才，可以能事鬼神，若父則年耋，不若某多才。"翌日，贊成公乃甦曰："夢白頭老人指此兒曰：『這是東國大儒，其名玉邊耳也。』"遂以命焉。出年譜草稾，淸江李濟臣小說云。

李郡守璥少字叔獻，夢神人謂曰："此是汝尊者之字，汝則速改。"遂改以叔溫。其後同年榜出後，乃知叔獻爲栗谷字也。先生仲兄素迂疏，每事招先生而使之，先生既位至貳相，而服役無怠。門生曰："以先生三達之尊，無乃過恭乎？以子弟代之，不亦可乎？"先生曰："父兄命我，我豈敢儼然使他子弟代勞乎？大抵父兄之前過恭，禮也。儻來之物，非天性也。位之高下，非所論也。況日月如流，兄歿之後，則雖欲執禮，其可得乎？」出門人李有慶所撰遺事。

老兄璠頤使先生，子弟盈座，先生未嘗移勞，翦紙、進茶靡不躬行，位躋貳公，敏若年少。出紺坡文集。

仲兄璠氏，號稱迂闊，然知先生之賢而敬服之，殆如父兄然。先生每出外而還，必問今日有何述作，有則輒手録之。故先生詩文之傳後者，皆其所記也。出魯西記聞。

先生庶母悖惡絶異，先生起敬起孝，終於底豫。先生嘗對客而坐，有人獻一盤紅柿，先生意客飢，以一枚與客，又自取一枚以侑之而入送。庶母見兩窠之空，大罵曰：「如此欲之，則何必入送？」先生亟取兩柿入謝曰：「來客有飢色，故徑與之，吾果失誤矣。」庶母遂解怒而食。此其一事也。出尤菴文集。

處家克復古禮，飲食有時，男女分坐，頒食必均，位必以齒，井井如也。奴僕之食，亦使漬水必精，監以子弟。出紺坡文集。

閨門如官府，會食一堂，絃歌游處，皆有禮節。出澤堂雜稾。

我東先賢如退溪、栗谷，皆祭高祖云。出疑禮問解。

頃得家兄報，兄將分禄相貺，是兄欲久留意，兄非素飧者也。前書所謂「積誠回天」，庶有其日，擧國其蘇，豈但病僕分祿苟活而已。出龜峯簡帖。

先生曾爲黃海監司時，巡到黃州，有少妓柳枝者，士人女也，年未二八，有姿色，以房妓來侍，而未嘗有情欲之感。其後，先生或以遠接使，或以省姊，往來黃州，柳枝必在房，有侍寢之願，先生明燭不近，製詞喻情。其和而不流如此。出李有慶所撰遺事，下同。

其在石潭，日中不食。子弟問其故，答曰：「糧絶，欲日中一食。」俄崔岦以載寧倅送米斗，先生不受。子弟問曰：「糧絶却米，有道乎？」先生答曰：「國法贓罪甚嚴，與受者同律。我朝守令，非國穀，無他物。大抵守令之贈遺，皆不可受也。崔立之，少時友也，若以自家私物周急，則豈有不受之理乎？」

栗谷以副提學退休坡平。崔海城滉歷拜栗谷，對食饌甚薄，海城不堪下筯曰：「何以忍此寒苦也？」栗谷曰：「日晩而食，不知其苦也。」出滄浪寓言。

與叔獻登花石亭，其舍新創而未構間架焉。叔獻之來此，本欲廣闢田園，完聚宗族，以爲同居之計。而事不如意，家業伶仃，飦粥不繼，誠可憐憫。今時有如此人而使之食貧於窮谷中，世道其可知也。出許篈朝天錄。

近世，慕齋先生廢居驪州，親往監穫，不使一粒遺棄場中，曰：「盡天物也。」栗谷先生居海州，起冶造鋤，賣以自資，義所當爲，大人不恥爲之。出李白沙恒福文集。

小學集註跋曰：「吾友德水李侯叔獻，謝事而歸，講道海山之陽。造士之規，悉舉成法，揭是書爲入德之門。」出牛溪文集。

勸諸同遊以惇尚小學詩曰：「君不見朱文公小學書，收心養性之所於。綱領昭昭節目備，若欲爲人其後諸。邇來德水有明訣，必使英才先是書。薰風庶見髦乂變，半途云亡可欷歔。」出門人趙重峯憲文集。

己卯，東人得志，壞弄國事，先生乃知道不可行，遂以教導後生爲終老之計。趙憲、金長生、李貴、李有慶、洪致祥、趙光玹、崔澱、許克諶、金光運、洪千璟、李培達、姜海等來會精舍，州中學徒及四鄰鄉士之聞風者塡集，學宫不能容。講授之暇，喜與學徒遊泳山水閒，如首陽山之藏仙洞、潛陽洞、昇仙巖，西海之浩然亭、阿郎浦等地，皆所遊賞。出年譜草稾。

栗谷庶屬年少者來游文房，竊取重器，子弟黜之。過一旬，復呼其人，待之如初。子弟以爲不可，栗谷曰：「彼必改過，不須永棄也。」出滄浪寓言。

俞公泓爲監試考官，得栗谷李文成公將冠，多士或嫌其少日學禪，公曰：「初學之誤，程朱所不免。今既反之正矣，又何咎焉？」議遂定，識者韙之。出張谿谷維文集。

李栗谷在玉堂時，命製摩尼山醮青詞。公上劄曰：「殿下既知其爲左道，不敢强使諫官製進，而乃命小臣。是諫官不可以左道事君，而講官猶可以左道事君。」此真儒者之言也。若非栗谷，則其有不帖然承當者乎？出李芝峯晬光類説。

李校理珥，持近思録來問疑難。及夕講，多用吾説，真豈弟人也。出眉巖日録，下同。

庚午五月二十五日政，李珥入校理首望受點。珥曾於讀書堂朔計，著東湖問答，極陳鄭順朋等五姦之罪。又嘗於領相李公略言乙巳忠賢被殺之端，極言而力爭之，以爲當改正僞功。至是，上擢置經幄，蓋嘉其骨鯁而欲施其言也。

六月初九日禺中，以李校理珥所製劄子文逸。進入。其中有：「宦官宮妾或脅於威，或誘於利，不明是非者有之，無乃殿下聽其言而遲疑不斷乎？以殿下聖明，必無是理，而臣等不能無疑耳。」上答曰：「是何有此無理之言乎？莫大之事，豈婦寺所得干預乎？玉堂學士讀古人書，猶有此言耶？」

臣師事李珥，嘗問之曰：「經筵官俯伏不得見天顔乎？」珥曰：「何爲其然也？吾則言事時仰見天顔云。」出沙溪筵席問對。

叔獻賣京家，辭官之計從此益堅。其視聲利海中頭出頭没者，何翅百千萬里哉！出松江日記。

司諫院劄曰：「國家以人才爲本，人主以用賢爲務。國非人才，則是作舍而無材；君不用賢，則是涉川而棄楫。臣等伏見直提學李珥，好古力學，行方言直，其所蘊抱，決非凡倫，頃因羸病，久在田野。今者特承非常之命，謝恩闕下，矧其疏辭切中時弊，當今日側席之求，固當褒其難進易退之節，留置玉堂，以責論思建救之任。而初無晉晝之接，竟靳谷駒之，臣等切悶焉。」出李清江濟臣文集。

甲戌正月，右副承旨珥上萬言疏，上優批嘉納。政院啓曰：「臣等伏睹答李珥疏批，嘉納之誠、修省之意溢於言表，不勝感激。今此疏辭，一言一句，皆非空言，切中時病。君上萬機之暇，雖或一二遭垂覽，恐不能尋常留省也。命書一通，置諸左右，日賜省覽。治心爲學之要、蘇民革弊之策盡在是矣。」上納之。出眉巖日録，下同。

詣領議政李公鐸，語及李承旨萬言封事，相與歎美，以爲有經綸之才，當助成其策云。

引見於丕顯閤，講畢，進曰：「頃日李珥之疏，上之答辭極其奬許。臣以爲今之宏綱急務，李珥之疏已盡之。珥是識時務者，非如疏闊書生，誠宜採用。若因珥疏，講求貢物選、上軍政之事而施行，則民之困苦可蘇息矣。」

金宇顒啓曰：「百官家供之法，請行之勿疑。舊例：百官坐府，則官供飮食，國用大耗，典僕離怨。至是，請令百官自供，李珥主其論，而竟不行。」出澤堂雜稾。

作一書，欲使栗谷停謝恩之行，黄海監司時略曰：「高明去就，不敢議爲。然似無名義，且與前疏意大相逕庭。」栗谷執己見不回，此君所見超詣，故於人言多不信。後答書曰：「不能克己以從忠告，愧赧不已。」出松江日記。

晝講啓曰：「殿下非不好善，而誠或未至。如李珥久在帷幄，殿下亦知其人矣，有學有才，雖有疏處，其材具自合大用，今日羣臣罕有其比。若用之不盡其材，臣恐有後世之恨矣。」出金宇顒經筵講義。

諫院以黃州判官崔世瀣官庫蕩然，請罷得允。方伯李叔獻即令擲姦，則官物充積過數，即陳世瀣善政之狀，終之曰：「以臺諫一言之誤，凡百千直言皆歸摭虛之地。今臣一言，增長聖明輕視臺諫之習，請罷臣職，以重臺諫體貌。」出松江日記。

完平李公行狀曰：「甲戌，大籍兵丁，選拜黃海都事兼敬差官，觀察使李文成公奇其才，日邀左右曰：『君本職都事也，須先助我治文書。籍兵之務，有卯申餘暇，在凡肯綮，輒詢公裁決。』」出澤堂文集。

栗谷爲吏曹參議時，李潑以佐郎，欲大用趙重峯，謂栗谷曰：「汝式用之則大用了，不然則置而不問可也。」栗谷曰：「汝式雖有經濟大志，而才不逮，太固執，不量時勢，遽以三代之治期望君父，不如意則必有牽裾折檻之患矣。君與汝式既爲心交，而徒以汲汲拔擢爲能事，則於汝式無益而反有害也。聞汝式今方讀書，稍待五六年學成，然後用之未晚也。君其熟思之。」李曰：「自少讀書之汝式，公言尚如此，元不讀書如我輩，何可一日從仕？」

欲辭退，栗谷不能止。李以重峯，連擬臺侍諸望。出牛山文集。

蘇齋於筵席三薦栗谷。一日，自上問賢才，對曰：「李珥、許曄。」一日，薦李珥可大用。一日，自上問可爲大提學者，薦李珥、李山海、具鳳齡。出尹月汀根壽漫録。

李珥之爲吏曹判書也，一國宰相、名士、布衣皆往其門，或問禮，或問書。夜深後夕食，其弟瑀言於珥曰：「今日接許多賓客，其如傷生何？」答曰：「若厭客，則在石潭可也。我乃銓衡也，見後可以銓之衡之也，此任非厭客之人所能也。見其人，然後各用其才也。若厭求官之人，則赴舉之士皆有求官之心，盡斥不見乎？」所聞所見，人才高下，別書于一册。臨政，謄鈔小册而去。出門人李貴登對録。

栗谷秉銓時，龜峯列書若干人以薦，栗谷粘之窓閒。余往見而大驚，請去之。栗谷曰：「此何妨？泛論人才，是伊川之所不辭也。」出沙溪語録。

領相朴淳以郎官權重，啓於榻前，請罷吏曹郎薦。時李珥爲吏判，猶不敢自專堂下清望，而還委於郎官。故郎薦雖罷，而郎權迄未還奪。出李貴登對録。

先大夫言，歲癸未人日，鄭南峯芝衍以右相，李栗谷先生以行兵判、大提學，同館閣諸公往試諸生於泮宮。日晏，余從諸少年，縱觀諸公科次。時有兵部簿牒當稟大臣覆啓者，録事遽進之鄭相席前。鄭相素病眼，常閉眼而猶舉扇麾之，栗谷座甚遠，望見之，即一手執筆硯，一手持簿，進謝曰：「小人方科次紛沓，小吏誤自投進，不勝惶恐云。」鄭相不以一語答謝意，但曰「讀之」，讀竟又曰「執筆書之」，口呼覆啓之辭，栗谷寫畢，又爲讀之一過，更持筆硯文簿退授下吏。蓋古事，雖崇品宰相，其於相臣之前必自稱小人，擎拳曲跽。今不復見此禮矣。出朴汾西彌輯記。

栗谷入經筵，請養兵十萬，西厓沮之，及退，謂栗谷曰：「方今太平，經席勸勉，當以聖學爲先，而軍旅非急務。公有何見而不與吾輩相議，徑自陳達若是耶？」栗谷曰：「俗儒何知時務？」笑而不答。鵝溪曰：「而見誤矣，叔獻豈無所見？」餘皆默然。栗谷顧謂曰：「諸君何無一言以定其可否？」東岡曰：「此非吾輩所敢論也。不知而言，古人以爲如何？」鵝溪曰：「肅夫可謂謹愼君子也。」相與戲笑而罷。出牛山文集。

癸未五月，復命許庶賤許通許良，自備裝戍邊滿三年者許通許良，又庶孽納米于邊亦得許通，良妾子、賤妾子所納有差等。某又以兵曹軍士闕番贖布，積置樓庫，官員視爲私藏，用之如泥土。而司贍寺所儲布，輸邊爲軍裝者將盡，請盡用其贖布助輸，又請以軍資監所儲布充戰士衣，減百官祿以給戍兵妻子之糧。於是，戍兵有餘而內地徵發不多，邊糧取足而塞上原穀不減，士卒皆飽煖忘家。且賞罰分明，鎭堡將卒漸能向敵殺賊，六鎭復安。藩胡不復叛者二十餘年，大抵某一時措置得策之效也，而論者猶以病國攻之。出澤堂雜稾。

栗谷立朝後，凡有家國重事，詢問於其姊。及癸未北釁，栗谷長本兵，患軍餉之不贍，其姊曰：「今日急務，必思人心樂從者而行之，乃可濟也。庶孽之有才廢錮者，已過百年，皆懷憤鬱，今若許其納穀通仕路，則軍食可立辦矣。」栗谷歎服，即啓請行之。出畸菴雜録。

癸未，北兵使李公濟臣上防胡策二十條，上命二品以上會議。備局諸宰畢會，先君子以主兵急務坐本曹，未及參。時柳西厓成龍亦有重望，自上有兩賢之教。至是，西厓以都承旨亦在座，三公使執筆起回啓草，西厓未即下筆，左右亦不出一言，日已中而中使催促，往來不絶。領相思菴朴公曰：「時急之事，遷延至此，甚爲未安，請兵判來議何如？」皆曰：「諾。」先君子入座，即命書吏一人，粘付草注紙一卷，又令一人磨墨，乃執筆顧左右曰：「願各陳所思，當隨言隨書。」皆曰：「吾輩若有言，豈請兵判乎？」先君子不得已逐條論列，辨析可否，須臾書畢，左右環視無一言，三公周覽，亦不改一字而進啓。上下覽問曰：「此兵判所爲乎？」思菴退而書于日記曰：「孰謂栗谷志大才疏？不用其才而謂之疏，可乎？吾見其施措，雖極難之事，行其所無事，如雲之過太空，罔有痕迹，真所謂閒出之資也。」出年譜草稾。

癸未，舟下海州，有詩曰：「四遠雲俱黑，中天日正明。孤臣一掬淚，灑向漢陽城。」愛君擾國之志切矣。又曰：「風塵局促二毛生，一葦歸來萬事輕。江上青山不相厭，世間交道在無情。」傷時歎俗之意深矣。出牛山雜錄。

癸未以前，東西皆是士流相爭，故栗谷每爲保合之論。癸未以後，則邪正分爲二黨矣。出沙溪語錄。

宣廟既命賜綱目，繼催玉堂書堂之選，栗谷方典文衡，實主是事。壬午，命選才臣，俾專講讀，以備顧問，先生以奉教李恒福、正字李德馨、檢閱吳億齡、修撰李廷立、奉教李嶸應選，上各賜內府祕藏綱目。當癸未之後，朝議攜貳，可否不濟，明甫以後輩聲名藉甚，余亦謏聞，俱有應選之望。有一宰相夜訪栗谷，屏人曰：「兩李果有人望，未知意向，不可輕薦，致壞時事。」栗谷曰：「二人聲譽方盛，何可蔽賢？且薦人貴得才，何論意向？」其人至夜分爭之，不能得。出白沙文集。

徐益以巡撫御史赴關北，上令就問邊事。子弟以爲病方少間，不宜勞動，請辭接應。珥曰：「吾此身只爲國耳。正復因此加重，亦命也。」口號六條方略以授之，書畢而氣塞復蘇，踰日而卒。出澤堂雜稾。

其疾也，証勢危苦，常欲倚物，門人請自爲倚。先生曰：「己所不欲，不願施人。此非吾所欲，玆不可爲己。」出紺坡文集。

先生幼時，夢謁上帝，賜金字一障，開視之，曰：「龍歸曉洞雲猶濕，麝過春山草自香。」

皆以爲異祥。至先生易簀後，識者始知其不祥也。龍歸、麝過，皆是奄忽之兆也。雲濕草香，指遺澤高名之獨存也。大賢生没，夫豈偶然哉？出長貧子胡撰。

答或人書曰：「治巫蠱之喻，鄙見則有異矣。栗老之死，關時運，係安危，固非幺麼左道所能爲也。今若治之，則是此兄之死由於蠱，而世間左道真能生人殺人也。栗老任運遷化，有何怨尤？君子之終，決非小小詛祝所能左右也。」出牛溪文集。

壬辰，李鎰、申砬領兵相繼南下，兵曹判書洪汝諄束手無策，如綿布等物亦不引例請給，以慰其行。將士怨憤，大呼癸未年李珥於道者相續，蓋思先生也。出朴南郭東説手録。

鵝溪與人言，言必稱栗谷爲聖人，松江爲多病痛君子。西崖每稱贊栗谷曰：「叔獻能見數十年將來之事。如我輩身親當亂，罔知所爲，使國事至此，我輩是叔獻之罪人也。」嗟歎不已。出牛山文集。

公曰：「大亂之餘，欲有所爲。人情狃舊，不曉時勢。」余曰：「到今乃知李栗谷心公才高。栗谷在世，庶與公相濟。」公亟加稱賞曰：「叔獻處事甚果，儕輩在彼時，視爲輕率不諒。其養兵改貢之言，皆洞見時病而發。叔獻，才高平坦樂易底人也。」出李漢陰德馨所記西崖遺事。

洪晚全可臣知海州事，即訪石潭，從容謂景臨曰：「栗谷知余詳而許之深，故當初薦揚皆因栗谷也。不知者，以東西議論爲相較，設或議論有不合處，豈以此爲閒乎？況栗谷本無所偏，每以調劑爲務，余則深知其然，相信終始如一。夫以栗谷之才，爲主上倚重，擔當世務，每陳更張之策，使其説得行，則可以有爲。而如柳而見者竝生一世，每沮其策，栗谷更張之策不行，都是而見之爲也。」景臨問曰：「柳相才則固美，而氣魄不足，故短於事業，亦豈量狹而然耶？」晚全笑曰：「而見才與氣魄俱盛，第處心不正爾。壬午年間，余以掌令入侍于思政殿，適栗谷封事至，上以其疏遍示左右而問曰：『更張何如？』右贊成自前每請，予則以爲重難也。』余即出位白曰：『此實當今急務也。』因指殿宇曰：『此殿固是祖宗朝所創，然若歲久年深，頽敗已甚而坐視不修，曰祖宗朝所創之宇不可修改云，則必至毁滅矣。其勢須更鳩材聚工，朽者改之，毁者補之，舊者新之，然後方得重新。李珥更張之策，何以異於此哉！』上然之。翌日，見邸報，副提學柳成龍以右贊成李某疏陳諸説不可輕變事入啓。余乃驚怪，即到而見家，而見諱客，余乃排中門而入，而見迎謂曰：『興道亦傅會叔獻耶？』余問曰：『令公嘗與栗谷不議國事耶？』而見曰：『固嘗議之耳。』余問曰：『然則其更張之策何如？』而見曰：『好矣。』余曰：『好則令何以沮之耶？』而見曰：『更張之策雖好，叔獻之才恐不能辨也。』余曰：『此亦與栗谷言乎？』而見曰：『不曾言也。』余嘆曰：『令公之意誤矣，與人議國事，面諾而反沮之可乎？』而見色變不答，此是不正處也。蓋栗經亂之後，而見自當，然後始服栗谷之先見，亦谷、而見并生一世，不相合如此，此亦數也。經亂之後，而見自當，然後始服栗谷之先見，亦何益哉？」出年譜草藁，下同。

先君子嘗曰：「而見才氣儘美，而第有忌克之病，不欲與吾同事。吾輩死後，方必施其才耳。」壬辰後，西崖擔當國事，每於朝堂盛稱先君子先見才調。或有以西崖爲追許，牛溪先生聞之，笑曰：「而見本如是也，渠豈不知栗谷之賢也？但以勝己者厭之。死後追許，有何益乎？南冥有詩曰：『人之好正士，好虎皮相似：生前欲殺之，死後方稱美。』而見近之。」

先是，朝論攜貳，東人以沈爲外戚，西人以金爲報怨。時金應南負時望，以攻外戚爲士論。公以後進，見金之論議如此，心頗信之。其後，見應南行事少無可取，及讀栗谷文集，知其行己立心光明正大，卓然爲百代儒宗，然後頓變前日所見。嘗語余曰：「栗谷學力高處，雖退溪亦或有未到矣。」余因請爲行狀，公曰：「吾何敢摹狀大賢？」然亦不爲牢拒，尤以打破東西之説爲是。陳劄自訟其前日誤墜一邊之失，而又以無偏無黨陳戒榻前，終不爲黨論，可見其敬信之深矣。出李貴所撰漢陰遺事。

觀先生蕩滌東西疏及諸往復書，則平平蕩蕩，無黨無偏，真如程明道之於熙寧也。至於癸未秉銓，進退舉錯，漸次成緒，平日打破東西之計庶幾得遂，而生民無禄，天奪斯速。

嗚呼！以先生至公血誠，當時猶不免爲羣小媢嫉，及至身後，齮齕愈甚。彼媢嫉者固不足道，而至如金宇顒輩，實先生交遊中人，非不知先生大中至正之心，而乃與浮薄之徒合而爲一，排擯詆斥，不少假借，詿誤人心，斲傷國脈。士論橫潰，不可收拾，可勝痛哉！出牛山雜錄。

某資禀甚高，充養益厚，清明和粹，坦夷英果。待人處物，一出於誠信，恩嫌愛惡，一毫不以介意，人無愚智，無不歸心。由其急於濟時，既退復進，以保合士類爲己任，盡言無私，左右觸諱，遂爲黨人所仇，幾不免大禍。其論薦人物，必以學問名檢爲主，故飾僞投合者後多背貳，以此流俗之論，指爲疏闊。然某沒後，偏黨大勝，克去一邊，謂爲朝廷已正，而中自睽乖，四分五裂，竟爲國家無窮之禍。至于壬辰之亂，封疆自潰，國遂以傾，凡某平日預慮而先言者無不符驗，其所建請便宜之策，頗見追思採用，國論民言皆誦其道德忠義之實，有不可枉者矣。出澤堂雜稾。

吾宗栗谷公資禀學識不下於靜、退，而加有經濟才略。既受知宣廟，不許退去，遂以國家安危自任，知無不言，言無不盡。大概欲變通弊法，安民固國，以防大亂之漸，而欲先和朝廷集人才，然後有所施設，故便爲黨人所陷。賴宣廟鎮定，僅免靜菴之禍，得沒於牖下，道之難行如此。出澤堂文集。

先生之仕于朝也，疆場乂安，民庶寧謐，若無可憂者。其勤勤惓惓於獻納之際，設爲注措布置者，悉皆汲汲皇皇，如有亂亡之禍，生於朝夕。當時論者，孰不以爲迂遠而不可施哉！自今日言之，先生之説鑿鑿如合符契。向使得行于世，而膏澤不屯於上，風化丕變於下，則民生之塗炭，必不若是烈也。出申象村欽文集。

珥之困也，議者以爲更貢案，不便也；列邑置額外兵，不當也；輸粟授爵，不宜也；通庶孽，不可也；更築城堡，不合也。逮兵後，朝廷孜孜講磨，求所以抗賊便民者，不出此五者，何也？蓋珥先見已燭於數十年之前。雖知數者之施，在平日爲苛簡，而思患預防，不得不更張，故犯衆忌而敢言之。俗士攣於拘見，以爲擾，以爲不妥，紛然齮齕，宜其身之不容而國之不可爲也。然今之論者，力斥珥無遺力，而奉行此五者，猶不及焉，是大可笑也。出陽川覆瓿稾。

參奉權是經，趙月川穆之表姪也，偶得栗谷先生擊蒙要訣，進於月川，月川大加稱贊曰：「栗谷早遊溪門，所見高明，乃著此書，可行於天下萬世，奚獨行於東方而止哉？」是經自此敬信要訣，不翅若魯齋之於小學。出趙月川穆遺事。

叔獻出聖學輯要草本以示余，蓋欲以進于九重也。其書始引中庸首章、大學經文，弁其端而標之曰「統説」，次則以「修己」爲綱，而其目則曰「統論修己」、曰「立志」、曰「收斂」、曰「窮理」。大要列經傳聖賢最緊之言於上，而附諸說於下，末又斷以己意。條理井然，不爲支蔓之辭，而大意已躍如焉。但功緒纔就，而尚未畢功。叔獻謂余曰：「若成書則可釐爲三卷。其窮理以下，則欲以誠意、正心、修身、齊家、治國、平天下次第彙分而爲說云云。」其中論立志處一款，語意極精，切中學者之病，可爲人君之藥石、學子之軌範，所當玩味而反復者也。出許篈朝天録。

栗谷四書訣釋及小註批抹，極其精詳，可使後學感發。惜其未及畢工於經傳，且未廣布於當世。出畸菴雜録。

小學註說多門，莫歸于正。乃取諸家，删繁粹要，集長去短，一以不反乎經旨，明白平實，而或詳或略，又以互相發焉，可謂執羣言之兩端而善於折衷者矣。出牛溪文集，下同。

與朴舜卿書曰：「日記最多格言，可以垂之于後，百世之下，見斯人之爲青天白日，極爲關係。然登木則必至流傳，恐致大禍，只欲分寫數十本，藏于諸友之家，待數十年後刊于精舍。」

又書曰：「李潑了書題目，不書其字，而以答李潑書之，不以朋友之例待之。其書論東西甚詳，斥潑心術甚峻。今留集中，使千載之下，知尊先生已看破此人，豈不美歟？」

玄繩一編，得見諸老先生往復言論，其講問之勤、友誼之篤皆可想見。今世那有此事耶？栗谷之言，真率坦易；牛溪之言，温恭懇到；龜峯則意象峻潔，自待甚重，然往往有未妥處。出谿谷文集。

栗谷集七卷先送，其踐履造詣之深，非膚淺後生所可測。而一見立論，令人爽然，其爲閒氣之發，愈益斂衽矣。出漢陰手帖。

東皐眼下無文，每稱栗谷吐辭成章，胸中流出，人不可及。出畸菴雜録。

崔簡易岦嘗曰：「栗谷自少爲文，不甚著力，而文章出於天然，平正明快，真所謂布帛菽粟之文也。」出年譜草稾。

兩使到順安，出示謁箕子廟賦，栗谷使諸從事和之。時日已昏，三從事與崔成川立之方劇飲，相對吐舌，不能操筆。崔只次首二韻而已，栗谷曉起，一筆而就，令韓濩先往百祥樓淨寫，俟兩使下轎，即呈之。兩使拱手曰：「俺等久欽大人道德，豈知文章之至此耶？」出南郭手録。

不佞奉使無狀，朝天有期，念賢王尊禮郅隆暨執事多情繾綣，三旬款洽，千里追隨，煦我以春風，惠我以白雪。文采巨麗，慰勞綢繆，不通者言，相通者心，彌月襟期，意氣千古。奈靡監有懷，星言夙駕，綈袍空戀，古轍難留，匹馬臨岐，幾番惆悵。蓋離别銷魂，自古歎之，況異鄉傾蓋，後會無期。語云「淚爲生别滋」，信哉言乎？惟時誦瑶華，如覿瓊樹，寤寐反側，中心藏之耳。驪駒在道，朔風凄凄，回首故人，忽焉各天。適承贈言，潦草布謝，臨書哽塞，不知所云。知生黃洪憲再拜，上栗谷李先生。出皇華集，下同。

貴國主忠敬天朝，而施及使者，眷眷之情，令人感動。乃足下將順君德，迎來送往，無論敬事之勤，即酬和一節，情真詞蔚，玩之不翅隋珠和璧也。奚能忘！奚能忘！茲別矣後會無期，曷勝悵怏！顧言不能達意，聊託楮陳之，幸爲我傳謝貴國主，兼致意諸大夫，至懇至懇！附白：拙作多孟浪語，其留贈各官之詩，凡僕之所有而敝同年之所無者，入梓之時俱希刪去之，庶不至多寡相形也，餘不備。知生王敬民再拜，上國相李栗谷先生。

栗谷詩集跋略曰：「余竊記壬午年間，公遠接黃、王二詔使，時輩謂公素不喜聲詩，或者未優於賡酬乎？余方守關西之成川，值西來簪紳相續，輒獨大言公必大爲華使所重。既而賓主閒聳然相敬，懽然得得，遠勝近古容齋、湖陰時事之在人耳口者。斯亦足以觀公之未嘗有詩，亦未嘗無詩也。」出崔簡易岦文集。

哭栗谷先生，先生慟曰：「栗谷於道體，洞見大原。所謂『天地之化無二本，人心之發無二原』、『理氣不可互發』，此等說話，真是吾師。其愛君憂國之忠，經世救民之志，求之古人，鮮有其儔，誠山河間氣，三代人物。不能有爲於斯世，齎志而沒，信乎天道難諶也！」出牛溪年譜。

牛溪先生嘗謂景臨曰：「栗谷儘是五百年間氣也。余少時講論，自以爲朋友相抗，到老思之，則真我師也，啓我者甚多。忌日行素，昔不爲而今始也。」出年譜草槀。

答吴孝元書曰：「先先生天才之高邁，造道之超詣，卓絶之識，規模之正，非近世學者所可窺測其藩籬。」出牛溪文集。

栗谷爲當代鉅儒，此非一時同輩之見，實後世之公論。出龜峯禮答問。

先生以邁往卓絶之資，抱堯舜君民之志。進則連章累牘，以格君心、正時俗爲己任；退則研精覃思，以明天理、去人欲爲大本。其所得之深淺，所造之高下，非末學膚見之可以概量。而若其光明煒燁，通透灑落，伸於萬物之表者，則童孺下賤有足以覻焉者。先生可謂人豪矣。出象村文集。

朴守菴枝華、朴鼎山洞嘗謂人曰：「天爲我朝數百年宗社生栗谷，爲吾東方萬古綱常生重峯，其意非偶然也。」出牛山文集。

先生天資英明，清通和樂。學具體用，折衷諸説，集羣賢而大成，實東方千載之真儒，經綸之大材也。出牛山雜録。

吾於栗谷心悦誠服，常以爲不可尚已，而於牛溪不能無差殊觀，故牛溪門下人頗不能平也。其後往來熟習，見其氣貌，聽其議論，然後知栗谷之以爲道義交有以也。出沙溪語録。

權石洲韠來訪石潭，從容謂余曰：「先人常以栗谷先生有明道氣像，吾輩自少得聞家庭議論如此，故常以爲吾東方集諸儒之大成乃先生一人也。」出年譜草稾。

退溪善言學，栗谷善言理。出農巖文集，下同。

靜菴、栗谷天資皆屬高明，然靜菴簡重温栗，栗谷清通灑落，靜菴如精金美玉，栗谷如光風霽月。觀二先生立朝行事，則靜菴精白專一，精神足以聳動人，栗谷公誠坦蕩，心事足以悦服人，然栗谷才較大。

栗谷不及靜菴之收束檢制，靜菴不及栗谷之展拓開豁。

趙文正之倡明表準，李文純之沈潛闡繹，李文成之發揮運用，當爲本朝儒賢之最。

前後辨誣章疏

門人趙憲丙戌疏略曰：金鎧以元衡餘黨，忌李滉進用，陰謀沮抑，以閒至治，鄭澈以眇然末官，忘身力爭。幸賴离明旁照，罪其娼嫉，鎧也既黜，則滉有來勢，而平仲不知仲尼，臧孫猶抑展禽，使東周舜民之機，再失其時。李珥壬申之疏，逆睹姦萌，隱憂浩歎，累數萬言，無一字一句不出於愛君之誠。澈則學於奇大升，而大升學於李滉，珥則親承謦咳於李滉，又慕趙光祖之殉國，謀猷氣概有自來矣。而精忠激烈，上感宸衷，蒙被器使，展布心力。朴淳之舉珥薦澈，乃是相職之當務也。珥則以爲啓沃之際，不可無嚴憚自重之士，故力拔其友一人，求以置王左右，乃成守琛之子渾也。學得於家傳，而又聞李滉餘韻，篤信古道，閉户窮經，源深發茂，養心寡慾，是可以起人主之敬而支大厦之傾者，故淳亦愛之重之。厥爲持平之日，枉駕先之，經席斷斷之啓，終以致斯人爲急務，是非淳之所獨善也。舉朝好名之士，孰不以用珥、渾爲言哉？第此二人，不量衰末之俗，心欲廣譬喻之，造門之士，一信其賢，虚懷待之，期與善世，乃如楊畏之叛吕而邢恕之害程者，寔繁有徒。澈有獻可之明，先察未形之惡，而珥則晚悟，乃致君實之疑。是故，人之怨澈者入于骨髓，竝指珥、渾爲西帥。珥之秉鈞〔二〕，平心率物，人有一善，若己有之，言己之過者，率置清要。若柳成龍、金應南、李潑之徒，何嘗不入乎清望哉？由其洞見肝肺，而一薦不亟，則赤幟忽立，生謀斥逐，死加醜詆。以至于今，根核愈峻，識珥之面者俱出于外，知渾之名者一廢在野。上自卿相，下至韋布，奔迸蒼黄，無地容身，曷嘗有君子爲政？而剥一時忠賢，皆使失所哉！或者以爲珥、渾不絶義謙，是非西人之雄乎？夫以珥之天分素高，長益加勤經綸之學，洞究經史，孝悌之行通于神明，文詞謀慮動越于朝紳，易退難進，素守確然，直被明主之所奬拔，豈待結於戚里，乃登要路乎？

又曰：臣見珥於海曲，適有李潑抵珥書，謂於經席乞速招。珥時有奉家之訟，應溉啓曰：「僉知奉訢世耕之田，非理抑奪，至於其兄打殺奉訢之奴，而官不得問。爲大諫赴召之時，公然受穀百石於所經之邑，輸送于本家。其蔑法自恣，行身無狀，一至於此云云。」天語諄諄曰：「雖是厥兄之田，盍勸其盡與奉家？」珥見其書而含淚謂臣曰：「兄家之窮，汝之所知。泥生餘地，不干於奉家，故老兄倚以資生。今有厥家速訟，吾嘗勸兄棄之而不聽矣。」時有李培達在坐受學，乃曰：「洛中友朋，明知令兄被奪曖昧之由，相議各出木端，俗稱木綿布爲木。買田一區，欲與令兄代耕以資生矣。」珥謂吾無活兄之力，惱貧友亦極未安。而至承聖諭丁寧，措躬無地，厥後珥之赴召，切勸其兄竝以立案，盡與奉氏。此則灼然之事，而謂奪人田，不是誣啓乎？若以船粟之受爲疵，啓語見上。則珥之立朝也，兄弟孤嫠，悉與同爨，上下百口，常隨京、海，以其俸祿田收，不能盡資衣食，至於賣家鬻田，而身死之日，篋無重衣，鄉無沃田，清貧之狀，舉國稱之。曾不受斗米者，豈有全受船粟之理乎？

又曰：其謂「鄭澈之崇酒嗜色，珥不當薦引」云者，人謂頗中澈病，而實不知其心事。東方男子，自能擺脫於坑塹之辱者，李之菡、成渾之外更有幾人哉！澈按湖南，有兄嫂居于順天，少妾隨嫂以居，留順天三日，日往省嫂，還宿于官舍，不敢一與厥妾爲私語之計。是其慎獨之功，人不可及者也。其遇父母忌日，一月斷飲；其均民役，三旬止酒；其所設酌者，惟待賓、養老、享士之禮。而一老不舉，則不敢先飲，四州之妓，未嘗一近。是故神氣精明，能管庶事，數月之内，畢均五十官之徭。冰壺自潔，赤心奉公，人不敢干以私。其許國一念，炳炳於聽潮之詩。及長憲府，市人皆謂李珥、鄭澈二大夫之臨，獨無各司横斂也。是其外有崇嗜之名，而内無戕伐之實，幹當大事，又有適用之才。其與宇顒、夢鶴之靜言庸違、色厲内荏者，仁元、鈞、瞻之移性于凶險者，潑、洁、汝立、起莘之關弓而射師者，應溉、應泂之世濟其惡者，何翅天淵之隔哉！若輩乃以薦澈後己之故，淫怒不休，吹毛覓疵，熒惑主聽。成龍稍黠，内慙先退，而宇顒、李潑尤欲遂其前非，遲留都下，顧望不休。潑之無識，已矣已矣；宇顒三經，埽地盡矣。宇顒經筵講義言：乙酉三月二十七日夕講訖，臣言臣與珥相知甚久。當初見其爲人，乃學問之人，而性坦夷無滯礙，似有愛君憂國之心，故臣信而交之。其後所見不同，所爲多誤，人多疑之，而臣愚昧，獨以爲所見之差，其心則保無他也。最後，珥與士類角立紛拏，士類皆敗，而珥復入當國，又不以引咎責躬、收拾士類爲心，多引不逞之徒，以助聲勢。臣見其所爲，始悵然失望，以爲用心差誤，從前所爲皆是私意之爲也。珥雖輕率，本是士人，但其所以易敗者。珥素與沈義謙交厚，其心以義謙雖非士林領袖，而終始可用之才。及士論非義謙，而珥不肯放捨。故當時珥固爲流俗所憎，而士類多不服者，只以交沈之故也。上問承旨李山甫曰：「珥交義謙之言，信乎？」山甫曰：「不至於交厚。」臣曰：「珥實交之，君父之前，何敢諱乎？」山甫乃曰：「以切親之故，自前世相交矣，然豈有誤事乎？大抵當時之人誰不知沇？但今日欲非之者則每以此目之，使人不敢言，豈不冤乎？」仍言珥家行極善。上曰：「其行可敬也。」臣曰：「此言是也，珥家行固然。」山甫曰：「如此善人，不稱其善，而揚其所無之惡，似欲追罪於既死之後，可乎？」臣曰：「珥，臣之切友，而其所誤乃關國家是非，故承下問而言之，本非得已，豈欲追罪乎？」又曰：「如鄭澈亦不無長處，而强偏忌克，非君子氣象。與義謙甚厚，失勢之後，怏怏之氣每發于辭色。士類疑之，不許清要。珥專欲引用，至以去就爭之。珥既與士類相角，而適爲兵判，於國家多事之際，本以才疏之人當事規畫施措，謬誤甚多。臺諫初欲隨事論劾，而措語過越，至以措置失誤之事而目之以慢君擅命。當時士類以珥陰助西人爲非，以不善之人待之，故不惜而言語自過也。當時臺諫之論，臣亦非之，三司不能推原珥與士類相角，以致乖剌之由，使上心知其曲折，而只執措置閒事而重論之，自上豈知乎？此固有罪。然珥若無誤而論之如此，是真爲排陷也。今珥誤事，大失物情，臺諫論劾而措語不中，論以過越可也，以爲小人陷君子而罪之，則不亦徧乎？臣以當時處置爲過當矣，其他斥逐紛紛，臺閣一空，而別用一番人，所以亂也。珥復入之後，眷倚尤重，而不以至公存心，多引助己之人。如當時爲弘文錄，珥專以己意，多用雜類，欲爲布列以助己勢，其所誤豈非大誤乎？」蓋此數人桀黠者，初假儒名，爭道李珥爲善類之宗，日夕相從，延譽厥黨，自出孝元于外，仇敵滿國。柳成龍頭出頭没，屢爲挾韓之議。珥則初却其父行狀之託，一忤其意，又於經席，應對詳贍。成龍深以爲忌，以臨事好謀之言，周爰沮毁。又言徐仁元之大包藏凶惡，則怒室色市，橫加詆罵。末言太平館失禮之故，則摭其遠接一事，憑公議以攄私憤，是由成龍學術不精，妄生猜忌。夫以魏公行狀之作於朱子中年，不免有一二疑悔，慮有南軒潤筆，則雖孝子慈孫，不可以諛墓也。成龍之舍怒，不亦非乎？

又曰：華使來，成龍爲儐相，奉至尊不由御門，乃其大錯也。夾帷移幕之際，珥謂辛應時曰：「吾嘗謂柳善於治事，今相大禮，何其顛倒乎？」應時指成龍依幕，勸低其聲，珥厲聲曰：「知之何害？」出幕而言之，是則君子之所用心也。而成龍則挾憾，伺隙而掎角之。

又曰：逢蒙殺羿，人所均惡。讒人罔極，國步斯頻。師友道喪，莫甚於斯。今豈意潑、洁、汝立、起莘四人者，最敬珥、渾，初若泰山北斗，至於朝夕參候，而一薦不亟，反若豺虎毒藥。起莘則日毀于卿相之門，又與金昌一迭下嶺南，遍鬨于名流，必務去之，然後快於其心。自古以來，曷嘗有害師反道而能愛其君者乎？

又曰：臣於斯世，所師者三人，李之菡、成渾、李珥也。三人學問所就，雖各不同，其清心寡欲，至行範世則同，臣嘗欲髣髴其萬一而不得。

又曰：當淳兵判之日，曹人有負木投門者曰：「軍士贖木，例分于司員之宅，故來納也。」淳即呵使去之。厥後李珥爲判書，言於同僚曰：「國家深憂戰士衣寒，司贍之木，亦既畢輸，而猶多未頒處。若此曹所分之木，合輸于北邊，則可衣一陣寒卒。」同僚敬而從之。曹人稱之曰：「朴相、李相不取則一揆云。」是淳不污而珥不迂處也。臣又見李珥在海西，摭取真西山政經中守令當爲之規，與其方伯李海壽講而試之。及爲大憲之日，因政經爲戒書，酌古通今，使可易行，分曉于八道牧守中有志者，粘壁觀之，最有所益，是又珥之不迂處也。

又曰：其於石潭精舍，推衍洞規十訓之意，別爲約束，以訓來士，士多興起。而所著擊蒙要訣又便於訓蒙以正，開俗以禮，由是而入于小學、家禮，由是而入于近思録、四書，甚易且近。

門人李貴丁亥疏略曰：昔東西之分歧也，兆雖起於沈、金，而其實由於前後輩之不相知也。惟其不相知，故同是士類而疑阻起焉，疑阻起而讒閒行焉，讒閒行而排擯作焉，此首初東西分黨之所以然也。自此以後，分朋各立，言議紛然，其勢不可相容。珥以局外之人，明觀當局之迷，以爲兩知前後輩而悉其心事者，宜莫如我，我不爲之和解，誰則聽之？乃揚言于朝曰：「西人士類也，東人亦士類也。士類相攻，不可助一攻一，當兩利而俱存之，開諭而講解之，朝廷乃安，不然則亂。」前後輩聽之，雖不敢以爲非，而亦不能用其言。當此之時，能盡忠憂國，公耳忘私，超然獨立，不染於東西黨與之中者，惟珥一人而已。乙亥西人之主論也，珥獨出而爭之者，非爲一孝元也，欲以保合後輩之士類也。及乎東人盡斥西人也，珥上陳下教，慇懃不休者，非爲一義謙也，欲以保合前輩之士類也。嗚呼！始爲兩出之計以消黨論者，珥也。乙亥之見忤於西人者，珥也。乙亥以來被斥於東人者，亦珥也。是豈爲身謀？乃爲士類計也，爲國家計也。此珥之所以從前孤立，不得於西，不得於東者也。夫豈好爲立異於時論哉！誠以褊小一邦，人才眇然，若使復區分彼此，捨一取一，則蔽賢遺才，將無以爲國故也。

又曰：自己卯陳疏之後，名爲東人者以珥爲軋己而攻之愈力，名爲西人者亦以珥爲救己而推之益深，皆不知珥之本心者也。東人中雖不無一二有士君子之意思者，而知識不遠，偏見爲主，非徒不能裁抑過激，而反爲崇長，以起癸未之紛拏。其時三司之人，雖不無懦弱脅從如權德輿者，而其餘則率多乘時娼嫉之輩，全然以利害爲心，不顧名義，惟以必勝爲計，凡所構揑，無所不至。初以安石比之，安石不足以厭服人心，則又以慢擅目之，慢擅不能以眩惑聖聰，則論以誤國之罪，誤國之罪名亦無所據，然後求其説而不得。以爲聖上之所深惡者，義謙也；士論之所共厭者，外戚也。若以義謙爲阱而陷之，則上可以眩亂聖聽，下可以箝制人口，其爲設心，吁亦慘矣！雖然，時輩之所惡，豈必在於義謙一人哉！只緣珥經學德望，爲一時士林領袖，而又主和平之論，趨附之輩恐一朝和平之論得行，而已失其利，戛戛惡之。至於末年，大被眷注，日深倚仗，則趨附之輩聚首大恐，日夜思所以去之者，而珥行義素高，又不可以他事點污，故乃援此爲說耳。然則時輩之所惡，實不在於義謙而在於珥矣。

又曰：珥復入之後，形迹日變，萬目睽睽，東人反以私意度人，一有舉措，便生疑惑。而珥不避嫌疑，大張公論，賢才可用者，不問東西，舉而進之，附會浮躁者，不問東西，裁而抑之，至於稍知名義，不爲全然不佳之態者，亦不以異論斥之，持論之至公無私如此。而彼輩先懷自疑之心，乍出乍沒，却立觀變，不肯爲釋憾解仇，共爲國事之計，噫亦誤矣。

又曰：至於三尹，則以爲前輩嘗誤事於乙亥，故珥秉銓之日，未嘗一擬清要。其時有一門生往見珥，珥問曰：「頃者，吾以尹斗壽擬刑曹參判，外議以爲如何？」對曰：「外議則未能知。此輩嘗誤事於乙亥，久在擯廢之中，今授此官，物情必以爲未穩矣。」珥曰：「此是時輩之論也。夫誤事之罪，亦有輕重，此人雖曰誤事，不至大段。而若比於癸未東人之所爲，三尹之失爲輕矣。而前日東人一切廢棄，至於不付同知，此時輩之已甚處也。今此人所犯不重，又有吏才，若至於不授刑曹，則無乃過乎？至於根壽，則其失又淡[二]，而其爲人，疏雅喜文，且有喜士之心，而吾之未還朝也，此人已爲大司成，而此職亦非侍從清要之官，故置之。」此所以珥持論之不東不西、無偏無黨者然也。

又曰：或有以弘文録猥雜，不合人望，爲珥之咎者。然珥之於初，未嘗有一毫私心。故其時正言金權欲削罷其録，問于珥，珥曰：「録甚猥雜，所參者多不厭人望，誠不可不削罷。但思前規，亦有雖參此録，而未厭人望，則終身不入館職者。今若纔選還罷，則非徒事體未穩。今日兩司清要之官，多參新録之中，若削罷之議一發，則人爭呈辭，曠官廢職，大有騷擾之患。今且取此録中可用者用之，不可用者置之，雖不削罷，無害於事云云。」而所謂猥雜者，皆不爲注擬，此尤足以見珥虚心從善、無所滯吝之德也。

又曰：卒之前一日，聞徐益受命使北，欲招見之。侍病子弟交謁更諫，固請勿見，則珥以爲益今使北，按察邊情，此乃國家大事，吾雖病不能見，吾之所見不可不書而告之。子弟又諫不已，珥曰：「吾病向愈，而邊事方殷，豈可過念身病誤此機事？況死生有命，吾雖爲此，命若不盡，則不至於死。雖加病十日，是不可不爲。」子弟見其至誠，不敢更諫。珥乃扶頭起坐，口號其文，令弟瑀書之，凡六條，此其絶筆也。

又曰：方病革時，諄諄如夢中語，皆國家事，無一言及於家事。只前日使人往坡州，召宗婦一事而已。鄭澈來問病，珥責以酒失，且勖以用人不可偏重之意。

又曰：李潑既與珥、渾爲故舊之交，則當有以發明珥、渾之本心，攻破黨籍之誣，以鎮人心可也。而避嫌之詞，探頭作論，以爲張皇眩亂之説或可以誣世惑衆。其曰同僚指論珥、渾之事，正中其病，故不以爲非云者。乙酉，兩司啓曰：「沈義謙與朴淳、鄭澈等，表裏相倚，聲勢相援。雖李珥、成渾之爲人，皆以親戚之厚，素有交遊之密，亦受其籠絡而莫之恥。」又曰：「終始締結，與共謀議，織成厲階者，朴淳、李珥、鄭澈也。李潑以大諫追啓云云。」潑果以珥爲終始締結義謙、與共謀議之人乎？果以渾爲受義謙之籠絡者乎？潑果以爲然，則是從前推尊珥、渾之説皆是自欺而欺人也。末曰：「伏願洞察始終曲折，保合鎮定，圖爲和平之福云云。」此語尤爲顛錯，李珥、成渾，至公之人也，而潑之排擯詆斥，不少假借如此，則況其他者乎？潑斥李珥、成渾，又將誰與爲保合，誰與爲鎮定，誰與爲和平乎？此其立論之謬戾錯亂，不成文理。苟非胸中鶻突膠擾，則此等顛錯議論何從而出乎？嗚呼！潑也自以爲平日以經濟許珥，道德推渾，而又以才高學博、一心徇國、守志林下、修身待價，進退仕止，動引前賢許二人云，則潑於珥、渾，似非全然不知其心事者也。而乃與新進鋭論之輩，滚合爲一，無一毫愛惜之心，至此極乎？雖然，潑之所以爲此者，亦豈獨潑之心乎？交構射利，生事兩間，如尹起莘、李純仁、鄭汝立之徒。反面造言，浸惑潑輩之心。自癸未以後，潑丁憂湖南，而附會之輩收拾道聽之説，敷衍增益，甚者捏造無形之語，一一飛報於潑。雖以秉心公平之人，尚不能無少撓惑，況如潑之爲人乎？至於今日，編名黨籍，攻擊珥、渾，反甚於西人。朝紳之救珥、渾者盡斥之，韋布之慕珥、渾者盡擯之。收司之律，延及士林，雖不一接迹於義謙之門，而不知所謂西人之面目者，若不攘臂大言，以攻珥、渾，則舉目爲西人。不特朝廷如此，至於太學，亦莫不以此區別之。癸未後疏之輩，柳拱辰抗疏後，李廷友等對舉投疏，詆斥兩先生，承望時輩風旨，日以攻擊珥、渾爲事，使士林之公心中立、不趨時論者無所容於時，而毁珥、渾者賭公薦，賣珥、渾者登顯班。奇奇怪怪，日新月盛。珥、渾，實時人發身之奇貨也。

又曰：嗚呼！自有東西之説以來，西人之目，其説四變：其初則義謙之故舊儕輩謂之西人，如三尹之類是也。次則以救西人者謂之西人，如鄭澈之類是也。又次則以不東不西、中立不倚者謂之西人，如李珥之類是也。至於今日，則以士林之知尊珥、渾者謂之西人，今日朝野公論之人是也。是以，公論不服，而所謂西人者到今尤衆。以此觀之，則珥爲公論，得黨邪之名，渾救珥，得私護之名，内外多士千百人救珥、渾，得西人之名。百代之公論雖不可誣，而一時之見枉，不亦痛哉！

又疏曰：辛巳論沈義謙時，珥嘗言曰：「癸酉年間，義謙爲都憲，余承召入京。義謙訪之曰：『吾之爲此官，物議何如？』余不答而謂之曰：『青陽君官閒秩高，於令公足矣。』義謙不知余之諷己，晏然自肆，未幾而敗。其貪權無識如此，宜其有今日之事矣。」

門人李有慶丁亥疏略曰：十五喪母，居喪之制一依古禮。嘗遇佳味，不爲接口，護而藏置，以豐祭需。每忌辰，終夜不寢，臨祭痛哭，哀毁如初喪。其父畜惡妾，敗亂家事，事將不測，從容善諫，不至禍作。及其父死，事之如親母，一家諸事先稟乃行，少不違志。及爲宰相，待之尤恭，凡執禮一如年少子弟，晨昏定省亦不廢焉，躬執饌物，備具珍味。其母少有不平之心，輒閉門而卧，終朝不出，則珥即著冠帶，坐於門外，再三扣頭，負罪引慝，然後母乃開門而解怒。其母善於飲酒，珥每日晨起省面，親執酒器，進數杯而後乃退。奉養之禮，愈久彌篤。晚年，其母感化，反爲一賢婦。珥之死後，無以報珥之德，身著素衣而終三年，是雖大舜之格瞽叟，亦無以加矣。今之言者曰：「珥不得於父，而從事禪門。」此則不知之言也，臣請陳其由：珥家適有古佛經，少時披覽而略涉之，其言曰：「若得佛家妙處，則終見死者。」常疑其言。及其喪母之後，遑遑焉冀其如有所返焉。三年喪畢，乃入深山，其於佛經無所不讀，庶將得其道。而未及一周，偶讀論語，奄覺其非，釋然乃悟，飜然即還，時年二十也。今之言者曰：「珥削髮而定名。」此亦不知者也。臣亦後生，其時事，未及知也，第以所聞言之：珥少時學於故庶孽學官魚叔權，其時同學者是今學官李鵬祥也。珥出山翌日，即見叔權，叔權疑珥作僧之言，欲知其虛實，命脱冠，珥不脱，叔權親執脱冠而散髮，則髮可過數尺，叔權拍手大喜曰：「吾乃發明君之虛實矣。」其時鵬祥同參目睹云。此則因高明而入，因高明而出，其入也雖非正，原其情則出於孝也。

又曰：其在海州也，鄉風薄惡，無識成習，博戲而賭財，侵僧而徵物，疏待正妻，棄置禮義，甚至兄弟之死不爲之服。珥於是慨然有興學之志，乃結精舍，萃其學徒，常集一書，名曰擊蒙要訣。大概以學聖人收放必爲本，以冠昏喪祭之禮參酌俗儀，以訓來士。遠方之士亦坌集，未及數載，文風大振，禮儀成俗。業博者火局而恥非，虐僧者退物而羞侵，妻之疏者親而敬之，兄之死者服而哀之，雖窮村愚氓，亦知感化。有一人二十年棄妻，一朝還之，如鼓瑟琴。又有老庶人，其弟之死，服衰而哀毁過情，隣里問其故，答曰：「李監司之教禮如此。」聞者莫不感歎。珥曾爲黄海監司，故一道之人至今稱之曰李監司而不名。其與鄉人相約作契，名之曰社倉契，修立契議，務舉禮義。每年春秋，會于一處，講之以禮，約之以信，鄉風濟濟，嚴若朝廷。所與約者，各出穀若干石，春散冬斂而積聚，貧者賑之，喪者賻之，婚者助之，使無告之民不至填壑，蚩蚩之徒轉爲君子。所謂「社倉契」者，朱熹因崇安之大饑而設之，珥乃法此，而講禮之儀則尤備焉。其於觀理應事，若大若小，處之明決，猶浮雲之過太空。人之所見，或似率易之病，而迹其所行，皆有條理。其所以率易者實出於天分之通敏，而有非中人重厚者之所可仰望者也。

又曰：珥自少時學於賢母，動静云爲，咸蹈規矩。有一兄一弟，而家甚貧困，其伯兄早世，率其妻子而同居，待之如父母，撫之如子。其他同服之親貧殘無依者，皆與之同爨一家所率將至百口，而庭無閑言，惟和樂是事。其在家也，每日雞鳴而起，盥櫛衣冠，率其子弟，先謁家廟，次拜庶母及兄嫂。又與夫人行揖禮後，坐于堂上，子弟侍妾拜于堂廡，男於左，女於右。婢僕拜于庭中，男於外，女於內，皆俯伏而坐，讀家法。教禮儀而畢，正案端坐，窮日讀書。至於朔望，則男女皆盛服，參于家廟。次次拜揖，行禮如常，而遠居婢僕亦來而聽訓焉。其出行也，先告家廟，次告庶母及兄嫂，夫人則立內門而揖送，妾則立中門，子弟則立大門而拜送，婢僕則於大門外，皆男左女右而拜。其還亦如之。子弟婢僕之犯罪者，一犯而撻之，使被撻者知所以撻者出於教誨，而不爲之憎疾，故咸服其義，罔有怨聲。由是一家之內，威儀斬斬，恩義之篤，恰恰如也。

又曰：嘗讀孟子、中庸，至「居天下之廣居，立天下之正位，行天下之大道。得志，與民由之。不得志，獨行其道。富貴不能淫，貧賤不能移，威武不能屈，此之謂大丈夫。」及「故君子和而不流，強哉矯！中立而不倚，強哉矯！國有道，不變塞焉，強哉矯！國無道，至死不變，強哉矯！」二節，未嘗不三復歎息曰：「大丈夫平生立志當如此！」或夜睡覺，則誦此二節，以爲自家立心修身之地。

又曰：其在林泉，簞瓢屢空。子弟勸除家屬，答曰：「寧爲共飢而同死，不忍分離而獨生也。」有一同姓八寸妹，産於賤類而貧乏無依，珥平生不見其面。有一他族語其故，珥時爲吏曹判書，即散俸禄，常常護恤。及聞其死，乃能銜哀涕泣，親至其閭，凡喪需極其備而葬之，又服緦麻而終月。隣里之人，交口稱道，莫不歎服。其他親戚雖疏遠必愛，鄉黨雖鄙賤必恭，吉凶慶弔無所遺，其爲睦族盡禮，曠百世而難見也。謹按：同姓八寸妹，出嫁則無服，嫁而黜還則有服。此女爲夫所黜，故服之。

又曰：庚辰，聞玉候之未寧，廢食涕泣者至於累日，曰：「我當往近京之地，以聞君父之消息。」將欲發行之際，諫長之拜出於不意，聞命有幡然之志。有一學徒進問曰：「今之欲仕者，何義也？」答曰：「珥非隱者之比，乃經幄舊臣也。今聞玉候之違和，豈不欲一見天顔而退乎？此外無他義矣。」及其入朝之後，寵命日新，超擢歲加，眷戀聖恩，末由求退。時國事百孔千瘡，將無以收拾，晝思夜度，盡心竭誠，欲以隻手扶大厦之傾。身總百責，不恤神勞，雖隆寒盛暑，不廢卯仕。一家子弟，慮其生病，諫以少歇，則答曰：「珥之誠到了處，不足勞也。」

又曰：病卧十三日，命以子弟弟子而侍病，若婦女則揮之，少不近寢。臨卒氣乏，喘息甚急，子弟扶而起，以身挾之而坐，珥止之，顧謂曰：「使我剪爪沐浴。」因穩卧，齊其手足，端其形體，恬然乃逝。而目則不瞑者至於二日，其爲丹忠正氣，遡古難比。其前二日，風雪猝作，屋瓦皆飛，珥擁衾而坐曰：「何風之猛也？」臣對曰：「偶然耳，不足遽問也。」珥曰：

「吾非動於生死者，亦偶然而問之耳。」未三日乃卒。

又曰：珥之拜諫長入朝之日，年少新進之士爭趨其門曰：「東正西邪？」珥答曰：「東豈盡正？西豈盡邪？同是一國之人，而惟東西甄别，則才難之歎，不其甚乎？勿論東西，惟賢惟才而用之，同興至治而已，不可如是執偏也。」時鄭澈大忤於世，珥乃救之，由此日之扶西，浮議日興，而珥終不疏。遊其門者，怪而問之，珥答曰：「澈之爲人，忠清剛介，一心憂國，孝友之行，出於天性。但量狹有酒色之病，不可以其短而竝棄其長也。」當是時，西人執政，攻東至此，則珥之救東者必如此矣。大抵珥之心出於至公，而欲爲調和鎮定者，故見東則救西，見西則救東。其於秉銓之日，務舉至公之道，凡爲用人之際，衆惡之，必察而用之，衆好之，必察而棄之，勿論東西之偏，而惟見其人之賢否。旁觀者不究其心，而徒執其私，使珥至公之心不得行乎世，而又從而攻之，豈徒珥之不幸哉？

太學生宋時瑩等乙亥疏略曰：噫！李珥之賢，雖以振後輩無他可指之疵，只舉其少時從事禪門之事，爲其瑕玷。禪宗一法，雖曰異端，然其論心説性，實有精妙動人處。故自昔眞儒求道之初，例多流入於其中。張横渠、程明道其著者也，至於朱子，則最甚焉。李珥之事，亦猶是也。此在李珥責己之道，宜有悔艾之心。自後學觀之，惟當取其悟後造詣之高，以爲師法，豈可指其迷時泛濫之失，議其疵累？必若以此爲累，亦將竝與朱子而攻之乎？

振後疏中所謂李珥謁聖時不許通謁云者，此實無據之說。李珥之未第也，東西未分，清議方張，而生進壯元，儒林之極望。若以李珥出處爲未盡，則其肯許置壯元乎？既許壯元而不許謁聖，寧有是理乎？振後疏曰李珥戊辰年辭校理疏有曰云云，兹豈非自知之明者乎？又聞謁聖之時，不許通謁，矧兹從祀之舉乎？不許謁聖，本癸未應溉之啓。自黨議之分，吹毛覓疵，世無完人，而惟李珥道德文章如青天白日，無可指點，故但拈學禪一事，以爲頰舌之資，有識聞之，不滿一哂。

知事趙翼乙亥疏略曰：近日館學儒生上疏，請以先正臣李珥、成渾從祀文廟，而乃有異論發於其間，肆其詆斥。竊恐聖意或不能無疑於其言也，臣竊聞：李珥幼而靈異。五歲，母病，潛入祠堂禱之。七歲，知隣居陳復昌之姦，必爲異日之患，作傳而明之。十一，父病，刺臂出血以禱。其聰明仁孝、正直樂善之性，自兒時已如此。早喪父母，事庶母如親母，每日晨起省之。爲其嗜酒，必煖酒持而進。其人性狂暴，珥官爵已高，而於意少有不合，則輒加暴怒，必和顏遜謝，解而後已。人於親母，如是或難矣，況於繼母乎？又況於庶母乎？此則竊恐絶無於世也。其妻家稍有財産，妻父盧慶麟爲買京第以處之，不忍兄弟之貧，即賣其家得綿布，悉分與之，於京終無一畝之宅。其窮不能自存者，皆聚而同居，食口甚多，爲粥以食，亦或不繼。其妻自少廢疾，而終身禮敬備，至出入相揖爲禮。每朔望，聚家衆，行禮讀法。其家中所行皆極其善如此，竊恐雖謂之盡於人倫可也。

又曰：爲文，水涌河決，一下千言。或衆中立就，筆不停輟，如不經意，而不復點綴。於書無所不觀，耳順六經，貫穿今古。至於天人、理氣、性情之奧，經傳精義、聖賢微旨，超詣透徹。其所辨析，皆出於眞見實得，非由掇拾湊合。其見解所到，直與程子、朱子之旨契合，而非後之儒者所可到也。

又曰：立朝事君，其導之一以古之帝王爲法，聖志必欲以帝王之心爲心，聖學必欲以帝王之學爲事，而以後世賢君其道有所未盡者，爲不足爲也。其論治，以三代之道爲必可行，三代之治爲必可致，可以萬物皆得其所爲心。因事進諫，則危言犯顔，懇懇竭誠，必以匡救爲期。遇事論辨，則援据今古，明白剖析，必歸於至當。憂士論之攜貳，則欲調劑彼此，以和朝端。閔斯民之困窮，則欲釐革衆弊，以安生靈。其心實以當世之治亂爲己任也。蓋我國人，雖賢者，惟能自脩其身而已，其能憂在天下，如司馬光、范仲淹者實甚鮮。其以致君澤民爲心，惟光祖及珥爲然也。然其於進退之際，未嘗一毫苟且，見其不可，則輒超然自引，勇不可奪，其進常難，其去常速。晚被宣廟隆遇，魚水之契，千載一時，而不幸天奪之速，未克究其所施，豈非東方千載之恨也？其死也，京外民庶、兒童走卒莫不悼惜，樵夫入城，聞之皆欷歔，惘然如有所失，儒生禁軍、醫譯庶品、各里市民、諸司下吏等咸來哭奠，如悲親戚。發引之日，城中之民殆至空都以送，炬火連數十里，此則國朝以來未有云。此豈有號令徵督哉？惟其至公之心爲人信服，純善之德入人心髓，不蘄敬而民敬之，不蘄哀而民哀之耳。以是觀之，則當時國内大小之人，惟若干朝紳，牽於自己利害之私，憎而擠之，其餘無不翕然誠服，可見也。聖人所謂「克己復禮，天下歸仁」，豈不信歟？以臣之愚度之，則竊恐其學問行義，自東方以來未有也，雖謂三代人物可也。而孟子所謂「居天下之廣居，立天下之正位，行天下之大道」，周子所謂「學顔子之所學，志伊尹之所志」者，珥實庶幾焉也。

又曰：嗚呼！大賢如李珥，而小人惡之者，尚求其疵點，乃以其二十前未聞道之時，流於異學爲累。自古賢人求道之始，類多此患，及其棄之醇如，則初何傷於日月之明哉！此益見君子之爲高也。乃以其初年求道之失，旋即棄之者，欲掩其後來成就大德大業，可以爲法於百世者，此亦無異於「毁日月」者也。韓愈所謂「小人之好議論，不樂成人之美」者，其此之謂也。

又疏曰：昔宰我、子貢、有若言，生民以來未有如孔子，孟子言其智足以知聖人，又必不阿其所好，以明其言之可信也。臣雖非智足以知聖人者，然反復聖賢之書亦可謂久矣，其於聖賢之事豈是全無所見？以臣觀之，李珥天禀之高，充養之純，識見之通透，行善之敏勇，竊恐東方以來未有也。

前察訪安邦俊丙子疏略曰：頃聞二賢爲蔡振後、權蹟等所構，國是不定，禍將不測。臣何敢終默，上負聖明，下負師友乎？振後、蹟等以年少乳臭之人，不知道德之如何，徒懷偏黨媢嫉之心，詆謗儒宗，無所顧忌。振後則抽出李珥戊辰辭職時反道悔悟之語，以爲自道盡矣。權蹟之言曰「道德不出乎忠孝二者之外」，隱然以珥、渾歸之於不孝不忠之域，是可忍也，孰不可忍也？蹟疏曰：「李珥入山之日，已過志學之年，則不可謂童穉也。道學之實，不出於忠孝二者之外，二人出處去就有所歉然，則其不可爲文廟之從享，灼灼易見矣。」李珥年纔十九，從事禪門，飜然覺悟，終成大德，是乃珥之最高而人所難及處也。珥下山之後，未幾即往見李滉於陶山，滉和詩有「公來披豁醒心神，始知名下無虛士」等句，其後與之往復論學。珥之不正不孝果如振後輩之言，而滉之相許至於如此，則滉其亦不正不孝之徒耶？逮癸未年，珥大爲羣小所忌，或以爲王安石，或以爲專擅國柄，或以爲驕蹇慢上，其他罪目不一而足，必欲殺之而後已。甲申年珥歿後，雖以汝立之兇逆，榻前攘臂，詆珥誤國小人，而亦不敢以不正不孝加於其身也。殿下姑捨彼此論議，但觀癸未以前推尊李珥者，癸未以後攻擊李珥者，孰賢孰否，孰是孰非而已。

太學生金壽恒等辛卯抗疏宋尤菴時烈製。略曰：柳櫻等誣罔之狀誠難枚舉，而其大有三，曰出處之是非也，曰事業之失得也，曰道學之醇疵也。其所爲言皆襲仁弘舊套，而若理氣等説，則仁弘亦所不敢容喙者也。櫻疏曰：李珥之割棄天倫，逃遁空門，固已得罪於名教。其時尚不許司馬謁聖，巧詆忠賢而曲護朋比，動稱經濟而實務專擅，言論風旨足以張皇而震耀，施措云爲未免偏蔽而疏繆，至其學術之蔽則尤有大於此者。李珥早事異教，而舊習未祛，好爲躐等，而實地未踏，蜃樓虚幻，既非吾儒家計，而剥换面目，以自濟其私説。先正臣李滉蓋嘗深惡而痛絶之，有「新嗜靡甘，熟處難忘。五穀之實未成，稊稗之秋遽及」等語，其意固有在也。且珥之學，專主氣字爲理，以理氣爲一物，而無復分別，至以爲心是氣也，四端七情皆氣發，是其病根。元出於陸家不分道器之見，而其爲害同歸於釋氏作用爲性之説也。李滉四七之分殆啓千古之祕鍵，李珥既無絲毫契悟，而落在儱侗之科臼。李滉殁後，所以攻滉之學者，不遺餘力，至曰朱子真以爲理氣互發，則朱子亦誤也。其偏見錯認，敢詆前賢，一至此哉！朱子之説曰：「有理而後有氣，四端理之發，七情氣之發。」此非所謂互發者耶？朱子定論若是明白，而尚且不信，李滉之學乃朱子之學，則其見斥於珥固也。其見識之蔽錮，論議之詖邪，惟此一款，乃其根腦，請就此悉陳，以破櫻等之誤也。我東文獻，至本朝最明，文純公李滉以沈潛縝密之學，啓發關鍵，然後程、朱之學大明於世。珥以高明超卓之資，直溯伊、洛、關、閩之學，洞究道體，故一生尊信李滉，講明其學。靡二賢者，我東性理之學，孰得以闡明之哉？惟理氣離合之説，不免有小異同。蓋滉嘗與奇大升論辨天命圖、四端七情，以爲四端理發而氣隨之，七情氣發而理乘之，引朱子「四端理之發，七情氣之發」之語以證之。珥嘗以此爲措語未妥，恐爲正見之一累，與成渾往復辨之曰：「發者，氣也。所以發之者，理也。非特人心爲然。天地之化，無非氣化而理乘之也。天地之化，即吾心之發也。天地若有理化氣化，則吾心亦有理發氣發矣。天地既無理化氣化之殊，則吾心安得有理發氣發之異乎？朱子之意，不過曰四端專言理，七情兼言氣云爾，非曰四端則理先發，七情則氣先發也。理，形而上者也。氣，形而下者也。二者不能相離，不可謂互有發用也。但理無爲而氣有爲，故情之出乎本然之性而不掩於形氣者屬之理，當初雖出於本然而形氣掩之者屬之氣，此亦不得已之論也。若朱子真以爲理氣互有發用，相對各出，則是朱子亦誤也，何以爲朱子乎？」此乃珥灼見精微，迥出常情，不顧旁人是非，不計自己利害，勇往直前，說出人不敢說底道理，令後之學者曉然見得理氣不相離之妙也。若使渾在世而相與講論，則其必相契而脗合也無疑矣。若以渾決然主張己見，使後學必從其說而莫之敢違，則豈張子所謂「其不善者共改之，正所望於後學」之意邪？臣等竊謂渾之溫厚和平，決不如俗學之陋，守己殘而妒道真，使其遺風餘弊波蕩於末流也。渾之學問，近世無比。然道理無窮，是非至公，故顏子以能問於不能，以多問於寡。雖以渾之學，蓋不能無一說之差也，雖有一說之差，何足爲盛德之累也？後之人但當平心虛己，看得義理，不問親疏，不計先後，義理通處，便當從之，豈可肚裏先横著一箇互發二字，而且謂朱子亦嘗謂互發耶？珥之所以發明朱子之説，與滉説不同之實者，毫分縷析，殆無餘藴。而今謂朱子之學見斥於珥者，不亦悖乎？

又曰：珥斷然以趙光祖與滉擬議從祀之典，正如朱子以程、周上接孔、孟之統也。今樱等乃曰「李滉没後，所以攻滉之學，不遺餘力」云者，其悖理傷化，抑又甚焉。若以辨論互發之説爲攻滉，則尊信程、周，孰與朱子？而朱子辨析程子易傳之差處甚多，至論周子之文字則直以爲有老、莊之味。以此而謂朱子攻程、周，可乎？樱等所謂珥之學「認氣爲理，以理氣爲一物」云者，樱等亦有人心，何忍白地做出此等語，以欺君父耶？珥之書曰：「非理則氣無所根柢，非氣則理無所依著，妙合之中，理自理氣自氣，不相夾雜。雖曰理自理氣自氣，渾淪無間，不見其爲二物。程子曰：『器亦道道亦器。』見者遂以理氣爲一物。朱子曰：『理氣決是二物。』見者遂以理氣爲有先後云。」此珥之學果以理氣爲一物乎？特以後之學者執言迷指，不知渾淪無間之中，實有不相夾雜者，故不免兩下説破。既明羅欽順一物之病，又明李滉互發之差，然後理氣之妙躍如於世，此正珥有功於後學處。而樱等反誣珥以理氣爲一物，正如誣大禹以陻洪水，誣孟子以言性惡，不可以欺尺童，況欲以欺聖明乎？樱等所謂「病根元出於陸家，不分道器之見，而其害同於釋氏作用爲性之説」者，不知孰從而鼓發此論耶？陸氏妄詆周子太極圖説直以陰陽爲太極，故朱子以爲昧於道器之分矣。珥之所謂「理自理，氣自氣」者，果如陸氏之見乎？釋氏不知性之本於天理，故以作用爲性，而猖狂自恣，故其説曰：「箇箇圓成。」蓋昧於一源之妙矣。朱子之明辨，不過曰此一而彼二而已。今珥力辨二歧之惑者，亦所以明夫顯微無間、體用一源之妙。而彼釋氏迷藏之説，益無所遁其情，此實本於朱子之論。而櫻等之説一至於是，豈但誣珥而已哉！櫻等又以「心是氣也」之語爲珥之病。從古聖賢，以氣論心者多矣。孔子曰：「人能弘道，非道弘人。」朱子釋之曰：「人心有覺，道體無爲。」張子釋之曰：「心能盡性，性不知檢其心。」程子曰：「心生道也，心是活物。」朱子又直以心爲氣之精爽，而有「心自心，理自理」之説。自孔子至宋儒，皆分而言之，以性道屬理、以心屬氣者不翅詳矣。正如大明中天，瞽者不見，故珥以一言直截説破，使聖賢之意粲然於世，此亦可見珥之有功於後學也。但心雖涉於形氣，而該貯此理，故聖賢有合而言之者，孟子所謂「仁義之良心」，張子所謂「合性與知覺，有心之名」者是也。然此亦指其中所具之理而言也，何嘗直以心爲理，如櫻等之見乎？若以聖賢之書未嘗有此句語爲執言之地，則儒者之明道，惟在得聖賢之旨而已。「性善」、「養氣」之説，始於孟子。「無極」之説，始於周子。「氣質之性」之説，始於程、張。苟得聖賢之旨，直可與同條共貫，而不言者不爲少，言之者不爲多矣。況以心屬氣者，分明如上所言乎？此則櫻等自謂工訶，而反取盲吠之譏矣。

又曰：珥年十九而誤染禪學，周歲而即返吾道。往見李滉而問學，滉極加贊賞，便謂後生可畏，而其答珥書盛稱其弱冠穎脱，勇於改過，急於向道。又知從事於窮理居敬之實而曰：「聖遠言湮，異端亂真，如程伯子、張横渠、朱晦菴諸先生皆不能無少出入，而旋覺其非。噫！非天下之大智大勇，其孰能脱洪流而返真源哉？向聞足下讀釋氏書，頗中其毒，心惜之久矣。日者之來見我也，不諱其實而能言其非，今見兩書之旨又如此，吾知足下之可與適道也。所懼新嗜靡甘，熟處難忘，五穀之實未熟，而稊稗之秋遽及也。」又曰：「嘗恐吾生之浪過而有望於并世之君子，不翅如飢渴之在躬。足下茍能移斷置不難之心，以行於世，則雖科目利害之在前，吾知其不與衆人同其怵迫也無疑，此滉所以有感於足下者也云云。」此書在嘉靖戊午之歲，計珥生年則才二十有三，而滉之書辭如此，此可謂深惡而痛絶之辭耶？其崇獎推許之意殆同乎晦菴之延平，而又直以古人相期，則其暫迷益光於善復，高明終至於上達者。此實滉之先見而抑可謂君子之定論矣，寧可以此而謂之疵珥乎？成渾之言曰：「珥於道體，洞見大原，誠山河間氣，三代人物云。」而珥後來成就之正大，真不負滉之所期有如是者。而櫻等反取滉書中熟處難忘等數句語，截其首尾而孤行之，以證其矯誣邪僻之説。其設心必欲以舊染爲累於珥，故便執滉勉珥之好意，反做爲攻珥之嚆矢，豈不戾哉！誠若樓等之言，則是滉以得罪名教之珥妄擬於程、朱事業也，是欲誣珥而不覺其誣滉矣。大抵觀人之法，當分初晚之辨，若不論其道德學問畢竟成就之如何，而只以幼年之失斷其人之平生，則是埋鬻之戲可累孟子，田獵之好可疵明道，而朱子亦不得承孔、孟之統也，天下寧有此等議論哉？仁弘之詆珥，可謂不有餘力，而尚不及其幼年之事。樓等乃反言仁弘之所不言，務欲突過仁弘之上，而寧背先聖已定之論，其亦不仁之甚者也。

又曰：東方儒者之學，盛於我朝，而亦未有出而以經世自任者，惟趙光祖以純正之學遭遇中廟，拔茅羣哲，庶幾一變，而至治未興，奇禍旋作。李滉以精深之識，儀表儒林，而專意引退，不欲擔當時事，故經世大道，未見展布。其後繼光祖、滉而興者，實維珥、渾。渾則雖負望斯文，而迹在山野，未嘗自任以當世之重。然辛巳一疏，亦足以見其經綸設施之梗概矣。惟李珥以王佐之才，值聖明之主，其眷眷於救時，極言竭論，終始一議。其所以論治者，爲說甚備，而乃若其要，則未嘗不以修己爲出治之大本，安民爲救時之急務。修己之道，則必以唐、虞、三代爲法。而格致誠正之目，莫不一本於聖經。安民之術，則必以革弊變通爲先。而更張布置之方，率皆參酌乎時宜，不但可行於一時，而允爲萬世之通法，此豈拘儒俗學所可模象其萬一哉！其見於萬言封事及東湖問答等諸書者，可考而見也。至於朝論橫潰，簪紳不睦，則珥獨深憂遠慮，以爲東西二字必爲亡國之禍胎，而力陳洗滌調劑之策，鎮定其浮澆，裁抑其滃訿，周旋兩間，不顧怨謗。其至誠惻怛光明正大之意，如青天白日，靡有纖毫之幽隱，而亦以此大忤時輩之心。我宣廟深識其有經綸道德，簡自聖心，將欲大用。癸未際會之隆，寔東方千載之盛舉，明良相遇，治化可成。而媢嫉之徒，羣吠四起，哲人云亡，天不憖遺，使我東民不得蒙儒者之化，志士之痛到今益深，而櫻等反以此爲珥之罪。然則士之出身事主者，固皆忘致澤之大道而没溺於利禄，然後乃爲賢乎？

又曰：人臣受君委任，擔當世道，竭盡底藴，其迹疑於專擅。而人君之所厭聞者，亦莫甚於專擅，故恭顯用此題目以爲殺蕭之機穽，此正人主之所當深察而明辨之者也。至若所謂巧詆忠賢、曲護朋比云者，是爲藏頭之説，以爲熒惑之計。臣等莫測其指誰而發也，然推以仁弘之説，亦可知櫻等之所主而言也。昔在宣廟壬申年，珥上章論故相李浚慶遺疏之失焉。辛巳年，仁弘論沈義謙，竝及鄭澈，而珥與之爭執焉。所謂忠賢，似指浚慶也；所謂朋比，似指義謙、澈等也，臣等請得以明言之。浚慶社稷之功，國人知之，李珥亦嘗稱道其賢相矣。然其病痛，亦自有之，性氣矯亢，不喜士類，至斥李滉爲山禽。宣廟方鋭意文治，士林顒望，而浚慶以元老大臣，所以導迪者，專主因循，及其遺疏，過疑士林，以啓聖心之惑，而其所以攻破之策，適足起朝著之禍端。故李珥血誠論救，明其不然。賢者之論人，取其所長，而責其所短，其心自至公，以此而謂之巧詆者，不亦誣乎？義謙當權姦竊柄之日，實有扶護士林之功。後來一種論議，妄揣上心，用爲陷人之機穽。而今考義謙平生行事，其不爲濁亂之邪人明矣。至如鄭澈，則忠清剛介之人也，但其禀性過於峻潔，嫉惡如讎，大爲潑、仁弘等所怨怒。潑、仁弘等以外戚斥義謙，而必欲連累於澈矣。珥以爲義謙果是外戚，則猶可棄也；澈則介士，不可論也。是豈珥之護澈哉？特仁弘等自爲朋比，以啓不靖之端耳。當是時也，舉朝乖隔，而能超然獨立，不染於黨目之中者，惟珥一人而已。

奉朝賀宋時烈乙丑疏略曰：竊聞憲臣投疏，提起李珥落髮之說，而引臣師金長生爲證。臣嘗見故文忠公臣張維文集，有記故知事趙緯韓之言。張谿谷維漫筆曰：趙承旨持世言於余曰：栗谷入山時，或云落髮，或云否也。嘗以問于沙溪，沙溪言似是落髮。而惟金南窓玄成力辨其不然曰：栗谷下山二年，爲應舉入洛。聞其至，往省之時，栗谷已有盛名。賓客滿座，栗谷對衆梳頭，髮長幾委地，乃至立梳。長髮之人，於數年間，決不若是長也，其嘗不落髮明矣。又故直長李謹成，文伯之諸父也，與鄭公以周隣居。鄭公與栗谷少時友也，亦言栗谷初出山入京，即往見，與之同宿，髻大如拳，世傳其剃髮者妄也。李直長親聞其言，而説與持世云。蓋沙溪雖親登栗谷之門，嚴不敢請問入山時事，只聞世俗流傳而以爲信然。金、鄭二公，皆與栗谷交友，目擊其狀而言之。二公皆非妄言者，其言可信矣。夫栗谷業已入山，則其落髮與否，只是粗迹，有不足辨。然世傳之非實，則金、鄭二公之言，足以爲證矣。臣於是嘗不勝其疑訝也。臣請從源頭先陳珥之實迹，則長生之誣不待辨而自明矣。珥天資極高，年纔五六歲，已知爲學之方。逮及十歲，盡通經書而曰：「聖人之道，只此而已乎？」於是，泛覽佛老諸書，而於其中最好楞嚴一書。蓋其爲説，内之則説心説性，十分精微，外之則錙天銖地，極其宏闊。若非珥之高明，則童穉之年何以能知之？而亦何以能味之哉？此其自訟之疏所謂「髫年求道，仍耽釋教」者，即此事也。逮其入山之時，則又以儒道而合於禪。其留别朋友書略曰：「氣者，人之所同得，而養之則役於心，不能養之則心爲氣役。氣役於心，則一身有主，而聖賢可期。心役於氣，則七情無統，而愚狂難免。古之人有善養者，孟子是也。人之有志於窮理盡性者，捨此而奚求哉？孔子曰：『智者樂水，仁者樂山。』樂山水者，非取其流峙而已，取其動静之體也。仁智者之所以養氣者，捨山水而奚求哉？」及入楓嶽，諸僧説經，多有異同之辨。珥言其此處則某也是，此處則某也非，於是僧徒莫不驚異嘆服。嘗至深處，静坐凝思，忽悟禪旨之非曰：「此無他奇妙，只欲截斷此心走作之路，凝聚精神，以造静極虚明之域。其與聖賢體用一原之旨，有以異也。」遂棄而歸來，專心於聖學。蓋其所謂入山云者，不過如此，此皆見於印行文書，可考而知也。至於落髮之説，極其誣罔，果若有是，則珥之文集，叙其與老宿問答，而老宿何以曰措大非俗儒乎？林億齡詩集又何以曰與李生珥遊山云乎？設使珥真有此事，亦不當自長生證之，況萬萬無此乎？緯韓之爲此言，非所以誣長生，不過酬酢之際誤聽而誤説也。且維之所謂嚴不敢問者，亦有所不然者。臣與故參贊臣宋浚吉同聞長生之言，則曰：「嘗以變形與否微稟于栗谷，則答曰：雖不變形，何益於其心之陷溺哉？」所謂栗谷，即珥之別號也。雖不切切分疏，而其不爲落髮之實狀自然形見，真是珥之氣像也。且憲臣引張維說，以爲落髮是粗迹而不足辨，故長生亦言之以粗迹而言之不難，則竊有所不然者。昔朱子雖少師道謙，而其知舊有欲剃髮者，則責之甚嚴，而竝斥其所親之不禁者，果以長生之高明而猶爲是，則朱門之罪人也，烏得謂之適傳哉？昔喪速貧、死速朽之說，曾子親聞於夫子，而有子猶不信焉。曾子又曰：「參與子游同聞之。」然有子猶曰：「然則夫子有爲而言之也。」夫聽言之道，惟觀義理之如何也。以曾子與子游親聞於夫子，而於理不當，則有子猶且如此。今維遽聞緯韓一言，而著之於文字，以爲今日藉口之資，豈不惜哉！

進士沈齊賢等己巳疏略曰：頃者安乘時投疏，隱然有探試之計。既而李玄齡等又復簧鼓邪論，熒惑聖聽，臣等竊痛之。其疏以李珥之少時耽禪爲一大關捩，而以善類調劑之事、理氣互發之辨，反爲疵纇，臣等何可泯然無所辨明乎？珥之幼年染禪，蓋出求道之簡捷，則可見其資性之高明。而周歲即返，一變至道，則亦可謂遷改之至速矣。其所謂割棄天倫、被緇落髮者，未知玄齡等何從而得之也。珥之下山入洛，賓客滿座，而對衆梳頭，髮長委地之說，昭載於先正之所記。十目之視，何可掩也？而譸張虛妄，若是其無忌耶？至於濟其朋比之習云者，實有所未曉者。珥受知宣廟，以經綸爲己任，而不幸朝論横潰，搢紳不睦，珥獨周旋兩間，必欲調劑而後已，前後章牘備陳黨比之弊。則其至誠惻怛、正大光明之心，如青天白日，人孰不見？而人之爲言，胡至於此！況天下之義理無窮，先儒之見釋各異。其所謂「發者氣也，所以發者理也」之説，實是擴前人之所未發。若以謂先儒之論，後學不敢輕議，則昔所未遑，今不可復作，前所未安，今不能復正，此程子之所嘗歎也。

海州儒生朴蕃等癸卯疏略曰：臣等竊聞黄昱者稱以尹宣舉父子辨誣，張皇陳疏，敢請追復已奪之爵，更設已毁之院。事下廟堂，廟堂回啓，一如其指。噫！先朝之罪宣舉者有二，一則以誣聖祖也，一則以誣先正臣李珥也。而今昱疏及廟堂覆啓，惟於誣聖祖一節，略有分疏，至於誣先正之罪，則全不提及，豈以宣舉誣悖之言爲當於理，在宣舉爲無可罪，而在先正爲無可辨耶？吁亦痛矣！臣等竊伏惟念先正臣文成公李珥天分甚高，明睿絶倫，不由師承，自知爲學。其功程次第，必以格致、存養、踐履三者爲終身路逕，無一不本於濂洛宗派，而得之考亭者尤多。故嘗自信曰：「吾幸生朱子後，學問庶幾不差。」其門路之正，階級之嚴，雖質往聖俟百世而不惑矣。嘗謂初學必先下學，作擊蒙要訣；又謂學者當有準則，作自警文。删繁就要，而爲小學集註；提綱挈維，而爲聖學輯要。然後本末咸備，次序不紊，置水不漏，無少罅隙，而尤嚴於辨異端、明正學之說。嘗曰：「中朝之學，尊信象山，以至陽明之徒出，則尤爲吾道之害。」遂推窮源委，剖破詖淫，使之不惑。與先正臣文簡公成渾論理氣，往復長書，近數千言，剖析精微，發前人所未發。其所謂「理通氣局，不可謂互發」等語，殆與孟子性善之說同功焉。及李珥歿，成渾慟之曰：「栗谷於道，洞見大原，誠山河間氣，三代上人物。」其誠心稱道、許與推服者，無異於敬夫、伯恭之於晦菴也。不幸自癸未三姦醜詆兩賢之後，一種陰邪之徒寔繁其類，至於己巳而極矣。今於成渾畫獅之託，得一尹宣舉者，乃反誣李珥，無復顧藉。其所謂宣舉遺事者，即宣舉平日之言而其子拯所追述者也。其一段曰：「栗谷先從上達處入，故學之無可依據。」噫嘻！是何言也？大抵吾儒之學，下學而上達，無不先下學而能上達之理。故朱子曰：「譬如耕田，須是種下種子，便去耘鋤灌溉，然後到那熟處。却不曾下得種子，如何會熟？如一以貫之，是聖人論到極處了，而今只去想像那一，不去理會那貫。譬如討一條錢索在此，都無錢可穿。禪釋之學，不曾下學，而惟尋討上達處去。」故程伯子有言曰：「釋氏惟務上達而無下學。」若朱子一生苦心極力，距闢禪釋之道者，惟在於此。李珥之學具體用，道貫本末，一用朱子法門者，豈有一毫近似於此者哉？蓋李珥之學，知行兼進，敬義夾持，極深研幾而不外於日用之常，庸言庸行而必根於性命之原，極其妙則如不可捉摸，而驗諸實則易知而易從。亦由天資明睿，識見超詣，人或分寸，自能闊步，人或千百，自能十一，早見大道之原，以及微密之境。故先輩嘗論之曰：「不由師傳，默契道妙，似濂溪；發明極致，通透灑落，似明道；博約齊頭，集而大成，又似乎晦翁。」若曰天資素高，造道亦易云，則容有見處。而今曰「先從上達處入」云，則正朱子所謂「理須頓悟，不假漸修，及先有見處，造夫平易」者也，其不流入於佛、老者幾希矣。若是，則其在當時如成渾之以道自任者，惟當痛斥如朱子也，豈可許之以洞見道體，又復曰真是吾師也哉？且李珥平生斥異端、破詖淫者，亦必戒差異於毫忽之間，辨得失於幾微之際。昔儒臣朴英有言曰：「有所得，然後操存養之。」李珥辨之曰：「學者必存養，然後乃有所得。退溪之譏松堂帶得禪味者，無乃指此耶？」又曰：「象山揮斥致知之功，以爲支繁失真，專用功於本心。此於涵養，不爲無助。但學者知行必須并進，若不知道理，不辨是非，則所謂存心者，亦將何據？若只靜坐而萬理自得，則孔子何必曰『博學於文』，子思何必曰『道問學』乎？」又曰：「人見明道，樂其渾然天成而不知從事於煞用功夫。見晦菴，樂其海闊天高而不知從事於銖累寸積。故不能遵其路，躡其步，歷其藩籬，入其閫奥。」此李珥之透徹實得，喫緊用功，而啓迪於後人者也，豈有反以身直犯此戒也哉？宣舉憑藉高明等語，加之以此等題目，必欲歸之於異端之科者，可不痛心哉！曾聞宣舉問於金集曰：「或言明道早夭，故成就不及伊川，信乎？」金集答曰：「吾未聞曾子以壽考而優於顏子。」

蓋宣舉之意，以李珥早歿如明道，故成就不及成渾之如伊川也，金集覰破其意，故所答如是。臣等嘗笑其言之無稽，而痛其意之巧譎矣。又曰：「栗谷見解超卓，而至於做事處，必推牛溪，以爲非牛溪不可以爲國。」噫！李珥以王佐之才，適用之學，其經綸規畫，正大宏遠，遍布纖密，不泥於古，不狃於俗，承大任而無所疑懼，履至難而若決江河。其規模設施，觀於萬言封事、東湖問答及他章劄皆可考而知。今宣舉一筆句斷曰「李珥不可以爲國」者，何異於誣大禹以不能治洪水，毁周公以不能興禮樂哉？至其末段，乃曰：「程子之學，與蘇學并行於世，至朱子而大定，知德者鮮矣。」噫！宣舉從前説去者，和泥合水，半陰半陽，至此而手脚盡露，更無餘蘊，此乃上段「先從上達處入」之語之結果也。其意以程子擬成渾，以蘇學擬李珥，朱子則宣舉自擬也。朱子謂蘇公早拾蘇、張之緒餘，晚醉佛、老之糟粕。蘇氏嘗解老子曰：「中人以上，自是而上達。」朱子駁之曰：「聖人所謂達，兼本末精粗而一以貫之也。蘇氏之所謂達，則捨器而入道矣。」此蘇氏之學所以先上達、無下學而背馳於程子，見斥於朱子者也。今乃以是而誣先正，是果何説耶？噫嘻亦太甚矣！豈料其心之乖悖，其言之無倫，一至於此哉？其旨意與癸未三姦之誣同一套，而其爲害反甚焉。夫癸未三姦，不過以先正幼時之事，爲醜辱之資，是猶以埋鬻而累孟子，以田獵而疵程子，故其輩亦知其非而羞言之。今宣舉則直指本原，兼論資禀，混圇下語，釘釘膠粘，一篇精神湊泊於此一段，此所以其子拯敢以真有入山之説肆言而無所顧忌者也。豈不痛哉！

校勘記

〔一〕珥之秉鈞　「鈞」，原作「匀」，據文意改。

〔二〕則其失又淡　「淡」，疑作「淺」。

栗谷先生全書附錄續編

御製聖學輯要序英宗壬子正月

召對畢講，聖學輯要。是誰之撰？先正所進。條理有序，首尾貫通。道學要旨，開卷瞭然。修身規矩，治國準繩。粤我聖祖，度越百王。至誠求賢，儒林咸集。君臣相得，魚水契合。吁嗟先正，深感眷遇。撰進此書，罄竭精力。聞嘗熟矣，深慕道學。今觀其書，三服感歎。紀綱安民，偶合予意。不覺欽服，顧世慷慨。噫乎此篇，莫曰進昔！句句字字，戒若寡昧。豈曰無人？書乃其人。予雖不敏，尊學蓋久。兹講斯書，深惡涼學。若不服膺，是負先正。天理人欲，如晝如夜。其欲向學，捨此何先？繼伊洛源，捨先正誰？嗚呼先正，可得其統！昨示予意，今製序文。百載之下，拜先正訓。

御製題栗谷手草擊蒙要訣 正宗戊申

慕其人，必讀其書，讀其書，必求其心，即心而便其人也，是故尚友者未嘗不以書爲先。而今以所慕之人之書，重之以手自點竄之蹟，則并與其心之著於書而將有所默契于中，其於求心之妙，不既愈切矣乎？李文成，予所尊慕也。讀其全書，想見其人。近聞臨瀛有所草擊蒙要訣及遺硯，亟取而見之，點畫如新，終始若一。明粹超詣之姿，光霽灑落之象，藹然可挹於開卷之初。忽不知去文成二百有餘年，非有待於讀其書而然也。夫妙契疾書，是公之思之精也；即此是學，是公之居之敬也。由是而求之，修齊身家之工，堯舜君民之策，直不過推將做去。後之慕公而求公心者，其有不賴於斯卷者歟？然是書乃小學初程也。而如爲臨瀛子弟者，徒知愛翫於手澤之遺，不務深究乎嘉惠之志，則豈不反爲茲鄉之恥？而如欲進此以求，亦必讀其全書而後爲可也。予因此別有感焉。曩於嶠南，得李文純手書心經，今又得是本。兩賢之生，既并一世；二書之出，適相先後。殆若有待，事或不偶，而儒風寢邈，聖言日湮，每御經筵，益不禁不同時之恨也。臨瀛即公外鄉，公實生焉，所謂烏竹軒者是已。後爲權氏有，書亦藏于其家。權之先，爲是公姨親也。既識此，且銘其硯而歸之。予即阼之十二年戊申初夏題，仍命公傍裔李秉模之在閣職者書之。

御製御書硯銘 刻之硯背

涵婺池，象孔石。昔厥施，龍歸洞。雲潑墨，文在茲。

高山九曲詩 尤庵既次武夷棹歌首韻，以下分屬諸公，依先生九曲歌而成之

五百天鍾地炳靈，栗翁姿禀粹而清。高山九曲幽深處，泪濺寒流點瑟聲。尤庵宋時烈。

一曲松間漾玉船，冠巖初日映前川。攜笻坐待佳朋至，遠岫平蕪捲夕煙。文谷金壽恒。

二曲偎巖花映峯，碧波流水漾春容。落紅解使漁郎識，休說桃源隔萬重。霽月宋奎濂。

三曲曾聞詠翠船，上游移櫂問何年。山禽解說滄桑事，下上其音正可憐。丈巖鄭澔。

四曲松崖萬丈巖，日斜林影翠毿毿。怡情正在幽深處，雲白山青集一潭。睡谷李畬。

五曲雲煙深復深，武夷精舍此山林。翛然杖屨清溪上，誰會吟風詠月心？谷雲金壽增。

六曲春深釣綠灣，歸時溪月照松關。濠梁上下天機活，魚我相忘果孰閑？三淵金昌翕。

七曲楓巖倒碧灘，錦屏秋色鏡中看。悠然獨坐忘歸路，一任霜風拂面寒。遂庵權尚夏。

八曲溪山何處開，琴灘終日好沿洄。牙絃欲奏無人和，獨對青天霽月來。芝村李喜朝。

九曲文巖雪皓然，奇形掩盡舊山川。遊人謾說無佳景，未肯窮尋此洞天。校理宋疇錫。

紫雲書院春秋享祭文 尤庵宋時烈

道全體用，功存繼開。於萬斯年，享此腥槅。

松潭書院春秋享祭文

發揮道妙，承繼正統。功崇德隆，百世欽奉。

書栗谷先生謚狀後

右曾王考所撰先生謚狀，成於萬曆壬子。其後癸亥仁祖大王反正，曾王考請特加贈先生，以示褒異儒宗之意，遂命贈議政府領議政。先是光海庚戌，儒生邊就正，已發先生從祀文廟之請。至是，知經筵鄭公曄、海西儒生吴瀸等以先生及牛溪先生並請從祀。甲子，贈謚曰文成。今上辛酉，太學生李延普等與八道儒生上疏請從祀，命議於大臣而從之。壬戌五月，遣禮官賜祭家廟。己巳，用一番人言：「先生及牛溪，并命黜享。」甲戌改紀，遂許復享，又遣官致祭。此皆狀中所未及載矣。又按先生續外集，辛巳正月答門人朴舜卿、金子張書曰：「精舍立廟，當待某下去，其材須善藏。」至十月，又答子張有曰：

「某之歸期，未可速決。明春，願建廟屋，蓋瓦而其餘材積於屋下，使勿腐朽。」且考趙公光玹乙酉伸辨疏，亦謂先生搆朱子廟，以朱子爲南向之尊，靜菴、退溪東西從祀，而不幸祠宇纔成，身先就没云。據此，石潭之立朱子祠，似在春間。而至於奉安朱子以下位版，則實在先生没後丙戌矣。然此狀中，有若建精舍之後，即立祠宇而奉安者，恐失照勘，故仍并書以識如此。時崇禎紀元後七十三年庚辰四月朔日，延安李喜朝謹書。

題栗谷先生神道碑銘下

碑文中，經曰：「清明在躬，志氣如神。」傳曰：「自明誠。」解之者曰：「天開日明，自然無蔽。」此指先生資禀隣於生知所性而有者也。然「自誠明」、「自明誠」二句，中庸分性教而立言也。今以鰲老所引「清明在躬」、「天開日明」等句語觀之，「明」是解「自誠明」所性而有之之義也。而碑本乃以「自明誠」書之，恐是傳寫之誤也。後之觀者，若考中庸本章及小註三山陳氏説，則不多辨而可知矣。辛丑復月日，烏川後學鄭澔識。

贊 渼湖金元行撰

有英邁絶異之資，有清通正大之腦。懇懇乎其致君澤民之志，卓卓乎其繼往開來之功。翺翔巖廊，則百僚瞻其瑞輝；棲遲江湖，則四方薰其風化。豁然天開而海闊，皎然日光而玉潔，豈不信三代上人物而爲諸儒宗耶？

跋

栗谷先生全書幾卷，縡所更定者，自知僭妄。而竊嘗以爲東方之學，肇自殷師，千有餘年，名賢輩出，義理愈明，浸淫乎閩洛之盛。然若其體用俱全，理事一致，擴前人之未發，牖後學於無窮，未有若先生之至者。先生之質，清通純粹；先生之學，高明光大。而其出處去就之際，誠忠惻怛，尤足以爲立身事君之大法。今讀其書，誦其詩，猶可以得其萬一焉。文中子之言曰：吾於夫子，受罔極之恩，豈不然歟？編既成，諸君謂宜有弁卷之文，余懼不足以當之，乃約其大致，而書于其後以復之，其義例則卷首詳之云。崇禎再甲子九月望，後學三洲李縡謹跋。

栗谷先生全書拾遺修正凡例

一　全書印役既訖，復取編餘文字之散在於詩、文、續、外四集者，編爲拾遺。

一　續、外集所載詩文，或有明知其爲他人作者，或有不能必其爲先生作者，或有來歷不甚分明者，則一併删去，以存謹嚴之義。文集草本六册，即先生仲兄璠手自繕寫者，而間録他人所作，或不著作者姓名，故續、外集修正時〔一〕，不免有混録之患，今不得不删。

一　續、外集所不載，而來歷分明，明知其爲先生作者，則亦一併收入。

一　科場程文，多不收録於原編。而拾遺事體，視原編稍輕，既知其爲先生作，則不敢删去。

一　太極問答不敢收入之意，既著于原編凡例，今無可論。至於爲學方圖，尤菴亦嘗以爲必非先生作，陶菴又爲跋文而證之。今用太極問答例，亦不爲收録。

校勘記

〔一〕故續外集修正時　「續外」，原本作「外續」，據文意乙正。

粟谷先生全書拾遺卷一

賦

鏡浦臺賦十歲作

一氣流化，爰結爰融。開慳祕於海外，鍾清淑於山東。分清派於天池，湛一面之寒鏡；失左股於蓬島，列數點之青峯。有閣臨湖，如跂斯翼。引微凉於綺疏，耀朝日於金碧。下臨無地，見城郭而纔分；上出重霄，捫星辰而可摘。境是方外，地入壺中。波含鶴背之月，軒納鷁頭之風。行人渡橋，見長虹之卧水；仙闕横雲，比海蜃之浮空。

其春也，東君弭節，灝氣流行。東西兮花卉競秀，上下兮水天同清。柳岸金絲，煙鎖流鶯之幕；桃源花色，露濕蝴蝶之翅。浮嵐藹藹，遠岫茫茫。灑香雨於漁店，飜錦浪於沙汀。於是鼓瑟必解衣，抱曾點浴沂之樂；臨風把酒，藹希文憂世之情。

其夏也，祝融司權，長養萬物。分草木之敷榮，極流爍之煩熱。炎炎火氣，日比趙孟之嚴；疊疊奇峯，雲入淵明之句。積雨初霽，衆川爭赴。山烝烝而霧生，水溶溶而波闊。於是蘭臺詠賦，快哉楚襄之風；殿角生涼，愛此唐文之日。

其秋也，金神按節，大地凄涼。列疏篆以征雁，染紅葉以清霜。紅蓼岸邊，鷺窺游魚之出没；白蘋洲畔，鷗鷩釣舟之往來。窓來漁笛，風埽黄埃。天悠悠而益遠，月皎皎而增輝。於是踵張翰吴州，飽玉鱠銀蓴之味；追蘇仙赤壁，歌明月窈窕之詩。

其冬也，氣閉窮陰，凍鎖煙浪。凋百草其已零，秀孤松兮幾丈。霜風振地，鳴萬馬之刀鎗；雪花飜空，散千重之玉屑。宇宙微茫，山川索漠。征帆絶於遠浦，瘦骨生於疊嶂。於是帶月尋友，王子猷興不盡於山陰；殘梅返魂，林處士骨未槀於湖上。

有客江山性癖，朝市心違，寄笑傲於虚閣，翫清漪於苔磯。黄鶴樓前，芳草兼晴川共遠；滕王閣上，落霞與孤鶩齊飛。兹以眼高九州，神遊六合。塵心静於水軒，世情散於風榻。金鷄唱曉，挹扶桑萬頃之紅波；玉兔昇昏，頫龍宫千層之白塔。快哉騁眺，怳若登仙。踏煙沙而散步，馴白鳥而共眠。鯨濤起望中，大鵬舉兮九萬。鰲岑在何處？弱水杳兮三千。遊覽既周，喟然歎曰：「前賢已矣，往事亡羊！覽竹溪之雄筆，吟石澗之清章。火後經營，悵失前日之華構；水中蘭桂，誰載昔時之紅糒？噫！名繮絆人，利網籠世。孰囂囂而得閒？咸役役而自弊。宦味同於鷄肋，難恃寰中之榮；名區類於菟裘，宜成林下之計。」

傍有一人曰：「既有此地，便築斯臺。想英雄之遺賞，懷隱逸之裴徊。登臨放情，縱一時之樂事；杳茫無迹，歷千古而成灰。若夫德積于身，物被其澤。效忠惠於君民，垂德業於竹帛。攀龍附鳳，可成身後之名；惰志忘形，莫循眼前之樂。」客笑而答曰：「行藏由運，禍福有期。求之而不可得，捨之而不能遺。已乎終非人力之可取，命也當聽造化之所爲。而況形分雖萬，理合則一。尚不辨於死生，矧有分於久促？周非我蝶非物，諒無夢而無真；凡未亡楚未存，竟誰得而誰失？是故虛心應物，觸事得宜。神不虧而內守，志豈動而外馳。達莫喜窮莫悲，庶全出處之道；仰不愧俯不怍，可免天人之譏。且夫難制者情，易盪者氣。苟操養之失機，必流佚而喪志。求名求利，定有害於性情；樂水樂山，竊多慕於仁智。雖然士生於世，不私其身。倘遇風雲之會，當成社稷之臣。隆中臥龍，縱非求聞之士；渭川漁父，豈是忘世之人？嗚呼！風燈百年，滄海一粟。哂夏蟲之疑冰，思達人之見獨。訪風景而天地爲家兮，何必效仲宣之空懷故國也哉？」

遊伽倻山賦

迴元化而玄覽兮，求融結之攸始。寓至理於太虛兮，運玄機兮不已。伊開闢之孰户？

蔑高卑而流峙；惟伽倻之奇挺，作雄鎮於火維。淑氣之所磅礴，神明之所扶持。齊維嶽之峻極，等赤城之建標。蟠坤軸兮倚巘，没層霄兮嶕嶢。望秩之虞封不及，隨山之禹迹未履。雖闕載於常典，乃標名於奇紀。既遼隔於塵界兮，寔靈仙之所宅。非遥想而冥搜，孰超然而登陟？嗟余之好奇兮，夙馳神於靈嶽。埽塵累而高舉兮[一]，整輕翮而迅征[二]。際玄冥之司節兮，遭天地之閉塞。埋千峯於積雪，絶萬逕之人迹。爾乃履攙天之鳥道兮，扣洞門之石扃。誠已契於異境，冒垂堂而猶平。尋幽壑之窈窕[三]，陟高岡之崔嵬。天台之瀑布界道，衡嶽之雲霧初開。若其奇巖環列，翠屏四回，石題朱篆，波殷晴雷，此所謂紅流洞者也；疊石成峯，高出雲間，巖梯削立，猿狖難攀，此所謂吹笛峯者也。方丈接乎蓬萊兮，慌三島之鼎立；毗盧秀乎衆峯兮，若朝宗而拱揖。渡石橋而直進兮，歷九折而始休。沿松柏之倏逕兮，散余步而遨遊。琳宫聳於高隅兮，露彩甍於林隙。五雲翼乎珠閣兮，掩中天之日色。攀層階而未半，目眩轉而神迷。憑危欄而四顧兮，氣颯爽而欲飛。窺十尋之深谷，俯萬仞之高陵。木葉盡脱，山骨稜稜。纖翳既絶，天真始露。層崖垂練，峻嶺戴縞。

於是客有吹長笛者，弄數曲於山顛。聲寥亮而縹緲兮，若吹簫於洞天。山鳴兮異鳥驚唳，水應兮潛珍瑟縮。余亦劃然長嘯兮，逸興變爲悽惻。哀蜉蝣之閲世，羨飛仙之高躅。惟蟬蜕而羽化，知不可乎驟得。爰收視而默存，欲忘懷於蝴蝶。夢一羽衣，駕鶴蹁躚，揖予而言曰：「人間多苦，膏火相煎，心馳利欲，口厭腥羶。君非凡骨，猶有宿緣。昏迷醉夢，惟予汝悲。我有靈丹，一飽忘飢。閬風玄圃，惟意所之。苟信斯言，吾不汝欺。君今訪古，知我爲誰？」予曰：「噫嘻！我知之矣。上界散人，新羅學士，世稱『儒仙』者，非子也耶？」羽衣微笑，取琴而歌，歌曰：「若有人兮絶世，謇獨立兮山阿。芰荷裳兮薜蘿衣，採靈芝兮遺所思。奏瑶琴兮孰知？彈一曲兮千秋。目渺渺兮相望，君不來兮夷猶。」歌罷形開，萬籟俱寂。開户視之，山空月白。

青蠅賦

噫！大鈞之流化〔四〕，囿羣生而竝育。雖巨細之多端，咸受氣於亭毒。然美惡之不齊，竊有刺於青蠅。羌無用而害物，誠可嫉而可憎。蜕汙穢而學飛，得其所於南訛。惟腥羶之是就，紛醜類之孔多。眇爾形之至小，宜爾欲之易盈。何溪壑之無厭，苦終日而營營？人於爾兮無負，爾於人兮構怨。乘薰風而鼓翼，初捷捷而幡幡。苟有食其輒聚，乃緝緝而翩翩。嗟爾舌其幾寸，得一臠而足焉。繽往來之不絶，爾所求者何事？隨所遇而霑污，免汝侵者有幾？换物色而眩人，偏有心於善妒。彼皎皎之齊紈，汝汙之以亂素；彼温温之良玉，汝點之以成瑕。養醜種於腊醢，俾臧獲而被訶。集俎豆而遺穢，致薦祀之不潔；緣眶睫而攬夢，失槐安之爵禄。五色混其真僞，百味失其苦甜。紛紛入袖而穿裳，俾神氣而不恬。雖麈尾之屢揮，乍飛去而還集。體雖微而害要，數厥罪而難悉。宜乎以爾微物，比讒人之罔極。彼憸言兮孔甘，能鑠金而銷骨。以萋斐而爲錦，以哆侈而爲箕。苟浸潤之已洽，人不信者幾希。聞三告而投杼，見掇蜂而逐子。寄毒螫於寸舌，務陷人而售己。人與物其雖殊，諒所爲之符合。

嗚呼！物有青蠅，人有讒慝。倒置賢愚，變亂黑白。止樊止棘，不擇其棲。居河之麋，職爲亂階。賦形則異，處心則一。雖然逐氣尋香，人莫不嫉。巧言如簧，人鮮不惑。莫不嫉故患小，鮮不惑故禍酷。故盜言之肆志，必交亂乎四國。兹豈弟之君子，終不信夫讒説。尚彼蠅點汙之可惡，況殄行之可堲。

吾不知人而蠅者是誰，但見几格上逐臭之一物，乃呼而告之曰：「青蠅青蠅，亦覥面目。人皆汝尤，胡不遄死？居無所定，貪不知止。蛟蝱利觜，蜂蠆毒尾。雖爲人畏，猶或可避。汝獨何爲？衆多莫敵。營何所希？動爲人孽。樂不可極，福盡殃隨。青蠅青蠅，蓋亦不思。天之生物，各有其時。誰能爲汝？留此炎曦。爾罪已盈，天不爾私。爾逢天罰，人誰汝悲？投畀有昊，古有其辭。」言已，天清氣肅，商飆横吹。羣蠅屏迹，不知所之。

空中樓閣賦

若有人兮超世，絶塵氛而高舉。溘埃風兮上征，立天衢而容與。涉泬寥之樓閣兮，謇憑虛而延佇。覽斯宇之結構，異尋常之所處。上冥冥兮無鄰，下杳杳兮無據。求木不假於工師，卜築奚問乎元龜？繩不督於離婁，巧豈資於般倕？集灝氣而爲材，履剛風而止基。洞八窗而去障，絶遊氣之爲累。乾之端兮坤之倪，總軒豁而呈露。非竿頭之闊步，孰同昇於雲路？

夫孰云䠐𧿶而無依？寔攸寧之安宅。俯下界而遊目，紛衆流之積億。蜾蠃負蟲兮，墨翟之不黔突也；蝸牛閉殼兮，楊朱之毛不拔也。蒼蠅逐臭兮，權謀功利之說也；蜃樓浮海兮，虛無寂滅之學也。諒在上而辨下，曾不滿乎一哂。嗟兹閣之占高，詎尋引之能準。聞取物而譬人，美善喩之有得。于以求乎前哲，仰堯夫之通闢。原地位之所躋，固登高之自卑。始習靜而爲基，止方寸之外馳。漸澄汰而去滓，無愧怍而自持。爰生白於虛室，廓恢恢乎有容。觀芸芸之化源，運玅思而研窮。究陰陽之度數，推元會之始終。倏鞭霆而駕風，渺遊覽於無際。瑩心眼之洞明，無一點之纖翳。躡天根而高蹈，探月窟而遠騖。幽而達鬼神之情，顯而通天下之故。彼萬象之起滅，孰逃形於水鏡？

夫孰知斗大之室？乃揭揭於斗柄。俯羣兒之走作，默攲枕而看戲。弄胸中之太極，吐彌天之浩氣。嗟先生之天挺，實命世之才智。惜天津之鵑叫，蘊經濟而未試。只收春於肝肺，付飲和於行窩。眇余仰止兮彌高，顧豐蔀而興嗟。然吾心本虛而本明，非古今之殊科。信升堂入室之由我，冀九仞之功成。契風月之情懷，庶玩弄乎高明。

納約自牖賦

余觀夫畜君之要道，乘善端而進規。諒天理之不泯，故啓發之有時。玩易辭而有得，知納約之要術。既蹇難兮坎險，又尊卑之位隔。欲馳騁而先後兮，恐靈修之莫余察。欲汎汎而隨波兮，忍見君舉之日忒。肆君子之柔克，豈暫忘乎格非？羌内積乎誠信，非外事乎多儀。彼衆攻之日梏，縱斧斤於山木。然本善之性明，固四端之闖發。因所明而將順，他人心乎余忖度。斯去蔽而進明，若焦釜之受沃。噓灼火而奮焰，導源泉於始達。夫孰知不煩乎面折？乃有回天之力。藥不至於瞑眩，亦克瘳乎厥疾。爰進結而入腹，異方圓之不周。致謀猷之必行，若君上之休休。取巽與而勇改，亦由擴其通明。苟能悦而不繹，豈揆余之中情？故進言之在身，實用言之在辟。

亂曰：莫高者天，誠以格兮。莫嚴者君，善以迪兮。迪之伊何？自牖納約。樽酒用缶，在乎質實。啓昏猶易，況遇聖哲。我王御極，凡民猶作。盍歸乎來，庶助涓滴？

詩

偶興二首 癸丑

家藏老樹陰，逕入層崖窽。有客抱桐絲，石橋來緩緩。

渚沙雪無垠，汀柳煙初裊。漁翁醉不醒，江月慇懃照。

山　中

白雲抱幽巖，青鼠窺蓬户。山人不出山，石逕蒼苔老。

觀　海 甲寅

爲愛滄波混太清，路人休怪立沙汀。青銅鏡上乾坤斷，白雪花中日月生。征雁初依孤島下，落霞時趁片帆行。緬懷魯叟乘桴意，獨倚長風嘯一聲。

登毗盧峯

曳杖陟崔嵬，長風四面來。青天頭上帽，碧海掌中杯。

余之遊楓嶽也懶不作詩登覽既畢乃摭所聞所見成三千言非敢爲詩只録所經歷者耳言或俚野韻或再押觀者勿嗤

混沌未判時，不得分兩儀。陰陽互動靜，孰能執其機？化物不見迹，玅理奇乎奇。乾坤既開闢，上下分於斯。中間萬物形，一切難可名。水爲天地血，土成天地肉。白骨所積處，自成山崒嵂。特鍾清淑氣，名之以皆骨。佳名播四海，咸願生吾國。諺傳中華人有言曰「願生高麗國，親見金剛山」云云。崆峒與不周，比此皆奴僕。吾聞於志怪，天形皆是石。所以女媧氏，鍊石補其缺。兹山墜於天，不是下界物。就之如踏雪，望之如森玉。方知造物手，向此盡其力。聞名尚有慕，況在不遠域。余生愛山水，不曾閒我足。夙昔夢見之，天涯移枕席。今朝浩然來，千里同咫尺。初從行脚僧，過盡千山禿。漸漸入佳境，渾忘行逕永。欲見真面目，須登斷髮嶺。未至山三十里有嶺，名曰「斷髮」，登眺則望月山之全體，突兀撑天，森然可敬也。一萬二千峯，極目皆清淨。浮嵐散長風，突兀撑青空。遠望已可喜，何況遊山中？

欣然曳青藜，山路更無窮。溪分兩派流，出谷何悠悠！洞口二溪分流：一則毗盧峯水爲別派，一則萬二千峯水合流而去也。危橋幾酸股，苔石頻就休。最初入長安，洞口雲乍收。琳宮值火後，新起梵鐘樓。山之洞門寺曰「長安」，數年前失火，有僧重創，起鐘樓。居僧散樵徑，伐木山更幽。天王立門側，怒眼令人愕。長安與楡岾皆有天王像。庭前何所有？數叢紅芍藥。禪牀展兩足，困疲留一宿。明朝向何許？路轉千萬曲。金藏與銀藏，高占蒼厓旁。金藏、銀藏二菴，在長安寺東。所見漸奇秀，出入行澗岡。高峯立我前，七寶爲其糙。有一峯在二菴之東，奇巖怪石，如瓔珞之垂，山僧稱「七寶莊嚴」。忽近楡岾寺，松檜鬱成行。飛樓跨澗水，映奪青山光。有樓當門跨澗，名曰「山映」。門前平地闊，沙草逢春緑。入門駭汗出，神將相對立。青獅與白象，呀口瞋雙目。門中立神像與獅像，面目皆獰惡可咳。撞鐘千指迎，繞袖香煙輕。庭中聳高塔，風鐸聲琮琤。翬飛三昧宮，結構何其雄！堂中古佛像，塵埃暗金容。遠自天竺來，駕海隨黃龍。尼巖與憩房，一一留其蹤。真贋不可辨，事與齊諧同。寺之記事，載天竺人鑄佛像五十三軀，泛之于海，有黃龍負之，到于此山。高城人聞而尋之，見路旁有小人迹，乃入山中，有尼踞石，指其像處，乃構楡岾寺以安焉。後人以尼所踞石爲「尼巖」，以見迹處爲「憩房」云。明寂菴。在其西，興聖菴。在其東。尋幽不暫閒，興入煙霞濃。寂寥斗雲菴，雲碓水自春。斗雲菴在楡岾之北。臨溪渡石矼，活水聲淙淙。成佛倚高峯，滄溟在東窓。成佛菴在斗雲菴之東北，與佛頂臺相連，俯見東海。嵯峩佛頂臺，孤絕更無雙。我來看朝曦，滿目紅雲披。水天兩無際，火氣驚馮夷。舉頭白巔面，十二天紳垂。白巔面有十二瀑布，在佛頂臺可望見。回尋舊時路，到處皆可怡。上下二見性，臨路危甍飛。自佛頂臺還，西行則上見性、下見性二菴，皆在斗雲菴之北。石窟名竺修，瀟灑澗之湄。在下見性之西，臨水背巖，清致可愛。靈臺菴。與靈隱，雲霧生階墀。二菴在竺修窟之西南。崎嶇勞涉險，兩脚難自持。橋摧卧古槎，路斷攀樹枝。流湍亂我耳，濺沫灑人衣。幽深九淵洞，草合人迹微。九淵洞在靈隱菴之西，幽深清絕。徘徊普賢菴，仰見峯巒危。寄傲真見性，菴。欲去仍留遲。二菴皆在洞中。冒雨入香鑪，人靜關柴扉。香鑪菴在九淵洞之南。天陰與夜氣，滿山同霏霏。内院半日留，禪榻學忘機。内院在香鑪之西北，漸入深境。更尋彌勒峯，愛山如渴飢。峯頭石如佛，得名良在兹。彌勒峯在内院之西，峯上有石，形如彌勒焉。蕭條南草菴，居僧有仙姿。菴在峯之南，最爲深邃。見我薦山羞，香蔬療我饑。洞中極多山菜。此洞深幾許，山僧亦不知。是非聲不至，何須勞洗耳？暮共白猿吟，朝隨蒼鶴起。還登萬景臺，四方皆洞視。還向洞口，乃登此臺，在南菴之東北，靈隱之西北。有窟名養真，過清難久止。在萬景臺西北。人寰隔霄壤，宜居避世士。他時期再來，出洞頭屢回。此洞巖石白於他處。僧言内山好，外山同輿儓。外山已如此，況彼内山哉！急須入仙境，以滌塵中病。以山之東南爲外山，西北爲内山。内山尤爲奇秀，巖石益白。行行樹陰中，晚風吹不定。自靈隱菴北行，可達內山。山禽不知名，自呼三兩聲。小溪通略彴，攲側不可行。解衣弄清泚，形影聊相戲。一身在巖上，一身在水裏。爾今不是我，我今還是爾。散爲百東坡，頃刻復在此。好在水中人，到處無緇磷。禪菴妙吉祥，面戶清無塵。內山最初所見菴也。其旁有文殊，菴。地祕人難臻。登登到佛地，菴。幾經山嶙峋。在妙吉祥西。小菴在巖下，厥號爲圓寂。窟名，在佛地菴西。萬樹衛金殿，名是摩訶衍。在佛地西。此菴據山正中，其主峯乃毗盧峯。雄峯峙其後，峻嶺當其面。環回天所成，絕勝前所見。佳氣鬱葱葱，心驚顏爲變。山勢環回，有若天成。吁嗟最靈地，千載空虛棄。庸僧汗雲霞，感歎知奈何。山中所歷菴，多少難爲科。欲詳不可得，我試言其略。山中諸菴，多至百餘，不可畢擧，姑記大概耳。妙峯與獅子，近在摩訶側。二菴在摩訶衍之西。萬回與白雲，船菴與迦葉，妙德與能仁。圓通與真佛，修善與奇奇，開心與天德，天津與安心，頓道與神林，利嚴與五賢，安養與青蓮，雲岾與松蘿，次第如星羅。已上皆菴名：萬回在摩訶衍北，白雲在萬回北，船菴在白雲西北，妙德在能仁西，能仁在圓通北，圓通在真佛南，真佛在船菴西南，修善、奇奇在船菴東南，開心、天德在圓通西，天津、安心在開心北，頓道在表訓東南，神林在表訓西，利嚴、五賢在頓道東北，安養、青蓮等在長安東。皆取其協韻，故無次序而擧之。或倚最高峯，手可捫銀河。或枕急流瀑，靜中喧聒聒。或在巖石下，低頭僅出入。或對紫翠峯，暮色來排闥。或占大巖上，緣路纔容迹。或隱幽邃處，永與塵勞隔。

雖無外客來，小語山已答。或祕樹木中，濃陰遮日色。或據斷崖頭，滿庭皆怪石。奇形與異狀，記之終難悉。眼看口難言，漏萬纔掛一。我愛表訓寺，鬱鬱依林麓。在開心南。僧閒晝殿空，日午樓陰直。我愛正陽寺，俯臨千丈壑。在表訓上。褰衣步庭除，四顧山如積。我愛須彌臺，疊石成崔嵬。在真佛西北。清絶似仙區，不必求蓬萊。我愛望高臺，四面收黄埃。在長安北，表訓南。欲知高幾何，笙簫天上來。凌雲縱快活，執鎖誠危哉！上望高臺時，路窮處則垂鐵鎖，攀之以上焉。我愛十王洞，山勢皆盤回。在長安東北，最深邃，人所不到處有古塔。古塔不記年，兀立懸崖邊。我愛萬瀑洞，飛流瀉青汞。在表訓東，獅菴之西，純是巖石所成。一巖連數里，滑淨難所倚〔五〕。透迤至洞口，滿洞皆流水。坎處陷爲淵，下有火龍眠。淵名。傾處激爲湍，鳴雷振空山。平處湛不流，如鏡鑒吾顔。清風左右至，炎熱變爲寒。披襟坐樹下，始知身世間。我愛寶德窟，銅柱盈千尺。在洞中。飛閣跨空，三面依巖，一面以銅柱撑之，近百尺，最爲奇絶。飛閣在虛空，天造非人力。未至望如畫，既登汗如沐。禪僧萬緣虛，紙帒儲松葉。若欲棲此地，應須學絶粒。去矣不可留，我將巡山遊。有石類獅子，屹立乎峯頭。在獅子菴前。有菴似築城，不知誰所營。在獅子菴側。世無方朔儔，怪事問無由。内山留十日，遊尋略已周。東行到上院，路旁層巒遠。從此向白巔面，上院在路邊。寂滅菴。上開心菴。，横雲時未捲。二菴最高，在寂滅則可見東海。開窓何所見？赤海平如練。山人指白巔，人問兜率天。以白巔爲兜率，蓋清勝故。諸菴列翠微，鐘鼓聲相連。有洞名聲聞，水石何紛紜！可望不可尋，青鶴爲弟昆。寂滅菴下有洞名「聲聞」，俯見巖奇水清，而無路可入，如智異山青鶴洞焉。鉢淵對絕壁，天工所磨削。一條噴長虹，其底澄潭碧。山僧無一事，轉下聊爲樂。投身急如梭，顛倒眩莫測。鉢淵寺在寂滅之東，有瀑甚高，巖石極滑。僧俗來玩者，皆解衣上巖，隨瀑轉下以爲戲，雖顛倒而下，終無所傷。回登九井峯，桂樹森可折。在寂滅北，甚高峻，有桂樹。扶桑手可挹，夜半看日出。欲見九龍淵，僧言路險惡。若遇驟雨來，死生在頃刻。九龍淵在毗盧峯之東，最爲奇麗，但路險石滑，遇雨則定死無疑，故余懼不往。不如上高峯，以躡飛仙蹤。斯言定信乎？決意登毗盧。松根絡石角，手攀足可踏。毗盧峯，此山之絕頂。有僧導我前，戒我勿俯矚。臨危若俯矚，目眩神必惑。若欲見山形，莫上最高嶽。若登最高嶽，所見皆怳惚。極高則所見不明。此言爲我師，勉旃無怠忽。一經晝與宵，始及山之腰。困卧盤石上，廓落迷俯仰。心定始擡首，衆峯皆我向。高低與遠近，一概皆削粉。百里不盈尺，鉅細皆無隱。忽然蒸白霧，澒洞失遠覲。初依一谷生，漸蔽羣山走。遂使山蒼蒼，變作海茫茫。浩浩同一氣，漠漠難爲量。吾聞太極前，萬化不開張。山靈意何如？示我物之初。無風漸飄散，半卷還半舒。始露數點秀，孤如天上岫。濃青畫脩眉，浴海褰鵰矚。俄驚疾風起〔六〕，駛若驊騮驟。須臾無點滓，眼力皆通透。或尖若劍鋒，或圓若籩豆，或長若走蛇，或短若卧獸，或如萬乘尊，朝會開天門。衣冠儼侍立，車馬如雲屯。或如釋迦佛，領衆依靈鷲。鑾君與鬼伯，競進頭戢戢。或如吴與孫，擊鼓陳三軍。鐵馬振刀鎗，壯士爭追奔。或如獅子王，威壓百獸羣。或如行兩龍，奮鬣噴陰雲。或如靠巖虎，顧盻當路蹲。或若文書積，鄴侯三萬軸。或若建浮圖，蕭梁九層塔。或若纍纍塚，令威尋故國。或向如揖讓，或背如抱毒。或疏若相避，或密若相狎。或如窈窕女，深閨守貞淑。或如讀書儒，低頭披簡牘。或如賁育徒，賈勇氣咆勃。或如坐禪僧，藜牀穿兩膝。或若搏兔鷹，或若抱兒鹿。或翔若驚鳧，或峙若立鵠。或偃然肆志，或靡然自屈。或散而不合，或連而不絶。萬象各異態，貪翫忘移足。不可廢半道，我欲窮其高。繞身是何物？時有行雲孤。行雲不及處，肅肅剛風號。飛鳶與棲鶻，莫能追我翺。直到無上頂，朗詠聊遊遨。林端拂朝日，石頭礙夜月。俯聽蟻動聲，山腰起霹靂。山川圍四面，模糊不可辨。大者類丘垤，小者視不見。縱有離婁目，安能辨城郭？浩然發長嘯，聲入清都厥。仙侶定駭愕，玉皇應驚詰。天宫縱不遠，其奈道根淺。吾聞上界仙，官府未得閒。何如方外人？不在仙凡間。心虚萬事一，氣大六合窄。崐崘脱手毬，大海塗足油。胸中有山水，不必於此留。一覽便知足，造物不我尤。僧言此山景，四時皆清勝。炎涼異世閒，陰氣春猶盛。浮花豈吐蕊，只有寒梅瑩。山門四五月，始有尋春興。層崖千萬丈，躑躅紅相映。大地入紅鑪，衲僧猶苦冷。撲緣不侵人，蒼蠅絶形影。秋風來苦早，落葉填石逕。峯巒瘦生稜，素月增耿耿。松林閒楓樹，紅碧紛無數。水落露危巖，激激波聲怒。冬寒水官驕，積雪高天柱。煙生知有寺，門礙難開户。譬如别世界，白銀爲國土。翠檜列幾行，鬢髮垂滄浪。君胡不見此，反思歸故鄉？所記四時景，皆山中實事。此山有羽人，馭風凌空行。緑髮飄若煙，巖竇藏其形。千年食松脂，蟬蜕得長生。見人不接言，顔秀方瞳清。君胡不見此，似無物外情？山中有人，只食松葉，歲久身輕，空中往來，緑毛遍體，山僧樵菜，時有得見者云。此山有異獸，非虎非豺狼。雄形大如山，怒眸若鏡光。有時磨大木，翠毛掛百尺。足迹廣如輪，諒非凡獸匹。君胡不見此，避去如畏怯？山中有獸，如詩中所記云。此山有仙鶴，大如垂天翼。翱翔白雲上，暮還棲翠壁。有時舞雌雄，雙影峯前落。高人尚不親，况求對以臆？君胡不見此，胸次未免俗？山中有鳥，大於鸛，青質丹頂，有雌雄雙飛，人謂之鶴。我聞此僧言，將還更回躅。遂作半歲留，所聞非虚説。僧言此山名，金剛與怾怛。衆寶所合成，中有曇無竭。我言佛書中，不見朝鮮國。又云在海中，不與此山同。僧言佛經云：海中有金剛山，曇無竭聖人所住，即此山云云。此山豈在海中耶？我疑龍伯豪，一釣連六鰲。三山遂失所，泛海驚仙曹。漂流到我疆，作此羣山王。又疑西河吴，荷斧桂樹旁。斫桂落此地，萬古無時停。玉幹化爲石，高積巉青冥。虚實竟誰分？何人作山經？自從作天遊，始覺吾生浮。下山將出洞，山靈向我愁。夢中來見我，自言有所求。物生天宇間，因人名乃休。廬山無李白，誰能詠其瀑？蘭亭無逸少，誰能壽其迹？子美題洞庭，東坡賦赤壁。咸因大手筆，令名垂不滅。君今遊我山，風景皆收拾。胡爲不吟詩，反作緘口默？請君揮巨杠，庶使山增色。我言子過矣，子言非我擬。我無錦繡腸，安能追數子？滿腔惟一拙，吐出人不喜。子欲得瓊琚，往求無價手〔七〕。山靈色不悦，側立久凝視。咄咄指我言，惡賓無汝似。我知不能辭，遂許撰荒鄙。形開如酒醒，所聽皆慌爾。有約不可負，聊以記終始。

雲間月

極目琉璃一壁寒，半生雲外半雲閒。恍如西子新梳罷，嬌把輕紈掩玉顔。

遊楓嶽將還寓靈臺菴乙卯

一牀高卧對高峯，千里家山信不通。半夜鶴聲來枕上，始知身在寂寥中。

偶　吟

嗟余生苦晚，少小趨埃塵。眼閲古缺書，志慕羲皇人。世累紛萬緒，無處怡精神。飊然出國門，足迹窮海濱。風月養我情，煙霞盈我身。子長吾所慕，悅卿吾所親。非探山水興，聊以全吾真。物我合一體，誰主誰爲賓？湛湛若澄潭，肅肅如秋旻。無憂亦無喜，此境人難臻。妙理不可測，百歲無緇磷。擾擾路中子，指我爲愚民。四顧孰知音？明月爲雷陳。浩歌一長嘯，悠悠天地春。

次杜御史作

緑水青山杖策行，片雲鳧舃一般輕。今朝始覺關東夢，贏得人間放曠名。

遣悶

開邊正苦修矛戟，卒歲寧遑蓺稻粱。不是訏謀無肉食，杞人憂慮自難忘。

游鏡湖堂

共對殘花酒滿缸，吟懷安得筆如杠？鵝黃樽裏詩千首，鴨緑波頭鷺一雙。山帶夕陽迷翠靄，松含靈籟動朱窗。留連直待黃昏後，玉笛聲中月滿江。

用前韻贈沈景混長源二首

香醪我醉一傾缸，健筆君揮百尺杠。今日飲中賢有七，何須月下影爲雙？乾坤已作壺中物，日月應成眼底窓。我欲尋仙蓬島去，鯨濤雪浪正喧江。

狂興都將付小缸，揮毫飜似倚風杠。紅浮醉面愁無四，白泛煙波鳥有雙。密席笙簫飄上界，遥岑暮色下西窓。别是此中難畫處，半天金柱卧平江。

次景混韻

吸海長鯨萬壑空，醉顔生熱愛松風。平江飜雪侵沙碧，落日低山蘸水紅。宇宙已歸詩酒裏，山川都在有無中。朗詠佳編仙趣發，六鰲天外戴三峯。

湖上醉别景混三首

相逢湖上採芳蓀，唱和塤篪似弟昆。海水豈將深淺缺？别懷難把短長論。山當餞席衣巾翠，日隱行雲渚樹昏。開口笑時容易得，莫辭傾盡故人樽。

金蘭情友列苔磯，此樂莫教兒輩知。風來鯨背水波急，日没虞淵山影微。天低遠岫月盈盞，地接蓬萊雲惹衣。懸知別後苦相憶，定羨湖邊泥醉時。拗體。

共採芝蘭佩紫蓀，深情如弟復如昆。切偲豈是陳雷下？詩酒還將李杜論。水接天池波浩渺，山連北極月黃昏。不知別恨消何物？只有忘憂酒滿樽。

復用鏡湖堂韻

曬衣何似對金缸？堪笑阿咸犢鼻杠。樂事良辰古難再，嘉賓賢主已成雙。筵前髯叟搖清影，庭畔飛花遶畫窓。欲識斜陽醒酒處，長風陣陣捲平江。

湖上醉別景混

鼎坐苔庭對釣磯，一樽瓊液會心知。輕風拂水波紋細，別意催愁酒力微。幾朵雲山迷客眼，數團松露滴人衣。他年見月相思處，須記如今折柳時。

次臨風樓懸板韻

誰將杞菊賦寒慳，此日華筵樂且閒。花晚別留春後色，樓高平挹遠邊山。燭前秉筆吟眉蹙，醉裏飜杯舞袖斑。爲客亦知風味足，男兒何必戀鄉關？

清風溪洞丙辰

新知兼舊友，攜手得天游。雨後千峯淨，松間一逕幽。仙區纔半日，塵世定三秋。咫尺蓬萊在，何須海外求？

贈李景魯希參次韻

毗盧頂在紫霄端，萬二峯巒縹緲間。海外三年窮異景，人間一枕夢邯鄲。青生眼目君初見，雲惹衣裳我始還。共引清風開北户，時看紫翠對南山。霜縑寫句編珠玉，虚幌論懷瀉肺肝。潦倒生涯歸海外，等閒名字入區寰。一軒佳致清難畫，十里溪山景不删。但恨雨中泥滑滑，不能隨處弄潺湲。

藏義洞李景魯家

蹇驢倦僕得相從，澗水交流路乍通。數朵翠微疏柳外，半天殘照晚雲中。苔痕漸上空階緑，雨色偏歸遠岫濃。大地紅鑪知所避，樹陰深處自生風。

景魯惠硯以詩謝之

青蘿處士好事者，贈我風林月石硯。體堅何殊出崐玉，色淨無瑕誰所鍊？騰山龍虎世所乏，自恨不識鍾王面。我今無事不出門，默坐終朝對黃卷。時時苦被風月惱，覓句幾與詩魔戰。持君所贈充四友，龍尾鳳咮吾不羡。秋蠅春蚓任缺畫，何必臨池黔素絹？從來此物磨不磷，比之相好無時變。

次吴上舍博韻戊午

行色何須問疾徐？笑談方洽醉吟餘。憑君莫厭寰中客，林壑他年共一閭。

次李承旨文楗休叟吟韻

謀道從來食不謀，肯將榮悴上眉頭。行藏總是由天定，禍福誰言自己求？安分只追顏子樂，忘懷寧學杞人憂。欲知休叟無機處，丈室翛然萬事休。

送李司評之蕃

逸趣人誰識？仙風我所師。秋天歸雁日，神武掛冠時。樽酒愁分手，山川繞夢思。何當蠟雙屐，蘿逕共娱嬉？

水鐘寺

初驚足難著，稍喜眼無遮。氣爽知天近，山平覺地賒。晴川回曠野，斜日隱長沙。一洗文園渴，多僧進晚茶〔八〕。

義慈軸次權松溪應仁**韻**己未

尋得松梢暮磬音，梵宮瀟灑隱青林。僧穿藜榻根塵靜，客步晴嵐洞壑深。趨俗歎吾空眯目，坐禪憐汝只蓬心。清宵相對論同異，話罷開窓月照襟。

送張兄倫**歸省臨瀛**庚申

屈指臨瀛六百程，春風匹馬爲誰征？遥知鶴髮占烏鵲，莫惱煙光緩緩行。

贈安彥盛慶昌

雪月塵春發漢陽，頭流應濕潤花香。胸中一點塵埃絶，南北東西總故鄉。

次集勝亭韻

沈侯華構擅雄名，勝境催詩太瘦生。雲影度山平野迥，斜陽蘸水遠沙明。煙郵細雨千帆落，蘆岸微風一笛橫。塵土未成江海志，每逢佳處便移情。

次公緒韻

君我相從恐不殊，柳州能使冉溪愚。賴麻蓬直吾最樂〔九〕，近墨身黔子豈無？窮達在天難預卜，行藏由命莫前圖。世間得失南柯夢，休作區區賤丈夫。

次士初韻

滿目滔滔醉夢間，何人拂枕卧青山？身能安分隨時樂，心得忘機到處閒音閑。我似丘陵人易忽，君如山斗衆難攀。賢愚窮達休相問，林壑他年共掩關。

春　寒

東君力弱氣淒寒，顓頊逢春勢尚頑。風伯似妨時雨潤，雪花如妒小梅團。無冰不信宣尼筆，有菜誰看杜老盤？幽谷若非鄒子律，後園人日見鶯難。

陽智客軒清鑒堂次仲蘊韻

進居台鼎退居山，莫厭奔馳莫厭閒。一本萬殊君若信，鳶魚休作兩般看。

贈人代家君作

三十年來別故人，江東渭北幾傷神。聲音情意渾依舊，惟覺樽前兩鬢新。

南仲素尚文訪余于星州寓舍

城南求僻地，幽寂守窓螢。乍喜跫然響，飜驚謦欬聲。牙籤燈下話，長鋏客中情。聞說伽倻好，相期扣石扃。

訪梅鶴亭

若木平明車載脂，幾度登山復渡水。孤山迫在大野頭〔一〇〕，洛江煙波遶汀沚。披榛覓路扣竹扉，小童應門迎我喜。玲瓏朱閣絶點塵，儉而不陋奢不侈。空階梅萼未返魂，九臯清音時入耳。童言主人在田野，邨逕透迤隔十里。須臾報道主人歸，八窓執鬮同徙倚。曾聞傾蓋便若舊，此言從知非妄矣。星山邂逅適我願，一見便許以知己。況復相逢物外境，世間交道安足比？斜陽半出破煙鬟，粼粼遠水金波起。江分沙島燕尾開，樹列汀洲翠支蓋〔一一〕。逍遥縱目逸興飛，千里江山通一視。蒼然暝色滿虛亭，收拾風光猶未已。遥看漁火數點明，江邨盡入熹微裏。閉户挑燈羣動息，永夜清談時隱几。先生不是俗中人，生憎逐利求名士。自言卜築尋形勝，況是先人有基址。十年之計樹百卉，春來繞舍皆桃李。腐餘糞土夢已斷，明時貧賤吾不隱。時將醉興作草戲，蛇怒虯驚風滿紙。簞瓢纔足可長謂〔一二〕，肯效區區慕羶蟻？嗟余誤落輭紅中，役役未免牽僞累。舉世徒知鷄肋味，秋風誰憶鱸魚美？先生一言真起余，放浪江湖吾所跂。矢將身世老漁樵，不欲醉生還夢死。今宵巵酒不須辭，破除萬事從此始。

贈林叔茂植○癸亥

寒燈細話十年情，風透疏櫺夜氣清。却策羸驂催曉發，不堪秋雨繞山城。

洪川旅舍别伯氏

缺月入虛簷，殘燈閃半壁。耿耿度寒更，悄然羣籟寂。臯魚淚初晞，復值離愁積。聚散豈無時？客中尤慘戚。世事今已矣，家業憑嗣續。於菟想覓黎，孜孜須訓迪。明朝路東西，忍見坡隴隔。

洪川村舍别季獻

此生休説白鷄年，恐有驚魂未得旋。烏鵲止啼丘木外，鶺鴒分路客燈前。愁來難作清宵夢，憶著安能白日眠？振起家聲今望汝，雪窓螢榻痛加鞭。

在臨津農舍次安應壁韻

林間茅屋水邊亭，一一無非我所經。别浦雁來殘月白，前山葉盡瘦峯青。長郊遠近煙爲帳，短艇東西岸是屏。感舊自忘吟詠苦，韓公解道不平鳴。

竹

枝鳴挹晚風，葉濕迎疏雨。玩來人不俗，肯落王猷後。蕭蕭歲寒姿，暗笑蒲與柳。

送權松溪赴京甲子

五載相望費夢思，豈料憂患亦同時。心無舊興非莪痛，鬢有新霜舐犢悲。鎮國披雲雙握手，遼陽見月幾篇詩。城東小宅今誰主？說著令人淚欲垂。不見五年矣，喪其少女及小室云。

安心寺積雪樓次佔畢齋韻

世路饒羈思，禪林遇贊公。棲雲無限趣，擊目不言中。燈落中天影，鐘傳下界風。神游竹園裏，足洗六塵空。

送項梁渡江進士初試狀元

鄜郢寒日欲生曜，鮑車忽駕沙丘路。羣雄起應三戶謠，一片乾坤漲塵霧。將軍虎嘯會稽風，八千健兒羶蟻聚。殷通豎子一劍揮，白晝吳中飛血雨。臨江誓衆月星晦，馮夷鼓浪天爲怒。橫流千艘未擊揖，祖龍已泣驪山墓。嗟君本是楚將種，此行感激誠難喻。前朝羞辱不忍言，至今南公向天籲。夷陵遺骨一炬盡，章臺不見回金輅。竟移鍾簴入函谷，麥穗離離誰敢顧？況君常抱戴天冤，奮身一死輕一羽。天生壯士必有意，親雪國恥今分付。但將忠義立芈氏，大澤狐鳴何足數？龍挐萬里此日始，百二山河失險固。狂秦虐焰豈長熾？君應手挽天河注。蕭蕭馬鳴軍令嚴，但聞鴉軋煙江暮。凜然相對髮衝冠，此別豈作兒女慕？丁寧幕下「萬人敵」，莫恃剛强務寬裕。天時已復吾老矣，忼慨不得隨君渡。

捉月圖 進士覆試

隴西公子謫僊人，一生愛月爲知己。采石江頭秋正深，一葉輕舟千頃水。微雲淨埽銀闕涌，玉塔橫江波不起。天心有月不可近，水中有月還孔邇。欣然乘醉欲一捉，側身棹底輕生死。那知一月分上下，徹底虛明難入手[13]？捉時空空無一物，放後了了還可指。三人此夜作四人，雲漢相期淡無累。誰知這般有深意，眼前萬象皆如此。吾人本是玉皇吏，誤讀黃庭謫此地。胸中浩蕩眼無人，大兒小兒皆下視。開元天子亦不俗，沈香亭北同徙倚。高人自古縻不留，況是君恩不可恃。天涯流落我何愁？玉妃奉硯吾不喜。早知榮辱等外物，擾擾塵寰春夢耳。騎鯨一夕向帝京，直上天門九萬里。更無骸骨與烏鳶，尚有名字垂青史。誰將遺迹入絹素？仙姿鶴態依俙是。見之令我別有感，采石風月今何似？茫茫宇宙我生晚，却恨相逢圖畫裏。

送金書狀啓朝京

逶遲周道客紛紛，許國賢勞孰似君？執奠三脂燕路轄，籌邊一踏雪山雲。心親不待源源見，目擊何須衮衮言？行色漸遥相識絶，只應孤月照慇懃。

贈沈文叔禮謙用閔恕初忠元韻

相攜丞相宅，憶古坐班荆。作別誰無恨？通家更有情。蒼苔迷石嶝，白雨滿山城。珍重松都倅，蓑衣我獨行。

次河西韻贈金季義從虎河西子

秋氣攪幽思，無愁還有愁。況值送佳客，摻裾臨道周。典刑懷往哲，形勝憶南州。更切云亡歎，丈夫雙淚流。

題烏原驛三首

竝海數奇巖，白沙平處歇。孤邨起夕煙〔一四〕，瘦嶺留殘雪。

邨犬吠柴門，數家依古木。荒田半嶺横，細逕緣溪曲。

銀蟾出海時，宿鳥棲初定。孤客不能眠，風泉滿清聽。

題孝思堂 一作題金子温德璋軒

雪逕穿瓊玉，華軒敞盛筵。上賓邀五馬，珍饌直千錢。醉耳輕冬冷，纖歌咽暮天。將何酬厚意？濡翰强題篇。

又贈孝思堂主人 乙丑

數夕招邀苦未逢，偶成佳會得從容。先含暝色籬邊樹，吹散陰雲海上風。燭影漸低情話永，酒瓶頻卧醉顔紅。明朝歧路東西隔，關嶺迢迢雪塞空。

平昌環翠樓贈主守金成卿

川聲樹影晚來清，迴倚虛樓爽氣生。雲濕四山人語少，細風時韻閣前鈴。

海雲小亭

勝地逢杯酒，斯遊也不嫌。那知千里外，得值二難兼？海色初收霧，松風不受炎。何須韓吏部，茗盌捧纖纖。

竹西樓次韻

誰將天奧敞華樓？石老星移不記秋。野外千鬟浮遠岫，沙邊一帶湛寒流。騷人自是多幽情〔一五〕，清境何須惹客愁？會撥萬緣攜篧篧，碧崖西畔弄眠鷗。

海松亭得松字

秋風力弱不吹暑，溟州八月炎威濃。短壑層冰踏無由，對食不餐還無悰。湖邊小亭政入望，策馬來尋子之丰。怪來秋氣集於斯，蕭蕭地籟生蒼松。臨流展席絺綌冷，鏡面如拭涵天容。雄風不獨在蘭臺，開樽況澆磊魂胸。事殊情極忽長思，隙駒過影何無蹤？一韻缺。嗟余素志出風塵，江海與子欣相從。那知風樹慘余懷，舊遊樂事難再逢。江山形勝揔依然，逸興感舊惟吾儂。重陳空使心鬱紆，不如付與堯千鍾。

臨瀛館次韻

戀闕休須日抵年，此生行止揔由天。青泥没馬山千疊，木帝回春地一邊。城角夜吟撓客夢，海雲朝起雜邨煙。鈴齋棋罷清無事，謾説瀛洲别有仙。

大和道中

千里行色困，山路何多石？羸馬策不進，斜陽掛喬木。前山漸欲暝，所經多虎迹。穿林抵孤邨，一縷炊煙碧。老翁喘且語，隔籬問何客。老婦抱兒出，遮門不許宿。下馬倚積蒿，倦極交雙目。松明與榾柮，缺禁生寒粟。緩頰借温房，主翁眉間蹙。呼前酌巵酒，立飲無欣色。彈舌指瓮牖，此室吾豈惜？兒輩依土牀，不忍露赤脚。請入謀諸婦，良久乃肯諾。强顔缺躬入，舉頭頭打屋。夜半假寐罷，衆兒喧後壁。呼寒爭一衣，怨客恣罵辱。喟然却興歎，此豈民風惡？何時不羸糧，到處人心朴？

題寶山驛二首

落照黃埃外，郵亭綠水陰。客來忘倦處，山色納虛襟。

煙生樹翳翳，日隱山陰陰。快倒一杯酒，當窓風滿襟。

遊大同江

風定澄波靜，煙光日夕多。層崖緣水遠，細嶝傍城斜。白雪玄琴語，陽春皓齒歌。放船隨所適，應是醉爲家。

乘船遊浮碧樓

三翠浮來鏡面洪，高樓物色浩無窮。中分水抱綾羅島，一抹煙橫錦繡峯。木老城荒悲故國，龍歸麟去想奇蹤。鷗盟未遂回舟下，從此江山幾映空。

題博川廣通院

關路歸心促，郊原雪意寒。分明故人迹，却在畫屏間。

風月樓雨中賞蓮次韻

窮經度長夏，遇景慳吟詩。綺窓倦來憑，幽興終難持。芙蓉滿緑渠，密雨隨風時。勢若風流陣，靓糚相娱嬉。明珠走的皪，翠蓋還攲危。晚色有令姿，探玩吾非癡。安得踵濂溪，卒歲忘歸期？

挽李上舍夢奎

春和斂迹海天濱，一代風流七尺身。共擬金閨晚通籍，那知玉樹遽埋塵？賢愚俱慕交非苟，清濁無偏保厥真。千里雁歸空寄淚，生芻安得弔伊人？

丹筆詳刑月課○丙寅

北陸陰凝歲律窮，順時從古代天工。霜彫品彙方成物，威制姦兇始發蒙。泣罪曾聞文命化，平刑更慕盛君風。終宵淚落香燈下，冒雪春回彩筆中。深念却忘寒凛冽，看詳不聽漏丁東。免將黑索加災眚，難把金鷄救怙終〔一六〕。勿喜欲追曾氏訓，無刑可繼士師功。公明獨決非師聽，欽恤施仁在至衷。秦獄不餐賢豈擅，殺民無怨道還同。惟來惟貨傷今俗，忼慨何時見圄空？

哀深迫大祥文定王后大祥○月課○丁卯

風霜雨露迭相侵，哀慕煢煢苦不任。王鮪薦時驚節序，隙駒忙處歎光陰。愼終不忍祥期迫，没世逾知惠澤深。長樂淒風愁麗景，原陵宿草鎖徽音。曾聞扶日多陰教，未遂含飴痛素心。清廟欲升增孝感，龍袍將御激宸忱。煙花繞闕悲連境，風木盈瞻淚滿襟。鞠育鴻恩終罔極，杳冥仙馭竟難尋。明禋既得承昭穆，繼志惟應慰赫臨。宗社繫身宜保惜，願將寬抑作規箴。

痛悼領敦寧月課

青川雅望秀巖廊，黄閣當年擬棟樑（一七）。巨室箕裘真有子，晉家王謝便無光。斯干吉夢曾懷月，于渭殊榮早定祥。養德若非遵聖訓，承乾安得媚周姜？宫崇每切淵冰戒，門盛常憂倚伏殃。内告謀猷歸后德，外將儀表鎮鵷行。沈痾入骨妨三接，藥餌扶身過五霜。捐館哀聲缺衮冕，照城春日變淒涼。云亡永惜邦家瘁，靡至那堪國母傷？賴有盈庭蘭玉秀，簪紳赫世慶流長。

種菊月課

香根移細雨，課僕倚笻遲。豈爲金華豔？要看隱逸姿。未敷承露葉，新展傲霜枝。百卉飄零後，相諧歲暮期。

贈義州牧伯郭景高嵂○戊辰

京洛曾聞大樹名，同舟此日更多情。長江一渡分南北，馬耳山光暮轉青。

懷遠館壁上見外舅筆迹悽然有感

壁間遺墨半熹微，拭眼吟來淚濕衣。鴻印雪泥留指爪，九原魂散幾時歸？

次睦思可詹**望醫無閭山韻**

遼水西頭未有山，客行何日度秦關？無閭縹緲晴天外，喜見蒼龍萬疊盤。

題閭陽驛壁上

馬嘶廣寧草，衣濕無閭雨。孤館客燈殘，魂迷漢陽樹。

次思可燕京韻

萬雉皇城氣象專，玉河秋月駐吟鞭。明朝環珮隨仙仗，遠客心蘇紫闥前。

次金元瑞即事韻

觚棱飛聳紫霄端，靄靄祥雲擁畫欄。風拂琳琅鳴委佩，霜嚴獬豸整峨冠。香清更喜從空下，天近誰言坐井觀？只祝遠猷寰宇內，兩階干羽萬邦歡。

與思可次黎公民表秋雁韻

嚴霜飛玉塞，候雁叫清晨。天迥回翔緩，沙平落陣頻。瀟湘清有怨，雲夢闊無津。侶散時驚月，聲悲故近人。陰陽雖識勢，粱稻誤謀身。何似岐山羽，難將細德親？

與思可次李公言恭**秋夜有懷韻**

使事今纔畢，歸程政渺然。夜涼清露滴，天淨玉繩懸。會撥灤河棹，行穿海戍煙。男兒隨處樂，莫賦式微篇！

次思可戲吟韻二首

靜觀氣機妙，須臾廟器傾。不如除綺語，丹府澹然平。

吟作秋蟲細，評應鶴首傾。何如收戰鼓，兩陣莫渝平？

次前韻答許太輝曄○時爲進賀使

前言戲之耳，造次豈相傾？君看詩戰處，心地自和平。

次許太輝馬上口占韻

理罷歸裝發興餘，通州江上檥船初。清波翠樹天俱遠，細雨長煙雁陣疏。

次太輝重陽對酒韻

荒郊開霽色，征馬駐孤城。吹帽回佳節，傾杯放客情。林霜初著葉，野菊乍含英。四座皆親友，依俙漢曲行。

次思可玉田道中韻

欲別終難別，齊鑣向海天。同君夜夜話，梨棗熟丹田。

次思可用草河驛壁上韻

義豐郵舍駐行旌，風伯壇前坐月明。天外有期孤影雁，客中無賴九秋情。瓊詞吟處囊偏富，玉屑飛邊僕屢更。得趣每忘關塞遠，只緣相應是同聲。

次思可見山海關長城烽火羅列幾三十餘里韻二首

逶遲緩轡海邊行，林薄初收返照明。沙路漸迷棲鳥定，飛來皎月解相迎。

星羅萬餘炬，晰晰山海城。驕虜欲窺關，風火馳邊聲。恨無薛將軍，天山三箭平。

次思可三河道中逢重九韻

辭朝便作脱羈身，目送蒼茫興有神。遥想故園依砌菊，留花不發待歸人。

次思可曉吟韻

入夜風動幃，蕭蕭打窓葉。雁過最誰聞？孤衾未眠客。

次思可真武廟門外午憩韻〔一八〕

暮色生喬樹，煙光藹遠山。翩翩東海客，攜手自天還。

次國閑馬上吟韻

金風驅雁碧天高，寥落川原百卉凋。馬上陽春頻唱和，多慙下里曲難調。

次思可偶吟韻

情法元難竝，求中便入私。自慙非有德，無以禮齊之。

次思可登天壇韻二首

雕欄碧瓦入雲高，玉砌珠簾制作豪。想得漢皇朝帝日，九霄笙鶴下仙曹。
瞻仰穹玄德莫高，祀壇何必騁奢豪？願言聖主遵天則，至敬能追五帝曹。

復次前韻二首

畫簷飛舞碧虛高，承露金仙孰與豪？惆悵茂陵秋草老，石壇松籟泣靈曹。
碧煙飛盡玉欄高，宮觀何殊上界豪。翠柏受風交亂影，依俙如見舞干曹。

次張太醫芝韻

金闕迎陽霽色鮮，九天鐘動會羣仙。魂飛故國雲鴻外，身沐皇恩雨露邊。賓席每慙煩問譯，騷壇何幸遇忘年。珠璣一吐通肝肺，說著離愁却黯然。

次元瑞玉河吟韻

繫雁書難待，回程事未圓。夢飛沙磧外，蟲咽土牀邊。旅況詩能語，閒愁酒不湔〔一九〕。

溟州雲海上，歸作地行仙。

與思可閱詞苑同聲集次戚公繼光客館韻

細話千年事，清敲一局棋。但令幽意愜，莫戀故山棲。煙暝鐘聲歇，槐疏月影移。玉河同翦燭，他日幾回思。

次國閑獨卧叙懷韻

北天秋氣集江城，紅樹青山淨練明。細雨暗郫迷野色，回風拍馬送邊聲。騷人壇上詞鋒勁，壯士腰間寶劍鳴。欲倚崆峒最高頂，手揮金帚埽妖星。聞邊報有感慨，故於末及之。

次思可觀迴瀾石用詔使歐公希稷韻

神匠揮天斧，臨流敞石屏。積陰含雪意，嘘氣弄雲情。橋外晴莎闊，磯頭白鷺輕。征驂惜不發，僕僕笑吾生。

次思可永平道中望夷齊廟韻二首

灤河驛路渺緣雲，古廟微茫隔暮氛。想得碧臺槐影冷，滿城衰草掩寒門。

昭回宇宙此心明，一片荒城萬古情。惆悵石扉難再叩，碧河嗚咽送寒聲。

次思可拜清節祠韻

孤竹來尋扣馬人，儼然章甫孰傳真？清風徹骨寒生粟，密樹交陰肅有神。碧巘晴波愁惹遠，荒城古碣首回頻。西山薇蕨今誰採？千載空瞻廟宇新。

與思可次清風臺懸板韻

誰築孤城闢草萊？高臺斗起近星台。煙收一面晴蕪迥，山聳千頭夕照開。世事已隨流水去，英靈疑駕片雲來。百代聞風瞻仰久，摩挲石碣重遲徊。

次思可買夷齊誌韻

曾瞻古廟啓幽扉，更得遺編迹有依。惆悵九原如可作，微斯兄弟與誰歸？

次思可謁箕子墓韻

祇謁幽宮歇客輪，草荒松老耿光新。郊原只見分田址，文獻誰傳發政仁？志缺叙疇終授聖，嘆深微禹爲明倫。油油禾黍無窮恨，却是天教福我人。

丘山書院謁聖像示諸生己巳

淑氣鍾東海，傳神自北天。垂光本無隱，鑿地即逢泉。旁水思興歎，臨書想絶編。觀瞻皆有益，莫厭鑽彌堅。

次權進士璉韻

塵土何緣汙我衣？滿山風月掩柴扉。故鄉數日尋丘水，猿鶴應嗔不早歸。

自臨瀛抵芳林驛寫懷寄舍弟

寒雀噪孤店，客至山藏暉。餘沍擁翠厓，陽和力猶微。海鄉日漸遠，離思正依依。珍重戒疏懶，莫使初心違。稍坐受夜氣，澹月開林霏。

餞應慶之行於剛仲家

新月半簾影，纖歌清夜聲。秋風一樽酒，難酌別離情。

即　事

海棠江路遠，策馬返家鄉。丘水情無極，親朋樂有常。一樽消別恨，千首遣愁腸。更得重陽日，同歡瓻菊黃。

嚼　雪

陰崖爽氣積，中有經春雪。入口瑩無思，寒潭心共潔。

江閣別公保公緒次韻以贈

此別佳期闊，孤蹤杳莫依。詩清情更切，江淨月增輝。雁影經虛榻，灘聲到夜扉。明朝一騎發，關外故人稀。

次景肅韻時七夕

棠陰吏散靜囂塵，虛閣清樽敞錦茵。侵砌水光荷外淨，遶軒山色雨邊新。人間勝友酬佳句，天上仙靈會吉辰。一別那堪原隰迥，孤舟渺渺廣陵津。

鼉頭亭

小亭足樹陰，蕭蕭秋氣深。山屏悦詩眼，江鏡淨人心。塵夢今初覺，鷗盟此可尋。斜陽更奇絶，殘霞抹遥岑。

挽李上舍熙明

早歲遊芹舍，歸歟嶺海濱。未沽三刖足，飜作百年人。孝友推張仲，風流慕季真。箕裘阿符在，瞑目九原塵。

與汝受往景魯家詠懷

殘夢覺非覺，小窓明不明。山腰疏雨止，簷外片雲行。話舊言雖畢，書懷筆正輕。一宵相對味，良畫豈能形？

聞李生寓居禹壽臺詩以寄之

昨日聞消息，幽棲禹壽臺。雪埋山澗靜，雲捲洞門開。覓句詩應瘦，懷人首幾回。青藜會相訪，先寄一枝梅。

臨津江

翠壁望中遥，方知水閣高。春心初浩浩，醉興復飄飄。江碧看冰泮，山青認雪消。狂吟吟不盡，還禿管城毛。

偶　吟

隨分生涯足，私居爲里仁。峯巒來紺嶽，煙浪下臨津。聖主知迂闊，明時許隱淪。緣崖芳草逕，來往兩閒人。

次僧軸韻

病我離羣日，敲門有衲禪。千山行自在，一室坐翛然。塵垢雖相溷，摩尼本自圓。如何淨飯子，天外更求天？

次景混元日門帖韻

太虚含萬化，寒暑是同根。生意裁羣物，和風扇一元。金烏催歲律，青帝醉乾坤。今日應多感，屠蘇可滿樽。

贈景混

與君無貌敬，相許結心親。傾蓋關東月，同樽漢北春。僻居鄰澗壑，深巷絶蹄輪。静裏情談洽，瓊辭照眼新。

次景混遣懷韻

鏡湖行樂夢悠然，聚散無期欲問天。心友别愁今日最，故園歸計幾時圓？青山雨霽千峯畫，紫陌花開十里煙。春色亦應隨我去，驛窓何處聽啼鵑？

贈景混

旅況連旬閉户眼，美人招我涉前川。沙汀水嚙迷江路，蘆岸煙深失釣船。客榻清談霏玉屑，漁邨佳味飽銀鮮。待看湖面冰輪湧，一葦同參海上仙。

次李大仲海壽韻辛未

樓閣玲瓏壓水潯，幾人登此爽煩襟。今來自悔尋春晚，緑盡平沙兩岸林。

湖堂次辛君望應時韻與奇明彦大升同賦

西山拄笏昔同寮，盆浦春光共此宵。繞檻雲山渾不見，吟眸有限興難銷。

再次辛君望韻

相親何必昔同寮，月色江聲共一宵。攜手莫辭千榼酒，江湖幽興向來銷。

挽高峯奇明彦壬申

南服高翔彩翼斜，羽儀清世志亨嘉。英才未試胸中藴，殊渥徒聞死後加。文倒江河光簡策，氣陵牛斗浩雲霞。華山一别幽明隔，無路招魂泣楚些。

與牛溪共尋逍遥山

草合山溪雨壞橋，不知何處向逍遥。相逢似是曾相識，引入煙蘿共月宵。

次崔彦明滉韻叙别三首

惜别留佳句，蘭舟欲發時。山中掩衡宇，吟此可忘飢。

一粟浮滄溟，醯雞寄宇宙。何須慕腐餘，漫向風塵走。

用舍皆由命，行藏不在人。生平補天志，却作一窮民。

巡到兔山坐三聖臺贈邑宰大受甲戌

荒寂郙居少，周詢馹騎輕。溪雲迷路細，山雪照軒清。客愛巖臺勝，民歌邑政成。通宵去屏障，相對寸心傾。

題松禾李生草堂

殘荷衰柳共深秋，十里黃雲繞隱丘。多謝主人留客意，夕陽將發更迴輈。

神光寺題玄旭詩軸

客坐絕巖上，笙簫天上來。山人飽禪味，秋岫錦屏開。

送許子新銘**佐幕關西**乙亥

衣繡辭兵省，春風玉面郎。皇華得賢佐，列宿減清光。聖眷紆西道，慈親在北堂。名都多豔色，須使鐵爲腸。

挽李兵使文誠

運智推無敵，穿楊更出群。青春承雨露，紫綬際風雲。天眷三朝老，恩沾四鎭軍。雄名自垂後，不假策邊勳。

送李季真後白按關北

天意方深北顧憂，儒臣按節佩吳鉤。清名傳世關山重〔二〇〕，大旆連雲驛路脩。戀主豈堪長孺泣？籌邊應建贊皇樓。採薪未向河橋別，紅葉黃花負九秋。

題慎生樂琴堂次韻丙子

聞説林居勝，幽人自在眠。但求真趣足，不要俗情憐。山迴長川外，沙明返照邊。若爲乘野興，憑榻和新篇。

贈金生景時○江陵人

求道難詢瞽，如何藺足尋？吾聞四百病，一藥在治心。

哭李慎孝

氣秀難兼厚，聰明壽不延。鎔金方向道，埋玉豈非天？丘壑終焉契，塵編助我言。于今兩已矣，消得淚如泉。

別舍弟于高陽邨舍

秋日上林巒，蘭畦餘露濕。含情未發言，替客寒蛩泣。

挽李僕正怡怡彦怡

青春遊泮水，墨綬宰南荒。文武推全藝，乘除困老郎。一官追伯冏，雙璧失元方。賴有寧馨在，箕裘世業長。

寄柳應瑞夢鶴時作大興宰余有退志應瑞遺書止之故及之

珍重東邨柳，于南又一年。羈縻應日理，陳榻待誰懸？病客歸心切，親朋遠意牽。清時非色舉，要路愧妨賢。

與李宜仲義健景魯會話于江亭明日又話牛溪書室次浩原韻二首

有客聯鑣扣野關，小亭呼酒晚憑欄。江山雨過秋容淨，贏得騷人不厭看。

曉策羸驂傍碧山，溪堂就問故人安。虛窓相對清無夢，一任煙嵐濕葛冠。

宿衍慶寺主僧義敏求詩書其軸

招提日夕扣雲扃，金宇懸燈綺語清。明發羸驂歸路達，疏鐘出谷送人行。

次李公輔觀魚臺韻

小閣孤臨杜若洲，憑軒照影碧波頭。非關渭曲無鉤趣，只玩濠梁得意遊。釣澤猶煩天子聘，如棠空使世臣憂。相忘江海君爲最，此樂人間不見儔。

題朴仁壽先塋圖

朴生袖中軸，素練開雲煙。有山積空翠，有水流山前。一屋非考槃，負土憂三年。蕙室在城中，死生孝無偏。歸家具甘旨，展圖對新阡。洞壑宛清幽，樹林鬱相連。泉石有雅趣，所思在奉先。嗟哉爾朴生，追遠誠格天。我亦懷二人，題詩雙淚懸。

哭鄭承旨子中惟一〇丁丑

清世馳清譽，人期荷重任。斯人有是疾，天道竟何諶？未卒陶山業，深悲越客吟。靈輀難可送，病友淚沾襟。

許校理美叔篈訪石潭小酌次韻以贈二首

日邊消息近來稀，葵藿雖傾力太微。抱病秪堪安素履，全身不是避危機。逢君怳若朝天闕，顧影依然在石扉。入夜永懷瞻北極，一林花月自煙霏。

幽居臨九曲，聞道隱仙靈。水石輕朱紱，行裝擬綠萍。相思天共遠，一笑眼雙青。近事君休說，年來不要聽。

明日對酌新舍又次美叔見贈韻

昭代方求士，微軀自愛閒。逢君驚午夢，攜酒對春山。匹馬催行色，孤懷在別顏。那堪花月夕，寂寞掩柴關。

美叔求題于扇扇畫梅花一枝是尹儼思叔筆

一枝含早春，寫向齊紈素。清風在袖中，千里隨君去。

贈天然上人余到安峽巖泉寺天然來謁是曾破智異山天王峯淫祠者也

然師舊聞名，壯氣擊不周。一拳破山石，妖氛露頭流。歸參趙州無，一悟塵機休。禪蹤無定所，瓶錫隨雲遊。我到巖泉寺，迥倚寒巖頭。師從千里來，一笑回青眸。永夜對孤燈，清談消客憂。明朝舉別袂，路指金剛脩。重逢渺何許，天末脩眉浮。

與季弘沈仲悟游神光寺

山陰樹影釀微涼，梵宇清心一炷香。邂逅天西難再得，莫辭終日醉迷方。

神光寺樓復次前韻

山擁虛樓分外涼，綠樽纖唱坐生香。清遊未半忽惆悵，渺渺美人天一方。

次安丹城路上諸作韻

碧浮臺

橫野聳危岫，臨流開翠屏。巖臺多逸趣，宜醉不宜醒。

晚暉亭

衆岫浮天碧，平蕪極目青。開襟當晚吹，醉客坐來醒。

龍　井

一畝方塘溢，分流畎澮連。靈源深不測，寶鑒碧生煙。

飛來峯積沙爲山者也

造化誠多巧，金沙聚作峯。人登最高頂，山繞幾回重。碧海翔陽没，紅波滿眼春。暝來尋去路，蕭寺隱高松。

題挹清亭

炎程千里客，虛閣獨來憑。隔壟湖光迴，沿溪樹影澄。清涼欣氣爽，孤寂覺神凝。轉盡林間照，猶嫌宿未能。

寄别黄參判汝温琳以改宗系事朝天奏請時余在海州

遠忱誰達九重天？專對惟公匪獨賢。萬里艱關應盡瘁，百年羞辱此堪湔。關王廟古森喬木，石子河寒霽晚煙。江海茫茫饒别恨，雪窓孤燭坐悽然。

挽眉喦柳副提學希春

文星照南服，我公生此地。聰明誦三篋，博學通奧義。事君惟赤心，夷險斯一視。風波失際會，暗灑傷時淚。霜雪塞北天，十年甘憔悴。新陽煦幽谷，枯草回生意。雲龍運黐亨，立朝還近侍。白首映金章，聖眷期勿貳。啓沃補衮職，始售窮經志。老矣賦歸歟，側席猶相遲。殊渥被衡茅，感激回歸轡。奄忽悼宸衷，云亡悲士類。生平五車書，浩汗將何畀？小子忝登門，猥許能識字。生别尚含惻，死别情何寄？一慟海山阿，殘暉曖空翠。

李子修俊民令公陞資重按關西過别余索詩

重佩西門鑰，臨江叙别情。黎元望旌節，草木識威聲。聖主紓深眷，慈親享遠齡。一方成樂土，歸去報澄清。

黄吉哉允吉以書狀朝天致簡求詩不見三年矣

埽雪推蓬户，開緘對故人。三年分嶺月，萬里動征輪。薊樹寒無影，灤河闊有津。歸來擬相賀，皇澤爲君新。

花山君江亭在廣津○戊寅

广下王孫宅，朱窓雪裏鮮。何嫌失淨練？亦好望瓊田。塵榻誰迎客？霜松自帶煙。風光惜無主，有賣豈論錢？

送李夢應牧晉州州有樓名曰矗石甚有名

久矣南民散，欽哉懋乃功。盤根觀利器，絶地播清風。片悃明初日，危樓倚夕空。棲棲吾已老，憂國祝年豐。

送季獻至神光洞口昇仙巖有作己卯

文會依巖壑，鴒原惜去留。仙山當席聳，梵宇隱松幽。老覺難堪別，春應不解愁。瑶琴聲欲歇，悽絶玉溪頭。

南江送別

金風輕拂海山秋，晩泛蘭舟碧玉流。腸斷送人雲樹外，驪駒一曲滿江愁。

浩然亭送崔時中雲遇

李氏林亭送客歸，迎晨坐到暮煙霏。潮迴海口寒巖秀，雲抹天涯遠岫稀。心滸真源交道密，身游勝地宦情微。從今發軔期千里，莫使中途素志違。

許亭次牧伯景文贈別君望韻時仲秋念三日

相逢絶境手雙攜，恨唱驪駒日亦西。他日思君憶何處？玉溪松籟夢魂迷。

有上人信辯苦求詩書以贈之

索居潭上百無爲，坐看秋山朝暮姿。不是禪和耽綺語，誰令老子强吟詩？

送權敬仲克禮朝天辛巳

歷歷曾遊處，悠悠送子行。山圍遼野迴，樹入薊門平。觀國朝雲闕，懷人對月明。歸來擬相候，新雪野橋晴。

送彦明以承宣出按海西時值大無

西土方艱食，分憂出近臣。鳳池驚宿夢，蜒海撫流人。身帶無私照，民迎有脚春。澄清報明主，應荷寵光新。

送黃岡金重晦以奏請使赴京

秋風起漢曲，送君行萬里。萬里獻國忱，泣雪先朝恥。嗟君誦三百，專對承恩旨。吾王解錦袍，臨發，主上解衣以賜。賜爵彤雲裏。祖帳臨野橋，征途渺山水。月照薊門樹，煙鎖灤河沚。歷歷我所經，悠悠子去矣。衣華我佩光，惆悵別予美。四牡發騑騑，高樓愁夕倚。

送柳參判希霖**朝天**

卧病迷人事，嗟君向玉京。三秋饒別意，萬里算歸程。月出天山迥，風回鴨水平。離筵百壺酒，不及一篇情。

慎吉遠有竹林精舍而未歸求詩次帖中韻

玉立千竿繞短椽，幽居不受世紛牽。思鄉清夢飛湖外，報國孤蹤滯日邊。濃葉密枝藏雪久，細香疏韻得風先。何時共把琴樽興，嘯詠雲窓對榻眠？

挽沈彦明妻

吾家生女士，玉質多令姿。柔素合閨範，于飛琴瑟宜。見汝抱嬰兒，憶汝扶牀時。壽夭竟誰司，禍福理難知。青春蕣英落，白日慘無輝。孤鸞對鏡泣，舐犢痛庭闈。所親皆在此，捨去欲何依？侵晨畫翣發，孤艇催解維。一訣消息絶，目送淚滿衣。大夢會有覺，不悲無窮期。

挽姜右相士尚〇壬午

正笏垂紳左右宜，堂堂生應聖明時。持身每守三緘戒，掌選曾無一宦私。廊廟謀猷歸國乘，清貧緒業屬家兒。愚儒題挽傷心最，東閣當年得許闚。

送崔嘉運出宰鐘城

俊逸清新子庶幾，穿楊又道似君稀。金鑾不著詞臣迹，玉帳還伸虎旅威。小白山高留臘雪，籌邊樓迥對朝暉。冰霜素履令人服，殊俗何難入指揮？

通禮院引儀契軸

多才憎命達，一藝獻清朝。導仗開金殿，傳臚響紫霄。王庭贊周禮，令節祝唐堯。暇日聊修契，襟期矢後凋。

挽白彰卿光勳

雅度澄壺月，清詩脱轡銜。命窮違素志，官薄困青衫。旅舍驚辭世，秋風未掛帆。靈輀明日發，老淚灑天南。

松　都

水落巖邊細溜清，弄晴山鳥自呼名。峯陰欲暝樵歌絶，手撫喬松萬里情〔二一〕。

送從事許美叔金叔度瞻游成川降仙樓

送客衝寒向降仙，樓前冰雪塞長川。孤吟此日偏多感，醉對巫山記昔年。

題義順館次韻

天涯作客幾朝曛，不是春宵遠夢紛。戍角迴傳來古壘，漢旌遥望入寒雲。博山火冷香煙盡，高樹星沈曙色分。賴築詩壇消旅恨，一篇吟就當元勳。

挽尹參議斗壽母氏癸未

有美閨門秀，天生温惠姿。母儀同斷織，柔範等齊眉。介福推遐壽，承家有令兒。堪悲著淚處，幾樹作枯枝。

校勘記

〔一〕埽塵累而高舉兮　「埽塵累」，一本作「清埃氛」。

〔二〕整輕翮而迅征　「征」，疑誤。

〔三〕尋幽壑之窈窕　「尋」，一本作「穿」。

〔四〕大鈞之流化　「鈞」，原作「勻」，據文意改。

〔五〕滑浮難所倚　「所」，一本作「徙」。

〔六〕俄驚疾風起　「驚」，一本作「頃」。

〔七〕往求無價手　「手」，疑誤。

〔八〕多僧進晚茶　「多」，疑誤。

〔九〕賴麻蓬直吾最樂　「最」，疑作「差」。

〔一〇〕孤山迫在大野頭　「迫」，疑作「逈」。

〔一一〕樹列汀洲翠支蓋　「蓋」，疑誤。

〔一二〕簞瓢纔足可長謂　「謂」，疑誤。

〔一三〕徹底虛明難入手　「手」，疑誤。

〔一四〕孤邨起夕煙　「夕」，一本作「晚」。

〔一五〕騷人自是多幽情　「情」，疑誤。

〔一六〕難把金鷄救桔綮　「救」，疑作「赦」。

〔一七〕黄閣當年擬棟樑　「擬」，原本作「疑」，據文意改。

〔一八〕次思可真武廟門外午憩韻　「真武」，原本作「武真」，據文意乙正。

〔一九〕閒愁酒不湔　「不」，一本作「可」。

〔二〇〕清名傳世關山重　「傳」，一本作「滿」。

〔二一〕手撫喬松萬里情　「里」，疑作「古」。

栗谷先生全書拾遺卷二

疏劄

代清洪道儒生論普雨疏乙丑

伏以人君不以臣之不足取重而不採其言，人臣不以君之必不容受而不盡其忠。臣等蓽門圭竇之士，至微至賤，其言之不足取重也昭然。而賊雨之可誅，則上自大臣，下至國子，極言竭論，終不回天者也。今以臣等之言，得正王法，固不可望矣。特以區區忠憤，不能自抑，而亦安知聖心庶幾一悟，不以人而廢言也哉！

昨承聖教，丁寧以明普雨之無大罪，而每以「傳播」二字爲牢拒之資，臣等之惑滋甚。夫人君深拱九重，所恃而得通上下之情者，股肱也，耳目也。股肱耳目，猶恐其有所壅蔽，則廣詢在朝，博採輿論，得以取實焉。今殿下不信股肱耳目，不採國人公論，則殿下何緣而得其實耶？此必婦寺之流，彌縫上下，得售私計，以是爲非，以實爲虚，而殿下先入其言，故舉國之忠言聽之邁邁也。眉睫至近而不見，則先后齋沐之事，宜乎國人皆知，而殿下獨未之知也。殿下雖侍先后，宫禁之禮異於臣庶，則先后之一動一静，殿下無由盡知，而况齋沐之不使聞於殿下者乎？奈何殿下獨信婦寺之言，而不信股肱耳目不廷諍，不採舉國之忠言，而反以知者爲不知耶！治人之罪，固當以實罪之。未審賊雨之罪，果是過失，而無滔天之惡耶？惑世誣民，罪亦可斬，况罔聖欺君，以竭國儲耶？又况身負臣民不共戴天之罪耶？

人心可以理服而不可以力勝，衆怒可使宣洩而不可使壅遏。人心不服，衆怒未洩，則雖堯舜在上，難乎免於崩潰衝突之患矣。嗟乎！賊雨之罪，天神鑒于上，地祇證于下，四境之内凡有血氣者，莫不欲磔其肉。而終始曲護，必欲保其凶喘，則惟殿下一人而已。殿下不念人心，不恤人言，惟惓惓於妖僧，抑何所見而然耶？四方之冠儒冠、服儒服者，雖不能盡稱其名，蓋亦無非孔子之徒也。千里贏糧，裂裳裹足，雲集闕下，此誰令而致斯耶？良由祖宗數百年培養之德，而亦殿下平日扶植正氣之功也。今殿下輕待百千孔子之徒，而重惜一箇無君之賊。假使普雨無毫髮之罪，受曖昧之名，天下後世，謂殿下爲何如主耶？况雨之罪，足以萬死，而國人之論，非妄也耶？臣等竊恐士氣自此而摧折，人心自此而崩潰，祖宗數百年培養之德，殿下平日扶植之功，一朝由一僧而埽地也。此非臣等之言，乃國人之言也。伏願殿下平心垂鑒，亟揮乾斷，以服人心，以洩衆怒，不勝幸甚。

代清洪道儒生告歸疏

伏以臣等俱以草奔之臣跧伏畎畝，君門遠於九天，賤身微於土芥。宜乎鑿井耕田，只守其分，而第以所居者王土，所食者王澤。區區向日之誠，不以出處有閒，目睹王法不舉，國讎未報，天怒于上，民憤于下。若此不已，國非其國。臣等雖欲鑿井耕田，久霑王澤，而池魚林木，先受其禍，故危悰悉達，纊聽愈邈。以殿下之聖明，致辟賊僧，難於割肌，峻拒公論，易於建瓴。嗟乎！此豈殿下之本心哉？不過天實爲之而已。殿下雖不採納臣等之言，而終不加之以僭越之罪，則此殿下恐塞言路之盛心也。臣等今當遠退，無復叫閽之時，則雖斧鉞在前，鼎鑊在後，當畢其說，以冀一悟，況殿下優容之，使之盡言耶？

當今國事，無一可恃，生民之塗炭，紀綱之頹敗，政刑之顛倒，風俗之淆薄，於斯極矣！其所以維持鞏固，不至瓦解土崩者，只有二說焉：一則天命未去也，一則人心未散也。何以言之？夫昊天曰明，仁愛人君，必示災異而警懼之。若其必亡而不可降格，則反無災異之警懼焉。故無災之災，千古之大災也。今茲乾文地道，莫不示變，則昊天之仁愛，殿下而警懼之者，其亦至矣。此豈非天命之未去者乎？夫民各有心而其所同然者，則天理之所在也，故未有舉一國皆非之理也。今兹殿下，顯示峻責，牢拒公論，無復可望，而臣民之惓惓於上者，日甚一日[一]。四方之士雲集闕下，滿朝之臣鵠立殿庭，懷誠飲泣，必欲回天，而下至舉國之人，莫不翹首引領曰：「吾君聖明！」必有一悟之時，則此豈非人心之未散者乎？

嗚呼！天命之去就，人心之聚散，間不容髮。伏願殿下勿使未去者易去，未散者漸散也。臣等誠微辭竭，夫復何言？異類得志，吾道晦盲，而無以爲儒矣。君父之讎，共一覆載，仰愧俯怍，而無以爲人矣；公論終遏，國脈斲盡，危亡立至，而無以爲生矣。南望桑梓，北辭象魏，無任摧腸痛哭之至。

辭免命製摩尼山醮詞第二劄己巳

伏以臣之於君猶子之於父，有懷必達，有言必盡，然後上下交孚，而政治成焉。若人君以萬乘之尊，不測之威，禁其多言，則下情何由上達乎？今臣伏承聖教，無任戰懼隕越之至。夫摩尼之醮，殿下既知其爲左道矣，豈無外臣而必命經幄之臣製其詞乎？臣方以孟子闢邪衛道之説進講，決不敢製此非禮不正之文。殿下必欲命臣，則請先遞臣職，然後乃命製進，以示殿下抑邪扶正之意。

代白仁傑謝賜食物仍辭同知中樞府事疏 庚午

伏以犬馬殘生，已迫桑榆。白首有歸，待盡丘壑。恭惟聖明，至覆日臨。無遠不屆，無微不燭。鴻恩普被，臣實偏蒙。乃於某年某月，特賜米菽；又於某年某月，命賜某物。周急有義，臣不敢辭。伏地祗受，有淚沾衣。感恩徒切，圖報末由。今聞某月某日，又命授臣同知中樞府事，揣分度力，采加戰慄。嗚呼！死馬之買，逸足三至；金臺之築，俊傑爭趨。殿下於衰朽微臣，繾綣若此，況於有守有爲之士，豈不施非常之典哉？四方賢者，將不日彙征矣。太平萬歲，臣願須臾無死，以得目睹也。以臣感激之誠，深欲扶曳至闕，一拜丹墀，心愜瞑目。而臣今年滿八十，精神昏塞，起居須人，一步出門，百計無術，虛辱恩命，只增隕越。伏願聖明俯諒危悰，遞臣職名，使得安心畢命，以盡老老之仁，不勝幸甚。

代鄭澈辭免陞拜承旨疏

伏以爵以命德，階以酬勞，非德則爵不可尊，無勞則階不可陞，此是爲國通規、我朝成憲，決不可撓改者也。今臣不學無才，僥冒立朝，其爲非德，不言可知。生丁不辰，家禍荐至。歲在己巳，臣父棄背。祥禫甫畢，臣母繼逝。六年草土，病入膏肓。乙亥以後，廢處田閒，心灰當世，與死爲鄰。去年之冬，寡姊嬰痾，蒼黄來救，竟不能起。因值國恤，不敢歸鄉。遲回半歲，恩命沓下，力不能堪，移告度日。臣之廢仕，今已十載。直學之除，已極猥濫，戰掉方深，況此承宣之命，出於意外。臣以何德，當此尊爵？有何勤勞，可以陞階乎？非徒臣不可受，抑亦法不應授。撫己揆分，不寒亦慄。

臣於近日憂患庫綿：臣壻既夭，兄姊女息一時卧病，臣亦心氣極傷，百疾交攻，聞聲輒驚，夜不能寢。自拜直學以來，未嘗一日供職，一侍經席，而誤恩横寵，乃至於此。臣誠愧懼，直身無處。今臣精神已衰，氣血已枯，自度終不能陳力於明時。若使一日溘先朝露，或留餘骸，扶曳還鄉，則是空荷恩寵，一毫罔報，而國家命德酬勞之器，棄之虚牝。臣生固無顔可以見人，死亦不瞑目於地下矣。臣以一家陋穢之憂，仰塵聖鑒，罪固難逭，而事急情迫，不暇擇言。伏惟聖明，天地父母，憐察愚臣之至情，重念成憲之難改，命遞臣職，改正其資，以使上無虚授之失，下無冒受之責，則公私幸甚。

辭參知疏丙子

伏以小臣疏才淺學，猥蒙天恩，試可内外，罔效寸功。前年，叨居論思長官，人器尤乖，如蚊負山，覆羹觸諱，動無非咎。臣猶自知，況於聖明乎？只緣聖量天覆，納污藏疾，使得優游自由，不受毫髮之譴。臣雖無狀，寧不感激，第以美食安坐，末由報恩，而蒲柳殘質，在官多病，就閒一念，情所不已。適值今春，內喪過期，羣臣脫衰，玉體神相，抽身乞退，正得其時。茲敢引疾解官，而人微職散，不能拜辭。還山耿耿，寸心尤赤。曾未幾日，繼有僉知之命，向闕稽首，方切兢榮，今月乃更授以兵務重任。殿下於無用之臣，克知灼見，少無餘蘊，而終始省録，一至於此。雖古之恩及狗馬，亦何加焉？

嗚呼！使臣隨行逐隊，可以有補國家，則隕首結草，亦所不辭，況優之以重禄，秩之以華爵乎？顧臣所不堪者，才非致用，病入膏肓，一忝天工，朝夕素餐，不能者止，聖訓孔昭，有道而穀，爲恥滋甚。且臣從前以來，欲仕則瘝官是懼，不仕則聖主難忘。乍往乍來，非一非再，知臣者少，不知者多，謗積盜名，譏深媒進，更無面目可立清朝。夫是之故，當世之望，墜於空虛；愛君之誠，付諸華祝。臣雖冒昧廉恥，奈辱名器何？今者大禮在前，而臣自海鄉，冒寒登程，風眩又作，不能自力隨班，臣罪尤大矣！伏願殿下諒臣至情，命遞臣職，使之獲安愚分，公私幸甚。

乞退疏癸未

伏以無狀愚臣素非世器，猥被寵擢，濫躋崇班。謬膺重寄，如蚊負山。福過災生，負乘致寇。罪釁叢積，衆怒暴發。狼狽鼠竄，不敢控辭。退伏畿甸，兩月有餘。日竢嚴譴，迄無處分，既宜顯戮，猶保職名。於國爲失刑，於身爲苟免。跼天蹐地，置身無所。仰首籲號，臣豈獲已？優閒尊爵，既非可據，而況經幄重地，文衡要職，尤不可忝，各司提調，亦難久曠。抑又伏念聖明之哲，偶失於臣，歲除月遷，遽秩貳公。此豈聖上私庇小臣乎？實求鷄犬鳴吠之助耳。今臣負國辜恩，萬事瓦裂，非但不能稱職而已，所受爵秩，理難仍叨。伏願聖明深懲往失，參以物議，命免臣職及兼帶之任，將臣冒受前後重加悉行刊削，使臣得返耕鑿，曲全餘生。則生成之澤，隕首難報，無任惶慄懇祈之至。

啓

司諫院請靈川尉申檥收職牒啓乙丑

前靈川尉申檥，性本狂妄，多行悖戾。自上屢懲屢竄，俾全性命，當感恩畏威，悔悟自悛之不暇。而纔承赦命，旋肆其惡，侵責列邑，徵取百物，多發官驛馬，轉輸于京，沿途作弊，不可殫紀。及到其家，縱其豪奴，至奪人馬，鄰里不勝其毒虐。身爲駙馬，自恃宮禁之勢，不畏邦憲，不恤公論，逞恣自咨〔二〕，無異前日，見聞至爲駭愕。請還收職牒，其縱謏助惡之奴，令攸司囚禁痛治，以杜横掠閭閻之弊。

再　啓

申檥性本狂妄，多行悖戾，屢經流竄，終不懲艾。纔承赦命，旅肆其惡，侵責列邑，徵取百物，多發官驛馬，轉輸于京，沿途作弊，不可殫紀。及到其家，縱其豪奴，至奪人馬。不畏邦憲，不恤公論者，不過自恃宮禁之勢，終不重治而已。今若不示譴罰，只治其奴，則便以爲莫敢誰何，益肆無忌，非徒無罪之民，横被毒虐，竊恐王法不行於貴近，紀綱職此而陵遲。此雖一事，所係非輕。請還收職牒，小懲大戒。

三　啓

申檥雖身逢竄謫，屢經困苦，尚不自悛，只治其奴，而檥知自慎，無有是理。聖明在上，法刑未泯。檥是何人，敢肆凶慝，侵剝列邑，毒害生民，白晝輦轂之下，公行劫掠，而乃不敢罪其身，只罪其奴乎？且沿途作弊之狀，臣等未盡陳達，宜乎聖鑒有所未照也。發民治路，有同行幸，别造大轎，與妓同乘。所經之邑，例求生獐，求之不獲，鞭扑甚酷。列邑惶駭，竭力應需，横斂之物，滿載三船。此豈臣子之所可爲哉！當今急務，莫若恢張公道，振起頹綱。若不治㦲，則無以厲百，公道何時而可行，紀綱何時而可振乎？且徵取官物，濫發驛馬，劫掠人財，自有其律，而臣等之請收職牒，大有斟酌。請勿留難，以示至公。

請槐山郡守趙應瑞省峴察訪蔣敬臣監察薛輔宗等遞差啓

槐山素稱富庶，而近來殘弊殊甚，非徒官庫板蕩，百姓亦盡流亡。苟不得人以治之，則永爲棄邑。新郡守趙應瑞，性本貪刻，所莅之地，皆無可稱。蘇復之責，決不可望於此人，請遞差，以名望文官，各別擇差。近來驛路之凋殘，八道皆然。爲察訪者，苟非有幹能廉謹之人，決不能蘇復。省峴察訪蔣敬臣，鄉曲鄙夫，闒茸無能。不可以如此之人，責之以蘇殘起弊，請遞差。監察之職，屬於風憲之地，分臺各司，責任非輕。近來世家子弟，雖有可堪其職者，率皆厭憚規避而卑微庸劣之輩，塞員塡闕。以此各司出納之際，曹不省事，且不能糾檢，徒爲黠吏愚弄之資，以致官庫之物，日就耗縮，所關至重。故頃者憲府啓請擇差，而銓曹專不擇人，冗雜注擬，至爲未便。監察薛輔宗，門地寒賤，人物麤鄙，不合本職，請遞差。時任監察之不稱其職者，亦令銓曹汰去，各別擇差，以重臺監之任。

請龍安縣監鄭純嘏罷職啓

龍安縣監鄭純嘏，貪虐自恣，專事侵漁，闔境嗷嗷，不勝其毒，皆有離叛之心。至於官庫之物，公然偷取，船運其家，略無忌憚。如此之人，不可一日在官。請罷其職，各別擇遣廉能，以蘇殘邑。

再啓

鄭純嘏貪虐自恣，偷取官物，剥民膏血，使闔境嗷嗷，不勝其毒，至欲離叛。其爲無狀，發于物論，爲日已久。臣等反復詳問，十分的實，然後始敢陳達，安敢以傳播不實之説，仰瀆聖聰哉！當今大患，在於守令貪殘，蠹害邦本。而監司殿最，或牽於人情，或怵於權勢，黜陟不明，使姦贓者肆然逞慾，無所忌憚，無辜之民被毒含冤，籲天無路。幸而發乎公論者，萬中有一，而又諉之傳播，不治其罪，則是貪污之幸而生民之不幸也。倒懸之苦，何時可解？請速罷純嘏，以厲其餘。

請南部主簿沈仁謙改正啓

南部主簿沈仁謙，徑陞六品，物議未便。憲府之論，是乃扶公抑私之美意，而自上不即快從，公論尤激，請勿留難，亟命改正。

再　啓

沈仁謙之陞六品，只援林滘之例，非祖宗舊典，不可便爲成規。功臣嫡長之孫，非獨仁謙，其可一一授以六品乎？當今始初清明、萬姓顒若之際，不見革一弊政、擢一賢士，而汲汲先加謬恩於外戚，則非所心表正一時、垂訓後世者也。此豈臣民所望於聖明者哉？請命改正，以伸公論。

三　啓

沈仁謙之陞職，固出於重待功臣，而物情所以未便者，衛社功臣嫡長子孫甚多，而驟陞之命，獨及於仁謙故也。聖明心雖不私，而其事則私矣。人君行事，當表裏如一，明白正直，使人自服。若使聖賢，必自明其無私，然後人乃信服，則堯、舜、文、武亦不勞矣乎？臣等必欲致聖明於無過之地，以階太平而已，豈敢好爲煩論哉？耳目之官，若不至誠回天，而只以啓意爲塞責之計，則此豈國家之福耶？願留三思，亟命改正。

四啓

沈仁謙不可不改正之意，累次論啓，未蒙允俞。臣等惶惑，未喻聖意。頃者公道掃地，士氣摧沮，外戚二字不敢發乎人口者，積有年數。幸有今日，得論此事。此眞盛朝美事，豈可使公論復遏，百僚解體乎？且使仁謙若知廉恥，雖不敢自言，必不欲橫受誤恩，以拂公論，使人指目譏誚矣。非徒大失政體，以累聖德，亦使仁謙進退狼狽，非所以保護全安之道也。請勿留難，速命改正。

請禁關西列邑行船啓

關西一道，北接山戎，西連上國，實我國之重鎭，欲令公私蓄積有餘，以備緩急。故鄕者禁斷商賈之船，絶其移粟之路。今非不嚴，而近年以來，權勢之家廣占田畓於沿海郡邑，大開船運之路，以此官庫之儲盡爲肥己事人之資，民間之粟盡歸行商牟利之手，使百年殷富之地，漸至於匱竭無餘。脫有邊警一起，餽糧餉軍之費於何取辦以濟事乎？近日西方之憂，無大於此。請令該曹嚴立事目，使本道監司申飭列邑，境內行船，一切禁斷。

請復革江陵判官啓

江陵一府，物衆地大，爲一道巨邑。退計十年前，歲凶民流，遂致殘弊，不可支保。故朝議革其判官，以期蘇復，固非得已。比年以來，餓饉荐臻，人民流散。邑里空虛，田野荒蕪，官儲亦竭。凋弊之極，視舊尤甚，兩衙支供，無計辦給，已爲棄邑。請限蘇復間，復革判官，以紓民力。

請壽環父子加刑啓

壽環父子，戕殺至親，其慘毒之狀，已盡陳達。而自上矜念宗親，下教丁寧，臣等豈不感激？但帝王之仁與匹夫異，有法必行，有罪必誅，刑期無刑，然後能推不忍之心，全其好生之德矣。若保養蛇蝎，貽毒無辜，而不忍正法，則是以小仁害大仁矣。聖明在上，公議未泯，而縱此大罪，則自今以後，便爲成規，無識宗親輩，恃恩肆惡，將無所不至矣。奈何爲壽環父子而壞祖宗金石之典，遺後日無窮之害乎？且既以招辭之相違，命更究問，則當以得情爲限。壽環父子既服死罪，而終隱其屍，其情必有所在。不得其情，不竟獄事，而遽命減死，物情尤爲憤激，不可沮抑。請壽環父子加刑得情，照以正律。

請辛敬輿改正資級鄭緝罷職啓

行副司直辛敬輿，人物麤鄙，不容於物議久矣。齒在堂上，已爲猥濫，今者以觀射優等，特命賞加，物情至爲駭怪。嘉善重加，乃國家優待宰相之器也，若授諸如此之人，則非徒爵賞太濫，名器又徒而不重。所係非輕，請還收成命。司贍寺主簿鄭緝，家在長城，素稱豪强，主倅之不協於己者，則百端誣陷，必欲中傷乃已。其爲用心，極爲無狀。不可齒在朝列，請罷職。

司諫院避嫌啓

凡臺諫初啓之辭，必遍示同僚，商確勘定，然後入啓，例也。今兩宗禪科論啓事，簡通後，正言李光軒與大司諫姜士弼相議起草，不示臣等而入啓，故不竝舉兩宗事。臣等初不知之，及其既知之後，則即當論其所失，而容默不發，臣等之失亦大矣。内需印信，不即論啓之失，亦與姜士弼等無異。決不可一日冒處言地，請亟命遞臣等之職。

承政院請於便殿頻接臣鄰啓甲戌○以下十三啓見經筵日記

辭免大司諫啓

再　啓

三　啓

司諫院請勿納黃蠟啓

處置司憲府諸官啓

申請勿納黃蠟啓

因黃蠟事率同僚辭職啓

再　啓

三　啓

四　啓

五　啓

請奏聞中朝罷長甸子設鎭啓

復辭副提學啓乙亥

頃者，兩司論監司之徑還者，臣在被劾之中，竟蒙原宥，臣之私義，至爲未安。竊念人臣之義，惟進與退：進則當盡匪躬之誠，退則當堅自守之節，不可辭此取彼，缺爲自便之計也。近來綱紀不立，人無定志，内外之官，不能夙夜，小故微恙，輒呈辭狀，數月不還，遞然遲之，紛紜數易，職事全廢，廩禄不絶而身常得閒。士大夫之苟安，未有若今日之甚者也。若不除此痼習，庶績無由可熙，朝臣不可盡劾，故特擧監司之引疾者，兩司之論，在所不已。臣於今歲，首犯是罪，雖承恩赦，義實虧損。若在庶官，則猶可從仕；玉堂長官，職掌經幄，主張公論，與兩司一體，不可靦然仍在其職，請賜遞免。俾臣自安其分，公私幸甚。臣屛迹私室，以待公論，久而寂然。適値自上有擧動，深恐玉體勞傷，不敢退伏。敢此來啓，尤爲惶恐。

請勿推治憲吏啓見經筵日記

大司諫謝恩後辭免啓戊寅

上方在哀疚之中，臣子之情，不忍安居。茲用扶曳登途，區區犬馬之誠，只欲一得瞻望天光耳。本無供職之念，請遞臣職。

辭大司諫啓庚辰○以下八啓見經筵日記

司諫院處置司憲府諸官啓

司諫院請刑曹判書尹毅中改正銓曹推考啓辛巳

司憲府請青陽君沈義謙罷職啓

司憲府論事後與同僚引避啓

再　啓

三　啓

司諫院請右議政鄭惟吉改正啓

辭大提學再啓

伏承聖教，尤不勝感激惶恐之至。竊聞君之使臣，當度其才，其所不能，不强使爲；臣之事君，亦宜量力其所不堪，不敢冒受。夫然後上下相成而庶績熙矣。臣之病弱，國人所知，聖鑒想已洞照矣。自忝地部以來，調度浩繁，文簿山積。以臣疏才，晨夕勤勞，尚多疏漏，神思焦煎，更無絲髮餘力可及他務。文衡重任，其可兼之乎？雖才高身健者，尚或不支，況臣孱疾，僨事無疑，若兼兩職，則百務俱廢矣。竊念度支之任雖重，猶是一有司耳。聖上既欲試可愚臣，以此陞秩，則今不可徑遞。臣當勉竭精力，以委頓爲期矣。至於文學作人之任，其責尤重，決非鹵莽滅裂如臣者餘力可兼之職也。事理明甚，悶迫無際。伏望以文衡改授才學出衆之人，使臣得盡見任之職，獲免罪戾于明時，不勝幸甚。

司憲府全數避嫌啓〔三〕

臣等於昨日辭避之事，議論雖些少不同，而固無角立不相容之意。今見獻納成泳避嫌之辭，則歷詆臣等所失，非止一事，物議譁然非之云。臺諫既被物論，則不可强顔冒出，以虧損體貌。請命遞臣等之職。

進擇師養士事目啓壬午

四月十四日經席，論及士習偷薄、師道廢弛之弊，小臣親承上教曰：「擇師養士之規，其作事目以進。」臣受命以來，夙夜惕慮，此是作成人才、挽回世道之一大機會也，必須深思熟講，以爲經遠之圖。故累月商量起草，以擇師養士爲事目，又作學校模範十六條，以補學令未備者。既與三公各議于其家，卒乃會議于一處，反覆商確，今始克進。儻命依此施行，持之以悠久不變，則狂瀾之倒庶幾可回矣。

陳詔使貽書曲折啓

正使以康翎縣監張彦誠事，累請臣不治其罪，且勿啓達。而臣雖姑釋，不敢不狀啓矣。今者，彦誠被拿推，不可不使知之，故因問安告曰：「凡詔使一應舉動，皆啓于國王。故雖畏大人之命，釋其罪，而不敢不啓其由。國王聞之驚愕，即命拿推云。」則正使即具小單，貽書于臣曰：「不佞自入境以來，辱國王敬天朝以及使者，假館授餐，具徒致餼，靡所不至。

前者黃海縣令執事惟謹，聞足下有意督過之，是吾不德也〔四〕。適舌人傳言，令人惶悚。惠徽推愛海涵，勿加譙讓。豈直兹令之幸，即不佞與有榮施焉？敢請云。」臣答曰：「今已啓達，非小的所敢擅饒云矣。」係於詔使舉動，故敢啓。

乞詔使留京閒調病啓

臣本孱病，叨忝遠接重任，人莫不疑其難保。幸賴國家威靈，艱得陪至于京，而勞熱眩證俱作，其中眼疾尤劇。若至深重，不能作伴送之行，則大傷事體。惶悶無以爲計，竊意詔使留京閒一日或三日，姑不隨班，服藥調理，則庶可支持。惶恐敢稟。

呈病出仕後復辭兵曹判書啓癸未

臣稟氣素孱，加以屢經重病，平居僅保喘息，遠路往返，得免僵仆，實是天幸。積傷之餘，舊痾復作，辭劇乞閒，勢所不已。臣雖無狀，安敢託疾避事？天恩濫被，賜告至三，惶悶固深，而感激尤切。病勢稍歇，可以扶曳謝恩，故不敢退伏私室，兹出拜命。第念臣受病已痼，元氣已敗，體不勞而自汗，股不步而自慄，膚革無甚耗於前，而精神筋力則有如衰耄之人。兵部長官，非調病閒仕之地。今雖暫出，豈能久於察任？且聞故事，典文衡之人，鮮有拜兵官者，誠以文武重任決非一人所兼故也。伏望聖慈俯察微誠，亟賜遞免，公私幸甚。

辭免司僕寺提調啓

冒達至爲惶恐。自上軫念馬政虛疏，特命擇其提調，必欲得人，甚盛意也。不圖如臣者得膺是任，驚悶罔措。竊觀牧場散在諸島，牧子既不充額，守直又不謹密，外被邨民潛殺，内被牧子偷賣，日消月耗，牧場之馬多擁虛簿點馬之時。監牧之官，欲免罪責，收合邨民之馬，依數被點，其來已久。爲點馬者，雖察其情，久遠之弊，勢難卒革，無如之何，只循他例，況提調之遥領者，何術可防其姦乎？由今日之事，則雖非子受任，亦難見效。以臣之空疏迂拙，敢當此職乎？

臣本病孱，叨主兵柄，決知不堪，而以邊塵未靖，義難辭避，捨命從仕，羸憊日甚。晝則勉强行動，夜必僵卧呻吟，見者莫不危之。以此精神茫昧，遇事遺忘。所帶文衡之職及校書提調，非閒漫之局。近來，多廢厥務，非敢厭事，力不足也。此外雖毫髮之事，亦難兼察，況太僕重地乎？强之以所不能堪，非聖主用人之道也。伏望憐察愚臣悶迫之情，亟命改授可堪之人。

復辭兵曹判書備邊司有司堂上啓

昨日伏承上教，尤不勝感泣罔極之至。聖諭至此，臣何可言？粉骨碎身，未足仰報，廉恥名檢，有不暇恤，臣不敢復以請罪爲辭矣。第惟本曹長官及備邊司有司堂上，俱係極重之責，以臣才調，雖無疾病，尚難堪任。今臣積勞致傷，大病已兆，累日休暇，猶未蘇復，肢體萎困，對人思臥，精神惛眩，遇事茫然，况於久曠之餘，機務叢委。臣若不量氣力，强欲察職，則失策債事，勢所必至。微臣性命，雖不足惜，奈誤軍國何？伏望聖慈特垂憐愍，命遞本職及備邊司有司堂上，使得參班議臣之末，隨分獻忠，公私幸甚。

議

下玄宮時自上率百官行望陵禮議乙亥○以下二議見經筵日記

卒哭後以白衣冠視事議

楮貨議

東土素是貧國，而民間所用只米布而已，更無通行之貨。公私之積，以此充囷，造貨之議，在所不已。今之楮貨，古之所謂鈔也，易弊易昏，故古亦難行，不如銅錢之可傳久遠也。且新造之貨，當初必拂民情，非立嚴刑峻律，則法必不行。以今日事勢揆之，則楮貨之議，恐難施行。

書上

上聽松成先生己未

謹伏問安，仰戀仰戀！珥僅保。今春擬與渾氏同榻，因荆妻病甚，不得上洛。仰恨仰恨！珥近日脾積日增，讀書静坐，俱所不能，學問之功，末由著力。每一念之，不寒而慄。伏惟下鑒，餘祝起居萬福。

答成浩原壬申

朝日因奴來，得承手札，深用慰仰。續用趙克己所傳書，乃迷奴未進時所修也。憑審酷暑，道況稍不如宜。仰慮仰慮！珥僅僅支持，無足道者。理氣之説，庶幾盡合，深歎吾兄舍己從人，漸進高明之境也。便忙不能盡所欲言，俟後一罄囊槖，求兄印可。伏惟照暹，謹拜復。暑藥隨後覔上爲計。

與成浩原甲戌

冠禮，近日不講久矣，今欲行之，必多有變通處。聞兄冠子以禮，未審初加、再加、三加用何等爲差別乎？珥欲初加笠子，再加頭巾，爲儒生正冠故也。三加紗帽、角帶。未審何如，示及爲望。贊者，兄須預招率來，何如？儐者未得其人，雖未冠者亦可爲耶？主人自冠，必得下於主人者，故尤難其人也。商量下示，何如？

別紙原書論海西民瘼，在原編

季涵所折簡，珥欲見其語，先自開拆。慙悚慙悚！簡辭皆過中，而其所謂珥毀景進者，尤爲可笑。珥意欲救進而發此言也。上教以進爲圖免，故珥白曰：「漸固迂拙，不合邊將，但其病則不如孝元。當時臺諫達意而止則可也，累日論執，臣亦以爲非矣。但圖免云者，臣意恐不如是。渠亦粗知義理，豈至於圖免而來乎？」珥言如此，而史官略節太甚，失其本旨，但據涵所傳，亦非毀進之言也。珥若逢迎，則歧路之捷者多矣，何必毀斥朋友，然後乃得逢迎之路乎？涵之意終不可回，而今之時論，日就不靖，恃涵爲主。珥言不得見信，後日之憂，誠不知所屆矣。此語切宜祕之，珥所不告人者也，雖習之、景涵亦不敢告也。天也奈何！珥半生顛頓，眼前皆巉巖，更無下手處，只當屏伏田里，省愆思過。庶追將來世路之謗，羹沸蜩喧，皆不管他。但二十年故人，一朝相疑至此，此則不能無介介耳。渠於吾兄，猶能信向，惟願婉辭善道，使補桑榆也。拜復。

别紙

兄之行止，鄙人亦熟念矣。今日兄若欲進而有爲，則豈其時乎？草萊之下，厚被君恩，而一味退縮，此甚未安。嚴光、周黨尚不免一至漢帝之庭，況兄是世家之臣也，安得終不詣闕乎？暑退之後，一遭詣闕，義不可避也。外言云云，此不足恤。若兄因而從仕，則此等浮言，容或顧念。若只一接天光而退，則笑駡何關？此與指道學爲邪氣者異矣。在家陳疏，而因陳時弊，則恐未穩。兄乃處士也，處士進見，因下問而言事則可也。先陳時事，恐非道理，未知如何。爲兄計者，暑退之後，若職名尚在，則詣闕謝恩。若蒙引見則進見，不然則數日之後，陳疏自言病不能仕之義而乞退可也。若引見則不可辭也，進于榻前，隨問獻忠，而所可言者，最在於澄清本原、恢廓德量、信任賢相、廣收俊乂、更張弊政、撫民興化而已。若絲紛時弊，則不可瀆陳也。幸而下問士林之弊，則不須陳達，只對以草野遯臣，不能知朝廷間事可也。蓋兄是處士，告君之言，只當如此。既然之後，歷陳病不能仕之狀，懇懇乞退，此其宜也。鄙人十分商量，所見不過如此，取捨之可也。

白老公疏中有相薦之言，此可恨也。曾聞趙毅道有如此說話，珥向渠道不須爲之，而渠以辭讓聽之，必不達於白公矣。兄之被薦，固無愧矣。如鄙人方忤上意，反益疑耳，此亦命也。奈何！

與成浩原癸未

謹問即今旅況何如。戀慮不已。自上已命調理上來，今不可更辭。日氣今則稍溫，願速入京，毋久滯客託也。珥謝恩後，氣憊更甚。深悶深悶！

與宋雲長季鷹戊辰

謹問僉候侍奉無恙否。仰慮仰慮！珥路中無恙。今日渡江，良荷遠賜。相別數月，必有新得，使珥還拜刮目。幸甚！珥驅馳之際，學力亦衰。可恨！

答宋雲長戊寅

交河人及伯生使俱以尊札相示，披閱感幸。但審困于酷暑，體中不康，仰念不已。曾以鄙答付交河便，想已達侍下矣。珥既承召命，可以上京，而暑證重發，泄瀉不止，食不知味，多卧少坐，勢難登途。奈何奈何！疏章之上，本欲少裨萬一，非求進也。策未見施，召命先下，令人進退狼狽。季涵在銀臺，尚做出此事。可恨！謹以病辭，若更無他命，則調理旬望，西行爲計。海鄉有癘氣，妻子奔竄，而不得往救，心思無聊。可嘆！

與宋雲長

別後消息杳茫，戀想何可勝言？未諳道況即今何如。仰慮仰慮！珥孤露餘生，又遭國恤，罔極何言？頃得寒疾甚苦，今始差息耳。杜門靜居，有足樂者，只是旁無畏友，無警發之益，是可憂耳。想惟閒候沖裕，沈潛義理，日有新得。向風竦厲，時垂警誨，以發昏惰。切仰切仰！

與宋雲長己卯

歲云徂矣，伏惟閒居味道，起處萬福。近日未聞徽音，窃糾日切。昨者，尹睭傳致尊兄所送詩鈔，恨不見手字耳。曾見兄書，修鄙答，倩浩原傳上，未知達否。去秋，得季氏書，深感且慰。性成之説，季氏則作氣質看矣，兄今更思耶？且聞移家入加平云，信然否？中年以後，未免鍾情，而朋友星散，踽踽斯世，有何樂事耶？可歎可歎！明春，欲歸坡埽先塋。

此時倘蒙兄訪于牛溪，同處數日，則實是大幸。預爲之圖，幸甚幸甚！珥粗保，但庶母以風證甚苦痛。可悶！餘冀爲道益珍，謹拜狀。

與宋雲長庚辰

炎威比劇，想惟道履神相沖裕。頃承閏月念二日手札，圭復不能去手，恭審靜履未健，藥不見喜，浴亦勢阻，深用煎慮。切思浴温浴冷，皆是危道，不如調攝服藥之爲得也。賢胤年長而未得成童，此殊可怪歎，莫非命也。奈何奈何！奉訴乃至謄送〔五〕，深荷深荷！言雖誣罔，大概是鄙人自取，尚何怨尤？古人有毁名而揚弟之聲、使之得仕者，珥亦毁名而救兄之飢，良所甘心。且審定居先壟之側，季氏亦來就，棣萼之樂，豈不深哉！好山好水，終難入手。珥亦從前馳騖，今始得成下計，兄計亦得矣，豈不勝於鄙人之離鄉寓居耶？珥秋仲間欲歸埽塋，此時可得奉晤。庶母位次，終未得可據之禮，使人煩悶，始從今日所見，爲權時之制。他日學進，庶可講論歸一耳。

與宋雲長

數月來未聞動靜，頗用爲慮，忽承情翰，甚慰遠懷。但審患眼疾，京宅亦有癘氣云，仰念實深。珥一家免恙，但孤露之生，又遭國恤，無以爲心也。今夏花石之會，決欲踐言耳。問目謹述鄙懷，送于浩原處耳。

季涵云云不爲無理，但此事兄悉洞知。若取捨之權，則在珥則其棄也久矣，豈待如許紛紜乎？家兄固執不棄，而且奉也僞造立案，圖占地理，則其不克訟宜矣，乃以上言恐嚇。季涵之意必憂上言，則聖主尤不屑孤臣故也。但窮達在天，豈奉哥所能使尼乎？今若欲全珥名，而强奪之家兄而棄之，則近於紾臂而奪之食，其於義理何如耶？況雖給兄物，而李荃所得之地，非珥所能奪給也。奉之所得，不足快其欲心，而反實其捏造之言，尤足以助謗者耶？此事失於謀始而已。今則無如之何，珥言若不中理，則辱教之，幸甚。前月中，因便上鄙狀，下照否？餘祝迓新多祉，謹拜復。戊寅正月十二日，珥拜。

去月十三日，荆無事解産，良幸！但得弄瓦者，不能承受老兄岐嶷之祝耳。

與宋雲長

浩原傳兄札，路中承受。因審又哭殤兒，驚悼罔喻罔喻！是何天道不祐善人，至於此耶？伏願安之若命，十分寬抑也。珥不意叨承恩召，適在上體新經違豫之時，義難辭避，玆敢力疾登途，行止時未能定耳。下示要訣疵累，頗有領會處，徐當更思仰稟。小學亦當依示。

答宋雲長辛巳

春寒尚嚴，伏惟閒況珍勝。謹承垂問，感慰深仰。珥感天眷，姑作留計。大望者，積誠回天；小望者，調和士林。此非數月之内可決，不敢速退。而家屬在山中，頻被偷兒窺覘，婦人輩驚動涕泣，夜不能寐。玆出般家之計，後日必致大段狼狽。可憂可憂！浩原得寒疾臥吟，尚未謝恩，以日子過限，遂呈辭。可歎！鄭君事，有礙不能折簡。深恨！前日下示要訣誤處，頗有合商量者，當俟後便。入城來，連有來客，應接甚煩，書册束閣，是不可耐也。禄米菽各二斗汗呈。

與宋雲長癸未

一别有如仙凡之隔，汩没塵埃。承羡閒靜之樂，甚欲脱蹤從之也。邊塵未息，兵食俱乏，徒勞規畫，竟無實利。可歎！浩原時未上來，上教丁寧至再，恐不能坐辭，勢須登程，病人殊可念也。以下缺。

答宋雲長

珥仕苦氣瘁，漸不可支。可悶！兹廢人事，闕然不候，想不爲訝。承審避病永歸，不勝悵然。珥事不如意，恐歸期非遠也。浩原之調固宜，但溺人之必援他人，勢所不免，如之何？且金應均事，上提調欲更試才。奈何？應均之上，亦有他人，此所以難成也。

校勘記

〔一〕日甚一日　「甚」，一本作「復」。

〔二〕逞恣自咨　「咨」，疑誤。

〔三〕司憲府全數避嫌啓　「司憲府」，按經筵日記及年譜，當在「青陽君」下。

〔四〕是吾不德也　「是」後，疑有闕文。

〔五〕奉訴乃至謄送　「訴」，原本作「訢」，據文意改。

栗谷先生全書拾遺卷三

書下

答柳眉巖希春○己未

伏承下書，仰感仰感！久仰聲華，每欲一謁，無介不敢自進。先加俘問，慰幸不可言。適因謝病，不敢出入，竢後當進拜，以償宿願。伏惟下鑒。

與柳眉巖甲戌

唐板三註小學，珥切欲取讀，以資考訂，別作一本。令覽已畢，則伏乞因便下送。覺得黄霧二十年間，惟金厚之出處甚高。大臣啓於宸聽，宜褒獎以樹風聲。

與宋頤菴己未

頤菴令前，炎威比酷，不審令候何如。珥頗中暑毒，心甚無聊耳。今謁左右，被令索詩文甚急，心愧顔汗，終無所呈。令意必以爲怪，珥非敢隱乎左右也。珥不特詩思也没，讀書又不能著意，未知終做什麽人乎。

第恐令意於珥有所不諒，故不敢默默，聊復一言。大抵古人之所謂文者，與今人異，古人之文，無意於爲文者也。夫雲行雨施，日照月臨，山川之流峙，草木之賁飾者，天地之文也，天地不自知其爲文。和順積中，英華發外，動作有威儀，言語爲經籍者，聖賢之文也，聖賢不自知其爲文。是故古之人以道爲文，以道爲文，故不文而爲文。噫！孰知夫不文之文，是乃天下之至文耶？以之爲語孟，以之爲六經，以之爲三百篇，或奇或簡，或勸或戒，旨趣之精，聲律之協，咸出於自然耳，何嘗若後人之牽强作意、雕朽鏤冰者之所爲哉？

如珥者，縱有志於古文，而奈才智下，學問之力又微，世俗之文，尚不能措手，况於古文乎？近日尤覺才渴，欲有所作，則搜腸枵腹，戛戛乎甚難，或睢盱終日，不得下得意句。比之曩昔妄有所作之時，反有所不及矣。然而珥所不恨者，回視前作，有類俳優，使人忸怩。

今日之合喙未必失，曩日之抽思未必得，吾何嗛乎哉？且珥自讀聖賢書，粗知向方，欲潛心於性理之源，而志弱資鈍，世故之沮敗者甚多，加以家貧親老，庾釜屢空，令人意思不佳，不得已從事於科舉之學，于今數年矣。雖使專精學問，猶恐任重難勝，道遠難致，況以科業二之哉？如是而又以文章之技馳驟之，則彼此俱無所成矣。只這一箇放心，尚不能收，遑恤其他哉？比來脾積氣滯，起居不安，看書靜坐，大有所妨，科業又廢，不復有所事，但時時披閱聖賢格言之鍼灸人處，聊破寂寥耳。酬雲唱月，既非學者之所當嗜，吟詠性情，又非淺識者之所能，由是絕不事鉛槧，爲日已久。雖被尊長逼迫，或做一兩小詩，皆不欲費力，故尤無意味。每成一篇，不覺自笑，落筆之後，不復追記，故家無一稾，珥豈敢外左右而有所隱哉？

伏惟左右積學既久，深有闖見，摛詞敷藻，自中繩墨，句法甚精，音調甚清，又遇具眼人，有所斤正。今世之識詩家正路者，無出左右右者，珥所景慕，亦無出左右右者，欲學爲文，捨左右而將誰就正哉？珥於爲文，非不願學也，但以信道未篤，而先事於文，和順未積，而先發英華，則其不幾於重外而輕內乎？其不幾於玩物而喪志乎？以此絕意於爲文，而有所悔吝。雖然，發軔正路，既莫若左右，珥所景慕，又莫若左右，則珥可一日心不在左右耶？待珥於斯道，稍有所見得箇入處，能有所守，不爲外物所勝，然後將從左右，以學不文之文，於斯時也。左右其以所得聖賢之文，勤勤示誨，使珥得爲具眼之徒。幸甚幸甚！此可與左右道也，其可與俗士語哉！伏惟令垂察焉。

與鄭季涵庚午

伏問哀候何如。仰慕仰慕！頃因成浩原氏，得審羸毁異常，悶慮罔喻。且聞親看浮石，冒寒往來，尤用煎念。附棺附身，必誠必信者，此當盡力，若浮石之類，當量力臨視，不必作氣强視也。一朝生病，則奈大夫人何？且聞哀侍一身，冷氣常多。若然，則藥酒一兩盞可以調氣。切欲面白，而緣以過外祖母小祥事，往高陽三寸家，哀侍適在洛，雖進山所，必不遇。悵恨悵恨！二十三四間，當還洛。此時哀侍留京，則一進切計。

答鄭季涵辛未

謹承哀問，仰感仰感！但哀履尚未康裕，仰慮殊切。珥近緣連有大忌出西湖，昨夕始還。今者同僚有故，悤忙入直，不即趨拜。恨仰恨仰！出直後乘隙一進大計。禮書當依示考出後録。別紙見原編。

答鄭季涵

伏承情問，感仰感仰！但悉愆度未復，仰慮何極！執喪以禮之人，鮮免大病。尊侍之證，乃止於此，實是神明扶持。但初免疏食，乃脾胃虛實、元氣盛衰之幾，更願十分自愛耳。珥每欲問候，一奴病臥，更無可使令者。今日得一吏達鄙狀，未審已照否。珥雖在城中，難於出入，竟未一進。人事可歎！明日向西湖，因作坡行。伏惟下照。

與鄭季涵

謹問比來清履何如，戀慮不已。所患已差息否？細示幸甚。珥諸況依昔。小窩不宜於暑，避熱于浩原家爲計。且中前日下詢事，商議于浩原，則渠見與珥無異。蓋三年之喪，二十五月而畢，是聖人之中制也。厥後因註釋之誤，且之於二十七月，行之已久。從厚無妨，故朱子亦因而不改。但禫後即同平人，無復拘忌，則朱子因俗，而亦不欲過於聖人之中制也。今者二十七月畢喪，而又待逾月吉祭乃從仕，是三年之喪，二十八九朔或三十朔，而乃缺此是非禮之禮。思以下缺。

與鄭季涵 壬申

一別參商，一拜無路，我懷如何如何。留漢氣味何如？無日不思想也。今拜執義，雖呈辭得解，祔禮已迫，似難徑歸，未知何以處之耶。珥守病拙，尚缺賜念深矣。去年賢胤歸南時有鄙書，而至今無答，無乃從此欲永斷葛藤乎？柳眉巖缺論語口訣，置之成浩原處，珥亦缺月還坡山商討爲計。

答鄭季涵

因便獲承手札，憑審清履粗安，感慰交極。但體中猶有少不佳，此非朝夕調護所可復常，惟當十分珍攝，久久自入佳境爾。珥諸況依昔。山寺之棲，緣浩原氣困，未踐前言，只就浩原書室同榻，明明閒還栗谷爲計。珥處事疏漏，形迹忤俗，招譏速謗，固所自取。從今杜門荒野，息交絶游，則嘵嘵者漸減於舊必矣。念兄未脱塵籠，前途多有難處者，不得不爲之憂慮也。別紙缺詢，具所見以上，未知合於雅意否。服色事，詳在浩原簡，兹不具。

與鄭季涵

前承臨話，迨今感幸。陳疏事，雖不蒙聖俞，繼以呈辭，理勢不難，何用窘迫？珥既不供職，則不可久冒，明明欲畢三度耳。雖不與珥同時引告，朝拜疏，夕引疾，亦未便也，遲遲數日亦無妨。昨夜之雨，雖未浹洽，今日旋晴，憂悶可言。吾輩終無下手處，只以祝聖禱天爲事業耳。朱子有言曰：「佛者有言云：『將此身心奉塵刹，是則名爲報佛恩。』此亦無可奈何之辭也。」

與鄭季涵

謹問大夫人證候即今何如。雖得手札，未能細知，但審悶迫，憂不能已。高峯答簡謹受。柔仲之逝，於士林可惜，相慶者彼何人斯？聞珥以陳疏事，謗議洶洶，通上下皆非之云，君亦聞知乎？此疏不爲身謀，取謗無恨，但士類亦非之，殊可怪歎，此是何等識見乎？君如有聞，幸相示何如。珥今日向西湖，留二日當率妻西還。雖得近城，相奉無路，奈如之何？

與鄭季涵

昨承委示，迨今仰感。即今攝候何如，仰慮罔喻。珥非但仕苦，一家病故不絶，一就亦難，歎負實深。且前諭事，反覆思之，終未契合。事之情實，時未的知，遽鳴戰鼓，使相臣尤有所未安，竟至去位，則於事何如耶？珥固多循俗之事，但所見如此，故處事亦同，非屈己之見而欲阿世也。如公之見，似是過中，如何如何？

答鄭季涵

昨承辱復，感仰。但悉雅履未復，仰慮罔喻。珥寒疾彌留，尚無瘳勢，即欲進叙而未能也。可悶！示意謹悉，且珥所云補外者，乃以故人待之而忠告之道也。藉此接鋒，無乃不可乎？非俟奉晤，豈能詳論？大概凡事速發，不如慎重。謹拜白。珥既不能就，明日兄可來話否？

與鄭季涵

時序向暑，伏惟令巡履萬福。珥粗保尸素，累上鄙狀，未知已達否。金參判之喪，必須力救。前上書，願留念也。此中聽松祠宇營立事，朋友已出回文，故同封以上。伏乞令通于列邑，何如？前見浩原處令札，極言政疵，謹自反内訟矣。但邊將以衰老之人擬望者，是珥受由時，而連以試官入鎖院，多不參政事，被同僚有徇私之失，而乃以麾戲國事見斥，老兄之評何其刻耶？呵呵。至於侍從之除，現用之人只有此數，何處辦得耶？願兄隨所見錄示，有以救援，幸甚！

答鄭季涵

近數日來，再承情翰，仰感。第審令度少愆，仰慮，想必有喜矣，令胤今則平安云。珥多病仕苦，殆不能支也。四色紙地，依領至意，仰謝罔喻。諸邑廣文事，深荷留意，使人道皆如兄之勸懇，則士風之變，庶幾可望矣。別紙謹答以上。

答鄭季涵

即今攝履何如？昨示之意謹悉，固知吾兄有此事非然也，是大諫之見，過中致然。珥見大諫，問曰：「何爲作過中之舉乎？」答曰：「吾欲啓罷之，斟酌請推云。」所見如是，非他人挾術也。兄無見其顏色而疑其竊鈇，何如？且昨朝經席，安李弘令公極陳吾兄行素過節，今爲廢疾之人云，此助兄休官之計也。兄必樂聞，故敢告。伏惟下照。適抱疾卧草，謹拜復。

答李夢應濟臣

前承枉臨，迨切感幸。即承情訊，兼墮瓊什，使人洗眼，驚喜罔喻。詞意微婉，有足感動人者，真佳作也。近當構拙以和，但恐木瓜不稱瓊琚之投也。謹拜。

與李夢應癸未

前奉依仰，聞令公選裨將，多用有老親者，使之涕泣道路，人不忍見云。反覆思之，未曉其故。老吾老以及人之老，是人之情。位有高卑，而人子之情則一也。令公能忍於不忍，是何故耶？人言令公太無人情，珥常不信，以今觀之，則無乃不虚耶？天理人情，非截然二物，若絶人情，則無乃傷於天理乎？且裨將，所與同事者也，使彼戀親傷懷，方寸煩亂，則何能與之有爲乎？鄙人與令公皆早失怙恃，聞人有老親不能養，則能無惻隱傷痛之懷乎？與令公非晚知，故盡言至此，幸商量回示。

與李景魯

景魯足下，昨奉良幸，因日暮未得從容，黯然將別，實勞我心。足下求別語甚懇，抑君之所求者，欲見世俗之浮藻耶，欲聞古之朋友所以贈言者耶？欲今之浮藻，則僕之待足下，足下之待僕，俱非世俗之交也。安有以古人之交自期，而反以世俗之浮藻相取悦哉？欲古之贈言，則僕安敢以淺識，敢效仁者之所爲哉？進退之俱不可，章章若是，則僕尚何言哉？雖然，士有爭友，則終不失令名。足下不以僕無似，稍許以知己，則僕而不爭，孰有效一得於足下者哉？此所以不敢終默者也。

傷夫道之不明不行，厥惟久矣。儒名者千，而求道者一；求道者千，而知道者一；知道者千，而行道者一；行道者千，而守道者一。所謂儒名者，服孔子之服，誦孔子之言。趨名逐利，苟求富貴，以經傳爲干禄之具，以仁義爲分外之事，孰肯志於仁而無惡者哉？此所以儒名者千而求道者一也。所謂求道者，拔乎流俗，心欲求道。而正學不明，異端塞路，高明之資尚被所誣，況乎中人以下者耶？此所以求道者千而知道者一也。所謂知道者，發軔正路，不惑邪歧，窮理格物，知止有定。而人心惟危，道心惟微，天理之公，卒無以勝其人欲之私。此所以知道者千而行道者一也。所謂行道者，視聽言動，莫不由禮，敬以直内，義以方外。而全體不息，君子所難，任重道遠，竟莫之致。此所以行道者千而守道者一也。苟能守之矣，則欲罷不能，終至於化矣。嗚呼！今之求道者尚不多得，況乎守道者耶？

僕從足下遊有年數矣，聞足下之言亦已熟矣，見足下之處事亦已審矣。聽其言則求道者之所不及，觀其行則曾不踰於俗人。僕竊怪之，將以道爲不能爲耶，抑以道爲不足為耶？不能爲則自棄也，不足爲則自暴也。僕固知足下必不暴棄也，安敢以此疑足下哉？無乃心存曠蕩，不拘小節，欲作清虛玩世者乎？抑内正其心，外不檢身，混俗隨世，而不失所守者乎？若曰心存曠蕩，則子可以狂歌醉舞，不攝威儀，高談放言，浮誕爲尚。高可爲莊周，下不後七賢，此則孔孟之叛卒，何足與議於道哉？若曰正其心而不檢其身，則孔孟一身心，而子將以二之也。身者，心之器也。今夫儲水於器，未有器不正而水得其平者也，是故未嘗有身不修而能正其心者也。苟曰能之，則夷齊之心，可爲盜蹠之行，王莽之姦，可效稷契之忠，天下寧有是耶？程子曰：「未有箕踞而心不慢者也。」子其詳味之哉？僕固知足下必無此病，而如此云云者，亦古之責善之道也。

足下之有志於斯道，今幾歲矣。悠悠泛泛，不曾存省者，今幾寸陰矣。不知者固不足道，稍知其方者又不肯著力。嗟乎！道其不行矣夫！夫子曰：「知之者不如好之者，好之者不如樂之者。」知而不好者，知之未至也；好而不至於樂，則好之未至也。苟得知之，則循理爲樂，不循理爲不樂，何苦而不循理，以害吾樂耶？

大學一部，最宜熟讀，學者莫先於格物，不先格物而欲之聖人之道者，譬如夜半披荆棘涉山川而欲行路也，安往而不塗窮哉？此事不在口皮邊，若不向自己分上，則六經、四書終是閒言語。嗚呼！景魯勉之哉：「士別三日，當刮目相待。」若使今日既是一景魯，後日又是一景魯，則吾復何言以取疏於足下哉？忙甚，不復一一。苟不我棄，幸惠德音。士亭丈人相別甚闊，爲我致珍重焉。

與崔立之甲寅

天下之士，有才有不才，而文以之盛衰焉。天下之人，有賢有不賢，而道以之通塞焉。天下之賢才，有遇有不遇，而時以之否泰焉。才與不才，賢與不賢，在人；遇與不遇，在天。我當勉其在人者而已，其在天者又何知焉？吾黨之人，孰不誦斯言乎？今玆吾子負不世出之才，而又有志於斯道，此誠通古今而罕聞者也。

夫才者，非道之實也，而無才者，難以學道。賢者，非道之至也，而不賢者，難以行道。才固有不勉而自達者，賢未有不勉而自得者也。吾子生髮僅燥，而以文雄視東方，則才之自達，吾固聞之矣。抑未知方勉於賢歟？將不勉於賢而自賢歟？此則吾之所不得知也。

吾與足下交分日淺。夫以日淺之交，自許刎頸之友，以吐肝鬲之要，而脱去皮毛者，苟非知己之人，莫不有笑者矣。豈翅笑而已哉？將以我爲狂爲惑。吾子其知我耶，不知我耶？古語曰：「明月之珠，夜光之璧，以暗投人於路，則人莫不按劍相眄者。」何則？以其無因而至前也。吾欲一言，而亦未知吾子之按劍與否也？雖然，情發於中而見於外，則吾之此言，其得已乎？

吾自髫年有志於學，而不知爲學之方，乃就老儒先生以求其學。老儒之所勉，不過科舉之文，而以苟合於世爲務。童騃無識，遂趨其業，汩没塵埃，碌碌於繩墨之間幾五六年。性理之學，無所復道，科舉之學，尚未純熟，而適丁内憂，衰絰之下，不能執卷。但取古人之文類於詠諧者，時而閲覽之，以破寂寥而已。其於翰墨，闕然不接，奄過三年。一朝發憤而反顧胸中，則空空焉無物也，竊自嘆曰：「人之才不才，在於學不學；人之賢不賢，在於行不行。」我本以駁雜之質，又無學行之資，曩日之業不過逐逐於科舉而已，與其逐逐於科舉者，曷若孜孜於學行乎？丈夫不學則已，學之則當以古之聖賢成德者爲休歇處，豈可畫地而退，虧簣而止乎？然而苟無師授，則難以自達自得。雖聖人猶且從師而問焉，況衆人乎？當今之世，師授者何人？誦孔子之言而服孔子之服者，皆趨名利而求衒於當世，則非吾之所當師也。公卿大人，雖有知道者，而門戶深峻，非小子之所能自進也。苟或自進，則必至於自譽之名，故公卿大人，非吾之所敢師也。師授者既不可得，則曷若求友之輔我者乎？於是欲得才且賢者而願友焉。吾之有此志，爲日久矣。及服闋而上京也，始聞士林中有崔立之者。其爲人，聰明特達；其爲學，源遠根深；其爲文，奇麗典實者也。余聞其聲，思見其面，而竊自念曰：「士之相見，如女之從人，有願見之心而無自行之禮，直恐失禮而取笑於君子。」故有志未發者，亦有日矣。不自意吾子因金光前而枉臨陋室，累月積鬱之志，一見始叙，則其爲自幸何如哉！吾始也聞吾子之名，意吾子必魁然傑出人也，及見之，則乃無風度之少年也，又有疑曰：「古人云：『聞聲不如見面。』古之豪傑之士，莫不有風度可敬焉，未知此少年能負一國之重名乎？」心頗怪焉。其後得見吾子所賦次離騷經及書啓，然後乃知豪傑之士不可以容貌取也。取人不當求於外，而當求於內也；知人不當見其外，而當見其內也。吾之此言亦內而非外也。吾子其亦捨我之外，而求我之內也。子苟取之，則吾欲盡吾之所蘊焉。

夫周之末，天下滔滔，而有道者，一孔子也。故孔子繼往聖，開來學，而賢於堯舜焉。苟使游說諸侯者皆若孔子，則孔子不過洙泗之一知禮者耳，豈使千載之下慕仰孔子哉？周之將亡，天下趨於詐力，而傳道者，一孟子也。故孟子遏人欲，存天理，而功不在禹下焉。

苟使游説諸侯者皆若孟子，則孟子不過鄒國之一好辯者耳，豈使千載之下慕仰孟子哉？及斯文之不振於八代也，唐有韓愈者，明邪正而衛道焉。誠使盡唐之人皆若韓愈之論，則後世之人孰知有韓愈哉？異端之朋興於五季也，宋有程朱輩，窮性理而知道焉。誠使盡宋之人皆若程朱之學，則後世之人孰知有程朱哉？故天下之賢且才者，苟非用力之時，則終不能立功，而立功非賢才之本心也，勢不得已耳。

當今之世，士習不古，道學日衰。若非才且賢者出而正之，鼓百川之波而注之於大海，則吾道之所寄，不過斷編敗册而已，有識之流所當忼慨者也！今世之人，以才頡頏於吾子者，未知何人也。吾子之才，通國之寡二者也，吾子其勉於賢乎哉！吾子於聖經賢傳，無不通達，其於爲道之方，不待言語而盡曉也。勉之勉之，吾欲從子矣！道如河海，轉入轉深，亦如山嶽，轉登轉高，吾子果能臻於深且高者乎？其或未然，非成就大器也。他日成就，然後其以賢才之任爲任焉，豈特此哉！今之國事，雖曰太平，其中豈無可流涕可太息者乎？聖主之側席久矣，若非賢才出而輔之，舞一國之人而納之於壽域，則吾君求士之厚望，難以仰答也。吾子勖哉！吾欲從子矣！如吾子者，雖欲勿用於世，世不捨子，然則遇與不遇，亦在人而非天也。吾雖不才，庶幾從子之後，周旋於一世，而亦使後世之人知有崔李，則一生能事畢矣！且近日同榻之約，更須速圖。居諸倏忽，良可惜也。惟諒照。

叔獻拜。

答沈文叔癸酉

謹承情問，感仰感仰！前日未得更奉，事勢適然，奈何奈何！恭懿殿玉候日向平復云，喜不能自已。珥艱保窘束，果如雅料，江閣未畢修緝耳。俯詢「撿放」，則「撿」是踏驗災傷之意，「放」是免減田稅之意，文意分明。「椿管」是守直主管之意。「揍」與「輻湊」之「湊」同意。「認計」未詳。雅作短律，切欲和送。近緣氣不平，詩思也没，只得吟詠而已。

答沈文叔丙子

久絶音問，方用懸懸，忽承情翰，憑審閒況如宜，感慰殊極。珥凡百粗保，他無足道。郭時靜無益於時，只增騷擾，可恨可恨！倘得歷臨，則幸可言耶？便忙不悉，餘祈珍重。

與崔時中

謹問尊候即今何如。前承垂弔，追感不已。珥遭禍孔慘，心氣傷敗，欲休官調疾。明向海州，從此東西尤隔，向風增戀，無以爲懷。伏乞向學日篤，以副遠誠。望中子、温僉前皆問候，伏惟照傳。

與崔時中庚午

謹問學履即今何如。前承情札，以審清遊得意，能盡泉石之趣，向風健羨，不能已已。珥汨没塵中，度日如年，今又忝補講職，適值朝庭有事，不敢辭退，黽勉供職，愧悚多矣。餘何能悉？

與崔時中辛未

謹問雅候何如。遠慕不可言。珥自來此邑，氣恒不爽，今月念日，卧病累日，今始向差，而元氣虚弱，殆不能堪。深悶深悶！若如此不止，將不得仍在臨民之官，庶得退歸桑梓。若果然，則明春欲作鏡湖之遊，虚惟倘能遂否耶[一]？昔日共在十里之内，數日不見尚不堪，况今各在千里之外，音問之斷亦且二歲之久耶？思想之勞，不須一二言也。前此時以自慰，爲有十月赴王母大祥之行，今者疾如此，似非易復，未果。萬重心事，摠歸渺茫，思之惘然，不能爲情。餘祝尊候萬福。

答崔時中

曩因崔生之來，謹承情翰，以審侍候康迪，感慰實深。珥病骨逢秋，鄉思轉切，宦情日薄，恐不能久於漢師也，何由一對良晤？嶺海悠悠，神想徒切。

答崔時中癸未

謹承情翰，憑審霾熱，侍奉佳裕，感慰俱極。珥重遭彈駁，三司俱發，時未見結末，方杜門恭俟譴斥，伺決後便歸故山，從此時事不復掛懷矣。第思東西迴隔，承顔無日，使人悵惘。只祝千萬珍嗇，以副遠慕而已。

答精舍諸生辛巳

齋僕之來，謹承僉問，副以海味二種，憑審僉學履珍勝，感慰深仰。且悉僉勵志操，不墜學規。幸甚幸甚！珥猥蒙天眷，擢寘六卿之列，位重而才不充，憂畏山積，而際遇踰分，勢難速歸，尤可歎悶！深冀諸賢切偲麗澤，相觀而善，使鄙人向風相長也。

珥痔疾尚彌留爲撓。且告伯起，社倉事可虞，累年作虛文，恐至永失，以去年規督納，而即償還上爲得矣。告淑夫，侍老食貧，殊可念也。前示尹䎔事，律以儒行，則誠可示罰矣。第聞親心難抑，故欲以慰悅云。告仲老，明春上來可見。頗慰！告子張，再承情翰，感慰！精舍之規，別立約束。良荷良荷！別録册子及別紙，近苦倥偬，不能答上，當俟後便。珥之歸期未可速決。明春願建廟屋蓋瓦，而以其餘材積于屋下，使勿腐朽也。海鄉又失稔，殊用憂悶。田税作租，明春分給種子，且勿捧往年還上事，已行移矣。此外亦有可施之策乎？僉思更示爲望。米粟依領，至情仰謝仰謝！告景昭，令兄得薄邑，可恨！來簡傳送高陽耳。告晟甫，審在愆和中，深慮！善調爲禱，再承情翰，感慰！告隱翁，使華厚接，是君勤誨之報，珥何力焉？告季珍，三見手札，甚感！貫三雖不足怪，亦不免喜也，爲嚴侍勉力成功爲禱。告士顯昆季，尊侍得官爲喜，只恨邑殘耳。悠悠懷抱，書不能悉。伏惟僉照，此外自愛勉學爲禱。謹拜復。

應製文

賜領議政權轍辭免不允批答

王若曰：天降割甚於師命，非人臣請去之辰。予懷憂渴於疇咨，冀元老勿藥之喜。予敢多誥，惟示微忱。惟卿受氣宏深，制事慎重。行不露乎畦畛，言常戒於玷瑕。當陰長而陽消，其智足以免禍；逮大來而小往，其才足以應機。憂念一時，抱治亂皆進之志；勤勞四代，輸終始罔渝之忠。謂與寡躬，竟同欣戚。何期小疾，遽希退休？頃因上下之遑遑，以致去止之數數。外傷氣血，内損精神。嬰痾固然，攝養當謹。經邦論道，畀陳力而隨行；量氣赴朝，豈人卯而出酉？毋有遐意，以困予心。噫！予累然衰絰之中，茫乎濟川之望。倚卿如左右手，惟卿盡股肱良。故兹教示，想宜知悉。

賜領議政洪暹辭免不允批答

王若曰：人惟求舊，方倚重於老成；國耳忘家，盍篤棐於廊廟。冀回卿意，兹彈我懷。嗟予寡昧之資，繄賴弼諧之力。厭亂求治，若涉川而無津；遭禍居憂，誕顧天而靡恃。是予家弗造之日，誠臣鄰盡職之秋。在疏遠尚克悲予，矧股肱何忍棄我？惟卿有文有行，克子克臣。位躋上台，無瑕玷之可指；年踰稀壽，幸氣力之尚强。人孝出忠，供職無礙於養老；經邦論道，攝生豈害於調元？重任詎宜輕移，微痾可以勿藥。勉副如渴之望，毋墜遂初之心。所辭宜不允，故兹教示，想宜知悉。

賜祭李思曾文

惟靈稟氣雄豪，守身沈默。不屑書劍，學萬人敵。早補禁旅，晚展韜略。[缺]貔貅羣，託藩維重。清以奉法，寬以得衆。西顧有憂，爾膺疇咨。庶仗矍鑠，以靖邊陲。抱痾東還，心則靡他。予眷乃誠，不負廉頗。何期不憖？大樹蕭條。命官蠲吉，薦以蔬肴。英靈不滅，想宜知悉。尚饗。

教清洪道觀察使姜士弼書

王若曰：一人之聰明有限，方倚保釐之功；四嶽之詢謀僉同，聿應巡宣之命。欲追分陝之化，盍擇布政之臣。予小子恪守鴻基，恐墜丕緒。愛周萬姓，視赤子之有傷；心巡四域，涉大水而無涯。雖乏視遠之明，敢安勞下之逸。睠湖西之一道，寔侯服之雄藩。地在要衝，驛道之冠蓋不絶；物繁生齒，邑居之鷄犬相聞。第緣字牧之非人，或致黎元之失所。碩鼠猛虎之間作，凶年厲氣之相侵。慨田疇之就荒，哀版籍之減舊。苟不明黜陟之典，豈可慰溝壑之氓？惟卿稟氣温醇，處事閒靜。歷揚清顯，恒小心而奉公；宣布恩威，應坦懷而率下。兹以卿爲本道觀察使，兼兵馬水軍節度使。一方之事，今悉相委。大辟之外，惟斷在卿。秋省斂春省耕，勿厭咨詢之博；補不足助不給，宜盡撫摩之勤。攬轡澄清，遠屛狐貍之迹；觀政褒録，俯採襦袴之歌。惟在廉按之所缺，無憚通訓之大吏。務糾三窟之慝，莫徇二天之私。振學校之文風，副予崇儒之志；訪藪澤之隱德，體予好賢之誠。使爾星軺所臨，若予寡躬親歷。則澤何止於一境？時必升於大猷。嗚呼！閫外有寄，往哉汝諧。民既孔勞，迄可小息。故兹教示，想宜知悉。

文昭殿先告事由文〔二〕

於肅閟殿，式淨厥污。將綏玉座，先事虔告。

還安祝文

載還仙馭，原廟孔新。於昭于天，永享明禋。

醮祭兼行祈雨報祀祝文

三角山

巖巖神宅，澤我烝民。爰舉賽禮，淨醮是因。

白嶽山

維神默佑，惠我祁祁。于以吉蠲，祀而報之。

漢　江

滔滔維漢，紀我邦畿。式嘉陰惠，恭陳報儀。

木覓山

猗嗟羣黎，仰賴神庥。報以精禋，歆格是求。

社稷大祭兼行立秋後祈雨報祀祝文

社　稷

粒我烝民，莫非爾極。玆因大祀，敬報神錫。

風雲雷雨

曰暘曰雨，繄神垂澤。物微誠至，庶幾來格。

國内山川

上降下蒸，惠民澤物。何以報之？式薦蠲潔。

城　隍

洋洋孔邇，惠民尤切。茲將薄具，用報陰騭。

無題祝文

洪惟元聖，德贊化育。撫誨眇末，恩逾顧復。圖報末由，昊天罔極。至仁不壽，司命難諶。既反而亡，摧慟彌深。矧承負荷，夙夜戰慄。玉音在耳，橋山入目。克持遺訓，庶免罪罰。於肅閟殿，綏我思成。不因將禮，曷展微誠？瞻彼居諸，悲衷内結。茲值月朔，躬薦有飶。僾然有見，于羹于牆。允矣陟降，顧予烝嘗。

預備祝文

將親祀事，庶盡誠虔。不躬乃攝，哀慕懸懸。

二

於戲元聖，夙振金聲。基命宥密，丕冒東溟。億兆願戴，期以萬齡。天胡降戾？曾不少延。元元喪考，悲塞四埏。矧伊天顯，勖義循情。五内崩摧，不如無生。追念鴻恩，海涵天覆。玉色永閟，百身何救？罄誠明禋，庶幾享右。

三

閔予抱疚，日月易徂。霜雪雨露，載降載濡。噫我元聖，在天於昭。龍馭竟逝，玉音寂寥。先王制禮，不敢過越。哀腸方割，几筵將徹。

四

懿我元后，金相玉質。夙膺寶命，覲先揚烈。明堯峻德，以親九族。作善無祥，天道難諶。國運頃否，變異滋深。慘戚相仍，伐和傷元。夢齡之減，實由憂勤。弄瓦微生，氣忝連枝。至仁天覆，鴻恩雨施。載怙載恃，是我嚴慈。大椿忽萎〔三〕，朝菌何依？攀髯罔由，五情無主。聲徹高旻，淚穿厚土。殘命會盡，不悲無窮。爰陳菲薄，庶格深衷。

五

猗嗟哲王，赫臨東土。聿修厥德，行雲施雨。萬姓仰戴，持載覆幬。仁或不壽，弓劍遽捐。哀哀我生，何辜于天？靡怙靡恃，惟聖是依。龍馭難追，胡寧忍斯？扣地號旻，五內崩焚。瀝血陳誠，葳此苾芬。庶右享之，瞻望霱雲。

六

吉蠲爲饎，庶展哀忱。不躬乃攝，悲慕增深。

七

吉蠲翹誠，將謁寢宮。不躬以攝，倍結哀衷。

文定王后祔太廟祭祝文丁卯

六　室

於昭睿祖，在帝左右。神后配極，克昌厥後。小子承統，夙夜憂懼。頊遭不造，煢煢在疚。諒陰既畢，祔儀是修。仰冀歆格，申命用休。

七　室

穆穆文祖，鴻業是恢。赫赫聖后，其德不回。昭明在上，永綏東人。後侗不淑，孺慕號旻。祥期已過，祔禮斯陳。日監在兹，庶格明禋。

八室

丕顯皇祖，覲光揚烈。思齊我后，克匹峻德。啓佑後人，以正罔缺。眇末繼序，戰兢履薄。遭家酷禍，慎終服闋。肆因祔儀，敢盡誠慤。

九室

皇皇穆考，誕應謳歌。尊麗陳教，嘉請邦家。親賢樂利，没世不忘。懿我皇妣，道協周姜。克庇後嗣，陟降洋洋。爽惟沖人，承業兢惶。師我文母，國賴以昌。擬奉長樂，受祉無疆。奄遭大艱，悲填普率。日月逝矣，釋衰從吉。爰舉盛禮，躋祔世室。躬祼玉瓚，終天罔極。

十室

惟明明后，克長克君。孝友因心，廣運體元。禮陟配天，垂裕後昆。眇予受寄，小心不寧。何辜于天，凶禍復丁？雨露再濡，乃蕆祔儀。于以虔告，庶右享之。

康陵先告事由祝文

哀我先妃，配兹幽宫。血泣追遠，先告端由。

遷柩

即遠期迫，攀號莫及。靈幄將撤，天蒼地黑。

立主

虞主既立，綴我聖靈。於昭不昧，是憑是依。

安陵

玄宮即安，山水朝宗。宅兆得吉，永綏千齡。

謝后土

明神保佑，大事克襄。敬薦苾芬，以修謝儀。

引魂移安

幽宮將掩，功未告訖。謹移仙馭，以佇事完。

還安

園陵功畢，百神環擁。敬返仙馭，還安幽宅。

宗廟祈雨文〔四〕

七　室

穆穆皇祖，於昭在上。撫臨下土，惟帝是相。閔予小子，叨守基業。不克負荷，天怒孔赫。旱既太甚，民絶粒食。靡草不死，靡川不涸。國步綴旒，宗社何依？籲呼羣神，奈此誠微。再控丹悃，庶幾降監。贊化施澤，顧我民巖。

八　室

明明我祖，在帝左右。丕謨丕烈，垂裕于後。孱孫遇災，省躬思咎。神怒民愁，我實自取。罪在一人，哀此蒼生。蘊隆焦土，擲鋤輟耕。民靡孑遺，野無寸青。牲幣既殫，邈邈神聽。再扣閟宫，血誠斯罄。願毗陰機，亟垂冥應。

又祈雨文〔五〕

嗟蘊隆兮春徂，夏麥卒痒兮禾亦瘨。紛遑遑兮大命近，予疇依兮民失天。竭予誠兮求神祐，澤不普兮畿内偏。彼東民兮抑何辜？神閟惠兮炎火燃。渺瀛渤兮神所宅，起魚龍兮在一鞭。濟蒼生兮發陰機，興油然兮澍沛然。殫予幣兮瀆予辭，神孔明兮儻垂憐。

王大妃祭文定王后文乙丑

思齊淑德，在天於昭。長樂凄涼，徽音寂寥。疚在一人，音遏四封。臣鄰顯相，念兹戎功。未亡何恃？尚寐無聰。欲報鴻恩，昊天罔極。伊聲伊色，不絶耳目。載瞻閟宫，綏我思成。日月于邁，霜雪既零。感時增悲，五内摧傷。恭偕小童，爰曁幼孀。吉蠲爲饎，以薦誠意。陟降庭止，庶鑒毖祀。

敬慕殿親行秋享大祭祭文丙寅

日月不居，歷夏徂秋。夙夜哀慕，煢煢抱憂。繐帷凄清，徽音永絶。節序外感，悲腸内結。瞿瞿有求，耳聲目色。不惰其身，致愛致慤。若或瞻拜，慌惚非真。天蒼地黑，一接無因。不有明禋，曷展誠恪？於昭在上，庶幾降格。

敬慕殿親行八月朔祭祭文

日月不居，越徂中秋。徽音永絶，一接末由。時移物换，孺慕罙深。恭詣閟宫，銜哀薦忱。瞻仰寳座，慌惚聲色。悲籲誰聞？天蒼地黑。儐我籩豆，惟冀降格。

德嬪宮進香祭文

穆穆皇考，丕冒東極。憂勤圖治，不遑寧息。上承下臨，克孝克慈。休祥不應，天道難知。震宮喪匕，東朝輟膳。憂病纏綿，星霜五變。夢齡未周，龍馭遽昇。未亡何怙？五内分崩。哀哀我生，夙罹百凶。一死可忍，尚寐無聰。痛念存歿，天蒼地黑。菲薄陳誠，庶紓歆格。

敬慕殿王大妃親行別祭祭文

人或有言，日遠日忘。摧慟彌深，嗟予未亡。天高地闊，叫號無奈。肅肅閟宫，將綏寶座。神人禮隔，瞻仰無所。慌惚魂交，僾然當宁。形開寥廓，精爽未收。言念鴻恩，粉骨難酬。丕冒令終，付託得人。孤惸有依，以畢此身。敢罄微誠，以陳菲薄。允矣陟降，庶幾來格。

王大妃康陵親祭祭文

因山功畢，閟我玉色。龍輿返宫，天語未接。在上於昭，奈此慌惚。肆即幽宫，展敬形魄。禮雖有防，情難受節。誰瞻日角？只覩馬鬣。霜露助慘，草樹含哀。叫號無聞，五內崩摧。天高地闊，嗚呼曷依？求舒其慟，反增其悲。俎豆寓誠，庶幾歆格。

別遣近臣祭德興君夫人文

婉婉淑哲，克惠且溫。巨室厥光，作範閨門。胎教不回，培根濬源。德與命乖，早守孤貞。撫養諸兒，母訓孔明。何負昊天，不與遐齡。靈輀載路，往即幽宮。沖人號慕，攀柩無從。恭承大統，義當掩情。痛念劬勞，忽欲遺生。爰伻近臣，血泣陳誠。

祈雨祭文

雷封片雲，繄神是宅。英英在上，庇民無斁。疾痛痒痾，非神曷籲？屬玆蘊隆，困于焦土。疇昔靈霖，一杯救薪。旱魃如惔，奈此荐臻。受直怠事，罪丁微軀。皂蓋非人，赤子何辜？民天卒痒，神亦無依。淒淒祁祁，在神指麾。役志明禋，冀賴神休。澤暵蘇枯，無作神羞。甘霔一沛，厚德罔載。我民報祀，永世無怠。右片雲山。

初獻：滌滌旱災，丁下土之耗斁；祁祁甘霔，在神明之指揮。俯竭丹衷，仰冀玄騭。

亞獻：昊天降格，責雖集於眇躬；黎民阻飢，羞亦貽於高鑒。期回靈應，再灑危悰。

三獻；鎮我金維，垂庇庥之冥佑；朝于玉帝，秉轉移之神機。敢就淨壇，恭陳卑悃。

念惟涼德，叨守丕基。道愧體元，豈天心之克享？朝多失政，宜和氣之未臻。致令百靈鼓氣，一霈同雲。函活禾苗，載迓登場之慶；苾芬禋祀，爭詠報賽之歌。自西郊之密雲，莫慰其雨之望；躔南陸之杲日，空照憚暑之心。縱微潤之洗塵，若一杯之救火。疚哉庶官，既告圭璧之卒；閔彼三農，忍見稼穡之痒。願哀徹穹之冤，亟施蘇枯之澤。

本國賀皇后册封表

坤元正位，丕揚玉册之音；地角馳誠，誕賀黄裳之慶。歡騰有截，德合無疆。欽惟皇帝陛下刑家御邦，化近被遠。窈窕入於寤寐，文定厥祥；淑哲主乎宫闈，克贊資始。猗歟承乾之美，匹乎建極之初。伏念臣猥將庸資，欣睹盛禮。職縻東服，班雖阻於駿奔；夢想北辰，祝更切於麟趾。

賀主上即位箋丙寅

帝錫介圭，恭承丕丕之緒；國被殊渥，仰賀顯顯之光。慶闕宗祊，榮被朝野。恭惟主上殿下聖惟天縱，生應河清。玄德潛升，荷放勛之密眷；孝思彰徹，順宣仁之徽音。兹受玉册之封，誕揚紫泥之誥。伏念臣先朝殘喘，照代陳人。才慙贊襄，恒貽負乘之誚；身際濬哲，只祝日月之齡。

序

仁物世稾序 癸丑○仁物即豐德府德水縣舊名

人之生於世也，頎然其形貌，累然其動止，而有不得已而後有聲。聲也者，綱紀乎一身，而出入乎萬事者也。聲之精者，莫大乎言，而言之精而煥然軒然、不野不俗者，莫大乎文辭也。詩者，文辭之詠嘆淫泆而最秀者也。嗚呼！言者，聲之精者也；文辭者，言之精者也；詩者，文辭之秀者也。則詩之所以重於世者，斯可見矣。是故聖人之述經也，詩居其一，而于以見世道之盛衰、國運之治亂，而正雅、變雅、正風、變風之所以作也。則詩之可以感乎人者，可知也。且子美之句能去瘧疾，蘇州之絕能止江波，則詩之可以感乎鬼神者亦可知也。秀乎文辭而感乎人鬼，則詩可易言哉？仁物李氏，出于保勝將軍而蔓延於一國，名公鉅卿，世登廟堂，而其文章事業，必有偉然者矣。雖然世遠時變，而文章之傳後者不聞，而但見事業之載乎簡册而已。

嗟乎！此豈世無文學之才乎？抑編撰之不密而致然也。夫如是則世稾之作，其可已乎？人雖至愚，而無不知敬其祖宗而思慕之，其故何也？蓋其心出於天，非矯僞之所以使然也。是故祖先之手所經者，身所服者之物，無不致感乎子孫也，而況致思於心而發於外，而文辭之秀者乎？噫！祖先者，子孫之所可慕也；詩者，人鬼之所可感也。夫以所可慕之心，得見所可感之物，則其所以慕感之極，而至乎羹牆者，不待孝子順孫而能之。若其不慕不感者，則不過人形獸心者而已矣。嗚呼！後日之視今，亦猶今日之視昔也。世稾之傳于子孫者愈遠，而子孫之慕感者亦愈深也，此世稾之所以作也。篇首自花石主人始，而繼之以家公，以至于珥輩，其意以爲後之子孫能詩者，無不附于此稾而以傳于世云。

贈崔立之序甲寅

天地之閒，萬類之有聲者，孰使之然乎？草木之叢林也不動，則其體無聲者也。有風動之則有聲，然則聲於草木者，風也。金石之堅頑也不擊，則其體亦無聲者也。有物擊之則有聲，然則聲於金石者，亦物也。凡萬類之振振蠢蠢而有聲者，亦必有使之然也。人之生于世也，五臟具乎內，百骸形於外，其本則豈有聲哉？有氣積於內而發於外，然後爲聲焉。然則聲於人者，氣也。聲之出亦非一也，有無用之聲，有有用之聲：噴噓鼻唾之類，人聲之無用者也；咄嗟言笑之類，人聲之有用者也。有用之中，亦有美聲惡聲：人聞其聲而好之則爲美聲，惡之則爲惡聲。美聲之中，亦有實聲虛聲：出於口而不著於文，則爲虛聲；出於口而著於文，則爲實聲。實聲之中，亦有正者邪者，或似正而邪者，或似邪而正者。

人之發其聲而好於人，好於人而著於文，著於文而合於正者，謂之善鳴。善鳴之功，厥惟艱哉！休壤崔立之，幾於善鳴者也。其文章雖不大成，其志則期乎正者也。業之而不怠，則何有於正也？吾聞萬類之有聲者，其體大則其聲亦大，其體小則其聲亦小。立之之聲大矣，其體之大可知。人之體者，心也。立之之心，可謂大矣。吾又聞大觸之，則聲之發也大；小觸之，則聲之發也小。是故大風之動草木也，如掀天地；及小風之來，不過一搖而已。金石之擊也，亦如是焉。人之於聲也，氣之大則大者聲而發之，氣之小則小其聲而發之。立之之氣，可謂大矣。

嗚呼！草木之聲，風使之也。風之爲風，孰使之耶？金石之擊于物也，其亦孰使之耶？人之有聲，氣使之也。氣之爲氣，孰使之耶？氣之爲氣，心使之也。心之爲心，孰使之耶？心之爲心，天地使之也。天地之爲天地，孰使之耶？天地之爲天地，無極太極使之也。無極太極之爲無極太極，孰使之耶？立之知此，則爲我辨之。

送尹子固根壽朝天序丙寅

士之所謂友者有三：相歡于翰墨之場者，是文友也；相引于章綬之間者，是宦友也；相講于性理之學者，是道友也。友名雖一，所以爲友者不同。彼文友、宦友者，必連牀接被，握手銜杯以爲親；必匿瑕藏垢，褒才彰能以爲德；必修契結約，指天畫地以爲信。無是三者，則有歉於心，泛泛相遇，終爲路人而已。若道友則不然，其親不在面目之接，其德不在推譽之勤，其信不在然諾之重；以同志爲親，以責善爲德，以守道爲信。志苟同，則千載之人猶可尚友，況生一時乎？善苟責，則聖賢之域可與同歸，豈望他惠乎？道苟守，則濁世之波不能汨亂，豈負厥初乎？以此知源源之見，未足爲親；吃吃之譽，未足爲德；刎頸之誓，未足爲信也。

吾與子固相識有年，其所以爲友者，三者之中，必居一焉。獨怪夫相見甚疏，而見則肝膽相照。相勉之辭，非世俗之所道，而既見之後，必充然若有所恃也〔六〕。其交之道，或不在文與宦也。今將以貳价赴上國，求有所賚，其敢無辭以贈？吾聞燕趙古稱多感慨悲歌之士，今則皇明肅清，肇作帝居，禮樂之興、風化之盛垂二百年，必有以感慨悲歌之志善變而至道者矣。子固之行，將有所遇焉，子固之明，足以辨其學之偏正。華士之賢者，孰敢有夷視子固者哉？如珥者，學不進而志愈下，恐無以不負子固之望焉。尚冀子固觀周有得而歸，使珥益獲畏友之益焉。子固勉乎哉！

贈李景魯希參序

朋友之道，缺絕久矣。今世之所謂朋友者，非吾之所謂朋友也。幼作同隊之魚，長無頭角之疏者，斯爲友耶？曰：非也！少而同里，長而同學，一日不見，如隔三秋，如是而可謂友耶？曰：非也！拜其親而通其家，情如膠漆，言吐肝膈者，豈非友耶？曰：非也！友者，友其志也，友其道也。嬉戲於竹馬者，非親也；相從於朝夕者，非切也；刎頸而無怨者，非至也。吾之所謂親也、切也、至也者，皆不在兹焉。志之合，則出言不剌剌，而情已通焉；道之合，則相面不數數，而神已契焉。情已通，則可不謂親乎？神已契，則可不謂切乎？志合而道合，則可不謂至乎？

吾與李景魯，非竹馬之分也，而又不得朝夕繼見，亦非拜親通家之友，而所合者，志與道而已。其相逢，曾不一歲而又有離違之恨，故以聚散之說爲贈焉。夫人之聚散于世上，如浮雲之聚散于太空也。油然而聚，渙然而散者，孰使之然耶？人之聚散，有憂有喜，未知雲之聚散，亦有憂喜耶？聚散雲者，風也，聚散人者，亦風耶？聚散雲之風，無情者也，聚散人之風，亦無情耶？無情者是何物，而有情者亦何物耶？又未知有情無情，爲一物耶，爲二物耶？嗚呼！達者何曾以聚散累其靈臺耶？志合道合，則雖有千里之别，庸何傷乎？李景魯智過於我，亦應自知焉。

送趙子推擴，改字公保序

鴻鵠不與燕雀同飛，獅象不與狐兔同羣，卓犖之士宜乎不與碌碌之輩同處也。士之相得者，雖千百爲朋，見一人而可以盡信其千百矣。何則？卓犖之士，必以卓犖之士爲友也。余之少也，見韓山李汝受，伏其文而悦其爲人，信其卓犖也。汝受之友，有華山趙子推。未見之時，已信子推之非常輩也。未見而已信其爲人，則汝受之見重於人可知矣。其後與子推一見，不要約已相親，又以信吾信之不誤也。子推頎然其形，沛然其言，其待人也，去其毛皮，露其肝膽，不以世俗粉飾繪畫之聲容爲也，此非所謂卓犖者歟？

士無中庸者，則必取其一端焉，故狂狷，孔子之所取也。士固有虛者、密者、堅者、放者、和者、達者：虛者不繫於物，密者不露其機，堅者不蕩其心，放者不拘於節，和者與人無競，達者臨事不礙：此皆一端之可取者也。如是而止焉，則不過爲虛者、密者、堅者、放者、和者、達者而已；如是而進焉，則虛者可爲寡欲之士，密者可爲厚重之士，堅者守貞正之操，放者蘊高世之志，和者有下惠之風，達者有浴沂之氣矣。吾觀子推於此六者，必有一焉。子推以何者自處耶？無已則其近於達者歟？若使志於道而養其氣，則吾知曾點之浴乎沂也，子推亦當解衣從之也，不然則不過爲不碌碌者而止耳，非吾之所望也。

吾於子推相見有日，相信已熟，則於其別也，雖不有請，猶將强以授之，況其請之至再耶？故書平日之所懷者以贈之，又從以詩曰：聚散雲千里，憂歡夢一場。終南山下詠，駝駱洞中觴。別恨江流短，羈愁驛路長。思君最何處？落月照空樑。

送李春卿純仁，改字伯生序

所貴乎士者，志而已矣，未有有其志而不能有成者也。鵠不可緇而黑，烏不可洗而白者，其性然也；曲不可以繩墨爲直，愚不可以計較爲智者，其實然也。是故士之志乎彼者，終不可以移於此。志乎山林者，雖奔走乎經塵，而終歸於遯世；志乎軒冕者，雖浪遊於青山，而終没於利禄。求士之道，在於求其志而已。

吾友李春卿，挾其能，戰其藝，以其得失，色其欣戚。人皆目之以科舉之徒，吾亦不敢以物外之人待之也。及與之同處，扣其言而求其志，則信非俗士也。夫子之言曰：「察其所安。」吾察春卿之所安，則不在於碌碌科舉也。其不能遂其志者，蓋亦不免於形迹之所拘而然耳，非其志然也。歲之孟春，將卧農墅于湖南，求贈於常所來往者，余爲之言曰：李春卿，子之所求者名，所望者科，而人見其外也；所慕者放達，所志者山林，而人不知其内也。雖自謂物外之人，而人孰有信者乎？君子信乎在己，曷嘗以他人之信我爲信哉？己果能之，人曰不能，不信也，此春卿之志也。春風動故園之興，漢水洗塵士之襟，尺千里之遥，帶江河之廣，瞻淵明之衡宇，訪少尹之丘水，何遜之梅已長新枝，王猷之竹復生兒孫，此春卿之樂也。志乎此，樂乎此，而人不我知，吾惜春卿之不遇也。

李春卿，知子者我也，罪子者亦我也。何以言之？他日聞有湖南逸人，戴逍遥之冠，曳紫霞之衣，開三逕曉夕遨遊，埽一室圖書左右，採乎山則紫芝盈筐，釣乎水則銀鱗貫柳，人伴林逋之鶴，出騎浩然之驢，不以軒冕爲志者若春卿也，則吾乃信吾之知子也。如或言與心違，終與始悖，憤悱乎文藝之戰，飢渴乎利名之場，不以山林爲志者若春卿也，則吾將罪子也。雖然，士生於太平之世，不汲汲於進取者，亦非計之得也，春卿後日雖使我罪子，亦何害哉？吾見春卿之志在於高蹈遠引，恐其今日之行爲永歸之計，故反以罪子爲幸也。

贈白仲紹序

白仲紹將有所適，就珥求贈言。珥曰：「惟仁者能以言贈人，余惡敢哉？」白侯曰：

「古人之別，莫不有文有詩以賮行，豈皆以仁者自處乎哉？良以有蘊於中而不得不發，於是奮乎詞章，吐傾囷廩，而結慇懃者耳。古亦如斯，子勿多讓！」珥曰：「然則足下所須，乃世俗之交，摛華敷藻，以文乎外者耳。僕雖汗下，不爲此態，上不及仁者之贈言，下不至世俗之浮藻，則僕尚何言哉？」白侯色不肯，復言曰：「子言則是矣。吾自弱冠，從事文戰，今若干歲。奏疏十上，齊瑟未鼓。額點龍門，鱗枯涸轍。窮莫甚焉，志則彌篤。今將航西溟，抵首陽，入精舍，拜文憲，因以盡讀生平所未讀書，礪吾刃而待天時。于斯時也，常所來往者，惡可無贈？」珥笑曰：「足下之篤志，固嘉矣，但惜乎所志非所當志也。」白侯愕然曰：「何謂也？」珥乃言曰：「士生斯世，有天達有人達。天達，在己而求之孔易；人達，在彼而得之甚難。古之君子終不以此易彼，苟能求其孔易者而得之於己，則厦屋四簋，曲肱飲水，皆於我無與焉，尚可以外物之得失，以志其志哉？今之所謂士者，在己是忽，惟在彼是求。吾見其以憂終其身也而已，不謂足下亦志斯志也。足下之志苟在於外物，則上有老母，甘旨不供，是所憂也；下有妻子，甔石無儲，是所憂也；年不惑而名不顯揚，其得不憂乎？身無爵而人不尊敬，其得不憂乎？舉足下一身，陷於百憂之囹圄，其何堪處耶？今將遠適也，霾霖不止，波浪方怒，孤舟解纜，敵國爲伴，灩澦之危，在陳之嘆，俱梗于胸中，則足下此行添一憂矣，其可謂得計乎？如使足下盡埽前習，不志前志，反而求之，惟天達是志，則以善爲養，勝於三牲矣，屢空晏如，不顧萬鍾矣。不知不愠，吾何慊乎哉？自有良貴，吾何畏彼哉？舉足下一身，納於至樂之安宅，其不自慊乎？如斯，然後短篷蓑笠，穩泛江湖，則汀沙渚樹，山色潮聲，總輸於觀物之眼，無非助我樂者也。足下以爲何如哉？」白侯欣然若有得者，復問曰：「求天達則何所事而可？」珥曰：「切哉問！吾聞文憲精舍，非爲操觚弄墨、求禄仕者而設也，聖謨賢訓，悉藏于中，將以來四方爲己講道者耳。足下就開黄卷，對越聖賢，則六經、四書有餘師矣。天達不於是求，惡乎求哉？」白侯曰：「諾。」珥遂書其言以爲序。

記

八賢會記

鐙巖李德益、竹牖洪興道、竹窩李季獻、恥菴具景誾、菊畹盧國亨、松巖金思孝遇栗谷李叔獻于醉眠金季綏第，告之曰：吾輩於上巳之辰，即塵中而求出塵之境。就思孝之園，觀其鑿巖爲磴，蔭以長松，清陰宛轉，自下達上。登斯園也，則長安一面，極目無礙，北嶽峙後，南山拱前，煙花縹渺，可豁吟懷。是日也，春光浩蕩，萬境盎然。新條弄柔，舊查吐芳者，草木之樂也；遲日載陽，淑氣催聲，下上其音者，禽鳥之樂也；夕陽苔路，攜壺踏青者，遊人之樂也。若吾輩則仰觀宇宙，俯察品彙，樂以萬物之樂，憂以萬物之憂，或倚樹高歡，或自酌至醉，感吾生之休，服無荒之戒。方倩季綏爲畫，子其爲我記之。余適有事，不得作畫中之人，聊記其迹，細思不能無憾焉。

論

温嶠絶裾論十五歲作

論曰：古人有言曰：「求忠臣於孝子之門，故未有不孝其親而能忠其君者也。」夫仁義根乎内，而忠孝發乎外。孝者，忠之本也；忠者，孝之流也。詩曰：「父兮生我，母兮鞠我。欲報之德，昊天罔極。」又曰：「哀哀父母，生我劬勞。」是以先知孝於其親，然後可以忠於其君。故曰：孝者，忠之本也；忠者，孝之流也。

余嘗論温太真忠烈忼慨，盡心王室，足爲晉之良臣，而抑有所恨者，絶裾之事也。當是時也，四海鼎沸，夷狄雲擾，則固忠臣志士挾策濟世之秋也。劉琨使太真奉檄江東，則固太真之束帶跨馬之日也。太真之母崔氏，不如陳嬰母之達理，又不似王陵母之節義，徒懷愛子之心，不顧救時之亂，臨行而執其裾。則爲子者當以母爲辭，而不赴將命之舉，可也，其可絶其裾乎？絶其裾者，絶其母也。絶其母，則是棄昊天罔極之恩，忘生我劬勞之苦也。雖非仁者，固不可忍，況太真而其何忍此乎？且聶政，特一刺客耳，猶且念母而不許身於他人，則況太真本以篤孝聞於鄉里，而其可妄許身於他人乎？若奉君命於危難之際，則雖棄其母，亦可也。今則劉琨之用太真，非君命也。太真之奉琨檄，特赴功名之會耳。太真與元帝，君臣之分未定也，雖不奉檄，亦不可謂不忠矣，而絶裾棄母，則反不免爲不孝。既爲不孝，則雖盡忠於晉室，非出於誠也，乃圖名節耳。且絶劉琨，則不能盡忠；棄崔氏，則不能盡孝。當此之際，忠孝固不可以兩全。然以忠孝分輕重，則重在孝也；以忠孝辨難易，則難在忠也。與其取輕且難者，孰若行其重且易者乎？獨不見徐元直之事乎？太真能孝其母，則賢於元直矣，不知出此，反爲元直之罪人。惜哉！

夫仁者，以其所愛，及其所不愛。太真之所愛者，非母而其誰哉？既不能愛其所當愛，則其何能愛其所不當愛乎？此三綱之所以淪也，其害不亦大乎？且當其執裾，則尚能絶之，若執其手，則將若之何，將自割其臂乎？嗚呼！太真之於琨也，何其厚哉！於其母也，何其薄哉！厚於琨者，不過感其知己之用耳；薄於母者，不過憂其功業之不成耳。夫以知己之用厚他人，以功業之不成薄其母，則太真之佐元帝，皆以自爲私欲耳，何足取哉？古有吳起者，母死而不奔喪。又有江革者，負母而求活於賊。由此觀之，則太真可謂優於吳起而不及於江革者也。嗚呼！太真之輔晉室，縱能盡節矣，然所得不能補其所失，所利不能藥其所傷。終身哀痛，亦不爲孝，沒齒哭泣，又何益哉？若使太真具甘旨之養，老蓬茨之下，則縱使無聞於世，亦能全孝於身。今乃不然，母子乖隔，若胡越之異區，子之戀母，雖曰至篤，慈母終天之痛，可勝道哉？故余曰：稱太真以功名之士則尚矣，以爲忠孝則未也。雖然，向無太真，則晉氏血食其可期乎？太真之割子母之恩，爲此也，亦可謂爲國忘家者乎？

李陵論

論曰：人之所欲，莫甚於生，所惡莫甚於死，又有甚於生死者，則義而已矣。苟爲義之所在，則雖舍生不避也；苟非義之所在，則雖取天下不爲也。此百世不易之論也。

當武帝之時，李陵提五千之卒，抗匈奴十萬之衆，力盡就降，老於胡地。後世之人皆以陵爲惜，非武帝之殺其母。嗚呼！臣子之於君親，何嘗有彼此哉？父母不可一日而背之，則君上亦可以背之耶？忠臣不事二君，烈女不更二夫。今日叛君而明日盡忠，終不得爲節士；今日失行而明日守禮，終不得爲貞婦。何則？所得不能補其所失故也。陵之屈節于匈奴也，其初豈以實降爲心？不過恥功之不成而將爲後日之謀也。殊不知功之成敗至輕，義之所在至重也。王良御者也，御非一身之大節，尚恥於詭遇，況以堂堂之丈夫，屈膝於犬羊，而乃以後日之成功自期耶？陋矣！陵之處心也。噫！天下之不顧義之所在，而汲汲於成功者，豈特李陵哉？是以君子之所爲，雖若迂闊，而惟義之從，故初不以成敗取舍也。枉尺直尋固非君子所爲，況於所枉大而所直小者耶？

義與不義在我，成功與敗在天。不義而成功，不若義而不成也。何則？行一不義而得天下，先王不爲，況爲區區之小節耶？爲陵之計者，不過一死而已，天下百世之垂功名於不朽者，豈必不死而然耶？陵之學非聖人之道，故不知出此，而自投氈裘之域，求萬一之後圖，豈不謬哉？就使陵得爲所欲爲，係單于之頸於天子之庭，節義之士必聞風而唾之矣。夫何所取哉？

或者曰：陵之心初不背漢，而武帝殺其母，激怒之，則陵有何罪哉？曰：不然。君父一體也。父雖不慈，子不可以不孝；君雖不義，臣不可以不忠。爲人臣子而以君父之待其身，上下其忠孝之心，則終歸於不忠不孝而已。陵之未降也，漢武之臣；陵之既降也，單于之將也。自爲單于之將，而望其君待以漢武之臣者，豈不難哉？始則恥功之不成而失節焉，終則怨君之殺母而不返焉，陵之一身，豈非亂臣賊子之同歸耶？雖然，使武帝不果於殺，俟其所爲，則如陵者，必不終身於短髮而已也。使武帝有殺母之心者，李陵也；使陵有背漢之心者，武帝也。一事而君臣胥失之，吾故表而出之，以戒人君之果於殺人者，人臣之急於功名者也。

一治一亂論

氣化盛衰，往復無際，而天地之心，莫非生物之心也。以生物爲心而仁慈惻隱，則世之一治一亂，有乖乎天地生物之心也。然而氣不能常盛，而有時或衰，則其所以一治一亂，蓋可推矣。

堯之時，氣不能不少衰〔七〕，而洪水懷山襄陵，則似乎不治。而堯之德，格于上下，故能變亂爲治。而堯之聖，蕩蕩乎無能名焉。紂之時，氣化大衰，而銅柱炮烙甚酷，則其爲亂極矣。周公驅禽獸而遠之，則值紂之亂而能致治焉。孔子作春秋而警世，則值東遷之亂而致治者也。孟子闢楊、墨而廓如，則值戰國之亂而能致治者也。然則雖由於氣化之盛衰，亦莫非人事之得失有以致之也。

嗚呼！氣化之盛衰，人事之得失，反覆相尋，則其理茫乎不知其畔岸也。苟非識見之卓，難以容喙也。然而由其理而推其氣，推其氣而驗諸事，則其所以一治一亂而不能常久者，蓋可想矣。

箴

時習箴月課

天畀吾衷，曷全所受？賦與雖均，覺有先後。明善復初，惟學是階。存心思繹，念兹不差。其坐如尸，其立如齋。勉勉自强，敢怠須臾？習成自然，有善斯乎。浹洽于中，我心則悦。欲罷不能，終歸聖域。學不時習，有耕不耘。爰撫嘉言，警我心君。

表箋

擬宋朝羣臣請褒贈韓通以旌其忠表

天已眷仁，既陟元后之位；臣各爲主，宜褒一節之賢。肆攄彰善之懷，庸濆至公之量。竊觀革命之際，必有死義之徒。務光投淵，不損成湯之業；伯夷扣馬，何累周武之功？雖曆數必有所歸，而綱常可不扶植。故帝王之立教，咸褒録而樹名。可表歲寒，唐旌君素之節；不事二姓，燕封王蠋之墳。惟舊典之若兹，在聖朝而可闕。欽惟神武挺世，聖智膺圖。

爲下克忠，縱切篤棐之念；有德受命，難禦望雲之心。揖遜無愧於唐虞，謳歌摠歸於濬哲。

伏見柴氏死士，只有一介韓通。志扶崐崙，食焉不避其難；節比勁草，國耳遑恤其他。肆切捧日之誠，敢爲拒轍之計。八荒同人於宋化，一家獨守乎周綱。人心已離，一木豈支乎大厦？衆怒難犯，闔門同齒於利鋒。忠莫尚焉，死可惜矣！縱乏達權之智，實專秉彝之天。取義捨生，豈曰匹夫之諒？圖國忘死，可託六尺之孤。地埋齎恨之魂，天射洩憤之氣。既盡致命之道，當被揚善之旌；矧今表正之初，可緩勸奬之舉。伏望特昭無私之照，俯察表忠之忱。俾此吠堯之人，得參崇德之典。褒以匪躬之義，名昭日星；增以不次之班，寵及枯骨。則上無慙德，下勵義風。簡冊有光，臣民咸服。前朝烈魄，豈徒瞑目於九原？後日忠臣，抑亦接武於千古。謹當仰荷維新之政，共進建極之規。載賡丕基，庶幾鞠躬而盡瘁；脫逢緩急，敢不徇國而忘身？

正朝賀箋 甲子

帝出震宮，誕陽德之施澤；日躔營室，肇太昊之執規。物登春臺，民囿安宅。恭惟體元廣運，宣光緝熙。大哉乾，至哉坤，聿正資始；執其中，建其極，克愼厥麗。茲値交泰之辰，茂膺咸寧之慶。伏念才非奔奏，職叨澄清。周咨度詢，班雖阻於捧璧；多男壽富，誠倍切於祝釐。

擬宋著作郎呂祖謙謝車駕幸祕書省表

天未喪文，載回亨嘉之運；人能弘道，蔚啓休明之祥。治化接武於先王，道學增光於前烈。惟吾道國家之元氣，實人君致平之本源。尊崇者措國於泰山，廢壞者阽身於累卵。堯、舜、三代以上，尚矣無以議爲；漢、唐、六朝以來，昭乎可以鑒戒。尊師重傅，漢有明帝之臨雍；聚士裒書，唐有太宗之建館。咸以右文之志，能臻治世之功。然外務焉是崇，無內反之實學。矧叔季之罔念，昧性道而惟庸。紛紛乎終風且霾，泯泯焉大塊長夜。

洪惟我國家，藝祖肇創大業，既聖敬之日躋；太宗恪守丕圖，爰性習之天合。當干戈未遑之際，有終始不息之誠。逮列聖之相承，昭正道之日闡。制作既備，禮樂斯興。巍乎功，煥乎文，竝驅於五帝；立其本，大其化，垂法於千齡。既聚經於祕書，爰選士而直閣。非簡編之是寶，惟道教之是弘。肆草偃於風行，乃户服而人化。伊濂洛羣哲之輩作，寔洙泗道脈之大張。夫何執拗之豎儒，敢行顛覆之謬計？馴致夷狄之猾夏，竟移天步於偏方。物不常豐，雖中葉未免乎震業；時難久否，肆上皇光復乎幅員。欽惟皇帝陛下德齊重華，道協文命。誕敷舞干之化，既近悦而遠來；克致重道之誠，斯教行而俗美。屬兹清燕之暇，降臨文翰之林。濟濟簪纓，爭依日月之表；欣欣耋艾，競聞車馬之音。

臣職當修文，敢闕歌頌。謹拜手稽首，奉表以謝曰：奎星燦乎天衢，焜人文之宣朗；日角臨於芸閣，振儒風之汪洋。榮被寶章，光增玉軸。竊惟祕閣之建，實自天造之初。紹述德言，既載三墳之訓；旁通術數，又藏九流之書。雖列聖損益之異規，而右文欽崇之一致。伏念臣文林樲棘，學海涓流。五車韋編，謾咀嚼乎糟粕；三冬史學，徒鑽仰乎筌蹄。滿腔丹衷，雖切補天之志；窮經白首，愧乏致用之材。幸際包荒之朝，得忝登瀛之選。博問强記，不及世南之聰明；稽古證今，寧有遂良之獻替。守藝苑之祕寶，坐費月錢；仰典學之成功，猶冀日就。天威咫尺，縱曰密邇龍光；法宮深嚴，豈期親迓鳳輦。埽九軌之黄道，奉一朵之紅雲。幄帳横秋，露華泫乎琪樹；衮衣曜座，曙色昇於扶桑。滿省牙籤，無非載道之器；同朝鵠列，盡是煥猷之賢。近天子之光儀，聚多士之密勿。誰藏櫝中之韞？摠獻席上之珍？敷藻摛詞，豈效唐代之弘文；執卷論經，奚止漢世之天禄？耳盈勻天之樂，袍襲御鑪之香。仙饌開筵，慶無疆之申錫；驪珠入袖，欣有隕之自天。嗟昭代之盛休，誠振古之罕覯。兹蓋伏遇皇帝陛下望道未見，作人有成。玄德温恭，既膺圖而受禪；王猷允塞，爰詰戎而遏蠻。緝熙殫心，念無怠於性理；宥密基命，明既晦之道源。故垂雲漢之昭回，以慰注箋之苦檗。臣敢不益勉實踐，深造真知？陳昌言而贊襄，雖愧賡歌之虞士；廣德心而膺狄，庶效在泮之魯臣。

擬議政府領議政某等賀文定王后祔宗廟後大駕還宮箋丁卯

綏我思成，振清廟而將禮；介爾景福，迓天休而言旋。慶闢宗祊，歡洽朝野。恭惟主上殿下愼終歸厚，致愛則存。深墨臨朝，聲色不絶乎耳目；華衮復吉，哀慕益切於羹牆。爰稽彝章，聿嚴升祔。詣閟宫而執玉，薦廣牡而奉盈。於昭乎天，休矣陟降之可紹；不顯維德，展也黍稷之非馨。籩豆孔嘉，庸鼓有斁。朱絃闋奏，玉輅就途。攝以威儀，聳瞻天日之表；庶無疾病，欣聞管籥之音。士女溢乎康衢，謳歌雜於廣樂。猗歟大事，允屬昌辰。伏念臣等猥以駑資，獲忝鵷列。六德亮采，愧乏虞廷之贊襄；百世本支，只祝周家之陳錫。

祭文

江原道觀察使李拭進香祭文

邦罹鞠凶，日沈虞淵。一人在疚，萬姓號天。如何大德，不享無疆？司命難諶，太空茫茫。因山禮迫，上下皇皇。於乎聖澤，没世不忘！微臣銜命，撫循貊國。未瞻憑几，倍增攀擗。玉色永閟，入侍無日。馳誠展哀，終天罔極。

祭奇判尹大恒文甲子

受氣宏厚，立心剛方。金閨通籍，縱靶登揚。槐院藝林，銀臺玉堂。出入委蛇，人詠羔羊。佐衡天部，列宿增光。捧簡薇垣，臺閣凝霜。平步紫薇，俄貳統師。外憩甘棠，咨諏孔時。內司喉舌，出納惟允。烏府秉憲，範彼百尹。南宮典禮，直哉惟清。論思之日，邦國是經。脫距拔茅，繄公是賴。庇我士林，輿望攸在。陞階命下，天奪何速？云亡痛深，恨鎖宸極。一束生芻，萬事已矣。明禋致誠，庶幾鑒此。

祭俞判書絳夫人文

譜系玉葉，生稟蕙質。擇配于歸，爰鼓琴瑟。藩垣喉舌，賴戒鷄鳴。慈如穆姜，恨乏寧馨。天奪懿範，遽遭不淑。誠無不格，敬尊清酌。

祭鈴平府院君尹公溉文代元三宰作○丙寅

剛方立心，精敏制事。印于慕齋，行不負志。早選青錢，鴻漸雲程。纔離槐院，旋佐銓衡。梟楚忽咻，沮我清名。抑首積薪，循資頂玉。鑠金之口，竟貽辛螫。天鑒孔昭，不遠斯復。攬轡湖西，咨諏孔周。入亞秋官，庶士克修。典禮南宮，寔煥王猷。事大交鄰，多公運籌。遂歷冢宰，爰踐台階。經席颺言，悃悃吐懷。錫以靈壽，天恩亦隆。天不慭遺，著龜告凶。臨沒封章，冀感天衷。哀榮生死，有初有終。某等年紀比肩，忝聯一司。仰德如山，解紛咨疑。蒲柳未謝，松柏先凋。恪具明禋，神魂内銷。發揚焄蒿，靈不我遥。

祭青陵府院君沈公鋼文丁卯

器宇宏深，性度真醇。克承厥家，無忝世臣。濬源恢基，誕我任姒。位正黃裳，德贊資始。殊榮集門，孰敢與京？剔華存樸，善持其盈。啓沃無聲，作籞士林。豐施嗇報，天實難諶。有亥之歲，光晦前星。公憂私痛，不如無生。爰招二豎，轉入膏肓。綿遭外艱，真氣日戕。藥不通神，賓客斯捐。悲纏内殿，哀動上天。吾儕具僚，仰德有年。官聯令胤，情倍同朝。肆陳菲薄，誠意孔昭。聚精焄蒿，歆此蔬肴。

祭右議政閔公箕文戊辰

受氣沈厚，持身謹密。早擅華聞，晚乃發迹。平步雲程，培風駕翼。金章紫綬，如芥斯拾。世道昇降，轉頭變移。公處有裕，不露其機。混混相濁，其中有守。不爲夷行，不爲險止。有道不廢，無道免戮。孔許敬叔，公覰其域。聖明龍興，諒陰恭默。詢謀僉同，超入黃閣。政紊求整，民勞求息。新進果鋭，陳人退縮。抑進扶退，公執其中。垂紳正笏，輿望自隆。何期一夕，下台無光？調羹素志，奄閟不揚。但止於斯，奈何乎公？公昔承恩，賜暇城東。吾儕小子，忝踵後風。敢陳薄具，以明卑衷。

祭押馬官朴公文己巳

賦命蹇滯，年高宦薄。之死猶壯，志裹馬革。七脂燕轄，管獻方物。既遭二豎，瘁以跋涉。藥不通神，竟至奄忽。箕裘孰嗣？疇昔秖犢。顛木有蘖，好收骸骨。大命難逭，莫悲異域。列郡護柩，寔霑王澤。魂無不之，魄亦返國。夫復何憾？浩然瞑目。念我同行，幽明永隔。奠酌伸哀，庶幾來格。嗚呼哀哉！尚饗。

祭鄭判官惟沈文

氣厚質淳，温謙自卑。早遊藝苑，蹉跎數奇。中年通籍，文竟不施。篤生淑女，入侍龍樓。仙馭遽昇，痛塞青丘。倚伏無常，實非人謀。國難家禍，追思破膽。無往不復，天日照晻。白首還朝，悲榮交集。有子克家，有孫傳業。五福之首，亦天所錫。夫復何求？無憾瞑目。吾儕小子，夙忝登堂。敬奠菲薄，敢告不亡。

祭李右尹純亨文

我生不辰，早失所怙。諸父繼逝，門黨零丁。只一叔父，別多會鮮。忽承訃音，驚慟心摧。瑣尾海濱，執紼無路。緘辭寫哀，庶幾顧臨。嗚呼哀哉！尚饗。

祭閔恕初忠元文

孝友罕倫，才調夙成。早綴桂籍，發軔雲程。育材泮宮，游刃雄城。薇垣柏府，無適不宜。方期遠到，奄忽至斯。吾儕攻玉，曰自妙齡。十載麗澤，情與義并。益友云亡，啜泣何及？英靈不昧，庶歆菲薄。

祭姪孫戊甲文庚辰

嗚呼！生汝者天，殤汝亦天。脩短有數，物莫不然。一元悠悠，百歲一瞬。汝與喬彭，同歸於盡。安之若命，我何蘊結？汝之乘化，我不親訣。茲將酒饌，澆汝伸情。汝宅近丘，嗚呼永寧！尚饗。

祭洪祥原以坤文壬午

受氣温厚，身無玷污。在家在邦，罔或違忤。斤斤率職，惓惓臨民。民懷遺愛，宦困積薪。嗟余兄弟，鞠于一家。撫愛視姪，少無等差。夙疚風樹，門長是倚。人事乖張，會合不易。頃自西邑，嬰疾東歸。適拘卯酉，未及瞻儀。那知奄忽，死生永隔！感念幽明，五情如割。祖載一慟，萬事已矣。洞酌昭虔，庶鑒誠意。

校勘記

〔一〕虛惟倘能遂否耶　「虛惟」，疑誤。

〔二〕文昭殿先告事由文　「由」後，疑脱「祝」字。

〔三〕大椿忽萎　「椿」，原本作「春」，據文意改。

〔四〕宗廟祈雨文　「雨」後，疑脱「祭」字。

〔五〕又祈雨文　「雨」後，疑脱「祭」字。

〔六〕必充然若有所恃也　「恃」，疑作「得」。

〔七〕氣不能不少衰　後「不」，原本無，據文意補。

栗谷先生全書拾遺卷四

雜著一

言行難

有問於愚齋者曰："子之言則追古聖而師之，子之行則混俗士而隨之，是何言行之相悖也？"愚齋應之曰："何謂師聖賢？何謂隨俗士？"曰："子之言則必以曰道、曰德、曰仁、曰義者爲依歸焉，子之行則必以曰功、曰名、曰利、曰譽爲求望焉。道德仁義則聖之階聖者也，功名利譽則俗之爲俗者也，豈非相悖乎？夫志於道德者，功名不足以動其心。子動心於功名而容喙於道德，其可乎？"愚齋曰："子惡知我之言與行乎？"客正色曰："子之出乎口者，非孔子之言，則曾、孟、程、朱之言也，豈非追古聖乎？子之行諸身者，一則求科名，二則求功利，三則求顯譽，此豈非混俗士乎？"愚齋斂容危坐，愀然良久，乃曰："非爾所知也。夫言者，積於中而發於外者也；行者，作於身而動於事者也。無根之言不能久，無實之行不能誠。如吾者，欲學聖人而未至者也。聖人之道，非欲自善而已，將欲推吾善而以及於人也。夫推我而化人者，非聖人不能也，雖聖人而不得位則不可也。當今之得其位者，非科名顯譽則不可也。捨此無門，則吾將安歸？吾志則欲追聖人，而欲得其位者也。得其位者，非私也，乃公天下也。欲追聖人，故其言也學聖人，欲得其位，故其行也齊俗士，何相悖之有？」客曰：「子何自許之高也，子是聖人乎？」愚齋曰：「我身非聖人，我性則聖人也，在擴而充之耳。吾方勉旃，非敢自許於聖人也。」曰：「今之從仕者皆若子之心乎？抑旅進旅退而具臣僚乎？抑計私忘公而貪富貴乎？抑有超出聖人者乎？抑有非聖非愚者乎？」愚齋默然有間，乃太息曰：「非所知也。」

示尹甥聃

志之不立，由怠而無誠。誠則不怠，怠則不誠。正襟端視，高拱危坐，專精讀書，實下工夫，心心念念，不容少怠，則此謂立志。若念慮橫馳，不能專一，則此心之怠也。覺此則惕然警省，竪立此心，著意收斂可也。若神識昏然，惹來睡思，則此氣之怠也。覺此則肅然奮起，喚醒精神，振發聰明可也。若欠伸跛倚，手足妄動，則此形之怠也。覺此則儼然齊整，莊攝儀容，痛刮弛慢可也。三病都在一心，心誠則不病，雖病必覺，不覺則怠深，不足道也。覺而不改，志亦退墮矣。常覺常改，日日時時，無少間斷，以至於無可覺，則學可進而心可正矣。不誠者難以語此。

精言妙選總叙 出精言妙選缺本

元字集曰：此集所選，主於沖澹蕭散，不事繪飾。自然之中，深有玅趣。古調古意，知者鮮矣。唐宋以下諸作，品格或不逮古，間有近體，而皆無雕琢之巧，自中聲律，故竝選焉。讀此集則味其淡泊，樂其希音，而三百之遺意，端不外此矣。

亨字集曰：此集所選，主於閒美清適，從容自得，出於寓興，非思索可到。讀此集則心平氣和，如乘小車隨意行于花蹊草徑，而勢利芬華，視之邈矣。

利字集曰：此集所選，主於清新灑落，蟬蛻風露，似不出於煙火食之口。讀此集則可以一洗腸胃葷血，而魂瑩骨爽，人間臭腐不足以累吾靈臺矣。

貞字集曰：此集所選，主於用意精深，句語鍛鍊，格度嚴整，間有造妙之論，非常情所可企及者。讀此集則可以探微見隱，而意思自不淺近矣。

仁字集曰：此集所選，主於情深意遠，即景即事，寫出襟懷，怨而不悖，哀而不傷。讀此集則未嘗不穆爾長思，悽然興歎，求獲古人之心，而自無怨懟淫放之失矣。

義字集曰：此集所選，主於格詞清健，筆力遒勁，而無急迫之意，有凝遠之味。讀此集則氣聳神揚，而懶夫可以有立志，鄙夫興雅趣矣。

禮字集曰：此集所選，主於精工妙麗，雖有雕繪之飾，而不至於淫豔。讀此集則情濃意秀，瘦瘠者可以增肌，枯槀者可以發華矣。智集缺。

姪景恒冠禮儀 出海州所録

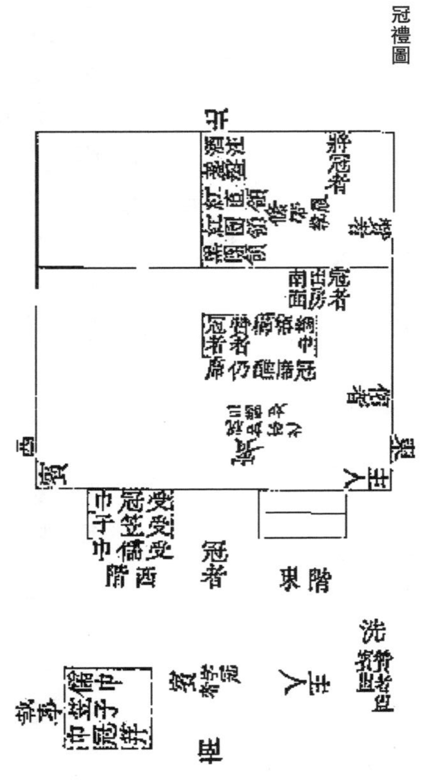

冠禮圖

見祠堂儀

如告事之儀。降神、參神、奠爵訖，主人進告曰：無祝。「景震之弟景恒今日冠畢，敢見。」告訖，主人於東階上西向立。冠者離位再拜，復位辭神。

參謁先生儀

監司、牧使、先生先生指有齒德、可爲師表者。到院，則院監先期預通于院中諸生，無故者皆會。若不意到院，則只見存儒生請謁。先生監司、牧使、先生皆通先生，省文也。坐于講堂，諸生以頭巾、團領齒立庭中，請行揖禮。監司、牧使則禮吏傳語，先生則齋直傳語。以次陞，由西階上，東上。員多則作重行。先生起立于席前，諸生肅揖畢，先生乃坐。諸生以次由西序陞堂，東上而立。陞畢伏謁，先生許坐。諸生禮畢，院監乃謁。院監，笠子、團領、著靴立庭中，請謁不行揖禮，只陞堂伏謁。先生在院留宿，則諸生每朝，必就其室，序立伏謁訖，出庭行相揖禮。

諸生相揖儀

謁廟訖，出就講堂，長者立于西行，少者立于東行。長者自中相揖，少者揖長者，長者答揖訖，少者自中相揖。長者回身立于北行，幼者立于南行，拜長者，長者答拜訖。長者入房，少者移立于西行，幼者移立于東行。幼者揖西行，西行答揖訖，幼者自中相揖。

小兒須知 出朴汝龍家藏

一 不遵教訓，馳心他事。

一 父母所令，不即施行。

一 不敬兄長，發言暴勃。

一 兄弟不愛，相與忿爭。

一 飲食相爭，不相推讓。

一 侵侮他兒，相與忿爭。

一 不受相戒，輒生怨怒。

一 拱手不端，放袖跛倚。

一 行步輕率，跳躍踰越。

一 好作戲謔，言笑喧囂。

一 好作無益，不關之事。

一　蚤寐晚起，怠惰不讀。
一　讀書之時，相顧雜談。
一　放心昏昧，晝亦坐睡。
一　護短匿過，言語不實。
一　好對閒人，雜説廢業。
一　好作草書，亂筆污紙。
重則一犯論罰，輕則三犯論罰。

修四書小注例

語意要切者，○之。
全段不甚可觀，而其中語句要切者，　之。
有可考觀，而不至甚要切者，**○**之。
雖不甚切，而義通無病者，仍舊○之。
有不害義，有無不關者，◎之。
全段無甚害義，而其中語句有病者，▍之。

語意未瑩，或未穩當，或不必觀者，◉之。

語意不合朱子之旨，或不中於理者，●之。

論四七說 出手謄退溪四七說卷

高峯四端七情說

明彦此段議請，明快無病。

退溪第二書後論

明白切至，最可潛玩。

策問二

王若曰：爲國之道固非一端，大要曰仁厚也，明斷也，好學也，節儉也，檢束也，尊賢也，如斯而已。梁武帝斷死刑必涕泣，天下知其慈仁，而未免身失其國，則仁厚不足尚歟？吳孫亮能辨蜜中鼠矢，左右驚悚，而未免見廢于權臣，則明斷不足取歟？元帝多才博學，而漢業以衰，好學何其無效歟？文宗御衣三澣，而唐室不振，節儉何其無驗歟？宋理宗夙興夜寐，檢身飭行，而卒基亡國之禍，檢束之無功，乃至是歟？魯繆公相公儀子，臣子思、子柳，而不救削弱之勢，尊賢之無益，一至此乎？予以涼德，叨承丕緒，懼不克負荷，曉夕勞瘁。其於仁明好學、儉飭尊賢之道，雖不可謂有一能，刑罰不敢不慎也，虛實不敢不核也，書籍不敢去側也，服御不敢侈靡也，身心不敢任其自放也，大臣不敢不用人望也。然而志勤效遠，政用不續，朝無紀綱，百度廢弛，民失恒産，四方蹙蹙，其故何歟？如欲回亂爲治，奮興事功，致斯民之富庶，升斯世於大猷，則其道何由？願從子大夫得聞經濟之策。

王若曰：孔子有言曰：「足食，足兵，民信之矣。」王者以信爲重，食次之，兵又次之。古者有信無兵食而能有其國者，可指而言歟？有苗之不道無信極矣，而能禦夏禹；太王之行仁信乎於民，而不能禦狄人，其故何歟？歷代帝王能備三者，用何道？而不能備三者，亦有何失而致然歟？予承列聖遺緒，恪守成憲，罔敢荒怠，而倉廩匱竭，國無三年之蓄，幾於無食矣。軍政解弛，鮮有控弦之士，幾於無兵矣。小醜犯邊，援兵調發而不至，可謂無信矣。三者俱乏，何以爲國？予心之憂，若涉大川，不見津涯。何以則生財鍊卒，而使民有親上死長之義乎？諸生窮經有素，必蘊致用之策，其各悉陳無隱。

貢路策

王若曰：吾東方始通中國，越在後漢建武之世。至三國、高麗，事唐、宋、遼、元，彌謹修表，奉貢無歲無之，其所從入貢之路與夫四朝國都所在，備載信史，今可考擧而歷言之歟？：國朝高皇帝定鼎金陵，麗季入貢之使嘗從海路，多罹覆没之患，不得已欲由定、遼之路。當時任地方者，再三阻難，不納國書。會帝愍海道之險，許開遼、薊之路，至今百有餘年，往來無礙。今者中朝南有倭警，瀕海之地盡被寇鈔之害，殘破已極。北路飢餓，赤地之餘，㺚虜闌入，多陷城守，在在蹀屍，無有寧熄，不無道梗之虞。脱有燕路不守，鑾輿移蹕，則奏請便路無由。若從海道，則又無明旨，誰可二字缺？：就令得達，所向見拒，未必不甚於定、遼矣。況倭賊方肆搶掠，出没海島。如使二路皆梗，則爲今之計，將謹守封疆以俟海内平定乎？抑强冒風濤以冀邦命必達乎？夫事大，重事也。國是所在，必有定論，苟講之不素，無以應卒。爾士子學古通今，必從師友證此難處，以待予問久矣。其各悉著于篇。

臣對：臣聞明王正其義而不顧利害之所在，推其誠而不計時勢之難易。義以制事，故能權輕重之宜；誠以盡己，故能通上下之情。以之盡事大之誠，以之達保國之道，詩所謂「畏天之威，于時保之」者，其不在此乎？：恭惟主上殿下丕承基緒，恪勤天命，居上克明，爲下克忠。内治既洽，事大彌恭。冠蓋相屬，以謹聘問之禮；篚厥相望，以修獻琛之儀。既正其義，又推其誠。第念時有否泰，勢有難易。㺚子碩北，猾虜阻南，或有不虞之變，絶我底貢之路，義不得不爲利害所勝，誠不能不爲時勢所撓。故既與碩算之士定謀於廟堂之上，而又慮仄陋之中或有遺議，特進臣等于赤墀之下，親策以問，先之以歷代，繼之以當今，其不恥下問，詢于芻蕘之盛意，高出三五之萬萬。臣雖愚昧，敢不祗若休命，罄竭微衷乎？

臣伏讀聖策，曰「吾東方」止「歷言之歟」，臣有以見殿下動稽古昔，監于前代之盛心也。臣聞天無二日，民無二主。惟我東方，邈在海表，雖若別爲一區，而九疇之教、禮樂之俗不讓華夏，則終不可限以一帶之水而自爲異域。故修貢中華，自漢建武始，然而箕子朝周，斯有麥秀之歌，燕伯僭號，欲興問鼎之師，則周、漢以前已通於中國矣，特以文獻不足而莫之考耳。自是以降，瓜分鼎峙之三國，操鷄搏鴨之高麗，禮教漸備，朝宗漸謹。三國之於李唐，高麗之於三朝，大小之聘，必以其時，顛沛之際，不失其職，名雖外國，而實東方一齊魯耳。若其入貢之路與夫國都所在，則布在信史，不待愚臣之贅說也。臣請言其略，唐都長安，宋都汴京，則其航海而路由蘇、杭，可知矣。遼、元俱都北燕，則其梯山而得達遼、薊，亦可想矣。雖然，禮云禮云者，非玉帛之謂也。不敢知三國、高麗之事大不怠者，其果義所在而能盡其誠乎？其無乃欲借大國之助以制敵國耶？其無乃脅於威勢而非其心服耶？其禮雖勤而不必合於義，其儀雖盛而不必有其誠，則豈與我國家之必以義、必以誠者同日而語哉？此臣之所以不敢瀆陳也。

臣伏讀聖策，曰「國朝高皇帝」止「無以應卒」，臣有以見殿下執其兩端，克用其中之盛心也。臣聞下之事上，不以夷險而易其心，不以盛衰而廢其禮。能行此者，惟我國家之事中朝是也。我國北隔居庸之險，南界滄溟之深，自大明龍興，定鼎金陵，麗季之使，航于大洋，颶風鯨浪，禍患不測，執壤之奠，十達一二，其不能舟而葬于魚腹者亦有之。是故海路多艱，遼陽是款，冀達包茅之貢，以展恪貢之誠，而封人守疆，不假以道，幸賴皇帝神聖，明見萬里之外，克知渡海之艱，遂開遼陽之路，俾通往來之使，加以威德普被，蠻夷慴服。又值東方眞主受命，穆穆在上，皇皇在下，於是南無一葦之危，北無楚丘之寇，華夏東方合爲一家。毗予之缺既錫，而藩維之任斯重，實萬世無疆之休也。奈何昊天不弔，國朝多虞，惷玆北狄，不格舞干之化，蠢爾南蠻，恒發蜂蠆之毒。遼陽一境，半入腥羶之域，濱海數郡，幾無孑遺之民。此誠中朝之殷憂而我國之不幸也。若天不悔禍，亂不即弭，萬一長城不守，黃屋南轅，則我國入貢之路將何所從乎？以北則匪茹不恭之虜，其可嚮乎？以南則前日覆溺之患，亦可慮也。將謹守而俟時乎？抑冒險而必達乎？此殿下之所以不自用智，而謀及章布者。臣請以是非利害之說，仰塵睿鑒焉。

臣聞只以取捨爲是非者，其所主者義而已；徒以利害爲輕重者，其所觀者勢而已。當今之事，以勢言之，則將謹守之不暇，遑恤其他乎？以義言之，則將冒險之不遑，何暇計利哉？何謂勢？今夫氈裘餘孽，若遏朝天之路，則固絶北顧之望矣。如欲强冒風濤，冀達南陲，則漂流之害、胥沈之厄接武連踵。其不死於必死之餘而不辱君命如鄭夢周者，能幾人哉？雖戾上國而尚有阻難之患，如前日定、遼之事，則得達天朝，厥惟艱哉！而況海寇跳梁，出入無時，如逢毒手，理在必殲，是驅而就死地也。此則勢之利害，的然可知矣。何謂義？今夫以小事大，君臣之分已定，則不度時之艱易，不揣勢之利害，務盡其誠而已。獯賊梗于北，能遏吾路，而不能遏吾事大之誠。尊君之念，終不可變，則波濤之洶涌不暇慮也。阻拒而不納，不暇計也；剽猂之搶掠，不暇憂也。使价之行，其可以此而暫廢乎？此則事之是非，昭然可知矣。臣聞夫子之言曰：「無適也，無莫也，義之與比。」今以殿下翼翼之誠，其於是非利害之間，奚待愚臣之一説耶？抑臣有所聞焉。昔者梁武昏亂之時，而百濟入貢于板蕩之後；明皇荒怠之君，而新羅修聘于幸蜀之日。前史義之，至今稱美。二國之所以事二朝者，不必有其義、有其誠，而然且若是，則況以殿下之必以義、必以誠祗事堂堂聖朝，顧乃坐守封疆，不見一价，鄉人之閉户，其可乎？中朝之亂，雖非我國所能救，而又從而廢其職貢，則恐非殿下克纘舊服以承天休之意也。臣固知此策迂於事情，闊於時務，但儒者之言，不可捨此而他求，則安敢曲爲之説以負所學乎？伏願殿下試垂睿鑒焉。

臣伏讀聖策，曰「爾士子」止「悉著于篇」，臣有以見殿下擇于狂夫，誘之盡言之盛心也。

臣聞瞽者無以與乎文章之觀，聾者無以與乎鐘鼓之音。臣以圭篳賤士，耳雖妄聞，目雖妄見，而其於國是之所在、朝議之所定，則非臣愚之所能定也。請以臆見，更獻芹曝之誠。臣聞處常易，處變難。脱有不幸，如上所虞，則艱關海路不能必其得達，而使价之選不可不重於今日也。若使專對者不得其人，則臣恐殿下有事大之名而無事大之實也。何則？彼冒風濤觸瘴霧，以趨萬死一生之路，非偷安苟生之流所能也。如或半途而反，託以路梗，則其詐終不可臆而朝貢終不可通矣。如得公耳忘私、國耳忘家、君耳忘身之士，以充專對之任，則必能不避艱險，以必達爲心矣。臣故曰：使价之選不可不重於今日也。臣又聞事有在己者焉，亦有在天者焉。明王盡其在我者而已，彼在天者，不可逆料也。今我殿下事大之誠與不誠，則在己者也。其使之達與不達，則非殿下責也。如使北路必不可通，南路必不可航，使价之行百不達一，則殿下將何以處耶？此臣之所謂在天者也。然而國朝不拔之勢，磐石之安，必無如上所虞之事矣。

伏願殿下益勉在己之誠，而勿以未然之事豫軫聖慮也。臣生逢不諱之時，常切補天之志，胸中所蘊欲陳於殿下之前者，不特事大一事而已。尺紙寸晷，難吐畢懷，儻得玉階一寸地，盡竭肝膈之要，則愚臣志願畢矣。臣謹昧死以對。

文武策

問：爲國之道，文經武緯而已，唐、虞、三代尚矣。表章六經，鎮撫南北軍，弘文館之建，府衛之設，果無愧於古昔作興振礪之方歟？文章性理之學，莫盛於宋室，而武略不競，其無乃創業者偏於所尚，守成之或失於并用之規歟？我國家聖神嗣興，教化之具既張，威武之烈載揚，式克至于今日休，然而豫大之極，師律漸解。自島夷竊發之後，朝廷之上謀議處置者，無非詰戎備患之一事。既勅藩垣之臣，以嚴統帥之體，而且遣耳目之使，遍閱州縣營堡之器械，其不輯者罪之，今之武備，可謂修矣。而議者曰：扞衛之託實有所在，兵甲之精非所恃也，況閫以外自有專制之者，檢察之舉，徒爲煩擾，方鎮未必無掣肘之患也。其說然歟？儒宗文師，比肩乎臺閣之列；英材懿質，咸育於館學之中。試之以述作，考之以講誦。能者奬之，不能者勉之。右文之意，不可謂不至。而議者曰：譽髦斯士自有其本，勵課之典只是文具，帖括之陋已痼，詞章之華焉用？外之則守土者不暇於治兵，而方伯餘事於學校，寒遠之士卒不堪震薄之苦，而騰陵介胄者意氣張皇，遂致鄉無遜悌之風，俗多鬭狠之習，裂眥而陵長，彎弓而報怨。文治優游，殆不可冀也。其說然歟？何以則載昭雲漢之爲章，鼓舞一時之人材，濟濟秉文之德，藹藹王多吉士，而干城爪牙之亦不乏用，風清而化醇，政行而教立，有不戰，戰則必勝，文經武緯之克盡其道，無偏墜不舉之弊歟？諸君子俱以光明俊偉之才，且得登進大庭，展盡所蘊，誠千載不可失之嘉會也。於斯二者，講之有豫，其各悉著于篇。

對：縫掖之士，簡編是拘，俎豆是習，窮經尚不足以致用，則軍旅之事固未之學也。今執事先生策之以文武之說，誘之以展盡所蘊，愚雖面牆，安敢含喙？竊謂嚴內治而戒外侮者，有國者之所當竝用而不可偏廢者也。嚴內治則文之所以爲經也，戒外侮則武之所以爲緯也。其所謂文，不在於記誦之習、詞章之學，而在於明教化而作興之；其所謂武，不在於士馬之衆、器械之精，而在於固邦本而捍衛之。竝用而各盡其道，則長治久安，而無一朝偏墜之患；竝用而不能盡其道，則雖得扶持鞏固於一時，而不能無後日之弊。二者如人之兩手，如鳥之兩翼，其用雖二，而其實則一，吾未見闕一而能國其國者也。雖然，天下之務莫不有本而有末。道之以德教者，爲治之本也；衛之以干城者，爲治之末也。此古之人所以勸其君以文德，而不欲其極意於武功者也。愚請因是而白之。

愚昔三代之盛，治隆俗美，制作郁郁而其文至矣，有征無戰而其武至矣。漢、唐以下，復古者鮮。惟武帝之表章六經，近於祗述謨訓之道；文帝之鎮撫二軍，近於命掌六師之義。太宗建館聚士，而文風莫盛於貞觀；設府鍊卒，而兵農似合於古制。三代之後，彼善於此者，其不在數君歟？雖然，教化不明而無載道之文，徒事堅利而非止戈之武，則不可謂能盡其道者也。若有宋之初，則揚威武於江漢之外，釋兵權於杯酒之間，不可謂尚文而廢武也。孱孫失政，變亂舊章，不信仁賢，國以空虛，夷狄乘釁，蹂躪華夏。而濂洛羣哲曾無一人在厥服，則其武略不競者，小人爲國之禍也，非尚文之過也。至文不可以無武，至武不可以無文。能文而不能武者，愚未之信也。噫！道德非堯舜則不可以爲法，征伐非湯武則不可以爲規。愚安敢以未盡之道，瀆陳於今日哉？

恭惟我國家積德重光，誕膺耿命，肇基以武，撫運以文，承以聖子，繼以神孫，內治既嚴，外侮不入。監于成憲而周官之制靡不行，寄兵於農而司馬之政靡不舉，設學校而致風動之化，綏兆民而無匪茹之寇，巍乎其成功，煥乎其文章，式至于今，其所以覲耿光而揚大烈者無不至矣。但以昇平日久，民不知兵，文武未免乎恬嬉，將卒或至於驕惰。蕞爾小醜，敢梗王化。陸梁州郡，刳民戮將。雖不足以疵我盛治，而其爲將相之羞者不既多乎？自是厥後，遠猷之士，奉算于上；超乘之夫，扼腕于下。其於詰戎遏蠻、綢繆牖户之備，無所不用其極。既勅藩屏之臣，又遣糾察之使，而議者猶以非扞衛之託而徒爲煩擾爲説焉。至若凡民之俊秀，聚之于學校，選其尤者而廩之于成均，戰之以藝而昇之于臺閣，考其講誦而觀其所本，試其詞華而觀其所發，簡其能而勸其怠。於是絃誦洋洋，而文藻盛歟。鉅公碩儒，既得黼黻皇猷於經席之前；英才美質，莫不揚眉吐氣於菁莪之側。其崇儒右文之意，亦云極矣。議者猶以非譽髦斯士之本而難冀文治爲説焉。竝用之術如彼其至，而議者之説若是其不足，何歟？若不探究其本而深得其弊，則孰不以是爲過言也哉？

愚也學文而未得其要者也，請以斯文之弊先陳于執事，可乎？聖賢之訓，載在六經。六經者，入道之門也，豈期以此爲干禄之具耶？道之顯者謂之文，文者，貫道之器也，豈期以此爲雕蟲篆刻之巧耶？拘儒瞽生尋摘章句之間，而無涵泳意味之實，小技末流爭奇繡繪之間，而無英華發外之實，已失國家右文之本意矣。加之以州郡急於軍額之未充，方伯忽於黨塾之廢弛，寒士苦於震薄，武夫張其意氣。操觚挾册者，邑罕其人；彎弓注矢者，户連其朋。孤遠者既難於爲儒，爲儒者又無其實行。如是而欲望作人之盛、濟濟之美，不亦難矣乎？以言其軍旅之弊，則連帥既難於得人，鎮將多出於貨賄，師旅之苦樂、兵革之鈍鋭慢不知爲何事，徒以剥下奉上、威脅武斷爲務。故逋亡相續，徒擁虚簿，廷及平民，邑居蕭條。閒遣耳目之臣遍閲營堡，而荒遠之域，情僞難測，糾摘之際，未必盡公，而出入郡邑，煩費不貲。且連帥既任方面之責，可以黜陟臧否，而乃以御史摠檢之，則方鎮權輕，無以整肅軍令，而寧無掣肘之患乎？如是而欲望親上死長、戰則必克者，不亦難矣乎？

愚請以聾瞽之説，救斯二者之弊，可乎？愚聞古之賓士也，一曰六德，二曰六行，三曰六藝。未聞考之以講誦，試之以詞藻也。上之所取者在於德行，則下必以德行應上之求；上之所取者在於詞藻，則下亦以詞藻待上之需。取之以詞藻而望之以德行，則所令反其所好矣。孟子有言曰：「待文王而興者，凡民也。若豪傑之士，雖無文王，猶興。」當今上有周文之聖，而不見多士之藹藹者，豈非周文之教有所未施耶？所謂周文之教者何謂也？道之以智、仁、聖、義、忠、和之六德，教之以孝、友、睦、姻、任、恤之六行，試之以禮、樂、射、御、書、數之六藝，有德者必有爵，有才者必有職，鼓之舞之，振之作之之云耳。夫如是，則成人有德，小子有造，而佔畢浮華之陋，將不禁而自止矣。若守禦之備，則在於將得其人，卒擇其精，而其本則不過乎結人心而已。「去兵」之訓，載於魯論；「無敵」之説，出於孟氏。若使在上之人仁以漸之，義以摩之，淪於骨髓，浹於肌膚，黎民之愛戴，若子弟之衛父兄，手足之衛心腹，則堅甲利兵不足以爲威，金城湯池不足以爲固。夫然後簡以蒐狩，齊以號令，入爲比閭族黨，而服親親長長之教，出爲伍兩軍師，而懷死綏敵愾之志，則扞衛之託其不在此歟？此三代之制，而愚之所望於今日者也。

嗚呼！斯文之盛，在於明教化；而武備之修，在於固邦本。若其明教化、固邦本之原，則又不在於人主之躬行以率之乎？愚故曰：文武之道，其用雖二，而其實則一也。人主一身，萬化之原，萬姓之所表正者也。書之稱堯曰「克明峻德」，稱舜曰「誕敷文德」，夫「克明峻德」而萬邦協和焉，「誕敷文德」而有苗來格焉。此則無所用其武，而自爲天下之至武矣。稱湯曰「懋敬厥德」，稱武曰「敷大德于天下」，夫「懋敬厥德」而若大旱之望雲霓焉，「敷大德于天下」而天休震動焉。此則雖用其武，而實爲天下之至文矣。今我聖主，體堯舜而用湯武，道德爲人倫之至，行帥順上帝之命，則佇見鳳凰鳴于高岡。多士生此王國，而化行俗美之餘，罝兔之野人亦有干城好仇之材矣，尚何虞於文教有所未宣，武略有所不競乎？

愚也一布衣耳，妄談當世之務，吐出迂遠之謀，得非狂且僭耶？雖然，言及之而不言，亦君子之所不取也。願執事進而教之。謹對。

死生鬼神策

問：死生鬼神之說，其來尚矣。人之死也，魂飛魄散，固無餘氣矣。孔子所謂「君蒿悽愴」者，指何物而言歟？死若有知，則釋氏報應之說無乃不虛歟？死若無知，則祭祀祖考之神有何義理歟？盤庚之遷都也，以高后之降禍福告諭其民，則人死爲鬼而果能禍福之歟？周公告三王曰：「我多才多藝，能事鬼神。」所謂鬼神者指何神歟？死後果有能事鬼神之理歟？伯有爲厲，子產爲之立廟，大厲入門，晉景以之薨逝，此亦理之必然者歟？元城臨歿，風雷轟于正寢，雲霧晦冥，此何氣歟？釋氏之死，必有怪異變化之事，抑何理歟？子程子曰：「一草一木亦皆有理。」況死生大矣，豈無其理歟？願從諸君子得聞窮格之説。

對：氣有聚散而理無終始。有聚散，故天地之大，亦有限焉；無終始，故物與我皆無盡也。知此説者，可與語死生之理矣。今承明問，不敢默默，而爲之説曰：人之一身，魂魄之郛郭也。魂者，氣之神也；魄者，精之神也。其生也伸而爲神，其死也屈而爲鬼。魂氣升于天，精魄歸于地，則其氣散矣。其氣雖散，而未遽泯滅。故孔子曰：「其氣發揚于上，爲昭明、焄蒿、悽愴，此百物之精也。」然其發揚于上者，久而亦消矣。凡天下之物，有則有，無則無。惟人死之鬼，則不可謂之有，不可謂之無。其故何哉？有其誠，則有其神而可謂有矣；無其誠，則無其神而可謂無矣。有無之機，豈不在人乎？如或其死不以正命，而其氣有所未洩，則憤鬱之極，發爲妖妄，此亦理之或然者也。且人之生也，同受陰陽之氣，而或養之以正，或養之以邪。邪正雖殊，而養之則一也。養之而聚其剛大之氣，則其死也或有異焉；養之而聚其堅凝之氣，則其死也必有怪焉。有怪者，固不足道；有異者，亦非至乎至者也。若其生而明明在下，死而於昭于天而無迹可議者，其惟聖人乎？請因明問而諄諄焉。

夫人之有形者，身體也；無形者，知覺也。有形者，見其潰滅，而無形者，不見聚散，則死後疑若有知矣。苟云有知，則釋氏所謂「百骸俱潰散，一物鎮長靈」者，豈不有理歟？苟云無知，則君子之「七日戒三日齋，必見所祭」者，是何義理歟？愚請質之。蓋人之知覺，出於精氣焉。耳目之聰明者，魄之靈也；心官之思慮者，魂之靈也。其聰明思慮者，氣也；其所以聰明思慮者，理也。理無知而氣有知。故有耳，然後可以聞聲；有目，然後可以見色；有心，然後可以思慮矣。精氣一散，而耳無聞，目無見，心無思慮，則不知何物有何知覺耶？七竅百骸雖不潰散，而尚無知覺，則而況太虛杳茫之中，安有一物無耳而能聞，無目而能見，無心而能思慮者哉？既無知覺，則縱有天堂地獄，誰知苦樂哉？釋氏報應之說不攻自破矣。其所以祭祀者，則抑有理焉。人之爲鬼也，其死不久，則精氣雖散而未即消滅，故吾之誠敬可格祖考矣。彼已散之氣，固無聞見思慮矣，而以吾之誠思其居處，思其笑語，思其所樂，思其所嗜，而宛見祖考常在目前，則已散之氣於斯亦聚矣。孔子所謂「焄蒿、悽愴」者，其不在此歟？若其世系之遠者，則其氣雖滅而其理不亡，故亦可以誠感矣。

今夫青天白日，固無能雨之氣矣，而陰雲倏集，遂致大雨者，雖無能雨之氣，而亦有能雨之理故也。遠代先祖固無能感之氣矣，而一念至誠，遂致感格者，雖無能感之氣矣，而亦有能感之理故也。是故其死不久，則以氣而感；其死已久，則以理而感。或有氣或無氣，而其感格則一也。而況子孫之精神乃祖考之精神，則以我之有感彼之無者，亦何疑哉？此所以孝子慈孫不敢死其親而祭則致其嚴者也。

昔者商俗信鬼，盤庚諭以禍福者，不忘高后也。武王遘疾，周公請于三王者，事死如事生也。蓋天理者，真實無妄，純善無惡者也。君子順之則吉，小人悖之則凶，此皆自然之應也，非有一物操其柄而禍福之也。天之所以爲天，人之所以爲人，善之所以爲吉，惡之所以爲凶，莫非是理之所爲也。本無主宰而似有主宰，故强名之曰帝，帝即理也。商之成湯，其生也全其所受之理，而爲人之帝；其死也反乎自然之理，而配天之帝。則聖人之鬼與上天之帝夫豈異哉？然則福之者必於善，而亦可謂高后降福也；禍之者必於惡，而亦可謂高后降禍也。盤庚所謂「高后丕乃崇降罪疾」者，不可謂無此理也。盤庚，忠厚之主也，豈鼓不經之説，以誣直道之民哉？且先王之慕親也，色不忘乎目，聲不絶乎耳，心志嗜欲不忘乎心，父母雖歿，而此心未嘗一日不在父母左右也。周公請命之時，三王之歿雖已久矣，此心未嘗少懈，或見於羹，或見於牆，僾然見乎其位，肅然聞乎其聲。人以爲三王之氣已散，而周公則不見其已散也。其曰「能事鬼神」者，不過三王之鬼神也。三王之氣，屈而爲鬼，而以公之誠，伸而爲神矣。周公既伸已屈之氣，則其致孝於死後者亦其素心也。三壇之辭，懇懇惻惻，如人子膝下之語。嗚呼！周公追遠之孝、愛兄之情、憂國之忠於斯至矣。

若夫鄭之伯有，貴列三卿，而其族强大矣，聚精甚多，而其死非命矣，其氣發而爲厲鬼者，別有一理也。晉之趙氏，世有動業，而爲國良臣矣，一朝滅族，而其誅非罪矣，其氣激而爲怨鬼者，亦有一理也。凡人之澌盡而死者，則廓然無物矣，如或不散，則豈無鬱結而未洩者乎？是故楚成改謚而瞑目，則鬱結之氣鍾於謚者，故改謚而其氣散矣。荀偃伐齊而瞑目[一]，則鬱結之氣鍾於齊者，故伐齊而其氣散矣。豈獨伯有、趙氏爲然哉？伯有之氣，則鬱結乎不祀者也，子產見其然而爲之立廟，則其氣有所洩而釋然自散矣。若子產者，可謂知鬼神之情狀矣。趙氏之氣，則鬱結乎怨憤者也，晉景雖知其故，尚無奈何，而況不知其然耶？晉景既死，則冤氣亦以漸散矣。此皆理之或然者也。

至若元城劉子，則見道分明而不動其心者也。其於平日養其純剛正大之氣者，充塞宇宙，故臨歿之際，風雷之轟輵、雲霧之晦冥者，不過正氣之發散而然耳。釋氏之流，堅執異見，修煉精神，不牽於外誘，能守其邪定，則將死之時，或見異光，或聞異香，或倒立，或坐化，凡其變化之事，不過邪氣之發散而然耳。釋氏之所以有怪者，眩世驚俗之心有以激之也。元城之所以有異者，忠憤憂國之心有以激之也。忠憤之激，正則正矣，終不若無迹可議者矣。不然，則孔、孟、程、朱之所養不下於元城，而何其不見其異歟？故曰：有怪者，固不足道；有異者，亦非至乎至者也。

又引程子之說曰：「一草一木亦皆有理。」此言尤所以起愚生之感也。夫天地之間，事事物物，安有外理者也？死生之理，愚不敢妄議，亦嘗聞乎先正矣。其説曰：「晝夜者，死生之道也。」又曰：「知生之道，則知死之道。」又曰：「原始反終，故知死生之説。」蓋生于是理，死于是理。未生之前，只有是理而已；既死之後，亦有是理而已。生而有氣、死而無氣者，理之常者也、順者也。其或死而不能無氣、發爲妖妄者，理之變者也、逆者也。聖人語常而不語變，語順而不語逆，孔子之不語怪者，良以此也。

嗚呼！世道既降，民心日訛。天神人鬼，雜糅無辨。嘯梁立堂之怪，天陰雨濕之妖，觸處皆有。是何常者之少而變者之多，順者之鮮而逆者之夥也？抑又聞之，自天子達于庶人，莫不各有所當祭者焉。天地則天子之所當祭也，山川則諸侯之所當祭也。士大夫之祭則不過祖考而已，庶人之祭則不過父母而已。苟其不當祭而祭之，則豈非惑乎？今之士庶之家崇尚淫祠，妄諂非鬼，不知其所祭者是祖考耶？是父母耶？此風不移，則愚恐九黎之亂德復見於今日矣。今者誠能修明教化，式正人心，使爲人子者法周公之達孝，惟以至誠伸祖考已屈之氣，而不諂於他鬼。使爲人臣者思盤庚之誕告，惟以至忠格先王在天之靈，而不惑他神。夫如是，而郊焉而天神格，廟焉而人鬼享，則庶見正氣流行，邪沴不作，惑世誣民之説無所容於天地之間矣。

愚也既無居敬之功，安有窮理之學哉？但憤世人之諂瀆鬼神，故既對執事之所問，而又及於所不問者。伏惟恕其狂妄，轉以上聞。謹對。

軍政策

問：兵者，國之所由保也；民者，兵之所由出也。相須以生，相賴以安。我國家累世熙洽，百年生息，養兵撫民，靡策不講。數十年來，邑里蕭條，十室九空，士卒逋散，虛簿太半，民日散而兵無從出歟？兵日縮而民受其害歟？三邊際海，有營有鎭，鎭有船，船有卒，古之制也。今則有船而無卒，有卒而無實，何弊之至於此極歟？欲減額以寬民，則兵船無復曩時之制，而漸疏於防虞；欲因舊而固邊，則虛名無益於戰守之用，而只貽夫彫瘵。何以則可歟？欲從其逋籍而免徵，則政歸於姑息，終無赴戍之兵；欲徵其鄰族而充役，則轉及寢遠，終無樂生之民。何以則可歟？欲刷旅外陸軍而充之，則僅存之陸軍無乃竝至於流亡歟？欲括避役僧徒而補之，則無定之僧徒其可縶拘而就役歟？言剝割之弊者，不過曰鎭將之非人。而一時人才有限，沿邊諸鎭如許其多，何以則揀選精而列鎭諸帥皆能得人歟？言蘇息之計者，不過曰御史之監軍。而所至訴訐紛興，兵不畏將，將不制兵，何以則體統存，而將不虐下，兵不訐上歟？刷丁籍軍，緩急皆難。緩之則只相蒙蔽，以存爲逃，以生爲死者有之；急之則畏威虛冒，以殘爲實，以無爲有者有之。用何道而可使無二者之患歟？弊積因循，固非一日，欲更張則恐乖監憲仍貫之意，不更張則兵民幷散，恐終至於莫之救。用何術而處之得其宜歟？願聞其說。

對：傳曰：「誰能去兵？」兵之設久矣，兵政，爲國之急務也。今國子先生臯比講學之餘，特舉軍政之急於國家者下詢承學，欲試窮經致用之才，其安不忘危，詰爾戎兵之遺意乎？軍旅之事既非儒者所學，而聖君賢相已於廟堂之上算無遺策矣，豈一拘儒之所敢容喙哉？雖然，「幼而學之，壯而行之」者，不過欲措諸事業耳，安敢以淺識自畫而不復明問之萬一乎？

竊謂軍政，國之所由保也，而足兵之道在乎養民而已。古之聖王善養其民，而兵不可勝用矣。先王之制，以丘乘之法爲軍政，居則爲比閭族黨，出則爲伍兩軍師，講武於蒐苗獮狩之際，教之以進退擊刺之節。是則寓兵於農，而民不知其爲兵，軍政之盡善者也。丘井之廢久矣，周制不可復行而兵農不可復合矣。雖然，善爲國者因時立法，務在足兵而不擾其民，則何患乎軍政之不修乎？夫黎民殷盛而兵不足，則非守國之策；士卒精强而民不足，則非安國之道。此所以耀德之先王終不能去兵者也。況如我國，以濱海之地，倭寇陸梁出於不意，則豈可忘戰而不思足兵之道乎？然而民多則不患乎無兵，民少則無自而出兵，故曰：足兵之道在乎養民而已。

洪惟我國家，聖繼神承，重熙累洽，撫民養兵之制歷世尤詳。別於農民之外，鈔定水陸之軍，分班守鎮，一其勞逸，又有餘丁，以給餉餽，國無運糧之勞，軍無望哺之苦。時乎鍊才，賞罰行焉，則兵農雖若不合而不相侵撓。故出師數萬而農民晏如者，國家養兵之得其道也。輕徭薄賦，養老恤孤，使斯民安其田土而遂其生業者，國家撫民之得其道也。宜乎家給人足，士衆兵彊，而奈之何比年以來，人民流散，十室九空，士卒逋亡，徒有虛簿。士卒逋亡，故補以農民，而民戶日少；人民流散，故無從出兵，而軍額日縮。轉流散轉逋亡而終至於不可救矣。此元首之所軫念，股肱之所焦思，而欲聞極言者也。

今夫防禦之最要者，莫急於三邊。沿海列鎮，鎮有船，船有卒，其所以備不虞者，可謂至矣。而今玆水軍之簿，有名無實，則無怪乎有船而無卒也。若欲減額而寬民，則鎮軍漸少，邊備日疏，倭賊之來，不足防守，而況亡卒無窮而軍額有限，以無窮之亡卒減有限之軍額，則終至於無一人可用矣。若欲因舊而守邊，則禦寇以實不以名，百萬之名不若數千之實。狃於昇平，坐守空鎮，脫有刁斗之警，則孰有控弦而赴鬪者乎？若從其逋籍而免徵，則亡命之徒無所懲艾，益以渙散，而因循姑息，竟棄其師矣。若徵其鄰族而充役，則由近及遠，輾轉侵暴，以一人之故擾一境之民，終至於邑里蕭條，野無人煙矣。欲刷陸軍而充之，則均是兵也，不可割彼補此，而且區區之陸軍其逋亡亦多矣。又驅而就之必散之地，則朝充籍而夕荷擔矣。欲括僧徒而補之，則彼避役之徒不顧親戚，不畜妻子，東奔西竄，無往不可，豈可繫之一處而律以軍令耶？凡此六事，進退之俱不可，如是則其可坐觀其弊而莫之恤乎？今之議者，以鎮將之非其人爲言，此誠有理。但列鎮之將，不可一一得人，在統禦之得其術耳。若先生之所謂「一時人才有限」者，非愚生之所聞也。古之盛世，吏稱其職者，豈取人於前代，借才於將來哉？在用捨之如何耳。安可以人才之乏誣一世哉？今之計者，欲以御史監軍，此則非蘇息之計，而適足以益其弊也。何則？國家既以節度使統諸鎮，則古之所謂方伯、連帥者也。連帥得其人，則一方可以蘇息矣，何賴於監軍？連帥非其人，則一方日就彫瘵矣，何益於監軍哉？而況妄受訴訐，戮辱鎮將，士卒弛心，軍令不振，豈非貽弊之大者乎？務選連帥而已，監軍不可設也。且軍額既不可減，又不可以虛簿爲實，則刷丁籍軍亦軍政之不得已者耳。緩之則必相蒙匿，而一丁不可得；急之則虛冒其名，而其實無所用。此所以緩急皆難者也，其要在於不緩不急而已。今之緩者委心下吏，使民得以肆其慝；急者嚴刑刻期，使民不得訴其冤。豈非緩急之俱失其中耶？

噫！不在其位，不謀其政。軍旅之事[二]，固非愚儒所論，但因先生之問，反覆籌之，則其弊有自而其救有術矣。夫民不安業者，守令之過也。守令得以恣其侵暴者，廉使之不明也。軍不充額者，鎮將之責也。鎮將得以恣其剥割者，節度之不嚴也。守令侵暴，賦繁役重，鎮將剥割，浚其膏血，加之以水旱之調，年穀不登，哀我民斯，或散之四方、或填于溝壑者幾千人矣。況於籍軍之時，舞文之吏得肆其姦，富者以賄賂得免，貧者以無財就役，稍有家産者盡託於權勢之家、閭里之豪，而其顛連無告者反充軍簿。則如是而欲望人民之不流散，士卒之不逋亡，豈不難哉！

方今之務，莫切於得人而已。天之降才，不豐於古而嗇於今也。取之有道，用之有方。孔子曰：「舉爾所知，爾所不知，人其舍諸？」子夏曰：「舜有天下，選於衆，舉皐陶，不仁者遠矣。湯有天下，選於衆，舉伊尹，不仁者遠矣。」此則得一人而治天下也，豈非取之有道乎？孔子曰：「君子之使人也，器之。」此則官人各適其才也，豈非用之有方乎？誠使慨然有澄清天下之志，如范滂者爲廉使，則守令不敢貪冒矣。愛民如子，如召父、杜母者爲守令，則生民富庶矣。如此則撫民之道至矣，安有流散者乎？誠使才兼文武，萬邦爲憲，如尹吉甫者爲連帥，則列鎮之將畏威懷德，各效其能矣。遺愛在民，如羊叔子者爲鎮將，則撫養士卒，防備自固矣。如此則養兵之道至矣，安有逋亡者乎？彼水卒亦人也，懷鄉土，戀親戚，恤妻子，孰不有此心哉？顧其所苦，有甚於所樂，故脱身避役，不暇顧念者也。今者誠能撫養而得其懽心，則既有親上之心，又有鄉土之樂，既有死綏之志，又有妻子之歡，則雖欲逐之，尚不可去，況以逋亡爲憂耶？

嗟呼！一曹瑋足使陝西皆作良兵，一世衡足使青澗皆能善射。取人不必務博，在乎善用之耳。如是而兵民兩足，教養有素，則列鎮之有船無卒不足患也。軍額之減何足議乎？彫瘵之弊何足慮乎？必無逋籍之虞矣，必無鄰族之徵矣。旅外之陸軍不須刷也，無定之僧徒不須括也，御史之監軍不須設也。若其刷丁補籍之時，誠使片言折獄如子路者莅事，則明以察之，恕以臨之，信以決之，斷以行之，必無欺罔之蔽，必無虛冒之名。故曰：方今之務，莫切於得人而已。

大抵以法爲治，以人行法。故有法無人，則徒法不能自行；有人無法，則惟人可以創法。是以不患法之不美而患人之未善耳。文武之法未改而周以衰，高文之法未革而漢以亂，可見徒法之不能自行也。惟我祖宗之法盡善盡美，無以尚矣，得人而行法，則兵民之養無所不用其極矣，何必更張以乖繼述之意乎？

嗚呼！迂儒所見，不切時務，無乃祗自取笑於人耶？抑有所蘊須盡露者。愚聞先儒之言曰：「兵政之本在於仁義，其爲教根乎三綱。」是故克寬克仁者，成湯之所以無敵也；發政施仁者，周文之所以無敵也。人君苟能推仁義之心，行仁義之政，使民知所以親其上、死其長，則南畝之荷鋤者莫非禦侮之勁卒也，仁者何患乎無兵哉！孔子曰：「足食足兵，民信之矣。」又曰：「自古皆有死，民無信不立。」然則信者，守國之金湯而兵不足道矣。以此觀之，國之所當先者，不在仁義與信乎？所當後者，不在兵政乎？

先生之問不及於此者，抑引而不發，欲聞諸生反三之説耶？先生以教胄子、育英才爲己任，乃問以軍旅之務〔三〕，則雖安定之設治事齋，無以加矣。苟非忠公憂國之至，烏能若此？雖然，今之所可憂者，不特軍務而已〔四〕，抑有大可憂者，先生置而不問，何耶？將志切乎報君，事專乎救弊，而不暇及耶？方今師道既廢，士習日偷，性理之學遂絶，而仁義之路久荒，此非先生之所大憂者耶？此豈不急於軍政者耶？太學者，人材之所聚而萬化之所本也。苟先生大唱道學，興起斯文，誘掖庠序之士，薰沐菁莪之教，則才兼文武者由是而出矣，忠信明決者由是而出矣，必有主辱臣死者矣，安有戰陣無勇者乎？詩不云乎：「愷悌君子，遐不作人。」此愚生之所望於先生者也。謹對。

校勘記

〔一〕苟偃伐齊而瞑目　「偃」，原本作「虞」，據左傳改。

〔二〕軍旅之事　「旅」，一本作「國」。

〔三〕乃問以軍旅之務　「旅」，一本作「國」。

〔四〕不特軍務而已　「務」，一本作「政」。

粟谷先生全書拾遺卷五

雜著二

神仙策

問：神仙黃白之説始於何代耶？唐、虞、三代之際亦有其術耶？長生不老、久視灰劫者有幾人耶？其可歷指而言之耶？黃帝乘龍上天，有何所見而然耶？秦皇、漢武窮極求仙，卒不見羨門子、安期生之面，其故何歟？白日沖天、鷄犬隨之者，抑何理耶？若以爲黃金可成，則劉安之篋書無效；丹砂可服，則唐帝之躁渴相繼。是何故耶？若以爲詭誕難信，則公孫之巨迹可疑；荒唐不經，則方朔之偷桃有據。將何所折之？瑶池之宴、子晉之笙、琴高之鯉、丁威之鶴，果有所考耶？列子之馭風、蕭史之驂鸞、初平之羊、王喬之舃、橘中之老、爛柯之棋，亦有的然者耶？老子之青牛、劉合之屍解、公遠之銀橋、謝女之騰空，果皆不足信耶？張良之謝病辟穀，欲從赤松子遊者，其意何居？葛洪之求爲句漏令，亦有他意耶？熊經鳥伸、呴噓呼吸、玉醴金漿、交梨火棗，果有補於蟬蛻羽化之道耶？三清真人、八種行仙，其可枚舉而悉數之耶？怡神養性，延年益壽，豈無他術乎？有生有死，有始有終，晝夜之必然，理數之當至，自不能逃耶？王者欲納民仁壽之域，使匹夫匹婦各盡其天年，無夭昏札瘥之患，其道何由？諸生博物達理，必有能言者，願與辨之。

對：天地之理，實理而已。人物之生，莫不依乎實理，則理外之說，非格物君子之所可信也。今執事先生特舉神仙之說以爲發問之端，愚雖不敏，常有慨然於正學之不明、邪說之誣民有年數矣，敢不悉心以對？

竊謂聖王不作，教化陵夷，君子而不得聞大道之要，小人而不得蒙至治之化。然後黃白之徒、浮誕之説得行於其間，鼓天下之衆而從之。則在彼三五之隆，吾道之行，如日中天，其無此惑世誣民之術斷可知矣。若以爲長生不老、久視灰劫者實有其人，則不經之書、無稽之説皆可盡信乎？所謂鼎湖丹成、乘龍上天者，必後世迂怪之士欲行其術而託之黃帝也。天下之理，寧有是乎？至若嚴刑峻法、魚肉生民者，秦始皇也；窮兵黷武、瘡痍四海者，漢武帝也。昧乎自然之理，妄求必無之事，則其卒不見羨門、安期而齎恨於驪山，瞑目於茂陵，何足怪歟？然則白日昇空、鷄鳴天上、犬吠雲中者，必無其理矣。是故淮南以反逆而誅夷，則篋中之書無效，而黄金之不成可知；唐帝以躁渴而暴崩，則不死之藥無驗，而丹砂之致疾可見。後世之君不戒前轍，而乃效其尤，疽背相繼，不能延年而反夭其壽。吁可悲也！

夫邪説之行，必有詭異之迹，然後乃可以動人。故方術之士，必以虛無之説，爲後人之嚆矢。若非窮理之至，難乎免於誑惑矣。公孫之見巨迹，方朔之偷仙桃，皆所以啓武帝之惑，而罔之以理之所無耳，何足信哉？推此而觀之，則穆王之宴瑶池，子晉之吹鳳笙，琴高之乘鯉，丁威之化鶴，列子之馭風，蕭史之驂鸞，初平之化石爲羊，子喬之變舄爲鳧，商山四皓之在橘中，桃源一局之爛樵斧，青牛之歸函谷，屍解之脱人世，公遠之擲杖爲橋，謝女之蟬蜕騰空，不待枚舉縷陳而自見其浮誕矣。舉一隅而可知其三，則又何必一一攻其非耶？張子房之導引辟穀者，乃爲明哲保身之計耳。曾以子房之智，亦不知無赤松可以從遊耶？雖然，見幾善處，自有他道，而託迹求仙，使迂怪之士資以爲口實，則非吾儒之所取也。葛稺川之求爲句漏令者，存心於修養，而爲方術之所惑耳，豈有他意哉？

嗚呼！晝夜者，死生之道也。晝必有夜，生必有死。人之生也，氣之聚也；其死也，氣之散也。自然而聚，自然而散，豈容人力於其間哉？若然則熊經鳥伸、呼吸呴嘘，必無其道而可以益其壽；玉醴金漿、交梨火棗，必無其物而可以免其死。又豈有蟬蛻羽化之道耶？三清真人、八種行仙，皆爲假設之言而虛妄之歸耳。既無如是之理，安有如是之人？若欲實其虛僞而必求其人，則適足以助其譸張之勢耳。

夫有所爲而然者，人也；莫之爲而然者，天也。智者，修其在人而任其在天；愚者，求其在天而忽其在人。是故吾儒之所謂怡神養性者有異於此，內不汩於嗜欲，外不牽於物誘，方寸虛明，恬淡無爲，心廣體胖，睟面盎背，不憂不懼。故孟子曰：「養心莫善於寡欲。」至於死生則在天而已，吾何與焉？天地不可以長春，故四時代序；六氣不可以獨運，故陰陽竝行。日往則月來，寒往則暑來，有盛則有衰，有始則有終，莫非天地之實理也。稟氣於天，受形於地，囿於是理之中，而欲逃於理數之外者，豈不謬乎？但人之血氣有旺有憊，在於保養之如何。血氣足則精足，精足則不爲外病所侵，是乃益壽之方也。夫子所謂「戒之在色」、「戒之在鬪」、「戒之在得」，此亦吾儒之導氣也，何必偃仰屈伸若彭祖，然後乃可以養生耶？程子之言曰：「譬如一鑪，置諸風中則易滅，置諸密室則難滅。」是以薄滋味、去嗜欲、修養於山林者，可以少延歲月之壽耳。烏有所謂乘鸞駕鶴、身入上清者耶？是何虛誕之流，飾荒唐之辭，以求理外之事耶？

古昔帝王之治天下莫盛於堯舜，協和萬邦，於變時雍，南風解慍，慶雲呈祥，日月之所臨，霜露之所霑，其間動植之物，皆得其所，使天下之羣黎熙熙皞皞，咸躋仁壽之域而無夭札之患。其故何哉？堯舜以實理而治天下，以實理而教天下，使民由於實理之當然，而不自知其所以然故也。豈待夫靈丹大還，然後可以使民壽耶？後之王者苟能心堯舜之心，行堯舜之行，以此道而化天下，則夫何患匹夫匹婦之不盡其天年耶？此道之外，若別有不死之方，則秦皇不載鮑魚之車，漢武不下輪臺之詔，劉安不被赤族之禍，綱目不書留侯之卒矣。且夫愛民得如堯舜，可謂至矣；修身得如孔孟，亦可以止矣。有此不死之方，而堯舜不以教人則不仁，孔孟不以自求則不智。後世蠢蠢之徒，仁不及堯舜，智不及孔孟，不務乎堯舜、孔孟之所爲者，而乃汲汲於堯舜、孔孟之所不爲者，其亦惑之甚矣。

愚既陳神仙之虛妄，而復有所蘊，故別有說焉。蓋聞天地萬物本吾一體，吾之心正，則天地之心亦正矣，吾之氣順，則天地之氣亦順矣。是故聖王正其心以正朝廷，正朝廷以正天下，和其心以和朝廷，和朝廷以和天下。夫如是，則天地位而萬物育，日月以之順其度，四時以之順其節，陰陽調，風雨時，天災時變、昆蟲草木之妖莫不銷息，諸福之物、可致之祥莫不畢至。而一身之德，如天之無不覆，地之無不載，則可以參贊化育而與天地長終矣，豈可以夭壽議其死生耶？吾道之長生不死不過乎如此而已。既得此壽，而又推之於天下，使天下之人亦有此壽，則聖王壽民之靈丹不在彼而在此也。愚嘗味程子之詩曰：「我亦有丹君信否？用時還解壽斯民。」願以是求正於執事。謹對。

祈禱策

問：死生壽夭莫非天命，雖聖人亦無如之何矣。禮記稱：文王謂武王曰：「我百爾九十，吾與爾三焉。」文王九十七乃終，武王九十三而終。則疑若有人事於其間也。周公祈于三王，求代武王之死，壽夭在天而乃告三王，何歟？卒得命於三王而王疾乃瘳，則豈非死生之在人歟？孔子疾病，子路請禱，子曰：「丘之禱久矣。」周公禱之於前，孔子止之於後，豈孔子素行合於神明，而武王則不免有可禱之行歟？叔謙之訪藥，王薦之禱天，鄂人之割股，咸使其親愈病而益壽，苟有至誠，天必感應矣。果如是，則千古之大孝莫過於虞舜、曾參，而瞽叟、曾點之死，不聞有祈禱感天之事，豈虞舜、曾參之欲壽其親不若前數子耶？諸生必有窮理之說，悉著于篇。

對：莫之爲者，天也；有所爲者，人也。知天之未始不爲人，知人之未始不爲天，則始可謂知命矣。今執事先生特舉死生之理、感應之效與夫聖賢之或不祈禱者下詢承學，欲聞至當之說，愚雖管見，安敢默默？

竊謂人之生也，氣之聚也；人之死也，氣之散也。莫之聚而自聚焉，莫之散而自散焉，豈非天耶？安其神，養其氣，使之久而後散者，豈非人耶？天之所以爲天，人之所以爲人者，不過如斯而已。其或有忠臣孝子不忍愛君慕親之心，或祈于神，或禱于天，其所以欲延君親之壽者無所不爲，至誠之極，感而遂應，則此亦天理之或然者也。然而氣散而死者，理之常者也；當散而不散者，理之不常者也。於其當散之中，必有萬一不散之氣，故有其誠則其氣不散，無其誠則其氣散矣。苟其必散而無餘，則雖有至誠亦不能救矣。脩短雖曰有數，而不可逆料其必死，則安可專付諸天而不盡在人之誠乎？今有二人於此，一則有病，專事服藥；一則有病，專恃天命。服藥者雖不可保其必生，豈若恃命者之必至死域哉？是故聖賢之於君親也，愛之深，慕之切，故其將死也，或禱于心，或禱于外，其禱也或無迹，或有迹，而同歸於忠孝則一也。若其氣之必散而終莫之救，則雖聖人亦將如之何哉？請因明問所及而白之。

禮記所謂文王以三歲與武王，則是脩短之數，不禀於有生之初，而父得以與子，子得以與父矣。天下安有此理哉？縱有此理，武王若達孝，則安敢減父之壽以自益耶？此説乃漢、唐之好事者爲之辭而不究其理耳。孟子曰：「盡信書，不如無書。」愚亦以爲禮記不可盡信也。當周室初定，王業未固，武王遘疾，人心危懼。惟周公恩則兄弟，義則君臣，愛兄之念、憂國之心非若他人之比，則其三壇請命，出於至誠，懇懇於祖父之前，卒使王疾乃瘳。

夫以周公之元聖，必致鬼神之感格矣，不可謂無此理也。　其所以告于三王者，乃所以告天也。何則？三王之靈昇而在天，是亦天也。詩不云乎：「文王在上，於昭于天。」天與三王，豈有異哉？若孔子之疾病也，子路請禱，而其所謂禱者，悔過遷善，以祈神祐，則聖人之行，渾然天理，無過可悔，無善可遷，尚且何禱哉？且臣子迫切之至情，不必告于病者，而後乃禱也。子路不當告而告之，則夫子宜乎不許也。周公之禱則爲武王也，非自爲也。孔子之止子路，則知命不惑而不自禱也。愚聞爲親而禱者矣，未聞爲己而禱者也。且周公之請命也，但以無墜天之寶命爲告，而不聞有悔過遷善之辭，則與子路之所謂禱者自不同矣。武王、孔子俱是聖人也，武王之行安有不合於神明者耶？若夫叔謙之誠，能得丁公藤而母病以愈；鄂人之誠，能以股肉爲藥而母亦不死；王薦之誠，求代父死而卒延其父之壽，莫非誠感也。周公既以至誠救武王之疾，則三子之能救其親亦何怪哉？雖然，烝烝乂、不格姦者，虞舜之大孝也；設酒肉、問所與者，曾參之養志也。此一聖一賢之欲壽其親者，宜無所不至，而不聞以祈禱延瞽叟、曾點之壽者，何歟？虞舜、曾參反不及於三子之誠耶？愚故曰：聖賢之於君親之疾也，或禱于心，或禱于外，但以心禱則其禱無迹，而禱于外則其禱有迹矣。夫以虞舜之孝，瞽叟允若矣；以曾子之孝，嚙指心動矣。有如此之孝，而豈肯坐視其親之病而恝然不動乎？必以至誠内禱于心，而人莫之知也。其氣必散，其數已盡，則雖有至誠，無可奈何。虞舜、曾子雖是聖賢，安能使其親保其已散之氣耶？但以心禱而其禱無迹，則宜乎後人之以爲不禱也。

且夫有迹之禱，其誠發外；無迹之禱，其誠在内。以公天下之心禱之者，其禱必有其迹矣；以私一人之心禱之者，其禱必無其迹矣。所憂係於天下，則顯禱于神祇，無他，公之也；所憂係於一人，則默禱于吾心，無他，私之也。苟非聖人，烏能若此？其或在内之誠，不及聖人，則不可自謂默禱而不發乎外也。如人之不能血泣者，必資哭聲，然後乃可出涕也。以此觀之，周公、虞舜、曾子其誠則一也。而周公則以公天下之心禱之者也，舜與曾子則以私一人之心禱之者也。何以言之？商辛初殪，頑民未化，而武王遽崩，則天下之治亂未可知也，宗社之安危未可必也。然則周公請以身代者，爲天下也，爲宗社也，非特爲武王一身也，豈非公天下者乎？此所以至誠發外而有迹者也。若瞽叟、曾點乃匹夫耳，其生死不繫於天下宗社；則虞舜、曾子愛日之誠，只爲其親耳，豈非私一人者乎？此所以至誠在内而無迹者也。若王薦、叔謙、鄂人，則其至誠不及聖人，故必待割股訪藥，然後母疾乃瘳，必待夜禱於天，然後父壽乃延，此所以不能無迹者也。非若聖人之潛心默禱，人莫之知而天獨知之者也。孟子曰：「聖人，人倫之至也。」愚亦曰：虞舜，孝子之至也，其於爲子之道何所不至哉？武王之不崩，與夫數子之親不死者，則其氣當散，而亦有萬一不散之氣，故周公及數子之誠得其神祐矣。瞽叟、曾點之死，則其氣必散而無餘，故虞舜、曾子之誠不得天應矣。氣之當散而不散者，天也；必散而無餘者，亦天也。其誠之至與不至則人也，姑盡其在人者而已。

若曰雖其氣之必散，而亦可以至誠救之，則天下之有孝子者，必有長生不死者矣，此豈理也？是故有弟如周公，而武王之壽有限焉，有子如數子，而數子之親亦不長生焉，則瞽叟、曾點之死獨何疑哉？嗚呼！孝子之事親也，其親有疾，則食不知味，笑不見齒，言不惰而行不翔，衣不解而寢不安，此非勉强而然也。愛親憂病之誠，內切於心而不暇他及耳。一舉足，一出言，無非憂病之誠，則其所以心禱者至矣，而猶以爲不慊於心，故祈禱神祇，亦所不免也。後之爲人子者，其至誠必若虞舜，則只以心禱亦可也。如其不然，烏可恃其誠而不發乎外耶？虞舜，千古一人也。後世之人，尚不及王薦，則聖人烏可自擬耶？若曰死生有命，不容人力，而不爲之動心，則是賊其親者也。若曰只可心禱，不必外禱，而其誠不至，則是賊其心者也。是故孝子不委之天而求諸己，養則致其樂者，所以安其神、養其氣者也，病則致其憂者，所以有至誠而感神祇者也。雖巫祝之不可信者，苟云可以愈病，則尚且無所不爲，況乎禱爾于上下神祇者乎？欲爲虞舜之無迹則難效也，欲爲王薦之有迹則易學也。虞舜，孝之集大成者也；王薦，亦孝之性者也。夫子以魯男子爲善學柳下惠，愚亦以爲王薦善學虞舜者也。謹對。

節序策

問：節序之於天人，大矣！三五以前，以何月爲歲首耶？亦有名節之可言耶？三代以下，或以亥子丑寅互相爲正，孰合於天時歟？以建寅朔日爲三元，望日爲上元，亦何據耶？正月朔朝，百官朝賀，三公捧璧以進，在於何代？而後世其禮遂廢者何歟？上元之夕，觀燈街巷，士女聚酺〔一〕，金吾不禁，自何代而始耶？二月朔日爲中和之節，其民間俗尚，可得聞歟？祭社必擇戊日，或春或秋者抑何歟？三月上巳，祓除、修禊亦可得聞歟？寒食之日，必用百五者，抑何意耶？杏酪、棗餻、鞦韆之戲，孰始之歟？四月初八，佛氏生日，古無燃燈之事，國俗懸燈痛飲者，又何據耶？五月重五，屈氏沈日，競渡之戲昉於何代？而蘭湯、角黍之設何歟？六月食鬱及薁，伏至於三者何歟？立秋之日，天子親帥公卿迎秋於西郊者，抑何義耶？世稱七夕，北斗佳人將嬪于河鼓，此亦可信歟？七月望日爲中元，盂蘭盆供之設亦何所自耶？古人以中秋無月爲一歲之恨，廣寒、銀橋之説亦果信然歟？九九爲重陽，人所不堪逢者也，然於是日茱囊菊酒、登高落帽者何歟？十月乃下元之節也，是月大飲烝，天子祈來年于天宗，此亦聞其義歟？

仲冬之月，律應黃鐘，至日閉關，使商旅不行者亦何歟？歲終之月，祀以臘蜡，驅儺逐疫者，何所取義歟？一氣流行，分爲四時，聖人在上，德合天地，歲熟人和，萬生咸若，是以節不違序，政不失時。伊欲使天人道合，春無淒風，夏無愆陽，秋無苦雨，冬無伏陰，無災無沴，物遂其性，人樂其生，與天地四時，涵育於熙皞之中，永躋仁壽之域，其道何由？

對：一陰一陽，天道流行，元亨利貞，周而復始，四時之錯行[三]，莫非自然之理也。今執事先生特舉節序之關於天理人道者下詢承學，欲聞的確之論。愚雖不敏，其敢默默？

竊謂一元渾化，於穆不已。陽以生物而陰以成物者，天之理也。則天之命，順乎陰陽，仰觀俯察，而默契造化者，人之道也。是故聖人繼天立極，定四時之序，分寒暑之節，律曆之書、名節之號所以作也。夫春有生物之功，不自以爲春，而有聖人，然後有春之名。秋有成物之功，不自以爲秋，而有聖人，然後有秋之名。節序不自知其爲節序，而有聖人，然後有節序之名。苟無聖人，則天機之運無與於人事矣。於是乎候陰陽而作息焉，曆日月而迎送焉，咸以自然之道，順乎自然之理。聖人之制，不過如斯而已。及乎後世，聖王不作，邪說殄行。其所謂名節者，或出於風俗之訛，其所以遊觀者，或出於人心之侈，其能盡合於先王之教耶？苟其所尚，合於義理，則雖非三代之制，猶之可也。如或不合於義理，則不過爲惑世誣民之資耳，烏足取哉？請因明問而諄諄焉。

曰若邃古，鴻濛初判，天開於子，地闢於丑，人生於寅。故天皇氏之首出庶物也，歲起攝提。攝提者，寅月也。降及虞典曰：「月正元日，舜格于文祖。」三代以上，皆以寅月稱正月，則建寅亦爲虞正矣。上自天皇，下至虞舜，咸用寅正，則三五以前歲首之月從可知矣。但書契未造，人文未著，名節之有無不可臆論也。夏禹代舜，不改正朔，故夏正建寅爲人統，商改夏正而建丑爲地統，周改商正而建子爲天統。惟此三統，皆可爲歲首。然時以作事，歲月自當以人爲紀。孔子曰：「吾得夏時。」又曰：「行夏之時。」寅正之合於時者，斯可見矣。若秦用亥正，則徒知改朔之名，不顧三統之義。苟如是，則四時皆可迭爲歲首也，此豈理耶？寅月之正，既合天時，則其朔日爲歲之元、時之元、月之元也。三元之說，其不以此歟？春爲一年之始，而望日則一月氣盈之際，故稱爲上元。秋之中元、冬之下元各以節序立名。上元者，生物之始也；中元者，收物之中也；下元者，藏物之終也。六十甲子，尚有三元，則一歲亦有三元者，何足疑哉？元日朝賀，始於漢高。武帝改朔，乃用夏正，百官大會，三公捧璧，祝以進之，則此禮雖不見於周制，亦不違於義理也。人君即位，既正一世之始矣，元日受賀，又正一年之始者，不亦可乎？後世雖不聞捧璧之儀，而猶有朝賀，則不可謂此禮遂廢也。上元燃燈，則漢之祠太一也，自昏至朝，遂以成俗，其後人心日侈，鄴中之千影、東都之彩棚，其尤者也。始于漢武，極于唐明，徒爲慢遊之具，悦目之玩，無足觀者。是日三陽已發，和氣流動，故唐太宗始命夜遊，亦近於順乎天時也。但其習俗競爲奢華，車馬駢闐，男女雜糅，而金吾不禁，則亦非善政也。二月中和之節，唐俗以青囊盛百穀之種，進農書示務本之意，此亦近理者也。

今之俗尚，不必中理，則何足枚舉，以煩執事哉？社祭者，祀后土也，祭于春，所以祈農事也，祭于秋，所以報年豐也。詩不云乎？「以我齊明，與我犧羊，以社以方」者，春以祈社之辭也；「以其騂黑，與其黍稷，以享以祀」者，秋以報社之辭也。戊巳屬土，而擇其五行德合之辰，故祭社必用戊日者，良以此也。三月上巳，祓除、脩禊，則出自周禮，此亦先王因時立制也。巳者，祉也，祓除不祥而祈介祉也。禊者，潔也，盥洗水上而潔其身也。其後王化漸衰，淫佚之詩，始於溱洧。自魏以來，但用三日，不待上巳，尋春踏青，縱酒迷色，蘭亭之緒，今不復承先王之制，反爲弊俗，可勝歎哉！寒食，所以悲子推也，而因爲節序。節有進退而氣候必應，故去冬至百五，或百四，或百六，即有疾風甚雨，則三日寒食，此之謂也。杏酪、棗餻之設，則習俗之偶然耳。鞦韆之戲，則始於北狄，所以習輕趫也。自齊桓伐山戎，始傳中國，寖以成風。每於寒食，士女競習。以至明皇半仙之戲，終使君心日蕩，國事日紊，事不師古，乃效戎狄，何足道哉？四月八日，世稱瞿曇生日，西域有浴佛之齋，我國有燃燈之會，不過諂於非鬼而已，其後漸成弊俗，懸燈痛飲，爛漫不收。彼呼旗之戲，尤可笑也，而前朝世主亦有臨視之者，豈不惑哉？一胡生日，於我何與，而乃爲名節耶？五月五日，屈沈汨羅，楚人哀之，投飯競渡，此則荆楚一隅之俗耳，不足爲今日道也。周制使人蓄蘭沐浴，此不過澡滌身心，以承天中之節也。楚詞所稱「浴蘭湯」者，亦以此也。若角黍之設，則出于習俗，豈必皆有義理哉？六月之食鬱及薁，與七月之葵、八月之棗，則咸因時物，感其節換耳。四時相代，莫不相生，獨夏火克金，秋金畏火，故曰：庚金之日，金氣必伏。蓋盛夏無金，盛秋無火，必待金火相交，然後乃可伏藏。夏秋之交，三遇庚日，則其爲三伏，不足怪也。立秋之日，盛德在金，天子親率羣臣迎秋于西郊者，與立春之迎春于東郊同一義也。一日之中，尚可寅賓寅餞，則而況天地換節、陰陽易位之際，豈可不修敬天之儀乎？此則出於古制，愚無間然者也。牛女之會，出於桂陽妖誕之說，成於柳州乞巧之文，張文潛又從而和之。一人傳虛，萬口傳實。噫！彼星辰之耿耿者，氣之虛凝者也，安有男女之可議也？其果孰知而孰言之耶？不可知而知，則謂之妄知；不可言而言，則謂之妄言。妄知妄言，君子所不道也。七月中元，俗稱目連救母之日，盂蘭盆供出於釋教，氓俗蚩蚩，易惑難解，以至招魂山寺，比祖考於餓鬼，所可道也言之長也。中秋之月，氣肅天高，草堂之詩「人間月影清」者，亦以近乎中秋而言耳。是故古人以無月爲恨。若明皇月宮之說，則無理甚矣。

天之蒼蒼者，非正色，則安有銀橋之可援耶？日月之昭者，氣之聚，則安有廣寒之可遊耶？申天師、羅公遠之妖術，適足以重乎明皇之惑耳。及乎宋徽之於林靈素，同一覆轍也，夫復何言？九九重陽，登高避厄，自費長房始，後世踵成風俗。茱囊，所以陰惡氣也；菊酒，所以制頹齡也。噫！九九雖曰凶數矣，普天之下豈皆有厄耶？死生有命，命乃在天，雖登泰華，豈逃其命耶？若齊景牛山之淚，則多悲秋之思；杜牧「翠微」之句，則有曠達之懷。但於其日，嘉肴旨酒，以速親舊，歌蟋蟀之詩，服無荒之戒，斯可也。何必若龍山落帽，然後乃快於心耶？十月爲下元之節，天氣上騰，地氣下降，閉塞成冬，歲功乃終。故是月烝祭者，以歲終告神也。大飮者，以歲終告人也。天子祈來年于天宗者，既善其終，又求善始也。元不生於元而生於貞，則此歲之終，爰祈來年，不亦可乎？仲冬之月，律應黃鍾。黃鍾者，十二律之始管也。陽氣始生於剝盡之後，故冬至之日一陽初動，其氣甚微，必安靜而長養之。故閉關禁人，商旅不行，此亦聖王順天道而扶陽抑陰之意也。十有二月，歲律已窮，祭于百神。其所謂臘者，所以祭先祖考也；其所謂蜡者，所以祭古聖賢也。悉享衆神，以報功者也。驅儺逐疫，則周禮方相氏掌之，辟除邪氣，以迎新歲也。雖以孔子之聖，朝服阼階，不關非之，則愚何敢輕議哉？但後世之競爲奇形異狀，則恐不合於周制也。

執事所問節序之際，民間之俗，愚既略陳矣。何者出於先王之制，何者出於風俗之訛，何者出於人心之侈耶？愚以爲，先王之制不過使人觀天時之變，感物理之遷，孜孜爲善，欽若昊天而已，豈若後世之或佞仙佛，或恣遊宴者哉？苟能遵先王之制，以革風俗，以正人心，則唐堯之敬授人時，不越乎是矣。

執事於篇終教之曰：「伊欲使天人道合，其道何由？」愚於此言，尤有感焉！愚聞聖人之道，法天而已。易曰：「天行健，君子以自强不息。」天之所以能運二氣，能布四時，兩曜代明，萬物生遂者，不過一不息而已。人君苟能法天之不息，則政教自修，無爲而化矣。天之春也，藹然生意，涵育羣生。人君苟能法天之春，行不忍人之政，則仁覆天下矣。天之夏也，長養萬物，粲然極備。人君苟能法天之夏，推文明之化，則禮樂彬彬矣。天以秋冬，震其威武，栽成庶類。人君苟能法天之秋，用其義刑義殺，則刑期無刑，民協于中矣。法天之冬，節其動作，遵養時晦，則民生成遂而王道終矣。故曰：聖人之道，法天而已。雨、暘、燠、寒、風者，天時之徵也；肅、乂、哲、謀、聖者，人事之修也。人事既肅，則天必以時雨應之；人事既乂，則天必以時暘應之；天之時燠，則若乎哲也；天之時寒，則若乎謀也；天之時風，則若乎聖也。苟如是，則凄風不發於春，苦雨不作於秋，夏豈有愆陽，冬豈有伏陰哉？將見歲熟人和，萬類咸若，熙皥之俗，仁壽之域，夫豈遠哉？願執事勿以瞽言爲嘲笑，而上達天聰，使區區補天之志，得有所伸，則安知芻蕘之一得，亦有裨於堯舜之萬機耶？謹對。

壽夭策

問：壽夭之說有三焉：曰數，曰氣，曰理而已。天地以運，人以世者，數之定者，而或至期耄，或有夭殤，則人無恒壽矣。數之說何可信歟？上古質淳而民壽，中古以下質澆而民夭者，氣之定者，而上古不能無夭折者，今世或有壽考者，則氣無古今矣。氣之說何可信歟？仁之壽，不仁之夭，理之定者，而顏子之仁反夭，盜蹠之不仁反壽，則理之說何可信歟？夫有是理，斯有是氣；有是氣，斯有是數。三者相因，而反相乖戾若是，何耶？抑各自爲用，不能相通耶？君子於斯三者將何居？若死生有命，不容人力，則醫藥服食，禳禬巫祝，果可以盡廢耶？周公之作無逸，韓愈之論佛骨，必言帝王享壽之長短，以戒其君，亦何意耶？伊欲使斯民躋仁壽之域，則其道何由？願聞其說。

對：理寓於氣，氣出於理，數因乎氣。其所謂氣者，理之氣也；其所謂數者，氣之數也。然而氣之厚薄可以培養，而數之脩短不容人力矣。今執事所問壽夭之說，亦不出理，氣，數三言之外矣。愚雖寡聞，其可言及之而不言乎？蓋聞福善禍淫，天之理也，故仁者壽，不仁者夭焉。古盛今衰，氣之運也，故淳厖之世多壽，淆漓之俗多夭焉。大小長短，物之數也，故天地大且長，而人物小且短焉。合而言之，則天地萬物同一氣也；分而言之，則天地萬物各有一氣也。同一氣，故理之所以一也；各一氣，故分之所以殊也。厚薄之氣、脩短之數所以不同者，其不在分殊乎？

古今之論壽夭者有三。或以數爲主，其説曰：天地則以一元爲數，人則以世爲數，草木以歲月爲數，下至蜉蝣以日爲數。此言雖若近矣，知其一而未知其二者也。何則？萬物各有數矣。物非一物，人非一人。人各有數，則烏可比而同之耶？天地有恒數而人物無恒壽矣，烏在其以世爲數耶？此則徒知數之爲數，而不知數因乎氣者也。或以氣爲主，其説曰：上古之世，氣質淳厚，生民寡欲，故能全其氣而必得壽焉；中古以下，氣質澆漓，生民多欲，故損害其氣而必致夭焉。此言雖若近矣，知其然而未知其所以然也。何則？萬物各有一氣矣。人各有氣，則古之氣豈必皆豐，今之氣豈必皆嗇？古有壽考者，而今亦有其人矣，今有夭札者，而古亦有其人矣，烏在其古人必壽而今人必夭乎？此則徒知氣之爲氣，而不知氣出於理者也。或以理爲主，其説曰：修德之人，心廣體胖，身安氣和，醞釀培植，而自致眉壽，故必有天佑焉；不善者反是，七情放逸，百骸莫强，戕害元氣，而自致澌盡，故必有天誅焉。此言最近矣。然而法天循性之士，或不至壽；反道悖德之人，或不至夭。顔淵短命，盜蹠老死，則所謂天佑、天誅者果安在哉？此則徒知理之爲理，而不知理寓於氣者也。

抑愚之所見，則理也、氣也、數也，其體相因而其用相通，不知其乖戾也。知理而不知氣，則不知理者也；知氣而不知數，則不知氣者也。蓋嘗論之，天地萬物之理則一太極而已，其氣則一陰陽而已。其爲氣也，有大小焉，有偏正焉，有厚薄焉，有清濁焉。清者陽之氣，而濁者陰之氣也。陽氣之最大、最正、最厚者，極其動之之理而爲天；陰氣之最大、最正、最厚者，極其靜之之理而爲地。天地得氣之最厚者，故其數不可量已。萬物者，天地之餘耳。大小也、偏正也、厚薄也、清濁也，隨其所受而其氣不一焉。其倏短之數不齊者，可見矣。惟人也，受陰陽之正氣者也，其性雖一，而其形氣之禀，或厚或薄，或清或濁焉。厚薄者，倏短之所以分也；清濁者，善惡之所以殊也。均是人也，而其氣不同，則其數亦異也。所謂數因乎氣者，良以此也。傳曰：「死生有命。」命者，數之謂也。上古之世，天地氣運甚盛，故得氣之厚者多；中古以下，天地氣運漸衰，故得氣之薄者多。是以古之人壽者多而夭者少，今之人夭者多而壽者少。倏短善惡，雖不同矣，大概繫於氣運之盛衰矣。上有善治，故上古之氣運以之盛；上無善治，故中古之氣運以之衰。

先儒之論，以爲皇帝生於氣運盛時，孔子生於氣運衰時，其斯之謂乎？此所以氣出於理者也。人之受氣之清者，善則善矣，清者未必厚，則仁者不可必其壽也；受氣之濁者，惡則惡矣，濁者未必薄，則不仁者不可必其夭也。顏子之夭，盜跖之壽，又何疑哉？先儒之論，以爲堯舜稟氣之清而厚者也，孔子稟氣之清而薄者也，其斯之謂乎？此所以理寓於氣者也。雖然有一於此，氣雖薄矣，苟能善養，則豈無培植之功乎？氣雖厚矣，苟使自戕，則豈無耗損之害乎？如以顏子之氣，有盜跖之行，氣本薄矣，又從而戕之，則安知其不至於三十而死也？如使盜跖之氣，有顏子之行，氣本厚矣，又從而養之，則安知其不至於堯舜之期頤耶？譬如有火於此，一則在鑪，其勢甚微，一則燎原，其勢甚盛。雖曰甚微，苟置之密室，養其氣焰，則可得久延矣。雖曰甚盛，若燋頭爛額，四面撲之，則可使易滅矣。若使燎原之火，助其氣焰，在鑪之火，加以撲滅，則其勢益以懸隔矣。此君子所以雖知脩短有命而不廢養氣者也。

夫修身而俟命者，以理養氣者也；攝生而求壽者，以氣養氣者也。以理養氣，則未嘗求壽而自得其壽。以氣養餘，則雖得其壽而或妨於理，況以巫祝禳禬，欲以祈命耶？若醫藥之治病，則雖聖人亦所不免也。以此觀之，制其服食，節其動作，專於養生者，必妨於修身；莊敬持養，氣血循軌而專於修身者，不失其養生。君子之養氣，合於理而已，雖除服食，亦何害哉？至若惑於鬼神，諂瀆淫祠，而厭蠱求福，則有害於理而無益於氣。調其寒煖，察其燥濕，而以藥治病，則有益於氣而無害於理。而只以醫藥救人而已，巫祝禳禬誣民之說皆可禁也。

昔者成王幼沖，周公攝政，欲王之所其無逸，故陳書以訓；憲宗德衰，溺於異端，退之欲帝之去其穢骨，故獻表以諫。咸引帝王之享壽長短以戒，何哉？人情之所欲者莫過於壽，而求壽之道，不越乎修德而已。修德而迪哲，則理之在我者無不行矣；修德而不惑於異教，則理之在我者無不明矣。如是，則以理養氣，而氣之所養得其正矣。善惡在己，壽夭在天。古昔聖王之所以得壽者，豈有他哉？盡其在己者而已。不如是，而或祈鬼神之福，或求不死之藥，逆理而攝生，捨己而求壽〔三〕，則不得其壽而反喪其身者亦多矣。周公之訓，退之之諫，豈不切於責難之意乎？

嗚呼！天地者，人之形體也；人者，天地之心也。人之氣和，則天地致其和矣；人之氣不和，則天地失其度矣。吾未見病心之人能攝形骸者也。朱子曰：「吾之心正，則天地之心亦正；吾之氣順，則天地之氣亦順矣。」夫不正不順，則氣運必衰矣；既正且順，則氣運必盛矣。人之壽夭，豈不繫於氣運乎？是故位天地，育萬物者，在於一人之修德矣。人君苟能以至誠之道，推至誠之化，經綸天地，參贊化育，則淳熙之俗、於變之風於今可復矣。諸福之物、可致之祥莫不畢至，而中和之氣充塞天地，動植之物，日月所臨、霜露所沾者，皆囿於仁壽之域，必無夭札者矣，何患斯民之未壽乎？噫！一身甚微，天地甚廣，而氣運之盛衰猶繫於一人，則爲民父母者其可忽諸？謹對。

時弊七條策

問：學貴知要，士貴通今。當今之弊難斷者非一，姑舉言之，將以試諸生壯行之志。笠巖諸胡，佯去實還。或云輕兵勦滅，或云待秋伐穀，二者之説何者爲可？遼東飢民，流入我境。或云發倉賑救，或云拒而不納〔四〕，二者之言何者爲是？巡邊之行，所以備倭。或云可遣，或云不可遣，所謂可遣者有何利？不可遣者有何害歟？馬島請糧，意在守藩。或云可給，或云不可給，所謂可給者有何所見？不可給者亦何所見歟？沿邊守令，易以武臣。或云防胡備倭〔五〕，不得不爾；或云不待寇至，邦本先搖：是何所論之有異歟？震天之雷，雄猛無比。或云威敵制勝，莫過於此；或云臨敵難用，恐傷我卒：是何所見之不同歟？板屋之船，制度極精。或云多造以捕海寇〔六〕，或云勿令造船，儲養松材，二者之言豈無優劣歟？於此兩端之言，必有用中之説。願聞其説，悉陳無隱。

對：愚聞隨時得中之謂權，處事合宜之謂義。權以應變，義以制事，則於爲國乎何有？今執事所問七條莫非切於軍國之務，非一豎儒之所敢抗議也。然窮經將以致用也，安敢默默以負盛意乎?

竊謂道之不可並者,是與非也;事之不可俱者,利與害也。徒以利害爲急而不顧是非之所在,則乖於制事之義;徒以是非爲意而不究利害之所在,則乖於應變之權。然而權無定規,得中爲貴;義無常制,合宜爲貴。得中而合宜,則是與利在其中矣。苟可以便於國、利於民,則皆可爲之事也;苟不能安其國、保其民,則皆不可爲之事也。君子豈有難斷之事乎?其或有事於此,是非不明,利害難辨,而疑於取捨,則亦在乎審其輕重緩急而已。重且急則所當取者也,輕且緩則所當捨者也。苟非達乎時措之宜者,烏能與於此乎?請因明問七事之目而白之。

夫笠巖之胡,潛居近境,醜類寔繁,蜂蠆之毒,有時竊發,驅之遠塞,乍往乍來。或曰:簡卒鍊兵,襲其不意,傾覆巢穴,永絶邊鄙之患。或曰:待彼西成,伐穀清野,擾其生業,使無重遷之意。此二策者,未知孰得孰失耶?遼陽失稔,流民四散,扶攜老弱,或入我境,千里之間,餓殍相望。或曰:一視同仁,莫非赤子,興發賑恤,使不失所。或曰:上國之民,非我所與,正其封域,悉拒不納〔七〕。此二計者,亦未知孰可孰否耶?若夫海寇肆毒,出於無備,巡邊之設,所以宣威令、整器械也。或以爲鎭將解弛,防守不固,苟無巡邊之使,則軍令不肅矣。或以爲徒擾列鎭,無益備禦,賊不臨境,先受其弊矣。斯二者,一得則一失,固難辨矣。對馬一島，於日本爲遠，於我國爲近，志欲向化，爲日已久，今來請糶，誓爲藩屏。或以爲苟能推恩，蠻貊可化，輸其糧食，使彼懷惠，則不勞兵刃而坐得一鎮矣。或以爲非我族類，其心必殊，虚費國儲，不獲其報，則適墮虜計而反結日本之怨矣。斯二者，一可則一否，亦難辨矣。至若沿邊守令易以武臣者，不過備不虞之邊警耳。然而武人不識吏治，徒以嚴刻爲尚，一方之民，困於侵暴，不待寇至，邦本先揺。若懲此而純用文吏，則軍旅之事非其所習，慓悍之寇，本無先聲，烽火一舉，怯不即戎，覆軍陷城，職此之由。此議者之所以不能歸一者也。臨戰摧敵，莫若震天之雷，然而其術不精，則反傷我卒。不放則無制勝之具，放之則或有自戕之患，將何以處之耶？制度精備，莫若板屋之船，然而無事之時不可多造。多造則有朽破之虞，不造則非猝辦之物，亦將何以處之耶？此議者所見各異者也。凡此七事，此是則彼非，一利則一害，輕重緩急，必有所在。聖朝之有言責者必有所言，有官守者必有所施，何待於迂儒之一説耶？雖然，有一於此，國必務本，事必知要。務本者何？重内而輕外之謂也。知要者何？執兩端而用中之謂也。知此説者，可與議時務矣。

夫以蠢爾小胡，冥頑不靈，徒貪沃土之利，不計殄殲之禍，雖加迫逐，終不遷徙，不可以威服，不可以惠化，或者勦滅之計，可謂得矣。然而夷狄亦人也，慢令致期，而遽加殺伐，則其不乖於王者好生之心乎？且用兵之際，必傷我軍，雖殺百胡，豈贖一人之死乎？若使邊將耀兵境上，盛張威武，使之必遷，而又不從，然後往取其禾，害彼穡事，使彼不以耕牧爲樂而以誅戮爲懼，則庶不血刃而可使遠去矣。

遼右之民，困於相食，纍纍來投，固可哀矜，簞食瓢漿，可救其死，或者賑救之計，可謂得矣。然而封疆有限，政不相關，中國之流民，中國當賑之矣，倉粟有限，流民無數，其能盡給乎？彼若樂於糊口，相率來歸，朝夕繼踵，則其能免於納亡之譏乎？而況關西比年以來水旱不調，民多饑饉，賑救我民，尚憂不給，何暇博施乎？敦吾事大之禮而各守其境而已，何必慕虛惠而自病其國哉？

且濱海鎮將，不得其人，都忘戰守之備，惟以賄賂爲事，苟無巡邊之使，則放縱尤甚，或者可遣之議，亦不失矣。然而一道鎮將之黜陟皆繫於節度使矣，節度使苟得其人，則何憂防備之不固乎？巡邊使豈必盡得其人，節度使豈必不得其人乎？而況統御不嚴，裨將恣橫，自恃軍威，陵蔑守令，犒師不豐，便加戮辱，橫行州縣，而人莫敢忤，豈非貽弊之大者乎？誠得才智之將，使專方面之權，鍊兵於無事之日，赴鬪於緩急之際，則巡邊之不設亦何害哉？

倭虜之人寇者，路由對馬，苟使島主專心效順，而爲國南門，則何愛輸粟之費，以絕誠款之意乎〔八〕？或者可給之議，亦不失矣。然而滄波浩渺，信使難通，日本之使相屬於對馬，而我國之使不曾一涉其境，島主之心，誠僞難測，安知外輸其誠，內懷其姦，偵伺我國而爲虜之耳目哉？夫以親信之臣爲國干城，尚不能必其盡忠，則安有萬里之外，殊風異俗之人，背其本國而得爲南鄙之純臣哉？愚恐糴米朝入而島夷夕叛也。

且若沿邊州郡，專用武臣，修治器具，若將臨敵，則國家安不忘危之意可謂至矣。議者所謂不得不爾者，有見乎此也。然而所用守令專取武藝，徒以弓力之强弱、馭馬之巧拙爲優劣，而曾不知牧民爲何事，莅政爲何道，則是使一力士爲百里之宰也，百里之民奚罪焉？且用兵制勝，先智略而後勇力，何必武夫然後有智略耶？昔者廉范之於雲中，張堪之於漁陽，皆使胡馬不敢犯境，則禦寇之不必武臣者，亦可知矣。今兹誠以寬仁有智，知所以養兵養民者俾治邊郡，則安不至忘戰，危不至辱國，而進退皆得矣，何必以文武爲取舍哉？

若震天雷，則所擊必爛，戰具之雄猛前古所未有也。而暫失其機，則反受其害，議者所謂難用者，有慮乎此也。然而航海之賊舳艫相連，震雷一發，聲動天地，龍驤萬斛，頃刻成灰，智不施巧，勇不恃力，雖赤壁之勝豈快於此哉？而況制作之後，連以此炮取勝，則豈可慮其萬一之危，捨其百勝之具哉？設使我軍之不習水戰者，爭一勝於舟楫矢石之間，則其死傷豈不甚於震雷之所害乎？此則決不可不用也。

若板屋船，則其制極巧，亦戰具之不可無者也。但虛棄淺沙，日久無用，議者所謂勿造者，良以此也。然而戰艦之作不可一朝立造也，若待倭賊侵邊，然後乃欲伐木造船，則何異於七年之病求三年之艾哉？此則決不可不造也。但其造作不須過多，以損財力也。

嗚呼！逐胡遠塞者，恐我民之被其害也，若殺斯民以戰，則此以愛民者反以害民也。有倉廩府庫者，所以救我民之顛連者也，若賑遼右之民，則是薄於吾民而厚於他國也。巡邊之察邊圉，武臣之爲守令者，欲我民之不受倭寇也，若使吾民反受其弊，則是求所以撫民而適足以虐民也。許對馬之內附者，欲我民之得其助也，若使輸粟而見欺，則是瘠民而肥賊也。若攻戰之具，則所以衛我民者也，有用而無害，則皆不可廢也。故曰：務本者，重內而輕外之謂也；知要者，執兩端而用中之謂也。

執事之問，愚既陳其梗概矣。篇將終也，別有獻焉。我國頃被倭寇，數郡塗地，人含其憤，鬼蓄其怨。自爾以後，倭船之過海者，窮追掩擊，無不殲滅。此固雪恥之良規，威遠之妙算也。雖然，竊聞王者之禦戎，來則擊之，去則勿追。苟不侵犯，不須誅伐，何必逞其兵力，極其威怒，然後乃可守國乎？而況島嶼之在海中者，去鎮絶遠，水路險惡，倭虜過泊，不必皆以侵略爲意也。邊將喜功，不計利害，聞有倭船，便往挑戰，兵精士勇，縱無不克，困獸猶鬭，況於猾賊乎？孤軍入海，風波可虞？萬一蹉跌，功不掩罪。愚以爲自今以後，使列鎮之將修兵甲，繕城郭，如對大敵，而脫有倭船過大洋者，則嚴兵待之。彼若不侵，任其所之；若涉吾境，奮擊必殲。如是，則必無萬有一危之患而不失戰守之策矣。兵者凶器，不得已而用之，豈可狃於常勝而終不自戢哉？此愚之平日所願陳者，故不待執事之問而輒吐臆見，伏惟恕其狂僭。謹對。

校勘記

〔一〕士女聚酺　「酺」，原本作「鋪」，據文意改。

〔二〕四時之錯行　「行」後，一本有「者」字。

〔三〕捨己而求壽　「己」，一本作「氣」。

〔四〕或云扼而不納　「扼」，一本作「拒」。

〔五〕或云防胡備倭　「防胡備倭」，一本作「防備倭寇」。

〔六〕或云多造以捕海寇　「捕」，疑作「備」。

〔七〕悉扼不納　「扼」，一本作「拒」。

〔八〕以絶誠款之意乎　「誠」，一本作「忠」。

栗谷先生全書拾遺卷六

雜著三

醫藥策

問：陰陽、卜筮、占相、醫方，雖雜術末技，而其學之行於世，尚矣。世之得其學而名家者，果皆合理數之玅而無弊歟？君子之博洽見聞、揣摩事物者，亦須兼通四者之學歟？四者之中，尤切於日用而不可廢者，醫方也。藥以治人之病，而人之生死關焉，誠不可置之雜術而不熟講也。醫藥之用，昉於何代？而服藥之方，作於何時歟？業其方，精其能，而表表見稱者，可歷言之歟？上古大朴未散而勿藥壽考，叔季風氣日開而人多夭札，何歟？人之生死壽夭，專在受氣之厚薄，則醫藥似無所需於其間，而亦有以醫藥可救之理歟？所謂昌陽引年、黃精補脈者，其說然歟？神仙之徒，換骨輕身，白日沖天，服何藥而能至是歟？鍊金鼎、飡沆瀣之法，亦何學歟？大抵醫有大小，藥有輕重，苟志於治病養生者，術不可不察，醫不可不擇也。先儒云：「大醫醫國。」何如？斯可謂之大醫歟？醫國之藥，可得聞其詳歟？吾道之隆替，異端候之；紀綱之張弛，宦寺伺之；兵食之虛實，夷狄覘之。茲數病者，歷代人主之通患也。苟或當隆者有時而替，當張者有時而弛，當實者有時而虛，則彼候之、伺之、覘之者，爭乘釁而投隙，駸駸然據其膏而入其肓，陰盛陽微，痞伏血滯，四肢梏然，徒有其物，雖有良醫，亦不能善其後矣。何以則使隆者常隆而不至於替，張者常張而不至於弛，實者常實而不至於虛，元氣堂堂，正脈不傷，百邪無所投其隙歟？昔傅說告高宗曰：「若藥不瞑眩，厥疾不瘳。」賈誼警文帝曰：「天下之勢，方病大瘇。」古人之於醫國，皆惓惓焉。方今之勢，雖未至大瘇，大醫之藥，可不試瞑眩歟？諸生皆蘊經濟之猷，願陳苦口利病之說。

對：執事先生典一代之文衡，策四方之俊乂，以醫人醫國之方，發爲問目。始之以衆流之說，終之以救時之策。愚也肱非九折，學愧致用，安足以仰塞明問？雖然，其敢默默以負盛意乎？

蓋聞夫道，一而已矣。百家之說，以之而生；衆技之流，以之而出。彼陰陽也、卜筮也、占相也、醫藥也，何莫非道中之一事也？由是而有利於物者焉，亦由是而有失其正者焉。先其正者，固不足道也；利於物者，誠不可廢也。不害於理而能利於物，爲養民之一助者，其惟醫藥乎？脩短之數，雖曰在天，保養之機，其不在人乎？是故養氣於未然之前，治病於已然之後，順受正命，而不失攝生，醫病之方，不過如斯而已。豈獨於病有醫藥哉？於國亦有之。醫於病者，醫之小者也；醫於國者，醫之大者也。醫之小者，雖切於日用，猶可諉之末技也。醫之大者，豈非關氣數之盛衰，而吾儒之所當熟講者乎？是故養之以粱肉，治之以藥石，明教化以導人心，正名器以肅朝廷，節用而足食，養民而足兵，醫國之道，不過如斯而已。愚請因是而白之。

邃古之初，生民之害多矣。聖人繼作，制度斯備，爲之卜筮，以占其吉凶，爲之醫藥，以濟其夭死，咸以養民爲本，莫不裨補於治化。世道既衰，民僞日滋，不明乎理，而淫於術數者亦有之，則雖得以其術名家，而豈能盡合於理數之妙歟？君子之學，莫先於明理，理苟明矣，則吾心之知無所不盡矣。彼術數小技，亦窮格之一端也，何所不通，而亦何致力之有哉？若陰陽、卜筮、占相之說，則行於世雖久，而流於迂誕，不足爲今日道也。請以醫藥一事言之。神農嘗百草而醫藥攸始，軒轅制文字而醫方肇作。彼素問、內經之類，愚固知不出於黃帝也。然而形於文字，以示服藥之方，則曰出於其時矣。業其藝、精其技者，雖稱於世而自爲一家，不入吾儒，則愚安得聞其名而悉數之哉？執事必欲聞其人，則華佗、醫緩其人也。

嗟乎！上古之世，天地氣盛，民心熙皞，以保天真。中古以下，人漸澆漓，分張太和，磔裂元氣。則盛世之所以壽考，叔季之所以夭札者，其由此而致之乎？脩短在天，而保養由人，則以藥治病，庸可廢乎？氣雖薄矣，苟能善養，則壽考可期矣；氣雖厚矣，苟使戕害，則夭札難免矣。彼昌陽之引年、黃精之補脈，亦不可謂無是理也。然而晝夜者，生死之道也。有生必有死，則非藥餌之所可救也。夫如是，則長生久視之道、蟬蛻換骨之術，豈有其理乎？白日沖天，必無其人矣；靈丹大還，必無其藥矣。黃金其可成乎？沆瀣其可飱乎？天地之間，實理而已。理外之說，不攻自破矣。

愚也足不踐扁鵲之門，目不睹越人之經，所學者孔子之道，所蘊者經濟之術。其於醫病之方，固所面牆矣，敢不以醫國之道，爲執事諄諄乎？人之病也，莫不求良醫，而不服其藥，則終不可愈矣。國之病也，莫不求大醫，而不用其道，則終不可治矣。何謂大醫？辨乎治亂之機，察乎緩急之勢，其明足以燭微慮遠，其强足以結仁固義，以之敦化正俗，以之頓綱振紀，大則利天下，小則利一國，其斯之謂大醫歟？爲國之要有三焉：崇吾道則人心一於正矣，立紀綱則國脈以之壯矣，足兵食則邊圉以之固矣。人心不能常正，而吾道或衰，則異端之大厲於斯入門矣。國脈不能常壯，而紀綱或紊，則宦寺之二豎於斯交侵矣。邊圉不能常固，而兵食或虛，則夷狄之疢疾於是交作矣。若不憂於未然，以備不虞，而乃欲救之於已發之後，則何異於七年之病求三年之艾哉？以言其異端之害，則楊、墨于周，黃、老于漢，佛于六代、唐、宋之間，孟子闢之而不能廓如也，韓愈辨之而不能回其瀾也，程、朱斥之而不能塞其源也。其禍蔓延，迄今未已。淫聲美色之戒，其可不畏乎？以言其宦寺之害，則濫觴于秦，擅權于漢，脅君于唐，以之危人邦國，以之覆人宗社。刑餘亂政之禍，其可不察乎？以言其夷狄之害，則猾夏于虞，匪茹于周，五胡于晉，二虜于宋，懷桀驁之志，肆蜂蠆之毒，孔熾不恭之寇，其可不備乎？

吾道常隆，則異端何自而候之？紀綱常張，則宦寺何自而伺之？兵食常足，則夷狄何自而覘之？善醫人者，不視其肥瘠；善醫國者，不視其安危。蓋可畏之禍，必伏於不可畏之中；至危之勢，必隱於至安之時。如人之四肢雖強，而膏肓內傷，則徒有其物而其中無有矣。此庸醫之所忽，而華佗、醫緩之所憂也。誠使上之人，唱道學而明教化。教化既明，而道歸於一，人趨於正，則吾道之隆，無時暫替而陽盛陰微，彼誣民之說，不得投其隙矣。先儒氏曰：「彼盛則此衰。」然則明教化者，豈非攻異端之藥乎？誠使上之人，正名器而肅朝廷。朝廷既肅，而黜陟惟明，陰邪屏迹，則紀綱之張，無時暫弛，而宮府一體，彼刀鋸之賤，不得干其政矣。古人有言曰：「人主不可假其威。」然則正名器者，豈非治宦寺之藥乎？誠使上之人，節用而蓄積有餘，養民而親上死長，食足而信孚，兵足而守固，則腥羶之虜不得犯其境矣。古人有言曰：「中國治安，則四夷自服。」然則嚴内治者，豈非御夷狄之藥乎？

嗚呼！商宗以恭默之治，而斯有瞑眩之戒；漢文以富庶之治，而乃有大瘇之患。當今國家之勢，雖已措於泰山之安，豈無一二可言者乎？愚請以聾瞽之説爲篇終之獻。上有望道之主，下有好文之相，國家之重道崇儒，固無可議矣。然而自設兩宗以來，游食者駸駸漸盛，愚恐當隆者，由是而或有漸替之幾矣。先見其幾，以杜候之之弊，可乎？尊爵必加乎有德，崇班不及乎黄門，國家之重惜名器，固無可議矣。然而自設内需提調以來，刑餘者稍稍預政，愚恐當張者，由是而或有漸弛之幾矣。先見其幾，以杜伺之之弊，可乎？精器械以備外虞，省浮費以裕國用，國家之養兵足食，固無可議矣。然而自南陲有警以後，慓悍者或梗王化，而國儲費於興師，愚恐當實者由是而或有漸虚之幾矣。先見其幾，以杜覘之之弊，可乎？此三者，皆關於時務，其尤重於爲國者，在於崇吾道，而吾道之隆替，又不在於聖主之一心乎？聖主心存性理之學，以闡雍熙之化，行堯舜之行，政堯舜之政，追周文之作人，陋漢唐之不純，以至家皐夔，户程朱，則吾道莫隆乎此矣。彼異端也、宦寺也、夷狄也，咸囿於川流敦化之中矣。孟子曰：「君正，莫不正。」願執事不以芻蕘之説爲賤，而上達天聰，則安知狂夫之一得，亦有補於聖主之萬機哉？

愚以草澤之士，窺六經之糟粕，一心之病且不能醫，況於醫國乎？但念斯民之不躋壽域。嘗誦程子之詩曰：「我亦有丹君信否？用時還解壽斯民。」願以是求正於執事。謹對。

天道人事策

問：天道之吉凶，人事之順逆，同轍而無間者也。天人之間，善惡感應之理，可得聞其詳歟？或有人事似順，而天道爲之變焉；人事似逆，而天道爲之助焉。稽諸古史，則聲罪伐鄭之周桓〔二〕，身敗繻葛；豺虎毒藥之秦皇，并吞天下；名正言須之昭烈，不能恢復漢室；本無功德之隋文，一舉混一南北；世無失德之趙宋，播越顛覆之不暇；腥羶醜穢之胡元，竟爲中國之帝王。其逆順吉凶之理，果安在哉？然則有天下國家者，將諉天道於渺茫之域，而不容人爲於其間歟？諸生通經達理，於此必有講明之說，試言之。

對：皇天無親，惟德是輔，順德者吉，逆德者凶，天人感應之理斯可知矣。今執事先生以天道人事之或不相合者發爲問目，欲聞通經達理之說。愚雖管見，請陳其臆。竊謂天視自我民視，天聽自我民聽，人心之所歸，天命之所在也。逆於人而順乎天者，未之有也；順於人而逆乎天者，亦未之有也。然而間或有人事似順，而天不助順者，亦有人事似逆而天反佑逆者，其故何哉？孟子曰：「雖有智慧，不如乘勢；雖有鎡基，不如待時。」失其時勢者，似順而必敗；得其時勢者，似逆而有成。金重於羽者，豈一鉤金一輿羽之謂哉？夫生民之初也，林林總總，固無所主者矣。有聖人者出，然後天下靡然從之，故德之大者爲君，德之小者爲臣。此所以順者必昌而逆者必亡者也。聖人既殁，天下大亂，强之食，弱之肉，故力之大者爲君，力之小者爲臣。此所以順者不必昌而逆者不必亡者也。知此説者，庶可復明問之萬一矣。

思昔周道衰微，下陵上替，鄭伯以王室之親，身爲卿士而不共王職，則桓王六師之征，可謂順矣，而卒致倒懸之辱。七雄爭强，二周削弱，秦王以參夷之典，塗炭生民而蔑棄禮義，則并吞八荒之心可謂逆矣，而卒有統合之功。若夫漢室濁亂，姦雄擅命，昭烈以帝室之冑，信義著於天下，宜乎克恢大業，而終無興復之功，齎恨以殁。宇文既衰，政歸權臣，楊堅以國舅之尊，潛成簒奪之謀，宜乎衆叛親離，而反舉全吴之地，混一南北。至若趙宋，世有仁厚之主，政教修明，文風盛行，治法遠過漢唐，而反致顛越，宗廟不守。胡元懷其桀驁之志，匪茹不恭，窺覬上國，宜取殄殲之禍，而反肆凶毒，荐食神州。以此觀之，順其反凶而逆者反吉，天道人事之同轍無間者，果安在哉？

蓋嘗論之：待時乘勢而以順舉事者，動無不克；不修德、不度力而自恃其順者，動必無成。桓王之伐鄭，雖曰順矣。然而鄭伯之一不朝，非可伐之罪而遽興忿兵，則可謂待時乎？所與同伐者，皆陳、衛亂國之人，而其軍不整，則可謂乘勢乎？而況當時弑逆之賊不加天討，而反以天子之尊，欲肆匹夫之怒，則其名雖順，而其事不順也，其狼狽傷肩，非天之罪也。昭烈之仗義，可謂正矣。然而當是時也，曹操挾天子以令諸侯，姦計已成，而豪傑爲用，則非用武之時也。志大才疏，所至猖蹶，功業不建，而桑榆已迫，則無恢復之勢也。而況赤壁之勝，可以乘勢進取，而反與三吳結釁，兵摧意沮，則其事雖順，而其義未盡也。人事未至，而敢望天佑乎？有宋之君，寬柔有餘而剛斷不足，文德雖修而武功不競。及乎徽欽庸闇，引寇深入，加以高宗昏劣尤甚，以賊臣爲皐夔，視義士如仇敵，忘讎忍恥，屈膝犬羊，謀臣猛將，付諸碪斧，季靡不振，自促其亡。是則自失其時，自喪其勢也，天道其如趙宋何哉？誠使周桓修文武之業，則西京可復矣；昭烈有少康之德，則姦凶可除矣；趙宋法周宣之功，則腥羶可埽矣。今玆人事之不盡而求應於天道者，何異於小其聲而求響之大者哉？且秦皇之所以并吞者，當戰國之世，皇綱絶矣，王澤竭矣，秦以雍州之地，虎視山東，則可謂得其時矣。自孝公以來，務農力戰，國富兵强，而遠交近攻，則可謂得其勢矣[二]。而況六國之君，不務協力抗秦，而乃爲積威之所怯，割城獻邑，猶恐不及，使之蠶食，則非秦能滅六國也，六國自滅爾，天曷故焉？隋文專尚詐力，雖無功德，然而天元暴虐，羣下離心，潛移周鼎，藩鎮晏然〔三〕，則豈非得志之時乎？勵精求治，黎民富庶，以地則大，以兵則衆，豈非混一之勢乎？而況叔寶荒淫，四境瓦解，出師之日，如入無人之地，則未有能亡陳者，陳乃自亡耳，非天之佑隋也。蒙古本以數部之衆，漸就强盛，士卒精鋭，所向無前適，值宋金俱衰，中原昏亂，席卷囊括，惟力是視。加之以忽必烈度量强廣，知人善任，信用儒術，愛養黎庶，既得其時，又有其勢，以故威加六合，身履至尊，遂使衣冠之地，盡爲氈裘之域。此所謂「夷狄之有君，不如諸夏之亡也」，豈天之助胡而然歟？如使不嗜殺人而能行王政者，處乎戰國之世，則嬴秦懾服矣；處乎陳隋之間，則庶民子來矣；處乎宋元之際，則蠻貊被化矣。安有兼并者乎？安有猾夏者乎？

今乃不然，王者不作，生民無主，則其不義之强，孰能禦之乎？大抵有道之世，以德服人者，無敵於天下矣；無道之世，以力勝人者，亦無敵於天下矣。德不足以服人，力不足以勝人，則雖順而無成；力足以勝人，而又處無道之世，則雖逆而必興。成敗之或不在逆順者，良以此也。天人一理，感應不差，人事之苟盡，則未有不應之天理也。桀紂之强，湯武之弱，古今所知也。桀紂以力，故其强實弱；湯武以德，故其弱實强。苟修其德，則天下從之；苟無其德，則親戚畔之。天下從之，則天命必歸矣，安有順而不助之理乎？親戚畔之，則天命必去矣，安有逆而得佑之理乎？嗚呼！周、秦、隋、宋之成敗，已矣不復論也。

愚之所以忼慨不能無憾者，漢有孔明而不能成功，元以穢德而毒流華夏，此二事耳，豈天運有否泰而理數有常變乎？夫以孔明之忠義，出師未捷，而大星遽隕，豈非天耶？以胡元之醜穢，横行天下，而諸夏無君，亦豈非天耶？此固天運之否，而理數之變也，此又不可不知也。雖然，人衆勝天，天定亦能勝人。故於人事之順者，雖若不助，而其所以助之之意，隱然在於不助之中；於人事之逆者，雖若不誅，而其所以誅之之意，隱然在於不誅之中。是以周室雖衰，而宗主天下，正統不絶，綿數百載。昭烈雖弱，而跨有益州，漢祀血食，猶數十年。趙宋播越，而忠臣義士接踵而起，名節凜凜，至今如昨。可謂天不助順乎？秦皇并吞，而纔及一世，天下鼎沸，劉項一呼，而函關遂擧。隋文混一，而繼嗣非人，身且不保，晉陽兵起，而社稷爲墟。胡元滅宋，而曾未百年，義旗雲集，帖睦北竄，而妖氛肅清。可謂天反佑逆乎？然則有天下國家者，其可諉天道於渺茫之域而不加畏懼乎？詩曰："昊天曰明，及爾出王。昊天曰旦，及爾游衍。"天人之感應，如影之隨形，必不誣矣。噫！後之人君，苟能惟德是修，不恃其力，則人心天命不期然而自至，天道之變，何足憂乎？

謹對。

誠策

問：誠之爲用，大矣哉！幽足以格天地動鬼神，明足以致人心無思不服之效。先儒或以爲無妄，或以爲不欺，此二者之說別有町畦歟？著力用功之妙，本於何物而有其效之盛大歟？聖人之於誠也，安而行之，果無著力於其間歟〔四〕？若反風而滅火，泣竹而筍生，揮戈而迴日，扣冰而魚躍，則可謂格天地、動鬼神之一驗也。其與誠明之誠，位育之盛，果可以同其妙歟？蜀郡之化於文翁，潁邑之感於黃霸，漁陽之悅張堪，潮州之慕昌黎，可謂服人心之一驗也。其與大雅所謂「自西自東，無思不服」之效，固無彼此歟？有此誠而有此效者，必然之理也。三仁之於商，孔明之於漢，岳飛、天祥之於宋，其誠可以回天而天不應，可以服人而人不化者，何歟？何以則純亦不已，而致於至誠淵微之極歟？諸生平日必有沿涉之力，願聞研覈之說。丁巳漢城試居魁。

對：天以實理而有化育之功，人以實心而致感通之效。所謂實理實心者，不過曰誠而已矣。純乎天理而得誠之全者，聖人也；實其一端而得誠之偏者，賢者也。其體甚微，而其用甚顯，故天地可以格，鬼神可以動，人心可以服矣。然而或有不能格、不能動、不能服者，因其理數之變耳，非誠之未至也。今執事先生特以至誠之功、感應之妙下詢承學，欲聞研微覈實之說。愚以鹵莽之學，窺斑之見，何足以仰塞明問？雖然，其敢默默以負明執事之盛意乎？敢以平日之所蘊者質之。

夫先儒之論誠不一，而徐氏所謂無妄者，指其理而言之；李氏所謂不欺者，指其心而言也。眞實無妄者，理之本然，而所以至於無妄者，亦以不欺之心充之耳。其所以致中和、位天地、育萬物者，雖有莫測之用，莫大之效，而用功之始，則必本於謹獨。故朱子曰：「自戒懼而約之，則極其中而天地位矣；自謹獨而精之，則極其和而萬物育矣。」若聖人則不勉而中，不思而得，其所以參天地、贊化育者，乃至誠之所致也，安有著力於其間哉？聖人則不可尚已，試以賢者之得，感應之效者言之。劉昆守江陵，而向火扣頭，以致反風之效，則其誠一於救民而已。孟宗爲病母而泣于竹林，以致筍生之效，則其誠一於養病而已。陽公之誠，切於回日，則臨陣揮戈，而我誠可以感乎天矣。王祥之誠，切於得魚，則臨河扣冰，而我誠可以感乎物矣。數子之誠，可謂格天地動鬼神之一驗也，然而不得全體之誠，而只有一端之誠，則滅火而回日者，只是一時之效耳，其安能極其中而位天地乎？筍生而魚躍者，只是一事之應耳，其安能極其和而育萬物乎？蓋揮戈、扣頭之誠，未若聖人與天地合其德之誠也；泣竹、扣冰之誠，未若聖人俾萬物得其所之誠也。其與誠明之誠、位育之盛不可同日而語矣。至若文翁之治蜀郡，變以儒雅，則蜀人之化爲齊魯者，因其教導之誠也。黄霸之守潁川，勸民爲善，則潁邑之鳳鳥來鳴者，因其仁愛之誠也。漁陽之人歌麥穗者，張堪以誠臨民而致殷富故也。潮州之民立生祠者，昌黎以誠教民而興學校故也。數子之誠，可謂致人心之服者矣。然而亦非全體之誠，而只是一端之誠，故能化於蜀而不能使盛漢之人盡被其化，能治於潁而不能於廟堂之上全其聲譽。只取悅於一郡，而能推恩於天下乎？只遺惠於南蠻，而能行道於一世乎？鳳鳴、麥穗之治，雖曰誠矣，豈若聖人立斯立、動斯和、綏斯來之誠乎？儒雅、興學之化，雖曰誠矣，豈若聖人動而世爲天下法，經綸天下之誠乎？雖可謂推誠信，而終不及自西自東，無思不服之效矣。

誠有大小，故應有淺深。天地鬼神之所以感應者，豈有私哉？或淺或深而無不感應者，理之常也；其或不應者，理之變也。若夫殷之亡也，三仁之誠非不至也，而卒不救牧野之誅。漢之季也，孔明之誠非不至也，而卒不遂恢復之計。岳飛之志切於亡胡，可謂誠矣，而終不免姦臣之害。天祥之志切於興宋，可謂誠矣，而終不補崖山之敗。有此數子之誠，而不能回天、不能動人者，必有由矣。斯人者，雖不到於至誠之域，豈下於前之數子乎？前之數子，能得其效，而後之數子，不能得其效，何耶？蓋前之所求者小，而遇其理數之常也；後之所求者大，而遇其理數之變也。應之小者，雖以小誠，可見其效也；應之大者，非至誠，不能感通也。理之常者，雖賢者，必有所格；理之變者，雖聖人亦無如之何矣！商之帝辛自喪其國，則三仁之力不能救也。蜀之大星遽隕其營，則孔明之忠亦何爲乎？主闇而不用，則岳飛安可以興衰乎？天命之已去，則天祥其得以撥亂乎？此數子之所以終至於宗祧覆亡而身或不保者也。

且夫莫之爲而然者，天也；有所爲而然者，人也。天地之格、鬼神之動、人心之服則在天，能使天地格、鬼神動、人心服者在人。勉乎在人者，而在天者自應之，則豈非理數之常乎？盡乎在人者，而在天者不應之，則豈非理數之變乎？一夫含憤而尚降五月之霜，一女懷冤而尚致三年之旱，則天人之感應必不誣矣。況乎充其實心，而反乎實理，得其至誠淵微之應者乎？若其可以回天而天不應，可以動人而人不服者，則亦付之於莫之爲者而已，非人之所能逆料也。

嗚呼！誠之爲體，至微而至妙，誠之爲用，至顯而至廣，體乎萬物而爲物之終始。故元亨利貞，天之誠也；仁義禮智，性之誠也。二氣無此誠，則不可以竝運；四時無此誠，則不可以錯行。日月以之明，山嶽以之高，河海以之深，故曰「不誠無物」。聖人，性此誠者也；君子，反此誠者也。得誠之一端，猶足以感天而感人，況乎得誠之全體者乎？若其所以著力用功，純亦不已，而到於至極之地者，則求之於聖賢之言而可見其功效也，豈風庭寸晷一腐儒之所敢容喙哉？

愚也螢窓末流，其於誠敬之學，不免於面牆，不知何者爲天道，何者爲人道，況有涵泳之功、沿涉之力乎？但於執事之問不敢糊口，而組綴腐熟，又非儒者之所爲，故妄肆臆見，其於章句之間必有不合程度者矣。願執事不以點瑕而棄良玉，不以寸朽而棄合抱，非特愚生之幸也，抑亦多士之幸也。謹對。

化策

問：孟子曰：「所過者化，所存者神，上下與天地同流。」是則聖人於天下也，無不可變之人也。堯舜之於朱均，周公之於管叔，或不能化其子，或不能化其兄者，何歟？湯文之於桀紂，非徒不能化之，或囚於夏臺，或囚於羑里，何歟？聖人亦有所未能化者歟？孔孟有德無位，周流天下，能化者幾人，其不能化者幾人歟？降及漢唐，聖道不明，其間出類而扶持名教者，誰歟？宋之洛黨、蜀黨，亦有是非之可議歟？若以人終不可變，則堯之於變時雍，舜之風動四方，中庸之變動，據何以言歟？各悉心以對。

對：陽春之和，不被於凌陰；日月之明，不照於覆盆；聖人之化，不及於下愚。今執事先生以聖人之能化不能化者下詢承學，苟非智足以知聖人者不可與議於此矣。愚也不敏，何足以知之？既辱明問，不敢默默。

竊謂本然之性，人莫不善，而氣質之稟有不齊者，故天生聖人，使之治而教之，以復其性。聖人者，能盡己之性，而能盡人之性者也。盡己之性，故明德明於一身矣，盡人之性，故明德明於天下矣，天下安有不可化之人乎？雖然，有化人之德而無化人之位，則天下不被其化矣。何謂化人之德？聖人之德是也。何謂化人之位？君師之位是也。必也以聖人之德，處君師之位，然後天下可化矣。其或有能化天下而不能化一人者，則此非聖人之不能盡其道也。何則？夫子曰：「不曰『如之何，如之何』者，吾末如之何也已矣。」此則自暴自棄之謂也。夫自暴者，拒之而不信，自棄者，絕之而不爲，雖聖人與居，亦將如之何哉？夫子所謂「下愚不移」者，其不在此乎？此聖人之所以能化天下，而或不能化一人者也。

孟子有言曰：「所過者化，所存者神，上下與天地同流。」信斯言也，聖人宜無不能化之人也。然而稽諸古昔，則堯舜爲父，而朱均不免爲不肖之子，堯舜可謂盡其爲父之道乎？周公爲弟，而管叔不免爲不友之兄，周公可謂盡其爲弟之道乎？成湯之事夏桀，周文之事商紂，不能格其非心，而卒被夏臺之辱，羑里之囚，則湯文可謂盡其爲臣之職乎？父子、君臣、兄弟之際，尚不能化，則天下之人，疑若不可化矣。夫以堯之德，既已平章百姓矣，以舜之德，既已庶績咸熙矣，以周公之德，既已勤勞王室矣。國之本在家，則不能化其家而能化其國者，未之有也。堯能平章百姓，舜致庶績咸熙，則其盡爲父之道推此而可知矣。

周公勤勞王室，則其盡爲弟之道推此而可知矣。

堯舜盡其爲父之道而朱均不化，周公盡其爲弟之道而管叔不化，豈非自暴自棄之罪耶？慢游是好、傲虐是作者，丹朱之暴棄也。商均與朱并稱，則其爲人可想矣。包藏禍心，欲危社稷，而流言扇亂者，管叔之暴棄也。堯、舜、周公安能化彼哉？且得臣如伊尹者而使之五就桀，則成湯之忠盛矣；率商之畔國以事紂，則文王之忠亦盛矣。天命未去，則其所以事君之道，何所不至哉？然而終不能化者，豈非桀紂自暴自棄之罪哉？夫龍逄、比干之忠非不至也，而卒見誅戮，則夏臺之辱、羑里之囚何足怪哉？滅德作威、顚覆典刑者，夏桀之所以暴棄也。慢神虐民、毒痡四海者，商紂之所以暴棄也。湯文其如彼何哉？是以不盡化之之道而不能化者，則化之者之過也；雖盡化之之道而不能化者，則不化者之過也。苟使聖人不盡化之之道，則何足爲聖人哉？聖人雖曰過化存神矣，其如不移之下愚何哉？

若夫孔子之聖，自生民以來未之有也。孟子之學，遏人欲、存天理而亞聖者也。夫以聖賢之德，既負天地生民之寄矣，宜乎必得其位，必行其道，而反致迍邅，所如不合，轍環天下，卒老于行，則天下之被其化者，其能幾人哉？孟氏既没，道學不傳，功利之説，佛老之教，惑世誣民，充塞仁義，天下之不爲禽獸者幾希矣。其間稍知尊孔孟而扶持名教者，漢之董仲舒、唐之韓愈可謂庶幾矣。仲舒一出而功利之説不得肆焉，退之一出而佛老之教以之衰焉，豈曰小補之哉？然而不得於時，不行其志，則其不能有爲可知矣。至若眞儒之盛，莫過於宋，而河南程氏爲之最焉，纘千載不傳之緒，回百川既倒之瀾，性理之學，粲然復明。然而不合於世，不用其言，徒與尙氣排訐之徒分爲洛黨、蜀黨而已，則敢望吾道之盛行乎？

夫天下之生，久矣，一治一亂。其治也，則聖人得天位而天下以治；其亂也，則聖人不出世而天下以亂。雖或有聖人，而不得天位，則不能救其亂矣，而況聖人不出耶？治者，氣運之盛，天地之泰，而理之常者也。亂者，氣運之衰，天地之否，而理之變者也。當周之末，王綱既弛，天下昏亂，魯、衛之君，齊、梁之主，皆不可與有爲，則孔、孟之有德無位，而化不及於天下者，又何疑哉？然而不化之中，亦有能化者存焉。孔子既有三千之徒矣，其爲中都宰而四方則之，則化被一都矣；攝行相事而魯國大治，則化被一國矣；會于夾谷而齊人畏服，則化及鄰國矣。若使孔子得行其道於天下，則天下必被其化矣。孟子之言曰：「大國五年，小國七年，必爲政於天下矣。」孟子必非大言自誇者，如使孟子得行其道於天下，則天下亦必被其化矣。善觀聖人者，不求其迹，而求其心，欲求其心，則必求其道。今去聖人千有餘載，苟知其道，則尙能使人興起，而況親炙之者乎？然則孔、孟之不能化者，非其德不足也，勢不能也。聖人雖曰過化存神矣，其如理數之變何哉？若董生、韓子，則雖曰有功於名教，而俱不得與於道統，則不必贅論於其間也。抑愚之所恨者，濂、洛群賢不能行道者耳。

夫洛黨、蜀黨之是非，先儒已論之矣。愚則以爲程子之學，無適無莫而心不偏繫矣，安有朋黨之失耶？當是之時，貶竄之羣小切齒腐心，欲伺其隙，而在朝之諸賢不以爲意，反相排擊，則雖稍知志道者，尚不可爲，況以傳道之程子而爲之耶？此必門生之狹隘者，好己之勝，而程子不知耳。且以蘇氏之才，非下愚之比，而不化於程子者，亦其勢不能也。何則？非其子弟也，而其志不同，則雖聖人，亦不能化矣。孔子尚不能化原壤，則況於程子乎？誠使程子得行其道，則趙宋之治可以復古矣。反以僞學目之，而攻之不暇，則程子亦如之何哉？苟值理數之變，則孔子尚不能有爲，而況不及孔子者乎？以此觀之，堯舜之於朱均，湯文之於桀紂，周公之於管叔，則值不移之下愚而不能化者也；孔子之於春秋，孟子之於戰國，值理數之變而不能化者也；董子之於漢，韓子之於唐，則既值理數之變而又無聖人之德者也；程子之於宋，則有同於孟子焉。

嗚呼！聖人之迹雖殊，而聖人之道一也。其道既一，則其心豈異哉？前聖後聖，其揆一也。中庸曰：「誠則形，形則著，著則明，明則動，動則變，變則化，唯天下至誠爲能化。」至誠而能化人者，愚聞之矣；不誠而能化人者，愚未之聞也。堯以至誠，協和萬邦，而黎民於變時雍。舜以至誠，從欲以治，而四方風動。彰信兆民而若旱之望雲者，成湯之至誠也。發政施仁而天下歸心者，文王之至誠也。位冢宰、正百官而海不揚波者，周公之至誠也。

苟能以至誠化天下，則雖有一二之不化者，亦何害於天下之盡化哉？堯舜之世，不化者止於朱均而已，則固無害於於變風動之化也。湯文之時，不化者止於獨夫而已，則固無害於望雲歸心之化也。周公之時，不化者止於管蔡而已，則固無害於海不揚波之化也。豈以一人之不化者，疑聖人哉？若孔子則其可謂不能化人乎？噫！孰知夫孔子之化，反盛於堯舜之化也？堯舜之道，行乎一時，一時之君師也。孔子之道，明於萬世，萬世之君師也。堯舜之化有限，而孔子之化無盡也。噫！孰知夫孔子之時天地之否者，反爲萬世天地之泰者乎？如使孔子得其位，行其道，而其化只若堯舜而已，則繼往聖、開來學而垂教於無窮者，誰任其責？宰我曰：「以予觀於夫子，賢於堯舜遠矣。」邵子曰：「堯舜以九州爲土，孔子以萬世爲土。」嗚呼！此其所以爲孔子歟？謹對。

文策

問：文者，道之著，文而外道，非文也。故聖賢之文，一出於道，其載在六經者，粲然可見。但孔門立四科之目，游夏以文學稱，是則疑若外道而言文也，抑游夏之文亦非徒文而已者耶？秦漢以降，士不講道，文與道遂裂而爲二物，雖或有以文鳴者，皆浮華駁雜之爲尚，而無復明道之實矣。其間庶幾於道者，如漢之董仲舒、揚雄，唐之韓愈，宋之歐陽脩。先正許以近似，而謂非諸儒可及，然考其平生立言行事之實，則未嘗無病焉。其所以能近道而亦不能無病者，何歟？就先正論之，考亭先生沈潛于道義而發越乎文章，西山先生汪洋乎文章而浸淫乎道義，二先生所入不同而終歸於一致者，何歟？觀乎今之世，文弊極矣。有科舉之文，有詞章之文，二者迭爲之病，而文不文矣。文弊若兹，世道何如？欲救之弊，將有術歟？二三子學文之餘，其必熟講于是，試言之。

對：愚嘗慨然於理學不講，文與道歧而爲二，螢窓之下掩卷長嘆者，爲日久矣。今國子先生特舉斯文下詢承學，欲聞救弊之策。愚雖無似，敢不悉心以對？

竊謂道之顯者，謂之文。道者，文之本也；文者，道之末也。得其本而末在其中者，聖賢之文也；事其末而不業乎本者，俗儒之文也。古之學者，必先明道，苟能明道而有得於心，則見乎威儀、發乎言辭者，莫非道之著者也。是故其爲文也，辭約而理當，言近而指遠，卒澤於道德仁義，炳如也，此則聖賢之文也。後之學者，不求實理而徒尚浮藻，心無所得而外爲巧言，取悦於人而衒玉於世，是故其爲文也，工於撰述而外於道義，辭繁而理礙，語圓而意滯，此則俗儒之文也。苟能窮其本末，知所先後，則可以與議於斯文矣。仰惟吾夫子，取羣聖之教而折衷之，載在六經者是已。尚矣哉！無復議爲也。及其門人設四科之目，而子游、子夏以文學稱焉，則雖若外道言文。然而三代之學皆所以明人倫，則古人之所謂文學者可知已，豈若後世之雕蟲篆刻者哉？

自漢以來，上無善治，下無真儒，道術日壞，衆流雜出，世之儒名者，徒知有文而不知有道，浮華爲尚，駁雜爲宗，斯文之弊極矣。其間稍知尊孔孟而抑異端者，不過數人而已。董生之「正其誼不謀其利」，揚雄之「先自治而後治人」，退之之文能起八代之衰，永叔之文能革五季之弊者是已。然而董生得聖人之經[五]，而其失也流而爲迂。退之自守不固，飢寒困窮之不勝而號於人。永叔文行雖若庶幾，而道學終愧於濂洛。而況莽大夫揚雄，焉能爲有，焉能爲無哉？

夫道之所以不明者，知其末而不知其本故也。道之所以不行者，先其所後，後其所先故也。孰不有知？知道者鮮矣。孰不知道？行道者鮮矣。游夏之學，兼知兼行，故子夏有「賢賢易色」之論，子游有武城禮樂之化，其不爲徒文可知已。四科之目，特其所長耳，非其所偏也。不然，則具體之顔淵豈乏政事之才？穎悟之子貢寧無文學之藝哉？若董生之輩，其知不至，其行不篤。故或所趣雖正，而未得其宗；或擇焉不精，而語焉不詳；或識量雖高，而行不能掩；或事業雖優，而未聞道要。此所以雖若近道，而終不能無病者也。

若夫考亭之學，淵源有自，而道統有歸，窮理而博之以文，居敬而約之以禮，躬行心得，積中形外，則其發越乎文章者，乃睟面盎背之緒餘耳。西山之學，多而能識，細大不遺，唐虞以來編簡所存，經傳之精微，書史之浩瀚，諸子之文，百家之説，莫不極其歸趣而覈其邪正，則其浸淫乎道義者，乃沈潛詳玩之所得耳。二先生所入雖若不同，皆以明道爲務，則終歸於一致，何足怪歟？雖然，凡物之理，必先有本而後有末，先有質而後有文矣。考亭之學既以道義爲本，則西山之學豈無其本乎？先文章而後道義，非先正之所取也。是故考亭之文章，吾不曰讀書之所致，而曰道義之發乎外者也；西山之道義，吾不曰文章之所致，而曰力行之根乎中者也。然則二先生之所入何嘗不同哉？

嗚呼！程朱已殁，道統遂絶，人無聞道之志，士趨爲人之學，才高者專事乎詞章，才短者奔走乎科場，六經爲干禄之具，仁義爲迂遠之路，文不爲貫道之器，道不爲經世之用，文弊至此，則世道之汙隆從可知矣。其所以爲弊者，必有所自矣。今之取人，只有科舉一路而已。縱有經綸之才、廟堂之器，苟不由是路，則終不與於清班。彼囂囂樂道之流，孰肯俛首屈志，繫其得失憂樂於一夫之目哉？此所以真儒不出，俗儒日滋者也。不寧惟是。所謂科舉之文者，有規矩有程度，縱有波瀾之文、瓊玉之詞，苟不合於規矩程度，則輒斥去焉。彼汲汲於名利者，孰不改其所守而徇人之耳目哉？此所以科舉之文益盛，而華國之才亦不多得者也。華國之才尚不多得，況乎聖賢之文耶？士之上者有志於道德，其次志乎事業，其次志乎文章，最下者志乎富貴而已。科舉之徒則志乎富貴者也。今兹欲得志乎道德者，而反以志乎富貴者待士，則甚非國家所以求賢之意也。

斯文之弊，既有所自，則豈無救之之策乎？思昔周室之盛也，以鄉三物，教萬民而賓興之，一曰六德，二曰六行，三曰六藝，不聞以文藻取人也。誠使今之學行俱備、得與於斯文者，俾居權衡之任，其取人也，先德行而後文藝；其講學也，尊爲己而黜爲人；其考文也，取義理而捨浮華。則必使人人勵志，日趨正學，屏去浮僞，敦尚道德，莫不以聖賢之文爲文也，何患乎文弊之未革乎？

愚既以管見，仰塞明問，而於篇終別有説焉。夫子曰：「君子之德風，小人之德草，草上之風必偃。」孟子曰：「上有好者，下必有甚焉者。」是故古之聖王，莫不躬行以率下也。古語有之：「城中好高髻，四方高一尺；城中好廣袖，四方全匹帛。」人主之於億兆，其所以觀感而變化者，豈特若城中而已哉？上有好德之主，則下多篤行之士；上有好文之主，則下多窮經之士：莫不由人主而致之也。人主苟能以大學之道爲己任，窮理正心，修己治人，則君子得聞大道之要，小人得蒙至治之澤，正學日明，真儒日盛，書所謂「文命敷于四海」，詩所謂「思皇多士，生此王國」者，不期然而然矣。是故文風之盛衰繫於理學之隆替，理學之隆替繫於人主之一心。願先生勿以迂儒所見疏闊，而轉以上聞，幸甚。謹對。

盗賊策

問：人君之政，莫先於安民，安民之政一失，而盗賊之患作矣。三代以前，民安物阜，姦宄屏息，無以議爲。世降叔季，風澆俗薄，無恒心、失業之徒相聚爲盗，其害甚焉。鷄山之盗，起於西漢；廣陵之賊，發於東京。熾於唐季者，黄巢也；亂於胡元者，天保也。當時制治之得失，可得聞其詳歟？惟我東方，邈在海隅，盗賊竊發，代各有之。麗季之衰，至於乘輿播越，其故何歟？逮于我朝，聖繼神承，如傷之仁，惠鮮之澤，浹民肌膚，本固邦寧者，至矣盡矣。宜乎民有恒産而安居樂業，出無盗賊而路不拾遺。奈之何海西盗賊，敢梗聖化，寔繁有徒，恣意殺戮。至於官軍失捕，以軫宵旰之憂；王人見害，以貽邦家之恥〔六〕。此固狗鼠之不足慮，而其病民辱國之患，有甚於外寇者。盗賊本良民也〔七〕，則盗之爲盗，豈其心哉？其所以致此之由，勦捕之策，可得以言歟〔八〕？若勞民動衆，蕩覆巢穴，則慮有無辜之横罹。置而勿問，則將至於滋蔓而難圖矣。何以則無一二者之弊，而民有奠枕安堵之樂歟？願聞的確之論。

對：愚以藜藿之腸，常懷肉食之謀，目擊梗化之氓，慨無可封之俗，空抱漆室之憂，未陳賈生之策。今承明問，敢激愚衷，聾瞽之説，上聞有路，則愚敢以不在其位爲辭，而不傾囷倒廩於明執事也哉？

嘗謂國家之治亂，係於生民之休戚；生民之休戚，係於時政之得失。上有如傷之仁，則下絶姦宄之俗；上失制産之道，則下多顛越之寇。是故止盜之方，莫先於安民；安民之術，莫急於仁政。仁政無他，使民不失其所而已。苟行仁政，則顛連無告者，咸囿於字惠之化，而寇賊可化爲良民〔九〕；不行仁政，則頭會箕斂者，皆肆於誅求之暴，而赤子總陷於大憝。民心無常，惟上所使而已。斯民也，可畏而不可忽也，易亂而不易治也。炎炎不撲，則必至於燎原；涓涓不塞，則必至於滔天；草竊不止〔一〇〕，則必至於巨猾。又況邦本既摇，外侮隨至，不測之患或起於倉卒者乎？治於未熾之前，則不勞動衆，而自底於綏定；障於既決之後，則不救奔突，而終至於辱國。治之之策，豈止於追捕殺戮而已哉？務在安輯撫摩之而已。追捕之威，不過誅及其身；安輯之恩，可以革化其心。誅身之功淺，革化之德深，此古之有志於安民者所以先撫摩而後殺戮也。請因明問而白之〔一一〕。

原夫從欲之治既遠，象刑之教邈矣。若保之澤，不被於民；囹空之隆，不見於世。上無三代之政，下無三代之民，叔季澆薄之俗，一何嘯聚之多耶？綜覈名實之治，尚有潢池之弄兵；外家握兵之日，寧無捕誅之劇盜乎〔一二〕？而況長垣販夫，乘唐季之釁〔一三〕；山東妖賊，煽胡元之亂。斯四者，或激於長吏之侵暴，或出於朵頤之姦謀，其惡之大小雖殊，同歸於盜賊則一也。宣帝付渤海於治繩之良吏，俾盡安輯之道，而佩犢帶牛之氓轉移於南畝，一郡乂安，可謂得弭盜之策矣。梁冀畀廣陵於埋輪之御史，欲售被劾之憾，而單車指揮之際悉服其元惡，闔境以寧。此則東京朝政雖不足觀，而一郡字牧之職，可謂得矣。若夫僖宗不君，綱紀解弛，匹夫大呼，從者如雲，封豕雖誅，長蛇踵起，以賊攻賊，莫知紀極，而唐卒於亂亡。則窺覘神器者，不特一黃巢，而唐之不治亂民，蓋可想矣。帖睦荒怠，天厭穢德，一方唱亂，四海俱擾，胡運將盡，九州土崩，以亂止亂，終莫之定，而元卒於奔竄。則斬木揭竿者，不獨一天保，而元之自失其道，亦可想矣。

噫！黃巢、天保之亂，足以覆人之國，渤海、廣陵之盜，革其劫略之習，則其時撫摩殺戮之或得或失者斯可見矣。使兩漢苟無治郡之良吏如二人者，則安知炎炎之轉至於燎原，涓涓之轉至於滔天乎？〔一四〕雖然，爲治不法三代，則皆苟焉而已。漢唐以下，皆非今日之所可道也。愚請以東方之事〔一五〕，爲執事諄諄焉。

若稽古昔，上自檀君，下至王氏，治亂相因，不可枚舉，而治則民安盜息，亂則淪怯竊發者〔一六〕，其轍一也。若其內治不固，外寇乘虛，金湯失守，貽毒生民，則未有甚於麗季者也。嗟乎！朽木生蠹，空穴來風，則紅巾之蹂躪，豈非恭愍之自取乎？當時之刑政不修，姦宄接迹者，不必更瀆於執事者也。恭惟我朝，累世熙洽。施仁之澤，無不溥被；安民之政，罔不修舉。宜乎老弱無溝壑之填，菽粟如水火之足，外户不閉，商旅野宿。而奈之何近年以來，國門多禦人之寇，大都有剽吏之姦，居防穿窬之盜〔一七〕，行有畏盜之患，以至海西之猘犬，焚蕩行劫，而生民不得其所矣。惟彼狗偷之輩，漸引無賴之徒。官軍追捕，則鼠伏於林藪；巡警纔返，則豕突於閭巷。不特如是而已也，敢肆毒尾，戕害王人，上軫宵旰之憂，下貽將士之辱，罪不止於病民，惡實同於叛國。孰謂周文之聖，方念小民之依，而乃有元惡大憝，敢累至治如是者乎〔一八〕？

愚嘗深究其故，慨然太息曰：盜未始不爲民也，民亦可使爲盜也！人情孰不惡死而好生，取安而舍危哉？夫以好生取安之心，敢有趨死就危之計者，非深有所不堪，則不至於是也。響非無聲而發，影必待形而動，則愚亦妄意盜賊之發，必有所由也。何以言之？當宁盡懷保之道，而臣鄰能以匹夫之不被其澤，若撻于市者，有幾人乎？萬姓仰惠鮮之化，而守令能求牛羊之牧，不至於立而視其死者，亦幾人耶？九重之内，不遑暇食，而闕門之外，王澤不流，哀我蒼生，何罪何辜？膏澤竭於聚斂，筋骨勞於重役，加以水旱相因，饑饉荐臻，大東賦杼柚之空，中谷興暵濕之嘆。野有餓莩，罔救煢獨之哀；民無恒産，失其本然之心。飢寒切身，不顧廉恥，起而爲盜，夫豈本心哉？易曰：「觀我生。」觀我民也。今以盜賊之不息，觀一時之政治，則豈無一事之或闕歟？不求其故，不革其弊，而但欲勦捕而已，則一方之巢穴雖可蕩覆，而彼無恒心放僻之民，能保其不爲盜乎？每人而捕之，日亦不足矣。

爲今之計，撫綏爲先，勦捕爲後，撫綏固當汲汲，而勦捕亦不可廢也。撫綏固當汲汲者，何謂也？今夫迫於飢死者，一朝自投於賊藪，雖免一時之窮苦，豈不念後日之禍敗哉？當其搶掠之際，少快於頃刻，而及乎竄伏之時，必困而知反。一自爲盜，形迹便異，雖欲復爲齊民，勢有所不能也。誠能擇才兼文武、志切愛民者，俾爲百里之長，宣布德義，明示赦宥，使無賴之徒賣刀劍而就農畝，使樂生之流舍至危而就至安，除其賦役，遂其生業，則彼沸鼎之游魚，豈不知投身之所乎？勦捕亦不可廢者，何謂也？今夫脅從之徒，固有自惜其死、樂聞復業之命者矣。若兇徒之首，素以殺戮爲業者，必有迷不知反者矣。此乃不待教而誅之者也，豈可置而勿問乎〔一九〕？雖然，區區之小賊，出没於山藪，而乃至勞民動衆，如見大敵，則求所以安民，而適所以擾民也〔二〇〕。幸而盡誅，則横罹無辜；不幸失捕，則虧損國威。不若以撫綏除其脅從，以厚賞募其追捕，使羽翼零落而終爲獨夫，則乘機捕捉，一鄉長之能事耳〔二一〕，奈何爲一兔而設千勻之弩哉？今若不動大衆，則必無横罹之禍；撫綏脅從，則必無滋蔓〔二二〕之患。執事所謂二弊者，可以一言而救之矣。

噫！一龔遂能使姦宄變爲務本之俗，一張綱能以片言折服數萬之衆，曾以堂堂聖朝，可無此等之人耶？雖然，此則可救一方之民而已。愚之所望於朝廷者〔二三〕，必使封域之内[二四]，莫不有廉恥之俗，而路不拾遺，以復三代之治，然後一代之能事畢矣。致此之由，豈無其道乎？傳曰：「衣食足，然後知禮義。」使民足食之道，豈在於仁政之外哉？聖上推其不忍人之心，以行不忍人之政，使動植之物各得其所，斯民之養生送死，得以無憾矣，則人將以禮義自文其身矣，安有竊發未戢之憂乎？

愚請因執事之問[二五]，而於篇終不能無感焉。天下之事，莫不由微而至著[二六]，積小而成大。彼狗鼠之徒雖曰不至於大患，而生民之失寧推此可知，則異日之憂，豈止於草竊而已哉？嗚呼！廟堂之上，講之素矣；軒陛之下，諍之切矣。一介迂儒，在所不謀，而敢此縷縷，其亦不自量也。然而胸中之藴，苟非執事之問，則將安所吐露乎？有一於此，欲流之清莫若澄其源，欲影之直莫若正其形。朝廷者，源也，形也；下民者，流也，影也。誠能上自股肱，下至百僚，莫不勵其清介之操，賨其不貪之寶，家絶苞苴之行，門無昏夜之扣，四維既張，風行草偃，則彼有恥且格之民，雖日撻而求其盜也，尚不可得，況以刑政又從而治之乎？夫子之言曰：「苟子之不欲，雖賞之不竊。」腐儒狂言，實出於此。謹對。

孔子言禮從周疑

問：子曰：「殷因於夏禮，所損益可知也；周因於殷禮，所損益可知也。」然而其言夏殷之禮曰：「杞不足徵也，宋不足徵也，文獻不足故也。」惡在其可知歟？又曰：「周監於二代，郁郁乎文哉！吾從周。」然而其答林放之問曰：「禮，與其奢也，寧儉；喪，與其易也，寧戚。」惡在其從周歟？抑有知之從之之説歟？

對：先王之禮，聖無不通，而能言貴於有證。文盛之制，焕乎可觀，而其文本於有質，貴於有證，故文獻不足，則不可以説禮；本於有質，故末流文勝，則不可以不救。愚之從事於雅言也久矣，其於復明問也何有？請試陳之。

夫禮者，天理之節文而人事之儀則。其本則天叙天秩，而爲天地之常經；其用則隨時損益，而爲古今之通義。殷不能改乎夏，周不能改乎殷，則全體本一，而所因未嘗不同矣。宜乎夏而不宜乎殷，適於殷而不適於周，則制度不一而所尚不可同矣。因往推來，而百世可知，則夫子於夏商之禮，皆可講究而發揚之矣。但以王制既替，而禮壞儀缺。夏之禮宜乎在杞，而杞之微，不可以爲徵；殷之禮宜乎在宋，而宋之衰，不可以爲證。典籍泯滅，而載是禮者無可攷；老成不遺，而明是禮者不可得。無以載之，無以明之，則夫子雖欲説夏殷之禮，亦將何所憑據而取信於斯民哉？其不能言者，非其不知禮也，豈可以杞宋之不足徵，疑夫子之不知也哉？

若夫典章文物，莫非聖人惇典節理之具，而時有古今，而制作各異。二代之禮，雖宜於一時，不能爲常行之制。故周公之制禮也，遠監乎夏之尚忠，近視乎殷之尚質，酌彼此之宜，權輕重之節。裁其所過，而使不至於爲弊；增其所不足，而使不至於失中。益之損之，各得攸當。大體既立，大用既張，三千三百，於斯大備，優優其大，郁郁其文，則夫子美其文而從之者，豈不宜哉？雖然，文質不可相無，而必先有質而後有文，則文爲禮之用，而質爲禮之本也。周之末也，尚文之弊流而爲史，以彬彬之先進爲野人，而以文勝之後進爲君子。則世之爲禮者，徒事繁文而不求其本，可知矣。禮奢而備，不若不備而得其實也；喪易而文，不若不文而致其誠也。此夫子所以大林放之問，而以寧儉寧戚爲禮之本者也。周之文勝，生於流弊，而非周禮之本然，則其可以救弊之言，疑夫子之不從周也哉？

然則因革可知，而不可取信於無徵；文章可美，而不可不正其流弊。理無不格而明無不照，則其於先王與天地同節之禮，寧有所未瑩乎？文王既歿，而文在夫子，則其於時王損益得中之文，寧有所不從乎？由是觀之，前所稱者，推往古之制度，而傷今世之無所質，此則感時之嘆也；後所稱者，美盛時之文物，而正末流之失其本，此則救弊之論也。往古制度，雖若指掌，而待其人而乃行，則其可以下焉不尊之人，議其上焉無徵之禮乎？盛時文物雖曰粲然，而遂其末而爲弊，則其可以末流之失，疑其監乎二代之文乎？以其無徵不言而謂夫子之不知，以其救時立言而謂夫子之不從，則其可謂因其言而得其旨乎？夏之時，殷之輅，發於顏子爲邦之問。不制度，不攷文，而但學今用之周禮，則其知之從之，不待多言而自見矣。謹對。

四子言誠疑

問：大學曰：「誠其意。」中庸曰：「誠者，天之道；誠之者，人之道。」其所謂「誠」者，有淺深之可言歟？孟子曰：「反身而誠。」論語獨不言誠，何歟？所謂「忠信」，抑何意歟？學者用功，何始何終？願聞其說。丁巳。

對：誠者，真實無妄之謂，而有實理之誠，有實其心之誠，知乎此，則可以論乎誠矣。嘗讀大學，曰：「誠其意。」中庸曰：「誠者，天之道；誠之者，人之道。」未知誠意之誠與天道人道之誠，各有淺深歟？孟子言「反身而誠」，論語只言「忠信」，所謂「忠信」與「誠」意有異同歟？請申論之。

君子之好善如好好色，惡惡如惡惡臭，皆務決去而求必得之，則「誠其意」之事，而自修之首也。修其人事之當然而擇善固執，思而得，勉而中，則「誠之者」之事，而人道之誠也。全其天理之本然，而不勉而中，不思而得，從容中道，則「誠者」之事而天道之誠也。其淺深高下，概可知矣。人性本善，而衆理具焉，擴充其良心，而有以自慊，則孟子所謂「反身而誠」，即「誠之者」之誠也。盡己之謂忠，以實之謂信，忠者無妄，信者不欺，則論語所謂「忠信」與「誠其意」何異哉？愚未見論語之獨不言誠也。分而言之，則庸、學、語、孟各有其旨；合而言之，則不過天道人道而已。

自然而然者，天道也；有爲而然者，人道也。真實無妄者，天道也；欲其真實無妄者，人道也。體於物則天高地厚，日月代明，四時錯行；體於人則父慈子孝，君義臣忠。出於性分者，天道也。使天地定位，日月不失其度，四時不失其行。父勉於慈，子勉於孝，君盡其義，臣盡其忠，出於職分者，人道也。天道即實理，而人道即實心也。實理之誠，則聖人氣稟清明，道理渾然，體此而生知安行，此乃「自誠明」者，而孟子所謂「萬物皆備於我」是也。然則中庸之誠者，豈非實理之誠乎？實心之誠，則大賢以下，氣稟未純乎清明，而不能渾全其天理，性情或牽於人欲，而不能百行之皆實，故明善而實其心，此乃「自明誠」者，而中庸所謂「誠身」是也。然則大學之「誠其意」，論語之「忠信」，孟子之「反身而誠」，與夫中庸之「誠之者」，何莫非實心之誠乎？由是觀之，庸、學、語、孟同是聖賢之書，而相爲表裏，文雖似異，意實相貫。此所謂雖有淺深之異，而相爲終始。

學者當以「誠其意」爲用功之始，而「戒慎恐懼」於不聞不睹之地，「主於忠信」，而使日用之間動靜云爲皆出於實心，然後可以心廣體胖，仰不愧天，俯不怍人，「反身而誠」矣。推而至於形而著，著而明，明而動，動而變，變而化，以至洋洋乎發育萬物，峻極于天，則大賢之用功於是乎終，而誠之之道極矣！若夫誠者之肫肫其仁，淵淵其淵，浩浩其天，則非天下至聖不能也，豈力行之可及乎？謹對。

四子立言不同疑二首

問：孔、孟、曾、思之道，一而已矣。論、孟、庸、學立言之旨不同，何歟？其不同之中，抑有同者歟？

對：隨時設教而各有其旨者，聖賢之言也。前後一揆而無所不同者，聖賢之道也。見其所不同，而知其所同，然後可以釋明問之疑矣。愚請申之。大學，明道之書也。極規模於其外，盡節目於其內，欲使學者自明其天之明命，以及乎天下，而其旨則不外乎敬之一字而已。論語，入道之書也。因門人之進學，量其才而篤焉，欲使學者全其本心之德，以立其根本，而其旨則惓惓於仁之一字而已。孟子，衛道之書也。扶既衰之聖教，斥横流之邪説，因人性之本然，遏人慾於將萌，則其旨在乎存天理而已。中庸，傳道之書也。究性命之蘊奥，致中和之極功，費而至於配天，隱而至於無聲臭，則其旨豈在於誠之外哉？敬也者，學者之所以成始成終者也；誠也者，教者之所以成己成物者也；仁則當於理而無私心之謂也；天理則體乎物而爲性命之本者也。不揣其本而只見其目，則安可知其同乎不同之中乎？夫子之道傳乎曾氏，而子思、孟子皆得曾氏之傳，則所言之旨皆有不同之同，不一之一矣。何以言之？敬爲大學之旨，而戒懼謹獨之意，不愧不怍之樂，行篤敬之效，不一而足，則敬獨在於大學乎？仁爲論語之旨，而發身之說，服膺之功，安宅之喻，亦不一而足，則仁獨在於論語乎？存天理爲孟子之旨，而克明之誥，率性之道，畏天命之言，并見乎傳，則存天理者，豈獨孟子哉？誠爲中庸之旨，而毋自欺之說，忠信之訓，反身之論，亦并見乎傳，則論誠之書，豈獨中庸哉？由是觀之，誠者，敬之原也；敬者，反乎誠之功也；理則仁之在乎天者也；仁則理之賦於人者也。敬以復禮，以全天理，則此非至誠之道乎？千岐萬路，俱達于國；橫說竪說，皆貫乎一。則不同之同，不一之一，其是之謂乎！嗚呼！日月雨露，同一天也；草木山川，同一地也。人徒見其日月雨露之各有一氣，而不知天之運行於日月雨露者同一氣，則不可謂知天也；徒見其草木山川之各賦一形，而不知地之持載于草木山川者同一形，則不可謂知地也。徒見聖賢之言各有其旨，而不知聖賢之道本無二致，則其可謂知聖賢之旨乎？一氣而運化者，天地之一原也；一道而設教者，聖賢之一揆也。苟能定規模於曾傳，而立根本於孔謨，由孟子之發越而見道之用，由子思之喫緊而求道之妙，則孔、孟、曾、思之旨皆可同其所不同者而同之矣，又何疑於同不同哉？謹對。

對：言本於道而未嘗不異焉，道見於言而亦未嘗不同焉。道之同者原於天，而前後所以一本也；言之異者明於教，而詳略所以不一也。究其道之同，而察其言之異，則明問之疑，何難下乎？請試陳之。蓋夫子以天縱之聖，際周室之末，悶天理之晦盲，歎人心之茅塞，而克己之方，復禮之要，未嘗不惓惓於善誘之日，則論語之所論，本於仁而發也，而爲學之根本，於是乎立矣。孟子以亞聖之資，繼往聖之統，恐吾道之不明，憫楊墨之肆行，而性善之說，養氣之論，未嘗不諄諄於好辯之時，則七篇之所言，主於心而發也，而此道之發越，於是乎見矣。至於中庸一篇，子思明道之書也，而首言「天命之謂性」，則鳶魚之所以察，費隱之所以兼者，無所不本於本然之性，而其所以徹上徹下之功，則其亦不在於誠乎？大學一部，曾子教人之法也，而首言「在明明德」，則綱領之所以舉，條目之所以張者，無所不本於本體之德，而其所以成始成終之妙，則其亦不在於敬乎？大抵仁爲論語之體，而爲學者之先務焉；心爲七篇之主，而爲學者之標的焉；中庸之言性，大學之言德，亦無非明道之要而已，教人之術而已。此四書之旨所以不同於言，而不同之言所以一於道者也。何以明之？蓋仁者，吾心之全德而萬善之長也；心者，吾身之主宰而性情之統也。非誠，無以存天理之本然；非敬，無以檢一身之主宰。則仁果不出於性乎？心果不兼於德乎？〔二七〕而誠敬之理所以不離於仁之中，心之上者，於此亦可見矣。由是觀之，聖賢之言雖若有異，而前後之道未嘗有二致焉。爲學而不知所以爲仁之道，則私欲間之而德非其德矣，然則論語之言仁不亦可乎？爲學而不知存心之要，則異端害之而天理滅矣，然則孟子之論心不亦可乎？性即天也，而誠者天之道也，則中庸之論誠，不得不爾也。仁未嘗外乎心，心未嘗外乎仁，而性與德亦未嘗不包之修也，則大學之言敬，不得不爾也。德者，本也，而至於敬者，德括於其中，則表裏之序詳矣，體用之學悉矣。多見其明道之方也[二八]，多見其教人之術也，其言之同不同又何足疑哉？不然，夫子何以曰「吾道一以貫之」乎？謹對。

荷蕢顏閔心迹疑

對：隱者，過於自守，故高尚其志，往而不返。君子，出處以正，故用之則行，舍之則藏。然則荷蓧之杖而芸，沮、溺之耦而耕，與夫陋巷之顏淵，汶上之閔損，皆可以因其迹而得其心矣。請詳論之。

君臣之義，天叙之典也。上不可以無君，下不可以忘世，則荷蓧、沮、溺之獨潔其身，果於忘世，吾未見其可也。無適無莫者，處身之義也，枉尺不可以直尋，衒玉不可以求售，則顏、閔之志在救世而迹不求仕者，吾未見其不可也。

夫天之生聖賢也，豈使自有餘而已哉？誠欲以補其不足者也。當周之末，王政熄矣，禮樂崩矣。雖不可有爲，而聖賢之心，豈可以無道必天下而棄之耶？避世之士，以隱爲高。徒見天下之無道，而不知無不可爲之時；徒見擧世之滔滔，而不知無不可化之人。坐視生民之昏墊，而莫爲之救，反以吾夫子爲非，而或不告其津處，或稱其五穀不分。是則過於介，而歸於亂倫而已。鳥獸同羣之嘆，不仕無義之譏，不其然乎？至若顔淵，亞聖之資也。博以文、約以禮而日進於德，飯一簞、飲一瓢而不改其樂。有禹稷之道，而無禹稷之位；有經濟之心，而非經濟之時。則其不得行道而居於陋巷，豈其本心哉？閔損，德行之高弟也。明乎去就之義，達乎內外之分。得聖人而爲之依歸，變其道而忘人之勢。視彼不義之富貴，不翅若犬彘。則其不臣季氏而去之汶上，豈不賢哉？是則合於正而安於義理而已。「賢哉回也」之嘆，「言必有中」之稱，不亦宜乎？

由此觀之，不顧義理，而專事高尚者，荷蓧、沮、溺之心也。用舍無與於己，行藏安於所遇者，顔、閔之心也。不仕之迹雖同，而所守之心不侔矣。冒進而忘義徇禄，君子不爲也。顔、閔之不仕，豈非以此乎？顔子有王佐之才而問爲邦，則可見顔子之不忘世也。魯人爲長府，而閔子言其因舊貫，則可見閔子之不忘世也。而況可以仕則仕，可以止則止者，夫子之道，而二子，學夫子者也。彼數子之果於忘世，往而不返，與草木鳥獸同歸泯滅者，豈可同日而語哉？然則聖人之心至正至公，不私於此，不薄於彼，斯可知矣。謹對。

易樂則行之憂則違之義

德施斯普，遯世無悶，此君子隨時顯晦之道也。蓋德修於身而仁及於物，時不可行而自守其道，其用捨行藏、安於所遇者如此云云。天下有道，則揚于王庭而展布所蘊；天下無道，則勿用有往而括囊無咎。其行非貪位，其藏非獨善，達不離道，窮不失義，潛龍之確乎不拔，有如是夫。且夫天地交泰而絪緼生物，萬彙亨遂而草木亦蕃，王者之首出而萬國咸寧，亦如是。則賢者於是拔茅彙征，而聲氣相求，德符于飛龍，澤及乎生民，此則樂行之時也。若夫乾坤閉塞而陽氣潛藏，品物彫瘁而百卉具腓，上下之不通，而屯膏之擁蔽，有如是。則賢者於是考槃于澗而身困道亨，肥遯而自樂，高尚而不事，此則憂違之時也。

嗚呼！或行或違，而無與於己，非不易乎世、不成乎名者能如是乎？抑又論之君子之志，在乎濟世；君子之智，神於見幾。濟世之仁及乎物，則致文明之化；見幾之智保其身，則有如石之介。其出也，則撑柱宇宙，昭洗日月；其處也，則浮雲富貴，泥塗軒冕。豈若桔槔之隨人，匏瓜之不食也哉？君子之自處，其亦至矣。

易黄裳元吉白賁无咎義

文中積美，崇質尚素，此隨時自修之道也。蓋守中居下而有通暢發現之盛，在上極賁而無華僞過失之咎，非有得於時，措之宜者能若是乎云云。陰居正位而能自卑下者，聖賢之臣也；陽處亢極而得志於賁者，師傅之任也。以聖賢之臣而美在其中，以師傅之任而爲君所賁，此所以或盛其文，或崇其質，而皆合於中道者也。且夫以聖賢而處陰之尊位，則是臯、夔、稷、契之輔，得行其道而順承於上者也，宜乎守中居下，而德美之盛積中而形外矣。若夫以師傅而裁戔戔之束帛，則是伊尹、周公之佐，訓迪幼沖，而功盛位極者也，宜乎剔去華飾，而本眞之質由中而示外矣。

嗚呼！居中則盛其文，處上則白其質，豈不各有攸當哉？抑又論之坤與乾對，則六二之臣應於九五之君矣。其可不充積其善，發顯其文，而以盡臣職乎？賁極則當變，而上九之臣賁其六五之君矣。其可不盡其孚誠，去其浮華，而以處亢滿乎？若居坤之六五而欲白其質，處賁之上九而欲尚其文，則將有竊位之羞、虛僞之失矣。聖人之垂訓，其亦至矣。

墓碣銘 陰記附

廣州牧使權侯墓碣銘

權侯諱煌，字光甫，年六十五，以嘉靖丙寅六月卒，官廣州牧使。某月某日葬于楊州長興里，以依先兆。其孤觀象監奉事倓，介以李君義健狀，求碣銘于吏曹佐郎李珥。珥於乙丑歲使外而還，拜侯于廣之驛亭，一見知其爲長者。且侯之仕也以蔭，才由蔭而發者，非實績華聞，不得躋于牧使，法宜銘。

謹按：權氏爲安東大姓。曾大父彌，贈議政府左贊成。大父遂，閟光不仕。父鉉，軍器寺主簿。娶韓氏女，生侯。侯年十二喪父，能自立爲學行，事母得子道甚，與朋友能始其信，用彰厥譽。升于朝，內而爲參奉者二，曰典牲、缺二字。奉事者一，曰宗廟；直長者二，曰尚衣、濟用；主簿者二，曰內資、繕工；令者一，曰社稷；聽訟者二，曰掌隸司議、漢城參軍；僉正者一，曰繕工；經歷者一，曰中樞府；副正者二，曰繕工、軍資。外而監縣者二，曰洪原、陰竹；守郡者二，曰益山、楊根；莅府者二，曰瑞興、鐵原，最後成政于廣，所在皆以事職名。或因眚失官，不久而白，輒復其爵。娶慶州李氏護軍珽之女，無子。倓則庶出也。

銘曰：羅綱解紐，血腥鷄林。古昌守幸，宗姓之金。提疆入麗，志雪主恥。王曰達權，謂言不信，中微復振，僕射守平。厥後承承，克世令聲。位紹成家，無忝所生。爰錫以氏。請視茲銘。

牛峯縣令閔侯墓碣銘

閔侯諱季良，字德佐，驪興大姓。國初都評議使諱開，是我獻陵元敬王后季父。有子諱不貪，贈參判，於侯爲高祖。曾祖大司憲章節公諱騫。祖迎曙察訪諱禮達。考奉先殿參奉諱球。妣東陽申氏，副司果永保之女，即高麗元勳壯節公崇謙之裔。侯三歲失怙，服慈訓，能自力習學。數奇不第，晚以門蔭登仕，歷典獄署、永崇殿、社稷署參奉，敦寧府、濟用監、繕工監奉事，掌樂院直長，陞主濟用監簿，再入憲府爲監察，踐内贍寺、漢城府判官、永平縣令，最後拜牛峯縣令，以年滿七十遞來。家食七歲，以萬曆七年九月己酉考終于京第，距其生弘治己未，得年八十有一。越三月十一日甲寅，葬于廣州慶安里軍月羅山子坐午向之原。侯配淑人，曾卜其左，就而合窆。侯資和易，不設崖岸，遇逆境不色愠。追遠以誠，至老不攝，喜賑施窮族貧友不靳，此人所難也。淑人昌平曹氏，僉使淑衡之女，訓鍊都正漢孫之孫。賦性溫惠，承君子，理家室，無違道。先侯十年，隆慶庚午六月丁酉歿，享年六十三。生三男三女，男伯曰淑，宣務郎；仲曰混；季曰濬，辛酉進士，甲子文科，今爲平山府使。女壻長蘇克善，次縣監尹時忱，次李汝佖，蘇、李皆士人。伯有一女，歸進士慶簨疇。仲之男曰友仁、友聖。季之男曰友顔、友孟、友冉、友仲。女適李竑，次適沈說。餘内外孫男女幼者九人。珥於侯家爲外屬，與濬少時同遊學，且聯一榜。玆憑侯從子閔正字善之狀，叙始終，係以銘。

銘曰：物無忤，宜壽則不忒；職無曠，宜達而反窒。惟其有種，後必有穫。

平海郡守申公墓碣銘

珥幼長于漢城壽進坊，里有申公，是先君異姓疏屬，年兄弟，行祖孫，故待先君頗恪。珥時以童子陪杖屨，見公儀嚴行質，統家有法，奉死生以誠。珥雖騃無見識，心乎長者之。珥遷舍雖久，儻邂逅一拜，未嘗不歡如平昔。歲萬曆庚辰臘月，珥承召命入京，復寓舊里，則公於是月癸丑已謝世，珥哭于殯。既克襄，胤子湍求碣銘于珥，珥欲辭以不文，情有所不忍。未幾，告石已具，乃不敢辭。

謹按：申氏是高靈世家，顯自前朝。入我朝，有領議政、文忠公諱叔舟，翊戴光廟，事業大彰，於公爲高王考。高陽府院君、昭安公諱浚，策靖國勳，於公爲曾王考。子工曹參議諱復淳，孫司憲府監察諱泳，是公祖禰也。妣宗室李氏，平臯副正信之女，正德丙寅五月甲午生公。諱碩汀，字巨源。少習貢士業不就，以蔭補典設司別提，陞監察，出宰和順縣，守寧遠、平海二郡，皆舉職。季年築室楊州之松山先塋側近地，四節親祀，老不憚勞。時往來京第，亦不干人進取。卒時年七十五，遺戒勿厚葬。先室錦城朴氏，左議政誾之後，忠義衛紳之女，妙年歸公家，承姑順宜，兄弟篤，不私其財，一門賢之。先公三十年，以嘉靖辛亥殁，年四十五。只一男，是湍也。後室宗室昌原君潓之女，無子。公葬卜日，得明年辛巳三月庚申。卜地得先壟，與朴氏同域。湍今以麻田郡守遭憂。娶温陽鄭氏，生三男二女。男長曰景淇，察訪，先公夭。次景海、景洛，皆業文。女適宋大立、沈大有，皆士人。孽子曰景澤、景沼。公之内外曾孫十五人。

銘曰：不恰恰用心，不汲汲求名。行無畦畛，制以衷情。厥或命達，乃公乃卿。誰之不如？困于積薪。我撮幽光，以詔後人。

同知中樞府事林公墓碣銘

嘉靖乙丑秋，珥以禮曹佐郎奉命賜祭卒同知中樞府事林公于龍仁，頗聞鄉人稱其淳原壽考。翌年丙寅，其孤子某，因參判尹公毅中求碣銘于珥。示以墓誌，乃令判決事李公友閔所撰，道其美甚盛。珥雖不獲知於林公，且不能文，以李公之誌可憑而就，故不敢終讓。

謹按：林氏爲平澤大姓，自高麗朝世襲貂蟬。公諱千孫，字期叟，禮儀判書、寶文閣大提學諱梓後也。曾祖兵曹參判諱仁山，祖兵馬節度使諱得禎，考禮賓寺判官諱堰。妣鐵原崔氏，縣監龜山之女。後以公貴，贈考參判，妣貞夫人。公生九歲，連失怙恃，養于外家，外王父奇之。及冠，猿其臂，射命中。弘治己未，選補內禁衛。丙寅靖國時，公以扈駕，參原從功，歷昌州、美錢兩鎮僉使。正德丙子，擢武科，別觀射時，公連魁鈇場，遂陞折衝將軍鎮高嶺。轉北道虞候，守高原郡，歷永興、慶興府使，所至有聲。嘉靖丁亥，拜慶尚右道水使。庚寅，擢左道兵使，入爲僉知中樞。乙未，西陲不靖，公從警邊使吏曹判書沈公彥光巡諸鎮，多所規畫，卒底于寧。未復命，拜定州牧。值華使之來，公節官用，取其贏，供廚傳費，民以不擾。遷于廣州，州乃四輔之一，公務擊强宗，坐此落職，父老訟冤不能救。己亥，起廢，拜慶尚右道兵使，俄授嘉善，鎮會寧府，歷刺晉、黃二州，人稱職職。丙午，帥湖南。庚戌，莅襄陽，入朝拜同知中樞府副摠管。己未，以年踰八帙，例加嘉義。公雖大耋，猶以未報聖恩，不敢引退。壬戌秋，始乞骸骨，歸龍仁田墅。越四年乙丑春三月乙巳卒，享年八十有八。夏五月庚申，葬于處仁縣月來洞之原，寔先塋之側也。公資雄毅，武略兼人，裹革之志，老不弛置。睦族交朋，了無邊幅。屢經巨鎮，家無剩財，識者多焉。初娶生員朴永安女，無子。後娶引儀金瀞之女，金是光州望族，先公三十五年而卒。有二男一女：長曰悰，以蔭官至縣監；次曰恬，僉使；女適郡守金洪。悰娶士人朴完女，生一男，曰起文，爲兼司僕。恬娶贈參判池漢祖女，無子。金洪生一女，適士人閔宗中。起文有三男一女，皆幼。公之側室，有三男二女。

銘曰：矯矯我公，作屏王國。三爲節制，六入樞密。舟不試險，燭未逢夜。六韜之策，斂而適野；五福之首，實鍾公身。幽宮卜吉，昌厥後人。

東部主簿安侯墓碣銘 不用

珥鄉長安君景説謂珥曰：「爲先考墓具石，而文未具，願得子筆。先考諱世熙，字子雍，系出竹山，高麗延興府院君諱漢平後也，贈右議政、行咸吉道都觀察黜陟使諱望之之曾孫。司憲府監察諱季聃是其祖考。禮賓寺參奉諱奉祖是其考，知中樞府事許公諱亨孫女孺人是其妣也，以成化辛丑生先考。少業儒名不就，嘉靖甲申，以門蔭補禁火司別提。辛卯，陞濟用監直長。癸巳，陞東部主簿。越明年甲午正月，以疾終，享年五十四。越三月，葬于坡州七井里雁飛山之陽，從先兆也。先妣則宜人盧氏，是坡州牧使諱熙淑女也，後先考十八年而終，歲辛亥也祔葬于墓左。先考平日事母得子道，蔭官非其所樂，爲養不能止，遭姊服，過哀致疾，此其天分之篤也。但不克終孝于祖妣，先歿，此不肖之孤所以抱終天之慟也。吾兄弟姊妹凡四人。吾兄生員景尹，娶引儀盧彦福女，生一子，曰名佐。名佐娶漢城參軍尹威女，生四男一女。吾娶忠義衛申彦輔女，生一女，適金順命。吾妾子缺人。姊適江東縣監李敏得，生四男一女：男長曰迪春，今爲延恩殿參奉，次遭春，次迴春，次進春，女適縣監元景諶。妹適忠義衛李義秀，生三男一女：男曰希善、惟善、明善，女適金縉。世譜行迹，大略如斯。子其筆削之。」

珥辭不獲已，乃叙其言。系以銘曰：有粹而不克厚，有清而不克完。游氣雜糅，孰司命乎其間？裕母蠱而愉愉，子職之修也；泣女嫛而嬰痾，友愛之深也。豈弟斯人，蘊美于心。中年抱關，不曰其潛。立石發幽，不耀以文。天道可諶，繄有望於後昆。

掌樂院正李公墓碣陰記

萬曆紀元之夏，李公仲虎按節湖南，例贈厥顯祖考通訓大夫、掌樂院正、知製教、達善通政大夫、承政院左副承旨兼經筵參贊官、春秋館修撰官，祖妣淑人安氏淑夫人。其墓道碣銘曾出於故弘文館修撰尹公衢手。以家故，石未克豎，竟以恩禮，光耀塋域。古人有待，傷於意必，今也無待而自至，可尚也已。承旨公行己立朝之詳，珥生也後，未有所瞷，故文仍舊不改。尹公之述，非阿其所好云。

墓誌銘

忠勳府都事李侯墓誌銘

君姓李，諱橹，字濟翁，系出璿譜，寔孝寧大君諱補五代孫也。曾祖諱徖，栗元君，録敵愾功。祖諱子謙，吕陽君。考諱葑，龍岡縣令，贈户曹參判。妣貞夫人鄭氏，内資寺正諱宗輔女也，以正德己巳十一月七日生君。君少肄武業，累舉不第。嘉靖丁未，試諸將才，授宣傳官，陞司饔院主簿，轉通禮院引儀、典牲署主簿，出監伊川、横城兩縣，皆滿秩，入拜忠勳府都事。丙寅夏，除遂安郡守，未赴而疾作，七月九日逝于正寢，享年五十有八。君平生杯觴自娱，未嘗以小故介意，與人交，必盡其情，聞訃者莫不嗟惜。是年九月九日，窆于廣州某里子坐午向之原。君娶僉使趙璸女，生七男二女：男長台賓，次斗賓，次井賓，次奎賓，女長適進士金纘先，餘皆幼。台賓娶監役蔡無克女，生一男，幼。斗賓娶士人朴鳳年女，生一男，幼。井賓娶忠義衛趙壽岡女。君之庶子，男三人女二人：男曰命億、命萬，女適金鸞，餘幼。

銘曰：有貌頎頎，有言諄諄。坦懷酣觴，惟質之淳。耳順非夭，五馬不卑。卜玆幽宮，慶綿螽斯。

校勘記

〔一〕則聲罪伐鄭之周桓　「桓」，一本作「王」。

〔二〕則可謂得其勢矣　「得」，一本作「有」。

〔三〕藩鎮晏然　「然」，一本作「如」。

〔四〕果無著力於其間歟　「無」後，一本有「復」字。

〔五〕然而董生得聖人之經　「聖」，一本作「天」。

〔六〕以貽邦家之恥　「恥」，一本作「辱」。

〔七〕盜賊本良民也　「也」，一本無此字。

〔八〕可得以言歟　「得」，一本無此字。

〔九〕而寇賊可化爲良民　「賊」，一本作「盜」。

〔一〇〕草竊不止　「止」，一本作「已」。

〔一一〕請因明問而白之　「白」，一本作「逋」。

〔一二〕寧無捕誅之劇盜乎　「捕」，一本作「陳」。

〔一三〕乘唐季之釁　「唐季」，一本作「季唐」。

〔一四〕使兩漢苟無治郡之良吏如二人者則安知炎炎之轉至於燎原涓涓之轉至於滔天乎　一本「苟無」作「未得」，「炎炎」、「涓涓」後無「之」字。

〔一五〕愚請以東方之事　「愚」後，一本有「也」字。

〔一六〕亂則淪怯竊發者　「淪怯」，疑作「偷劫」。

〔一七〕居防穿窬之盜　「防」，一本作「坊」。

〔一八〕敢累至治如是者乎　「是」，一本作「此」。

〔一九〕豈可置而勿問乎　「乎」，一本作「哉」。

〔二〇〕而適所以擾民也　「而」，一本無此字。

〔二一〕一鄉長之能事耳　「耳」，一本作「矣」。

〔二二〕則必無滋蔓之患　「滋蔓」，一本作「蔓草」。

〔二三〕愚之所望於朝廷者　「朝廷」，一本作「聖朝」。

〔二四〕必使封域之内　「必」，一本作「又」。

〔二五〕愚請因執事之問　「請」，疑作「竊」。

〔二六〕莫不由微而至著　「著」，一本作「顯」。

〔二七〕則仁果不出於性乎心果不兼於德乎　一本「出」、「兼」皆作「在」。

〔二八〕多見其明道之方也　「多」前，一本有「而」字。